JN324334

訳注「淮南子」

池田知久

講談社学術文庫

始めに

本書『淮南子』は「えなんじ」と読むが、「淮南国」「淮南王」の「淮南」は「わいなん」と読む。面倒なことであるが、特に注意を払って読み分ける必要はない。「淮《わい》水《すい》」（現在の淮河《わいが》、その中流域は安徽省中部から江蘇省中部を東流して黄海に注ぐ。）の「南」の地という意味である。

前漢の高祖（紀元前二〇六～前一九五在位）劉邦が天下を統一した（前二〇六）後、高祖四年（前二〇三）この地に「淮南国」を置き、建国の功臣である英布《えいふ》（黥布《げいふ》とも呼ばれる）を初代の国王（武王）に封じた。高祖十年（前一九七）英布が叛乱を起こしたために高祖はこれを誅し、高祖十一年（前一九六）庶子である劉《りゅうちょう》長を第二代の王に立てた（厲王《れいおう》）。『淮南子』の編纂者劉安《りゅうあん》の父である。

劉長は文帝（前一七九～前一五七在位）六年（前一七四）まで二十三年間よく淮南国を保持したが、同年「無道」の罪に問われ、蜀の地に流刑にされる途中、雍の地で自殺した。その結果、淮南国は淮南郡に格下げされた。その時、劉長の長子劉安《りゅうあん》はわずかに七、八歳であったが文帝によって阜陵侯《ふりょうこう》に封ぜられ、やがて文帝十六年（前一六四）復活した淮南国の王に封ぜられた（ただし国土は以前の三分の一に縮小）。これ以後、武帝の元狩元年（前一二二）に至るまでの四十三年間、劉安はよく淮南国を保持したけれども、元狩元年に謀反の罪で自殺させられる。親子二代にわたる謀反の罪による自殺である。そして、その翌年（前一二一）、淮南国はついに廃止されてしまい、ここに淮南国は八十年の歴史の幕を下ろしたのである。

なお、『淮南子』の編纂に直接関係する、文帝期・景帝期（前一五六～前一四一在位）・武帝期（前一四〇～前八七在位）における劉安の生き方については、本書の巻末の解説「『淮南子』の成立――前漢初期の政治と思想の中で」を参照。

劉安は、当時から文化を愛好・保護する王として広く知られていた。後述する本書『淮南子』などの編纂を除いて、前漢の都長安に入朝した折、武帝の命を受けて『離騒』についての賦（韻文）を作ったことがあった他、『易』に関する『淮南道訓』二篇、文学作品としては『淮南王賦』八十二篇、『淮南王羣（群）臣賦』四十四篇、『淮南歌詩』四篇、天文に関する『淮南雑子星』十九巻、等々を著作または編纂した。

さて、本書『淮南子』は、劉安が中国各地より招致した多数の賓客（数千人とも言われる諸子百家）に命じて、書かせ編纂した思想書である。『淮南鴻烈《わいなんこうれつ》』とも称される。もとは『淮南内』二十一篇と呼ばれ、またこれと関連する『淮南外』三十三篇という書も存在していたが、『淮南内』二十一篇つまり『淮南子』二十一篇以外、上述の諸書は全て散逸した。本書の編纂の開始は、景帝が崩御した前一四一年、完成は武帝即位の翌年（前一三九）である。

劉安は、春秋・戦国以来、前漢初期に至るあらゆる諸子百家の多様な思想を打って一丸となし、当時必要とされていた統一国家の理論を構築して、即位したばかりの青年皇帝武帝の政治に影響を与えようとしたのである。その内容は、道家的な原道《げんどう》篇・俶真《しゅくしん》篇、儒家的な繆称《びゅうしょう》篇・泰族《たいそう》篇、法家的な主術《しゅじゅつ》篇、兵家的な兵略《へいりゃく》篇、墨家的な脩《しゅ》務《む》篇など、諸子百家の思想を広く取り入れている。それだけでなく、天文・地理・時令・説話などあらゆる分野の知識を最大限網羅しようとしており、中国古代における思想の百科全書と言うこともできよう。こういった百科全書的な性格を持つところから、『漢書』芸文志は本書を「雑家」に入れている。

最後の要略《ようりゃく》篇は道家的「道」を根本にしつつ儒家・墨家などの「事」を取り入れて

全体に統一性を持たせようとしているが、このような春秋・戦国以来の諸子百家の多様な思想を統一しようという動きは、秦の始皇帝による天下統一が間近に迫っていた、戦国末期の『呂氏春秋』（前二三九年後、間もなく成立）に始まる動きである。そして、『淮南子』は、直接的には即位直後の武帝に対して「帝王の道」としての思想統一の意義を教える意図を有していたけれども、結果的には道家の対抗勢力であった儒家に中央集権国家の政治思想の整備を促し、以後、董仲舒《とうちゅうじょ》などによる儒教重点化の流れを強める結果となった。

編訳の方針

一、本書は、拙著『淮南子——知の百科』（〈中国の古典〉講談社　一九八九）の増補改訂版である。旧版を増補改訂するに当たって、一層分かりやすくかつ正確であることを求めて、全体を大幅に見直し修正を行った。

二、本書は、『淮南子』二十一篇の全訳ではなく部分訳である。部分訳ではあるが、読者が『淮南子』の全体像を把握する便を考えて、次のような編訳の方針を採用した。

（一）各篇の冒頭に【総説】を設けて、その篇の内容の梗概や特徴などを簡単に記す。その際、篇題の下に付けた許慎注または高誘注、および要略篇の中に収める二十篇の一つ一つについての作者たち自らの解説を重視する。

（二）訳出する文章は、二十一篇の全ての篇から一つ以上のパラグラフを採る。

（三）訳出する部分は、その篇の趣旨に合致しその篇を代表する文章を選ぶ。

（四）作者たち自らが二十篇全体の目的と構成などをもっぱら論じている最後の要略篇は、その多くの文章を訳出する。

『淮南子』という書物は、明確な目的をもって書かれ、またその目的に合わせて二十一篇の全体が構成された書物である。したがって、その一部分を読む場合でも全体との関わりを考慮しながら読むことが要請されるわけである。

三、底本には、現存するテキストの中で最古かつ最善と思われる北宋小字本（四部叢刊本）を使用した。

その経文を正統道蔵本その他と対校し、また諸注釈を参照して修正を施した。その際、可能な限り多くのテキスト・注釈・研究書などに眼を通して、正確な【原文】と正確な【読み下し】【現代語訳】を求めるように努めた。

底本の文字などを修正した場合は、【原文】などの当該個所に★印を付け、重要な修正には【注釈】にその理由や根拠を記した。

底本の中に現れる異体字・仮借字・省字は、【原文】【読み下し】【注釈】では可能な限りそのままとして改めず、当該文字の下に正字または通行字を「（　）」に入れて示した。それらの内、重要な場合には【注釈】にその理由や根拠を記した。なお、【原文】と【注釈】（引用文だけでなく地の文をも含む）では旧漢字を使用し、【総説】【読み下し】【現代語訳】【解説】では常用漢字を使用している。

諸注釈の中では、最古の後漢中期の許慎の注とその約百年後の後漢末期の高誘の注を重視した。しかし、清朝考証学から現代の注釈に至るまでの『淮南子』研究の中にも優れたものが多いので、それらをも常時検討してその成果を【注釈】に活かした。

二十一篇の完具した許慎注本と高誘注本は唐代にこの世から姿を消してしまい、その後両者を合一したテキストが作られた。現在のテキストは全てこの系統であるが、許慎注は現在のテキストの八篇に、また高誘注は現在のテキストの十三篇に遺っている。
許慎注：繆称・斉俗・道応・詮言・兵略・人間・泰族・要略の八篇
高誘注：原道・俶真・天文・墬（地）形・時則・覧冥・精神・本経・主術・氾論・説山・説林・脩務の十三篇

諸テキストの系統や体裁といった書誌学的な問題については、すでに日本と中国の優れた先学たちの少なからぬ仕事があるので、本書では全て省略に従う。以下の諸論文を参照されたい。

島田翰「淮南鴻烈解二十八巻」『古文旧書考』所収　民友社　一九〇五
倉石武四郎「淮南子の歴史」（上・下）『支那学』三―五・六　支那学社　一九二三
呉則虞「淮南子書録」『文史』二（一九六三―四）　中華書局　一九六三
鄭良樹「淮南子伝本知見記」『淮南子斠理』所収　嘉新水泥公司文化基金会　一九六九
于大成「緒言」『淮南子校釈』所収　油印本　一九六九
戸川芳郎「『淮南子』解説」戸川芳郎・木山英雄・沢谷昭次・飯倉照平『淮南子・説苑（抄）』所収（中国古典文学大系）六　平凡社　一九七四

四、『淮南子』という名称は、もともと『淮南内篇』または『淮南内書』と呼ばれていた（『漢書』芸文志・『漢書』淮南王伝）。『淮南子』と呼ばれるようになるのは、前漢の劉歆『西京雑記』や唐代初期の『隋書』経籍志などに始まる。以後、これが一般化し定着して今日に至っている。

他に『鴻烈《こうれつ》』という名称があり、許慎が要略篇の注において「凡《およ》そ鴻烈《こうれつ》の書二十篇」「凡そ二十篇、摠《す》（摠）べて之を鴻烈と謂う。」などと用い、高誘も「淮南鴻烈解叙」において「号して鴻烈と曰う」と用いていた。これは、要略篇中の二十篇の一つ一つを解説した部分で、泰族《たいそう》篇のことを「此鴻烈《これこうれつ》の泰族《たいそう》なり」（これは偉大な功業の集大成である）と論評したのに本づく。また『淮南鴻烈解』という名称もあって、底本の北宋小字本や正統道蔵本などもそうなっている。これは元来、高誘の注した『淮南子』を指す名称であったらしい。本書では『淮南子』という名称を用いることにする。

『淮南子』の各篇は、「原道訓」「俶真訓」などのように、「訓」の字を付けて呼ばれることが多い。これは高誘の『淮南鴻烈解』の体裁であって、古くはただ「原道」「俶真」などと言うだけであった。ちなみに、許慎の注した『淮南間詁』では「原道間詁」「俶真間詁」などと呼ぶ。本書では古い時代の呼び方を用い、必要に応じて「原道篇」「俶真篇」などのように「篇」の字を付けることにした。

五、日本語を用いて読み下し文や現代語に改めた注釈書には、次のようなものがある。

田岡佐代治（嶺雲）『和訳淮南子』〔和訳漢文叢書〕　玄黄社　一九一一

菊池三九郎『淮南子国字解』（上・下）〔漢籍国字解全書〕四十三・四十四　早稲田大学出版部　一九一七

後藤朝太郎『国訳淮南子』〔国訳漢文大成〕　経子史部十一　国民文庫刊行会　一九二

一

服部宇之吉『淮南子』〈有朋堂漢文叢書〉　有朋堂　一九二二
小野機太郎『現代語訳淮南子』〈支那哲学叢書〉　支那哲学叢書刊行会　一九二五
楠山春樹『淮南子』〈中国古典新書〉　明徳出版社　一九七一
戸川芳郎・木山英雄・沢谷昭次・飯倉照平『淮南子・説苑（抄）』〈中国古典文学大系〉六　平凡社　一九七四
楠山春樹『淮南子』（上・中・下）〈新釈漢文大系〉五十四・五十五・六十二　明治書院　一九七九・一九八二・一九八八
楠山春樹『淮南子』〈新書漢文大系〉三十四　明治書院　二〇〇七
池田知久『淮南子――知の百科』〈中国の古典〉　講談社　一九八九

これらは、いずれも本書を執筆するに当たって利用し、優れた注釈があれば【注釈】の中にその旨を明記した。また、【読み下し】【現代語訳】を作る上でも参考にし、流暢な現代語訳などは時にそのまま借用させていただいた。ここに記して感謝の意を表す。

日本において中国古典に対する近代的研究が開始された明治の初年以来、今日に至るまですでに百四十年以上が経過した。この間『淮南子』に関して相当多数の論文・著書が刊行されてきた。筆者（池田）はかねてより眼に触れる限りそれらをメモし控えを手元に遺してきたが、旧版では一般の読者の利用に供すべく巻末に「淮南子関係論著目録」の欄を設けて、明治初年～一九八四年の近代・現代日本の『淮南子』研究の目録を収めた。今回新版を出版するに当たって、一九八四年～二〇〇九年の最近の日本における『淮南子』研究の目録を増補することにした。遺漏・過誤が少なくないことを恐れるが、読者においては各自で補足・修正していただきたい。

六、欧文の研究・訳注の中で今日入手が容易なもの、また水準の高いものには、以下の何種類かがある。参考までに掲げるがこれも旧版を増補した。また、中国・台湾・韓国などの漢字文化圏における研究目録は、紙幅に制限があるために今回も割愛した。

Evan S. Morgan, *Tao, The Great Luminant; Essays from Huai-Nan-Tzŭ*, Kelly and Walsh Limited, 1933

Evan S. Morgan, "Tao, The Great Luminant; Essays from Huai-Nan-Tzŭ", *Bulletin of the School of Oriental and African Studies, 7-4*, University of London, 1935

Evan S. Morgan, "Tao, The Great Luminant; Essays from Huai-Nan-Tzŭ with Introductory Articles, Notes, Analyses", *Journal of the American Oriental Society*, American Oriental Society, 90-2, 1970

Tenney L. Davis, "The Dualistic Cosmogony of Huai-nan-tzŭ and its Relations to the Background of Chinese and of European Alchemy", *Isis*, 25-2, 1936

Herbert Chatley, "The Chinese Astronomy of Huai-Nan-Tzu", *The Observatory*, 72, 1952

Eva Kraft, "Zum Huai-nan-tzu : Einführung, Übersetzung (Kapitel I und II) und Interpretation", *Monumenta Serica*, 16 und 17, 1957–1958
Benjamin E. Wallacker, *The Huai-nan-tzu, Book Eleven: Behavior, Culture, and the Cosmos*, American Oriental Series, 48, American Oriental Society, 1962
Walter Kaufmann, *The Mathematical Determination of the Twelve Lü as Performed by Prince Liu An in his Huai-Nan-Tzu* (*second century B.C.*), Collected Work: Eum'aghag noncong: I Hye-gu bagsa gusun ginyeom, 1969
Benjamin E. Wallacker, "Liu-an, Second King of Huai-nan (180?-122B.C.)", *Journal of the American Oriental Society*, 92-1, American Oriental Society, 1972
Barbara Kandel, *Der Versuch einer Politischen Restauration-Liu An, der König von Huai-nan*, Nachrichten der Gesellshaft für Natur-und Völkerkunde Ostasiens, 113, 1973
John S. Major, *Topography and Cosmology in Early Han Thought : Chapter Four of the Huai-nan Tzu*, Harvard University Ph.D dissertation, 1973
Fritz A. Kuttner, "The 749-Temperament Huai Nan Tzu (+123B.C.)", *Asian Music: Journal of the Society for Asian Music*, 6, 1975
Christopher Cullen, "A Chinese Eratosthenes of the Flat Earth: A Study of a

Fragment of Cosmology in Huai Nan Tzu", *Bulletin of the School of Oriental and Afirican Studies*, 39-1, University of London, 1976

Donald J. Harper, *Huai Nan Tzu Chapter 10: Translation and Prolegomena*, Thesis (M.A. in Oriental Languages), University of California, Berkeley, 1978

Ernest G. McClain and Ming Shui Hung, "Chinese Cyclic Tunings in Late Antiquity", *Ethnomusicology*, 23-2, 1979

John S. Major, "Astrology in the Huai-nan-tzu and Some Related Texts", *Society for the Study of Chinese Religions Bulletin*, 8, 1980

Roger T. Ames, "Wu-wei in 'The Art of Rulership' Chapter of Huai Nan Tzu: Its Sources and Philosophical Orientation", *Philosophy East and West*, 31-2, University of Hawai'i Press, 1981

Roger T. Ames, "'The Art of Rulership' Chapter of the Huai Nan Tzu: A Practicable Taoism", *Journal of Chinese Philosophy*, 8-2, University of Hawai'i Press, 1981

Harold D. Roth, "Filiation Analysis and the Textual Criticism of the Huai nan tzu", *Transactions of the International Conference of Orientalists in Japan*, 27, 1982

Roger T. Ames, *The Art of Rulership: A Study in Ancient Chinese Political*

Thought, University of Hawai'i Press, 1983

Jeffrey A. Howard, "Concepts of Comprehensiveness and Historical Change in the Huai-Nan-Tzu", In Henry Rosemont (ed.), *Explorations in Early Chinese Cosmology*, Journal of the American Academy of Religion, : Thematic Studies, 50-2, 1984

Frederic H. Balfour, *Taoist Texts: Ethical, Political, and Speculative*, Trubner, 1984

Charles Le Blanc, *Huai-Nan Tzu: Philosophical Synthesis in Early Han Thought: The Idea of Resonance (Kan-Ying) with a Translation and Analysis of Chapter Six*, Hong Kong University Press, 1985

Harold D. Roth, "The Concept of Human Nature in the Huai-Nan Tzu", *Journal of Chinese Philosophy*, 12-1, University of Hawai'i, 1985

Claude Larre, *Le traité VII du "Houai-nan-tseu": Les esprits légers et subtils animateurs de l'essence*, Institut Ricci, 1985

Charles Le Blanc and Susan Blader (eds.), "From Ontology to Cosmogony: Notes on Chuang Tzu and Huai-Nan Tzu", In *Chinese Ideas about Nature and Society: Studies in Honor of Derk Bodde*, Hong Kong University Press, 1987

Isabelle Robinet, "Des changement et de l'invariable, de l'unité et de la multiplicité, analyse comparative des chapitres 11, 13 et 18 du 'Huainan zi'", *Cahiers du Centre d'études de l'Asie et de l'Est*, Université de Montréal, 1990

John S. Major, "Numerology in the Huai-nan-tzu", In Kidder Smith (ed.), *Sagehood and Systematizing Thought in Warring States and Han China*, Asian Studies Program, 3-1, Bowdoin College, 1990

Liu Xiaogan, "Wuwei (Non-Action), From Laozi to Huainanzi", *Taoist Resources*, 3-1, 1991

John S. Major, "Substance, Process, Phase: Wuxing in the Huainanzi", In Henry Rosemont (ed.), *Chinese Texts and Philosophical Contexts: Essays Dedicated to Angus C. Graham*, Critics and Their Critics, 1, Open Court Publishing Company, 1991

Harold D. Roth, *The Textual History of the Huai-Nan Tzu*, Association for Asian Studies, 1992

Charles Le Blanc et Rémi Mathieu (eds.), *Mythe et philosophie à l'aube de la Chine impériale: Études sur le Huainan zi*, Les Presses de l'Université de Montréal, 1992

Wayne Alt, "The HUAI-NAN TZU Alteration", *Journal of Chinese Philosophy*, 20-1, 1993

Claude Larre, Isabelle Robinet, Elisabeth Rochat de la Vallée, *Les grands traités du Huainan zi*, Éditions du Cerf, 1993

John S. Major, *Heaven and Earth in Early Han Thought: Chapters Three, Four, and Five of the Huainanzi*, State University of New York Press, 1993

Livia Kohn, "Cosmology, Myth, and Philosophy in Ancient China : New Studies on the Huainan Zi", *Asian Folklore Studies*, 53-2, 1994

Griet Vankeerberghen, "Emotions and the Actions of the Sage: Recommendations for an Orderly Heart in the 'Huainanzi'", *Philosophy East and West*, 45-4, 1995

Roger T. Ames and Dim Cheuk Lau, *Yuan Dao: Tracing Dao to Its Source*, Ballantine Books, 1998

Paul R. Goldin, "Insidious Syncretism in the Political Philosophy of Huai-nan-tzu", *Asian Philosophy: An International Journal of the Philosophical Traditions of the East*, 9-3, 1999

Michael Puett, "Violent Misreadings: The Hermeneutics of Cosmology in the Huainanzi", *Bulletin of the Museum of Far Eastern Antiquities*, 72, 2000

Griet Vankeerberghen, *The Huainanzi and Liu An's Claim to Moral Authority*, State University of New York Series in Chinese Philosophy and Culture, State

University of New York Press, 2001

Charles Le Blanc (ed.), *Philosophes taoïstes, II, Huainan zi*, Bibliothèque de la Pléiade, 494, Gallimard, 2003

Harold D. Roth, *Original Tao: Inward Training (Nei-yeh) and the Foundations of Taoist Mysticism*, Columbia University Press, 2004

Judson Murray, "A Study of 'Yaolue', A Summary of Essentials: Understanding the Huainanzi through the Point of View of the Author of the Postface", *Early China*, 29, 2004

Rafael Suter, "Der Begriff Xing im Huái Nán Zǐ", *Asiatische Studien*, 59-4, 2005

John S. Major, Sarah A. Queen, Andrew S. Meyer, and Harold Roth, *The Huainanzi: A Guide to the Theory and Practice of Government in Early Han China, by Liu An, King of Huainan*, Columbia University Press, 2009

John S. Major, Sarah A. Queen, Andrew S. Meyer, Harold D. Roth, *The Essential Huainanzi : Translations from the Asian Classics*, Columbia University Press, 2012

目次

訳注「淮南子」

巻第一　原道《げんどう》

【総説】

「原」は、たずねる、根源に遡《さかのぼ》って研究すること。「原道」は、「道」の根本的研究、という意味である。題の意味について、高誘注《こうゆうちゅう》は「原は、本なり。道に本づき真に根ざし、天地を包裹《ほうか》して、以て万物を歴《つら》ぬ。故に『原道《げんどう》』と曰《い》いて、因《よ》りて以《もっ》て篇に題《だい》す。」とする。

本書の構成を推測してみると、作者は『呂氏春秋《りょししゅんじゅう》』大楽篇《たいがくへん》や『老子』第四十二章などの道家系の哲学に本づいて、全体の叙述を「道↓一↓二↓四↓万物」のように進めようと構想したのではないかと思われる。すなわち、「道」（道についての形而上学・存在論をまとめた原道篇）↓「一」（太初の一に関する宇宙生成論を述べた俶真篇）↓「二」（天と地に関する自然学を研究した天文篇・墬（地）形篇）↓「四」（春夏秋冬の四季の時令を解明した時則篇）↓「万物」（世界における森羅万象を個別的に論じた、覧冥篇より泰族篇に至るまで）という構成である。この中で、本篇が極めて重要な意味を与えられていることは、改めて論ずるまでもない。

本書『淮南子』の最後に置かれている要略篇は、作者たち自らが本書について解説した篇である。そこには、二十篇一つ一つの内容と目的を解説した個所がある。それによれば、本篇の内容は「六合《りくごう》を盧牟《ろぼう》し、万物を混沌《こんとん》し、太一《たいいち》の容《かたち》を象《かたど》り、窈冥《ようめい》の深きを測《はか》りて、以て虚无《きょむ》の軫《みち》を翔《かけ》る」こと、簡単に言って「天を尊びて真を保つ。……物を賤しみて身を貴ぶ。……欲を外《す》てて情に反《かえ》る」こととされている。また本篇の目的は、読者をして「先後の禍福《かふく》、動静の利害を知らし」めること、また「万方《ばんぽう》に応待《おうたい》し、百変《ひゃくへん》を覧耦《らんぐう》（遇）するや、丸《たま》を掌中《しょうちゅう》に転じて、以て自ら楽しむに足るが若《ごと》くならし」めることであると言う。

1　道《みち》とはどういうものか

【読み下し】

夫《そ》れ道《みち》なる者は、天を覆《おお》い地を載せ、四方に廓《は》り、八極に柝《ひら》く。高くして際《きわ》む可《べ》からず、深くして測《はか》る可からず。天地を包裹《ほうか》し、無形に稟授《ひんじゅ》す。源《みなもと》より流れ泉の浡《わ》くがごとく、沖《むな》しくして徐《おもむ》ろに盈《み》ち、混混汨汨《こんこんこつこつ》として、濁《にご》れども徐ろに清む。

故に之《これ》を植《た》つれば天地に塞《ふさ》がり、之を横たうれば四海に弥《わた》り、之を施せば窮《きわ》まり無くして、朝夕《ちょうせき》する所無し。之を舒《の》ばせば六合《りくごう》を幎《おお》い、之を巻けば一握《いちあく》に盈たず。約《やく》なれども能《よ》く張り、幽《くら》けれども能く明らかに、弱けれども能く強く、柔らかなれども能く剛《つよ》し。四維《しい》に横たわりて陰陽を含み、宇宙を紘《つな》ぎて三光を章《あき》らかにす。甚《はなは》だ淖《やわ》らかにして滒《ゆる》く、甚だ繊《こまか》くして微《かす》かなり。

山は之を以て高く、淵は之を以て深く、獣《けもの》は之を以て走り、鳥は之を以て飛び、日月《じつげつ》は之を以て明らかに、星歴《せいれき》は之を以て行《めぐ》り、麟《りん》は之を以て游《あそ》び、鳳《おおとり》は之を以て翔《かけ》る。

【現代語訳】

一体、道という存在は、上から天を覆い下から地を載せ、四方に張り出し八方を押し開いて、極められないほど高く、測りえないほど深いものである。天地をその内に包み無形の万物に形を与え、あたかも泉の水が源《みなもと》から湧き出して流れていくように、始めは空《から》であるがやがて盈《み》ち、こんこんと溢《あふ》れ出ると、始めは濁っていてもやがて清んでくる。

こうして、縦は天地に塞《ふさ》がり横は四海にまで伸び、止めどなく作用し続けて昼夜を分かたない。拡げれば六合《りくごう》（天地四方）を幎《おお》うけれども、巻けば一握りにも盈《み》たず、小さくてなお大きく、幽《くら》くてなお明るく、弱くてなお強く、柔らかくてなお剛《つよ》い。世界の四隅を支える横《よこ》木《ぎ》となって陰陽の気を含み、宇宙（時間と空間）を紘《つな》ぐ大綱《おおづな》となって日月星辰《じつげつせいしん》を輝かせるが、この上なく淖《やわ》らかで、この上なく繊《こま》かいものなのだ。

この道の働きによって、山は高く淵は深く、獣《けもの》は走り鳥は飛び、日月は輝き星座は行《めぐ》り、麒麟《きりん》も遊び鳳凰《ほうおう》も翔《かけ》る。

【原文】
夫道者、覆天載地、廓四方、柝八極。高不可際、深不可測。包裹天地、稟授無形。源流泉浡★、沖而徐盈、混混汩汩、濁而徐清。故植之而塞于天地、横之而彌于四海、施之無窮、而無所朝夕。舒之幎★於六合、卷之不盈於一握。約而能張、幽而能明、弱而能強、柔而能剛。横四維而含陰陽、紘宇宙而章三光。甚淖而滒、甚纖而微。山以之高、淵以之深、獸以之走、鳥以之飛、日月以之明、星歴以之行、麟以之游、鳳以之翔。

【注釈】
△**夫道者……俛仰兮**――『文子』道原篇に重出（島田翰『古文舊書考』を參照）。『文子』がここから取ったもの。
△**覆天載地**――『莊子』大宗師篇の「覆載天地」を踏まえる（戸川芳郎・木山英雄・澤谷昭次『淮南子』）。
△**柝八極**――「柝」は、許愼のテキストは「庈」に作っていたらしい（陶方琦『淮南許注異同詁』）。「八極」は、本書墬（地）形篇に詳しい（楊樹達『淮南子證聞』）。
△**源流泉浡**――「浡」は、底本は「滂」に作るが、道藏本などによって改めた。

△**混混汩汩**―水の溢れ出るさま（楊樹達を參照）。

△**植之而……所朝夕**―類似句が『大戴禮記』曾子大孝篇・『禮記』祭義篇に見える（于大成『淮南子校釋』）。

△**施之無……所朝夕**―馬宗霍『淮南舊注參正』によって解釋した。

△**横四維**―「横」は、高誘注の「讀車桄之桄」（呉承仕『經籍舊音辨證』を參照）による。桂馥『札樸』を參照。「四維」は、「四方の隅」の意（楠山春樹『淮南子』）。本書天文篇などにも出る（楊樹達）。

△**紘宇宙**―「紘」は、底本は「紘」に作るが、道藏本などによって改めた（鄭良樹『淮南子斠理』）。「宇宙」は、本書齊俗篇に「往古來今、謂之宙、四方上下、謂之宇。」とある（鄭良樹）。ここの「宇宙」にも時間的な意味があることに注意されたい。

△**甚淖而……纖而微**―本書兵略篇の「道之浸洽、滒淖纖微。」を參照（李哲明『淮南義訓疏補』）。「淖」と「滒」は、高誘注に「滒亦淖也。夫饘粥多瀋者謂滒。」（道藏本）とある。

△**山以之……以之翔**―『老子』第三十九章の「天得一以清、地得一以寧、……」とほぼ同じ思想（楠山春樹『淮南子』）。

【解説】

『淮南子』開巻冒頭の文章である。それだけに読者は、作者がこの文章にこめた意気ごみをひしひしと感ずるのではなかろうか。

さて、作者にとって「道」とは、儒家の唱える「道」が人間・社会にだけ関係するイデー（理念）であるのとは大きく異なって、人間・社会と自然から成る全体世界をその根底において支配し規定している、何かある根源的なものである。「山は高く淵は深く、獣は走り鳥は飛ぶ。」など、すなわち人間・社会と自然のあれこれが現にこのような形で存在しているのは、全て「之（道）を以て」なのであると作者は言う。このような意味の「道」が、道家の形而上学的・存在論的な「道」の系統に属する根源者を意味していることは、勿論である。

ただし、道家という学派が事実上、誕生した紀元前三〇〇年ごろから数えて、すでに百五十年以上も時が経っており、同じく道家の系統に属すると言っても、ここにはやはり本書『淮南子』独自の新しい思想の試みが感じられる。その一つとしては、本章の「沖《むな》しくして徐《おもむ》ろに盈《み》つ」と、その元になった『老子』第四章（戦国時代末期から前漢時代初期にかけての作）の「道は沖しくして、之を用うれども盈たざること有るなり。」とを比較してみれば分かるように、「道」についての旧来の虚無（マイナス方向）のイメージを実有（プラス方向）のイメージへと転換しようとしていることが挙げられよう。

2　大昔、二人の皇《かみ》が世界を創造した

【読み下し】

泰古《たいこ》の二皇《にこう》は、道の柄《へい》を得て、中央に立ち、神《しん》なること化《か》と游《あそ》びて、以《もっ》て四方を撫《ぶ》す。是《こ》の故に能《よ》く天 運《めぐ》り地 滞《とど》まり、輪の転じて廃《や》むこと無きがごとく、水の流れて止《とど》まらざるがごとく、万物と終始す。風興《お》こり雲蒸《む》して、事応ぜざるは無く、雷 声《な》り雨 降りて、並びに応じて窮まり無し。鬼《おに》出《い》で 電《いなずま》入り、竜 興こり 鸞《らん》集《とど》まり、鈞《きん》の旋《めぐ》り轂《こく》の転ずるがごとく、周《めぐ》りて復《ま》た匝《めぐ》り、已《すで》に彫《きざ》み已に琢《みが》きて、樸《あらき》に還反《かんはん》す。

無為にして之を為して道に合し、無為にして之を言いて徳に通じ、恬愉《てんゆ》矜《ほこ》ること無くして和を得、万不同《ばんふどう》を有して性《せい》に便《べん》にす。神《しん》なること秋毫《しゅうごう》の末に託《やど》るも、宇宙の總《すべ》（総）てより大なり。

其の徳は天地を優《やわ》らげて陰陽を和し、四時《しいじ》を節して五行《ごぎょう》を調《ととの》え、万物羣《ぐん》（群）生《せい》を呴《く》諭《ゆ》覆《ふ》育《いく》して、草木を潤《うるお》し、金石《きんせき》を浸《ひた》す。禽獣《きんじゅう》は碩大《せきだい》に、毫毛《ごうもう》は潤沢に、羽翼《うよく》奮《さか》んに、角觡《かくらく》生じ、獣胎《じゅうたい》贕《とく》せず、鳥卵《ちょうらん》殰《たん》せず。父に子を喪うの憂い無く、兄に弟を哭《こく》するの哀しみ無く、童子は孤ならず、婦人は孀《そう》ならず、虹蜺《こうげい》も出《い》でず、賊星《ぞくせい》も行《めぐ》らず。徳を含むことの致す所なり。

【現代語訳】

大昔、二人の皇《かみ》（伏犠《ふくぎ》と神農《しんのう》）は、この道の把手《とって》（ハンドル）を手に持って宇宙の中央に立っていた。その素晴らしい働きは、万物の変化に身を委《ゆだ》ねながら、四方を果てまで安定させたのであった。こうして二人の皇《かみ》は、天を運行させ地を静止させたが、車輪が回って止《や》む時がなく、水が流れて止《とど》まることを知らないように、極めてスムーズに働き続けて、万物の盛衰変化とその歩みをともにした。また、風を吹かせ雲をかもしつつ、よろずの事に対応し、雷を鳴らし雨を降らせては、全てに応じて窮まることがなく、鬼神《きしん》を出現させ電《いなずま》を走らせ、竜を世に現し鸞《らん》を樹に止《と》まらせたけれども、轆轤《ろくろ》や車轂《こしき》が回転するように、周《まわ》り周ってまた周り、彫《きざ》んだり琢《みが》いたりして万物に形を与えながらも、己《おのれ》は元《もと》の樸《あらき》のままであった。

彼らは、無為《むい》（何も為さないこと）のままに行《おこな》って自ずと道に合し、無為のままに語って自ずと徳（道の作用）にかなない、心静かに自らへり下って世界に調和をもたらし、多種多様のものを作り出して人々の生活を便利にした。その働きの素晴らしさは獣《けもの》の柔毛《にこげ》の先にも宿るとともに、宇宙（時間と空間）の全てよりなお大きいのであった。

彼らの徳（道の作用）は、天地を穏《おだ》やかにし陰陽の気を和《やわ》らげ、四季の順序を決め五行《ごぎょう》を調《ととの》え、万物・衆生《しゅじょう》を恵み育《はぐく》んで、草木・金石《きんせき》をも潤《うるお》した。鳥獣は肥《こ》えふとって毛並みはつややか、羽が張り角が生え、獣の胎児はつつがなく生まれ、鳥の卵は無事にかえるのであった。父には子に先立たれる憂いがなく、兄には弟の死を哭《な》く哀しみがなく、孤児も寡婦もおらず、虹や妖星《ようせい》などの不吉なしるしも現れることがなかった。これらは全て二人の皇が徳を懐《いだ》いていたからこそ生じたことである。

【原文】

泰古二皇、得道之柄、立於中央、神與化游、以撫四方。是故能天運地滞、輪轉而無廢、水流而不止、與萬物終始。風興雲蒸、事無不應、雷聲雨降、竝應無窮。鬼出電入、龍興鸞集、鈞旋轂轉、周而復匝、已彫已琢、還反於樸。

無爲爲之而合于道、無爲言之而通乎徳、恬愉無矝而得于和、有萬不同而便于性。神託于秋毫之末、而大與（於）宇宙之緫（總）。

其徳優天地而和陰陽、節四時而調五行、呴諭覆育萬物羣（群）生、潤于草木、浸于金石。禽獸碩大、毫毛潤澤、羽翼奮也、角觡生也、獸胎不贕、鳥卵不毈★。父無喪子之憂、兄無哭弟之哀、童子不孤、婦人不孀、虹蜺不出、賊星不行。含徳之所致。

【注釈】

△**二皇**――「伏犧」と「神農」を指す（許愼注・高誘注）。本書繆稱篇にも出る言葉（陶方琦）。

△**神與化游**――「神」は、「神妙」の意。「精神・心」の意ではない。下文の「神」も同じ。

△**地滯**――「滯」は、高誘注によって「止也」。莊逵吉『淮南子箋釋』を參照。

△**雷聲**――「聲」は、楊樹達によって「鳴也」。

△**已彫已……反於樸**――本書齊俗篇にも「聖人」が「物」を「斲削」する形容として重出。

△**無爲爲之・無爲言之**――『莊子』天地篇の同じ句を踏まえる。

△**恬愉無矝**――「矝」は、底本以外は「矜」に作るが、于大成によった。

△**有萬不同**――『莊子』齊物論篇や『呂氏春秋』不二篇の類似句を踏まえる。

△**而大與宇宙之總**――「與」は、王叔岷『諸子斠證』によって「猶於也」。句意は兪樾『諸子平議』によって解釋する。
△**其德優天地**――「優」は、劉文典『淮南鴻烈集解』や楊樹達は「覆」に改める。
△**呴諭覆……物羣生**――「呴諭」は、「呴嫗」や「呴俞」に作る本がある（王叔岷『諸子斠證』・鄭良樹による）。『莊子』駢拇篇には「呴俞」（楊樹達）、『禮記』樂記篇には「煦嫗覆育萬物」とある（洪頤煊『讀書叢錄』）。「羣生」は、本書本經篇の類似句（于大成）から考えて名詞である。
△**羽翼奮……觡生也**――『禮記』樂記篇・『史記』樂書に重出（于大成）。
△**獸胎不𧹏**――「𧹏」は、「殰」に作る引用がある（汪文臺『淮南子校勘記』）が、意味は同じ（楊樹達）。
△**鳥卵不毈**――「毈」は、「殈」に作る引用がある（汪文臺）。
△**婦人不孀**――「孀」は、許愼注によれば、楚人は寡婦のことを「孀」と呼ぶ（陶方琦）。
△**虹蜺・賊星**――于大成・馬宗霍を參照。
△**含德**――『老子』第五十五章の言葉。

【解説】

中国古代の文献には神話が乏しい。その理由は正確なところはよく分からないが、儒教を始めとする合理主義の知識社会が宗教的なものを全て嫌ったためであるらしい。『淮南子』

の中核をなす道家の思想も、元来はやはり反宗教的もしくは非宗教的であって、その証拠に、戦国時代の道家文献の中に神《かみ》が肯定的な形で登場することはあまり多くない。

ところが本章は、「泰古《たいこ》の二《に》皇《こう》」を登場させて彼らが世界を創造したありさまを述べる。古い道家であれば、「二皇」ではなく「陰陽」の二気を述べたところであったと考えられる（高誘注を参照）。したがって、神話的なもの・宗教的なものを復権させたこと、これが『淮南子』の新しい思想の試みであるとも言えよう。ただし、この神話的・宗教的なものも「道」の支配の下に位置づけられており、「道」からの独立や超越は許されていないことに注意しなければならない。前章の「麟」「鳳」、本章の「虹蜺」「賊星」についての叙述を見られたい。逆から推測すれば、『淮南子』はその道家的な「道」の内容を豊富にするために、古くから道家が批判してきた神話的なもの・宗教的なものをも包摂するようになったのだと思われる。

ほどなく思想界は、災異《さいい》説《せつ》や讖緯《しんい》説《せつ》が横行する非合理主義の時代を迎えることになるが、『淮南子』もまた同じ方向に向かって歩んでいるのであった。

3　道は人間の力を越えた根源的なもの

【読み下し】

夫れ太上《たいじょう》の道は、万物を生じて有せず、化像《かぞう》を成して宰《つかさど》らず。跂行喙息《きこうかいそく》、蠉飛蝡動《けんひぜんどう》も、

待ちて後 生じて、之を徳とすることを知るもの莫《な》く、之を待ちて後 死して、之を能《よ》く怨《うら》むもの莫し。得て以て利する者も誉むること能《あた》わず、用いて敗るる者も非とすること能《あた》わず。収聚畜積《しゅうしゅうちくせき》すれども富《とみ》を加えず、布施《ふせ》稟授《ひんじゅ》すれども貧《ひん》を益さず。旋縣《せんめん》なれども究《きわ》む可《べ》からず、纖微《せんび》なれども勤《つ》くす可からず。之を累《かさ》ぬれども高からず、之を堕《お》とせども下《ひく》からず。之を益せども衆《おお》からず、之を損《へら》せども寡《すく》なからず。之を斲《けず》れども薄からず、之を殺《そ》げども残《そこ》なわれず。之を鑿《うが》てども深からず、之を塡《うず》むれども浅からず。

忽《こつ》たり怳《きょう》たり、象《かたち》を為す可からず、怳たり忽たり、用いて屈《つ》きず。幽《ゆう》たり冥《めい》たり、無形に応じ、遂《すい》たり洞《どう》たり、虚《むな》しくは動かず。剛柔《ごうじゅう》と巻舒《けんじょ》し、陰陽と俛仰《ふぎょう》す。

【現代語訳】

そもそも至上《しじょう》の道は、万物を生み出すけれどもそれらを自己の所有とせず、万象を作り出すけれどもそれらを支配しようとしない。それ故、足で歩き口で息するもの、飛び回りうごめくもの、これらのものは全て、道のお蔭《かげ》で生まれながら恩恵とは思わず、道のせいで死んでいくのに怨みを抱かない。道によって利益を得たとしても称《たた》えようがなく、道によって失敗したとしても難じようがない。道はどんなに多く蓄《たくわ》えても別に富むことはないし、どんなに多く施しをしても別に貧しくなるわけではない。小さくてしかも究《きわ》めがたく、細かくてしかも尽《つ》くしがたいものである。

積み重ねても高くならず、落としても低くならず、益しても増《ふ》えず損《へら》しても減《へ》らず、斲《けず》っても薄くならず殺《そ》いでも残《そこ》なわれず、鑿《うが》っても穴があかず埋めても埋まらない。ぼんやりと姿《すがた》形《かたち》も把《とら》えられず、もやもやと作用し続けて尽《つ》きることがない。くらぐらと無形のものに働きかけ、深々と動きに無駄がない。剛柔《ごうじゅう》の変化にしたがって屈伸し、陰陽の動きに合わせて昇降する。

【原文】

夫太上之道、生萬物而不有、成化像而弗宰。跂行喙息、蠉飛蝡動、待而後生、莫之知德、待之後死、莫之能怨。得以利者不能譽、用而敗者不能非。收聚畜積而不加富、布施稟授而不益貧。旋緜★而不可究、纖微而不可勤。累之而不高、墮之而不下。益之而不衆、損之而不寡。斲之而不薄、殺之而不殘。鑿之而不深、塡之而不淺。

忽兮怳兮、不可爲象兮、怳兮忽兮、用不屈兮。幽兮冥兮、應無形兮、遂兮洞兮、不虛動兮。與剛柔卷舒兮、與陰陽俛仰兮。

【注釈】

△**太上**――『老子』第十七章の「大上」（馬王堆漢墓帛書本）を踏まえる（于大成）。

△**生萬物……而弗宰**――『老子』第十章・第五十一章などの類似句を踏まえる（楠山春樹『淮

南子』上)。

△跂行喙息、蠉飛蝡動――『新語』道基篇・『史記』匈奴列傳に類似句がある(鄭良樹)。また本書俶眞篇にも出る。

△收聚畜……不益貧――『文子』道原篇の默希子注によって解釋する(于大成)。高誘注はあまりに政治的な解釋である。

△旋縣而……不可勤――「縣」は、底本は「懸」に作るが、王念孫『讀書雜志』によって改めた。「旋」も「縣」も「小」の意(王念孫『讀書雜志』)。二句は、『老子』第六章の「緜緜呵若存、用之不菫。」(馬王堆漢墓帛書甲本)を踏まえる。于鬯『香草續校書』や于大成の說は誤り。

△忽兮怳……爲象兮――『老子』第二十一章の類似句を踏まえる(楠山春樹『淮南子』上)。

△用不屈兮――『老子』第六章の類似句を踏まえる(上引)。

△幽兮冥兮――『老子』第二十一章の類似句を踏まえる(楠山春樹『淮南子』上)。

△遂兮洞兮――「遂」と「洞」は、兪樾によってともに「深」の意。

【解説】

「道」という根源者は、万物を生み出し、その変化する姿(化像)を作り出す。本章の末尾に書かれているとおり、そのメカニズムには陰陽説が当てられている。しかし、「道」は、自分の作り出した万物、およびその変化する姿を所有・支配しようとしない。――以上の文章は、確かに「道」に関する形而上学・存在論を述べたものであるが、同時にまた、皇帝の万民に対する統治についての、作者の理想を述べた政治思想である、という側面をも併わせ持っている。その政治思想によれば、皇帝（道に擬《なぞら》えられる）は万民（万物に擬えられる）を教化（化像）しながらも、それらを強権的に所有・支配しようとしてはならないと言うのである。本書が、文帝期・景帝期から強化されつつあった前漢皇室の中央集権政策を批判のターゲットにして、そうした政策は適切でないと言って異を唱える主張と見なされたとしても、不思議ではないゆえんである。

4　御者《ぎょしゃ》の名人たちは宇宙を駆けめぐった

【読み下し】
昔者《むかし》馮夷《ふうい》・大丙《たいへい》の御《ぎょ》するや、雷車《らいしゃ》に乗り、雲蜺《うんげい》を六《ろく》にし、微霧に遊《あそ》び、怳忽《きょうこつ》に騖《は》せ、遠きを歴《へ》高きを弥《わた》りて以て往くことを極む。霜雪《そうせつ》を経《ふ》れども迹《あと》無く、日光に照らさるれども景《かげ》無く、扶揺《ふよう》に抮抱《しんほう》し、羊角《ようかく》のごとくして上る。山川を経紀《けいき》し、崑崙《こんろん》を蹈騰《とうとう》し、閶闔《しょうこう》を排《ひら》き、天門に淪《い》る。末世《まっせ》の御《ぎょ》は、軽車・良馬・勁策《けいさく》・利錣《りてつ》有りと雖《いえど》も、之と先を争うこと能《あた》わず。

是の故に大丈夫《だいじょうふ》は、恬然《てんぜん》として思い無く、澹然《たんぜん》として慮《はか》り無く、天を以て蓋《がい》と為し、地を以て輿《くるま》と為し、四時《しいじ》を馬と為し、陰陽を御《ぎょ》と為し、雲に乗り霄《そら》を陵《しの》ぎて、造化者《ぞうかしゃ》と倶《とも》にし、志《こころざし》を縦《ほしいまま》にし節を舒《ゆる》やかにして、以て大区《だいく》に馳《は》す。以て歩む可くして歩み、以て驟《は》す可くして驟せ、雨師《うし》をして道を灑《そそ》がしめ、風伯《ふうはく》をして塵《ちり》を掃《はら》わしめ、電《いなずま》以て鞭策《べんさく》と為し、雷《かみなり》以て車輪と為し、上は霄雿《しょうちょう》の野に游び、下は垠鄂《ぎんがく》無きの門に出で、劉覧偏《りゅうらんへん》（徧）照《しょう》して、復守《ふくしゅ》して以て全《まった》く、四隅《しぐう》を経営して、枢《すう》に還反《かんはん》す。

故に天を以て蓋《がい》と為せば、則ち覆《おお》わざるもの無く、地を以て輿《くるま》と為せば、則ち載せざるもの無《な》く、四時《しいじ》を馬と為せば、則ち使わざるもの無く、陰陽を御《ぎょ》と為せば、則ち備《そな》わらざるもの無し。是の故に疾《はや》けれども揺《ゆ》れず、遠けれども労《つか》れず。四支《しし》（肢）勤めず、聰（聡）明損《そこ》なわれずして、八紘九野《はっこうきゅうや》の形埒《けいらつ》を知る者は、何ぞや。道要《どうよう》の柄《へい》を執《と》りて、無窮の地に游《あそ》べばなり。是の故に天下の事は、為す可からず、其の自然に因《よ》りて之を推《お》す。万物の変は、究《きわ》む可からず、其の要趣《ようしゅ》を秉《と》りて之に帰《き》す。

【現代語訳】

その昔、馮夷《ふうい》と大丙《たいへい》の二人の名御者《めいぎょしゃ》は、雷の車に乗り、雲を六頭の馬に仕立て、霧の中をさまよい、薄暗い彼方《かなた》に馳《は》せて、どんな遠方どんな高所も往《い》かないところはなかった。霜雪を踏んでも跡《あと》を残さず、日光に照らされても影を曳《ひ》かず、つむじ風にあおり立てられ、旋回《せんかい》しながら昇って行く。山を越え川を渡って、崑崙山《こんろんさん》に駆け上り、その入り口の閶闔門《しょうこうもん》を押し開き、ついに上帝《じょうてい》の居所《きょしょ》に通じる天門に入っていった。末世《まっせ》の御者などは、たとえ手元に軽い車・良い馬・強い鞭・利い鋭《するど》い錣《はり》が揃《そろ》っていたとしても、勝ちを争うことなどできるはずがない。

それ故、大人物たる者は、さっぱりと思慮を捨て去り、天空《おおぞら》を車蓋《ほろ》とし、大地を車箱《くるま》とし、四季を馬に、陰陽を御者《ぎよしや》に仕立てつつ、雲に乗り霄《そら》を渡って造化《ぞうか》とともに馳《は》せ、心を解き放ち羽目をはずして宇宙を我が家と駆け回る。並足《なみあし》も早足《はやあし》も思いのまま、行く手は雨師《うし》（雨の神）に水を撒《ま》かせ、風伯《ふうはく》（風の神）に塵《ちり》を払わせ、電《いなずま》の鞭《むち》を振るい、雷《かみなり》の車を駆《か》って、上は虚しく広がる霄雿《しょうちょう》の荒野にぶらつき、下は別《わ》け隔てを設けない無《む》垠鄂《ぎんがく》の門より出て、こうして隅《くま》なく見回しながらなお自己を守って保全し、宇宙の隅々《すみずみ》まで統治しながらなお根本（道）に立ち返る。

さて、天空《おおぞら》の車蓋《ほろ》はあらゆるものを覆《おお》い、大地の車箱《くるま》は一切を載せ、四季の馬によって全てを使役し、陰陽の御者でどんなものでも作り出す。だから、この馬車は速く走らせても揺れず、遠出をしても疲れない。四肢《しし》を労《ろう》するでもなく、耳目をこらすでもないのに、しかも全宇宙の形勢を知ることができるのは、どういうわけか。それは道の把手《とって》（ハンドル）を握って、無窮《むきゆう》の世界をぶらついているからである。だから、天下の政治に作為を弄《ろう》してはならない。その自然な性質を尊重してその後押しをすべきである。万物の変化を究明しつくすことはできない。そのポイント（道）を押さえてそれに任《まか》せるのがよい。

【原文】

昔者馮夷大丙之御也、乗雷★車、六★雲蜺、游微霧、騖怳忽、歴遠彌高以極往。經霜雪而無迹、照日光而無景、扶搖抮抱、羊角而上。經紀山川、蹈騰崑崙、排閶闔、淪天門。末世之御、雖有輕車良馬勁策利鍛★、不能與之爭先。

是故大丈夫、恬然無思、澹然無慮、以天爲蓋、以地爲輿、四時爲馬、陰陽爲御、乘雲陵霄、與造化者俱、縱志舒節、以馳大區。可以步而步、可以驟而驟、令雨師灑道、使風伯掃塵、電以爲鞭策、雷以爲車輪、上游于霄雿之野、下出于無垠★鄂之門、劉覽偏（徧）照、復守以全、經營四隅、還反於樞。

故以天爲蓋、則無不覆也、以地爲輿、則无不載也、四時爲馬、則無不使也、陰陽爲御、則無不備也。是故疾而不搖、遠而不勞。四支（肢）不勤★、聰（聰）明不損、而知八紘九野之形埒者、何也。執道要之柄、而游於無窮之地。是故天下之事、不可爲也、因其自然而推之。萬物之變、不可究也、秉其要趣★而★歸★之★。

【注釈】

△**馮夷**――本書齊俗篇にも出る（陶方琦）。河伯の一名。

△**大丙**――本書覽冥篇にも御者として出る（惠棟の說）。

△**乘雷車、六雲蜺**――「雷」と「六」は、底本はそれぞれ「雲」と「入」に作るが、王念孫『讀書雜志』によって改めた。

△**扶搖抮抱**――「抮抱扶搖」に改めた方が分かりやすい（于鬯・王叔岷『諸子斠證』）が、このままでも通じる。「扶搖」は、『莊子』逍遙遊篇にも出る旋風の名。「抮抱」は、高誘注

の「了戾也」でよい。本書に多く出る言葉。「軫轥」などとも書く（王念孫『廣雅疏證』を参照）。

△**羊角而上**――『莊子』逍遙遊篇の同じ句を踏まえる（兪樾）。

△**崑崙**――山の名。中國の西北にある神仙境。その上に「天」がある。本書墬（地）形篇に詳しい。

△**閶闔**――崑崙にある門。天に昇っていく時、最初にくぐる門。本書墬（地）形篇に出る。

△**天門**――高誘注は「上帝所居紫微宮門也」とする。

△**利錣**――「錣」は、底本は「鍜」に作るが、王念孫『讀書雜志』によって改めた。

△**大丈夫……而歸之**――『文子』道原篇に重出（島田翰）。

△**造化**――「道」を指す（高誘注の一說）。

△**大區**――高誘注に「區、宅也。大宅、謂天也。」とある。

△**霄雿**――王念孫『讀書雜志』によって「虛無寂漠」の意。

△**垠鄂**――底本には「鄂」がないが、王念孫『讀書雜志』によって補った。「垠鄂」は、「端崖」の意（許愼注）。

△**劉覽偏照**――類似句が『後漢書』馬融列傳にも出る（于大成）。「劉覽」は、「回觀也」（高誘注）。「偏」は、「徧」の假借字。

△**還反於樞**――「樞」は、『莊子』齊物論篇の「道樞」を踏まえる。

△**四支不勤**――「勤」は、底本は「動」に作るが、王念孫『讀書雜志』によって改めた。本書

脩務篇・『文子』自然篇・『論語』微子篇に類似句がある（劉殿爵『讀淮南鴻烈解校記』・于大成）。

△**八紘九野**――「八紘」は、本書墬（地）形篇を參照（楊樹達）。「九野」は、「天」の「九野」。本書天文篇に詳しい（戸川芳郎・木山英雄・澤谷昭次）。

△**趣而歸之**――底本は「歸之趣」に作るが、王念孫『讀書雜志』によって改めた。

【解説】

本章の終わりの部分にある「為す可からず、其の自然に因る。」という句は、「無為自然」と言うに等しい。問題はその内容であるが、ここでは「天下の事」の自律的自発的なあり方を尊重すること、それに逆らってまでアーティフィシアル（人為的人工的）なことを行わないことである。したがって、ここには「天下の事」の自《みずか》ら展開する姿という客観を重視しようとする志向が認められる。『淮南子』の特徴の一つは、本書が道家系の書であるにもかかわらず、天文篇・墬（地）形篇以下の諸篇において「天下の事」「万物の変」を明らかにする仕事に着手していることであって、これは中国思想史の展開の上で注目に値する現象であろうと思う。けれども、これが客観学としてはなお不徹底・未成熟のまま終わってしまったのは、理論面にのみ限っていえば、客観的事物の根源にある「道」にやはり責任があろう。なぜなら、作者たちにとって、「天下の事」「万物の変」の中の「自然」「要趣」とは、依然として「道」であり、その何であるかは今さら客観学によって究明するまでもなく明らかだったからである。——最後の「万物の変は、究《きわ》む可からず。」に注目されたい。

5　小《こ》技《わざ》に頼ってはならない

【読み下し】

夫《そ》れ大道《たいどう》を釈《す》てて小数《しょうすう》に任ずるは、以て蠏《かに》をして鼠《ねずみ》を捕えしめ、蟾蠩《せんしょ》をして蚤《のみ》を捕えしむるに異なること無し。以て姦《かん》を禁じ邪《じゃ》を塞《ふさ》ぐに足らずして、乱乃《すなわ》ち逾々《いよいよ》滋《しげ》し。昔者《むかし》夏《か》の鯀《こん》九仞《きゅうじん》の城を作るに、諸侯《しょこう》之に背《そむ》き、海外 狡心《こうしん》有り。禹《う》 天下の叛《そむ》くを知るや、乃《すなわ》ち城を壊《こぼ》ち池を平らかにし、財物を散じ、甲兵《こうへい》を焚《や》き、之を施すに徳を以てして、海外 賓服《ひんぷく》し、四夷《しい》職を納《い》る。諸侯を塗山《とざん》に合《あつ》むれば、玉帛《ぎょくはく》を執《と》る者万国《ばんこく》あり。

故に機械の心、胷《きょう》（胸）中《ちゅう》に蔵すれば、則ち純白 粋《すい》ならず、神徳《しんとく》 全《まった》からず。身に在る者すら知らず、何の遠きをか之《これ》能く懐《なつ》くる所ぞ。是の故に革《かく》 堅ければ則ち兵利《するど》く、城 成れば則ち衝《しょう》 生ず。湯《ゆ》を以て沸《わ》けるに沃《そそ》ぐが若《ごと》くして、乱乃《すなわ》ち逾々《いよいよ》甚《はなは》だし。是の故に噬狗《ぜいく》を鞭《むち》ち、蹏《てい》（踶）馬《ば》を策《むち》ちて、之を教えんと欲すれば、伊尹《いいん》・造父《ぞうほ》と雖《いえど》も化すること能わず、肉《にく》せんと欲するの心、中《うち》に亡《な》ければ、則《すなわ》ち飢虎《きこ》も尾《び》す可《べ》し。何ぞ況《いわん》や狗馬《くば》の類をや。故に道を体する者は逸《いつ》すれども窮《きゅう》せず、数《すう》に任ずる者は労すれども功無し。

【現代語訳】

一体、大道《たいどう》（偉大な道）を捨てて小技《こわざ》に就《つ》くのは、蟹《かに》に鼠《ねずみ》を取らせ、蛙《かえる》に蚤《のみ》を取らせるのと同じで、邪悪を防ぐことができないばかりか、かえって混乱をひどくする元である。昔、夏《か》の鯀《こん》が高さ九仞《きゅうじん》（約十五メートル）の城を築いたところ、諸侯《しょこう》は鯀に背き、外国にはずる賢い心が芽生えた。その息子の禹《う》は、天下の離反に気づいて、城を壊《こわ》し、堀を埋め、財宝を放出し、武器を焚《や》き、もっぱら恩徳を施した。すると外国は服従し、諸民族は貢納《こうのう》するようになった。やがて禹が塗山《とざん》（山の名）で諸侯を会合させた時、玉帛《ぎょくはく》の礼品《れいひん》を捧《ささ》げて馳《は》せ参《さん》ずる国は一万国にも及んだのであった。

さて、機巧《きこう》の心が胸中《きょうちゅう》に生まれると、本来の純白さは汚《けが》され、完全であった徳にも欠陥が出てくる。こんな調子で我が身のことにすら気を配ることができないとすれば、どうして遠方の者をなびかせることができようか。だから、こちらの甲冑《かっちゅう》が堅固になるとあちらの刀剣は鋭さを増し、こちらに城が築かれるとあちらには城攻めの車が考案される。あたかも煮《に》え湯に湯を加えるように、混乱はひどくなるばかりである。したがって、鞭《むち》をあてて猛犬や暴《あば》れ馬を馴《な》らそうというのでは、暴虐の君主を鎮《しず》めた伊尹《いいん》や名御者の造父《ぞうほ》でも調教しきれないが、食ってやろうという気持ちがなければ、飢えた虎さえ連れて歩くことができる。まして犬や馬の類を馴らすなどたやすいことである。それ故、道を体得した者は楽をしながら行き詰まることがなく、小技《こわざ》に頼る者は労多くして功がない。

【原文】

夫釋大道而任小數、無以異於使蟹★捕鼠、蟾蠩捕蚤。不足以禁姦塞邪、亂乃逾滋。昔者夏鯀作九仞★之城、諸侯背之、海外有狡心。禹知天下之叛也、乃壞城平池、散財物、焚甲兵、施之以德、海外賓服、四夷納職。合諸侯於塗山、執玉帛者萬國。故機械之心、藏於胷（胸）中、則純白不粹、神德不全。在身者不知、何遠之所能懷。是故革堅則兵利、城成則衝生。若以湯沃沸、亂乃逾甚。是故鞭噬狗、策蹏（踶）馬、而欲教之、雖伊尹造父弗能化、欲肉★之心、亡於中、則飢虎可尾。何況狗馬之類乎。故體道者逸而不窮、任數者勞而無功。

【注釈】

△**夏鯀作九仞之城**――「鯀」が「城」を作った話は、『呂氏春秋』君守篇・行論篇に見える（于大成）。

△**九仞**――「九」は、底本は「三」に作るが、王念孫『讀書雜志』によって改めた。

△**合諸侯……者萬國**――同じ句が『春秋左氏傳』哀公七年にある（于大成）。また『漢書』王莽傳などにも見える。「塗山」は、「在九江當塗縣」（高誘注）。今の安徽省淮南市の東北。

△**機械之……德不全**――『莊子』天地篇の類似句に本づく。『淮南子』や『文子』にこの表現が多いことは、拙著『莊子』上巻天地篇の補注を参照。以下、「不足均也」までは、『文子』道原篇に重出（島田翰）。「神」は、「德」に係る形容詞。

△**策蹏馬**――「蹏」は、「蹄」の假借字（楊樹達）。

△**伊尹**――『孟子』萬章上篇・『史記』殷本紀の、暴虐の君主太甲を改悛させた説話を踏まえる（楠山春樹『淮南子』上）。

△**欲肉之心**――「肉」は、底本は「宍」に作る。王念孫『讀書雜志』・顧廣圻の説（王引之『讀書雜志』所引）によって正字に戻した。

△**體道者……而無功**――類似句が『孔叢子』抗志篇にある（于大成）。

【解説】

作者は、「大道」の政治を提唱して、「小数《しようすう》に任ずる」政治に反対する。後者は夏の鯀・禹に比擬される前漢皇帝の、「九仞《きゆうじん》の城」「甲兵《こうへい》」という言葉に示されているミリタリズム、「財物」の収奪強化、「機械の心」「肉《にく》せんと欲するの心」のマキァベリズムなどから成っており、文帝・景帝の時代から進められつつあった前漢皇室の諸侯王抑圧による中央集権強化政策が、ここに反映していると見て恐らく間違いない。それに対して、前者はあまり内容豊富とは言いがたく、せいぜい「純白」「神徳」といった道家的な心境を抱いて行う政治が提唱されているにすぎない。そして、この道家系の政治思想の貧困を補うのが儒家系の徳治主義（禹の場合）であるので、本章における作者の政治思想としては、前漢皇帝の「純白」「神徳」の道家的な心境が、儒家的徳治主義の方式を通じて、人々を自然に感化していくことを考えていたことになる。

もっとも「小数」ではなく「大道」をとは唱えても、作者の考える主権者も同じように前漢皇帝であり、政治目的もその下で同じように「姦《かん》を禁じ邪《じゃ》を塞《ふさ》ぐ」「海外 賓服《ひんぷく》し、四夷《しい》職を納《い》る。」を目指すのであるから、両者の間の相異は主にこれらを実現するための方法・手段にあったと思われる。少なくとも、ある種の中央集権は、作者の支持するものでもあった。

6　物の自然な本性を尊重しよう

【読み下し】

夫《そ》れ峭 法刻誅《しょうほうこくちゅう》なる者は、覇王《はおう》の業に非《あら》ざるなり。箠策《すいさく》繁《しげ》く用うる者は、遠きを致すの御《ぎょ》に非ざるなり。離朱《りしゅ》の明《めい》は、箴末《しんまつ》を百歩の外に察するも、淵中《えんちゅう》の魚を見ること能《あた》わず。師曠《しこう》の聡《そう》（聡）は、八風の調《しら》べを分《わ》かつも、十里の外を聴くこと能わず。故に一人の能に任ずれば、以て三畝《さんぽ》の宅をも治むるに足らざるなり。道理の数に循《したが》い、天地の自然に因《よ》れば、則ち六合《りくごう》も均《ひと》しくするに足らざるなり。是の故に禹《う》の瀆《とく》を決するや、水に因《よ》りて以て師と為し、神農《しんのう》の穀《こく》を播《ま》くや、苗《なえ》に因りて以て教えと為す。

夫れ萍樹《へいじゅ》の水に根ざし、木樹の土に根ざし、鳥の虚《きょ》を排して飛び、獣《けもの》の実《じつ》を蹠《ふ》みて走り、蛟竜《こうりゅう》の水居し、虎豹《こひょう》の山処するは、天地の性なり。両木《りょうぼく》の相《あ》い摩《ま》して然《も》え、金火《きんか》の相い守りて流れ、員《まる》き者の常に転じ、竅《うつろ》なる者の主として浮くは、自然の勢いなり。是の故に春風至れば、則ち甘雨《かんう》降り、万物を生育す。羽ある者は嫗伏《おうふく》し、毛ある者は孕育《よういく》し、草木は栄華《えいか》し、鳥獣は卵胎《らんたい》す。其の為す者を見ること莫《な》けれども、功既《こうすで》に成る。秋風 霜を下せば、到《とう》生《せい》は挫傷《ざしょう》し、鷹鵰《ようちょう》は搏鷙《はくし》し、昆虫は蟄蔵《ちつぞう》し、草木は根を注《つ》け、魚鼈《ぎょべつ》は淵《ふち》に湊《あつ》まる。其の為す者を見ること莫くして、滅《めつ》して形無し。木処《もくしょ》に榛巣《しんそう》あり、水居《すいきょ》に窟穴《くつけつ》あり、禽獣《きんじゅう》に艽《ねぐら》有り、人民に室有り。陸処《りくしょ》には牛馬を宜《よろ》しとし、舟行《しゅうこう》には水多きを宜しとす。匈奴《きょうど》は穢裘《わいきゅう》を出《い》だし、干越《かんえつ》は葛絺《かっち》を生ず。各々急《きゅう》とする所を生じて、以て燥湿《そうしつ》に備え、各々処《お》る所に因りて、以て寒暑を御《ふせ》ぎ、並びに其の宜しきを得て、物《もの》其の所を便《べん》とす。此《これ》に由《よ》りて之を観れば、万物は固《もと》より以《すで》(已)に自然なり、聖人《せいじん》又た何をか事とせん。

九疑《きゅうぎ》の南は、陸事《りくじ》寡《すくな》くして水事衆《おお》し。是《ここ》に於《お》いて民人 被髪文身《ひはつぶんしん》して以て鱗虫《りんちゅう》に像《かたど》り、短《たん》綣《こん》(褌)に絝《こ》せずして以て渉游《しょうゆう》に便《べん》にし、短袂攘巻《たんぺいじょうけん》して以て舟を刺《さ》すに便にするは、之に因《よ》るなり。鴈門《がんもん》の北は、狄《てき》 穀食《こくしょく》せず、長《ちょう》を賤《いや》しみ壮《そう》を貴《たっと》び、俗は気力を上《たっと》び、人 弓を弛《お》かず、馬 勒《おもがい》を解かざるは、之を便とするなり。故に禹《う》 裸国《らこく》に之《ゆ》くや、衣《ころも》を解きて入り、衣《い》帯《たい》して出《い》ずるは、之に因るなり。

今夫れ樹《き》を徙《うつ》す者、其の陰陽の性を失えば、則ち枯槁《ここう》せざるもの莫《な》し。故に橘樹《きつじゅ》は江北《こうほく》に之《ゆ》けば、則ち化して橙《とう》と為り、鴝鵒《くよく》は済《せい》を過ぎず、貈《かく》は汶《ぶん》を渡れば死す。形性《けいせい》は易《か》う可からず、勢居《せいきょ》は移す可からざればなり。是の故に道に達する者は、清静《せいせい》に反《かえ》り、物を究《きわ》むる者は、無為《むい》に終わる。

【現代語訳】

そもそも法律を厳《きび》しくし刑罰を重くするのは、王者《おうじゃ》のなすべきことではない。鞭《むち》をしきりに振るうのが、遠い道程《みちのり》を行く御者《ぎょしゃ》のなすべきことではないように。離朱《りしゅ》（古代の明目の人）の目は、百歩向こうにある針の先を見ることができたが、淵《ふち》の中の魚は見えなかった。師曠《しこう》（古代の音楽家）の耳は、八方の風音を聞き分けることができたが、十里先の音は聞こえなかった。それ故、一人の能力に頼るのでは、三畝《さんぽ》の屋敷《やしき》の内も治められないが、道理の法則に従い、天地の自然を尊重していくならば、宇宙の全体さえわざわざ手を下すまでもなく安定する。そこで、禹《う》は洪水を治めるのに水の性質を師と仰ぎ、神農《しんのう》は穀物を播《ま》くのに苗《なえ》の本性から教えを受けたのであった。

一体、浮き草が水に根を浮かべ、樹木が土に根を張り、鳥が虚空《こくう》を押して飛び、獣《けもの》が地面を踏んで走り、蛟竜《こうりゅう》が水に住み、虎豹《とらひょう》が山に住むのは、自然の本性である。木と木が擦《こす》り合って燃え、金《かね》が火に近づいて溶け、円いものが常に転《ころ》がり、空《うつろ》なものが水に浮かぶのは、自然の勢いである。そこで、春風が吹けば、甘雨《かんう》が降って、万物を成長させ、羽あるものは卵を抱き、毛あるものは身ごもり、草木は花を咲かせ、鳥獣《ちょうじゅう》は繁殖する。誰《だれ》の仕業か分からないけれども、結果はきちんと出てくる。秋風が霜を降らせると、植物は枯れ落ち、鷹《たか》や鷲《わし》は小鳥を襲い、昆虫は冬ごもりし、草木は根を下《お》ろし、魚やすっぽんは水底に集まる。誰のしたことか分からないけれども、万物は跡形《あとかた》もなく消え失せる。また、木に住むものに繁《しげ》みがあり、水に住むものに穴があり、禽獣《きんじゅう》にねぐらがあり、人類に家がある。陸地では牛馬が役に立つが、舟で行くには水の多い方がよい。北方の匈奴《きょうど》は毛皮のジャンパーを産し、南方の干越《かんえつ》（呉越《ごえつ》）は葛織《くずお》りのシャツを産する。それぞれの必要なものを作り出して乾湿《かんしつ》に備え、それぞれの住むところによって寒暑を防ぎ、こうして、全ての物が自己に適《ふさわ》しいものを手に入れて、その持ち場に落ち着く。以上から考えると、万物はもともと自然的存在であって、だから聖人はそれに何の人工も加えはしないのである。

九疑山《きゅうぎさん》（湖南省の山）の南では、陸上の仕事が少なく水中の仕事が多い。そこで人々は、髪を切り身体に入墨《いれずみ》をして魚類を装い、短いふんどしに袴《はかま》も省いて泳ぐ便をはかり、袂《たもと》は短く衣をからげて舟を漕《こ》ぐのに都合よくする。土地柄《とちがら》に順応するわけである。鴈門山《がんもんざん》（山西省の山）の北では、狄《てき》（北方の異民族）は穀物を食べない。年寄りを措《お》いて若者を重んずるなど、元気盛んなことを尊び、人は弓を手から離さず、馬は勒《おもがい》を解くことがない。都合がよいからである。そこで、禹《う》は裸国《らこく》に赴《おもむ》いた時、衣服を脱いで入国し、衣服を着て出国した。土地柄に順応したのである。

ところで、樹を移植しようとする時、その自然の本性に逆らうならば、必ず枯れてしまうであろう。だから、橘《たちばな》を長江《ちょうこう》の北に植えると、橙《からたち》に変わってしまい、黒つぐみは済水《せいすい》（川の名）を越えて南下しないし、むじなは汶水《ぶんすい》（川の名）を渡ると死んでしまう。物本来の形態・本性は変えることができず、それぞれに適《ふさわ》しい環境・居所は動かすことができないからである。こういうわけで、大道《たいどう》に通達している者は清らかさ静けさに反《かえ》っていき、事物を究明しえた者はいつまでも無為であり続ける。

【原文】

夫峭法刻誅者、非霸王之業也。箠策繁用者、非致遠之御★也。離朱之明、察箴末於百步之外、不能見淵中之魚。師曠之聰（聰）、分★八風之調、而不能聽十里之外。故任一人之能、不足以治三畝之宅也。循★道理之數、因天地之自然、則六合不足均也。是故禹之決瀆也、因水以爲師、神農之播穀也、因苗以爲教。

夫萍樹根於水、木樹根於土、鳥排虛而飛、獸蹠實而走、蛟龍水居、虎豹山處、天地之性也。兩木相摩而然、金火相守而流、員者常轉、窾者主浮、自然之勢也。是故春風至、則甘雨降、生育萬物。羽者嫗伏、毛者孕育、草木榮華、鳥獸卵胎。莫見其爲者、而功既成矣。秋風下霜、到生挫傷、鷹鵰搏★鷙、昆蟲蟄藏、草木注根、魚鼈湊淵。莫見其爲者、滅而無形。木處榛巢、水居窟穴、禽獸有艽★、人民有室。陸處宜牛馬、舟行宜多水。匈奴出穢裘、干越生葛絺。各生所急、以備燥溼、各因所處、以御寒暑、竝得其宜、物便其所。由此觀之、萬物固以（已）自然、聖人又何事焉。

九疑之南、陸事寡而水事衆。於是民人被髮文身以像鱗蟲、短綣（幝）不絝以便涉游、短袂攘卷以便刺舟、因之也。鴈門之北、狄不穀食、賤長貴壯、俗上氣力、人不弛弓、馬不解勒、便之也。故禹之裸國、解衣而入、衣帶而出、因之也。

今夫徙樹者、失其陰陽之性、則莫不枯槁。故橘樹之江北、則化而爲橙★、鴝鵒不過濟、貈渡汶而死。形性不可易、勢居不可移也。是故達於道者、反於清靜、究於物者、終於無爲。

【注釈】

△非致遠之御也―「御」は、底本は「術」に作るが、王念孫『讀書雜志』によって改めた。

△離朱之……步之外―類似句が『愼子』內篇にある（鄭良樹）。

△分八風之調―「分」は、底本は「合」に作るが、鄭良樹によって改めた。「八風」は、本書墬形篇に詳しい（楊樹達）。

△任一人……足均也―類似句が本書主術篇・『韓非子』喩老篇にある。

△循道理之數―「循」は、底本は「脩」に作るが、王念孫『讀書雜志』によって改めた。

△兩木相……守而流―『莊子』外物篇の類似句を踏まえる。

△羽者嫗……者孕育―同じ句が『禮記』樂記篇・『史記』樂書にも見える（于大成）。

△禽獸有艽―「艽」は、底本は「芃」に作るが、劉績『淮南鴻烈解補注』・王念孫『讀書雜志』によって改めた。

△短綣―「綣」は、「帣」の假借字（楊樹達）。

△禹之裸……因之也―『呂氏春秋』貴因篇に本づく。他に『戰國策』趙策二・『史記』趙世家などを參照（于大成）。「裸國」は、本書墬（地）形篇にも出る（于大成）。

△化而爲橙―「橙」は、底本は「枳」に作るが、王念孫『讀書雜志』によって改めた。

△是故達於道者―以下、「不爲而成」まで『文子』道原篇に取られている。

【解説】

本書『淮南子』よりも古い戦国時代の道家は、「道」と「物」とを百八十度正反対のものと把えていた。例えば、形而上の「道」と形而下の「物」と、「一の無」と「多の有」と、「真」と「仮」と、「知りえないもの」と「知りうるもの」と、等々のように正反対に対立すると把えていたのである。したがって、「道」とは、もともと「物」の（価値や存在の）完全な否定の上に初めて定立される観念であった。ところが、本章を読んで気がつくことの一つは、両者が同じ方向を向き始め、その間の距離が著しく接近していることである。例えば、本章末尾の「道に達する者」と「物を究《きわ》むる者」が、何ということであろうか、同じ境地の人を指しているのである。

具体的に本章の中から「道」に当たる言葉を拾ってみると、「道理の数」「天地の自然」「天地の性」「自然の勢い」「陰陽の性」などがあり、要するに「万物は固《もと》より以《すで》（已）に自然なり」という万物の自然的なあり方が、「道」に他ならない。こうして本書『淮南子』において、「道」は「物」の中に内在させられたわけであるが、同時にこのことは、「物」の研究を可能にするロジックの基礎が築かれたことをも意味していた。

7　一《いち》と道《みち》の関係について

【読み下し】

出《い》でて生じ入りて死すとは、無《む》自《よ》り有《ゆう》に踰《ゆ》き、有自り無に踰きて、以て衰賤《すいせん》することなり。是の故に清静《せいせい》なる者は、徳の至《いた》りにして、柔弱《じゅうじゃく》なる者は、道の要《かなめ》なり、虚《むな》しくして恬《てん》愉《ゆ》なる者は、万物の用なり。粛然《しゅくぜん》として感に応じ、殷然《いんぜん》として本《もと》に反れば、則ち無形に淪《い》る。所謂《いわゆる》無形なる者は、一《いち》の謂《い》いなり。所謂一なる者は、天下に匹合《ひつごう》する無き者なり。卓然《たくぜん》として独立し、塊然《かいぜん》として独処《どくしょ》し、上は九天《きゅうてん》に通じ、下は九野《きゅうや》を貫き、員《まる》きも規《き》に中《あ》たらず、方《ほう》なるも矩《く》に中たらず、大いに渾《こん》じて一と為り、葉《は》累《かさ》なりて根無きがごとく、之を天地を懐嚢《かいのう》して、道の関門《かんもん》為《た》り。穆忞隠閔《ぼくびんいんびん》として、純徳《じゅんとく》独《ひと》り存し、布施《ふせ》すれども既《つ》きず、之を用うれども勤《つ》きず。是の故に之を視れども其の形を見ず、之を聴けども其の声を聞かず、之に循《したが》えども其の身を得ず。無形にして有形生じ、無声にして五音《ごおん》鳴り、無味にして五味《ごみ》形《あらわ》れ、無色にして五色《ごしょく》成る。是の故に有は無より生じ、実は虚より出《い》ず。天下之《これ》が圏《けん》と為れば、則ち名実《めいじつ》同居す。

　音の数は五に過ぎざるも、五音の変は勝《あ》げて聴く可《べ》からざるなり。味の和は五に過ぎざるも、五味の化は勝げて嘗《な》む可からざるなり。色の数は五に過ぎざるも、五色の変は勝げて観る可からざるなり。故に音なる者は、宮《きゅう》立ちて五音形《あらわ》る。味なる者は、甘《かん》立ちて五味亭《さだ》まる。色なる者は、白《しろ》立ちて五色成る。道なる者は、一立ちて万物生ず。是の故に一の理は四海に施《ほどこ》し、一の解《かい》は天地を際《きわ》む。其の全《まった》きや純として樸《あらき》の若く、其の散ずるや混として濁《にご》るが若し。濁りて徐《おもむ》ろに清み、沖《むな》しくして徐ろに盈《み》ち、澹《たん》として其れ深淵《しんえん》の若く、汎《はん》として其れ浮雲《ふうん》の若く、無きが若くして有り、亡《な》きが若くして存す。

万物の總《すべ》（総）ては、皆《み》な一孔《いちこう》に閲《す》べられ、百事の根《ね》は、皆な一門より出ず。其の動くや形無く、変化すること神《しん》の若く、其の行くや迹《あと》無く、常に後《おく》れて先《さき》んず。是の故に至人《しじん》の治《ち》や、其の聡《そう》（聡）明《めい》を掩《おお》い、其の文章を滅《ほろ》ぼし、道に依《よ》り智を廃《はい》し、民と同じく公《こう》に出で、其の誘慕《ゆうぼ》を去り、其の嗜《し》欲《よく》を除き、其の思慮を損《そん》す。其の守る所を約《やく》にすれば則ち察《さつ》に、其の求むる所を寡《すく》なくすれば則ち得《う》。夫れ耳目に任じて以て聴視《ちょうし》する者は、形を労して明らかならず、知慮を以て治を為す者は、心を苦しめて功無し。是の故に聖人《せいじん》は度《ど》を一《いち》にし軌《き》に循《したが》い、其の宜《よろ》しきを変えず、其の常《つね》を易《か》えず、準《じゅん》に放《よ》り縄《じょう》に循い、曲《つぶ》さに其の当《あ》たれるに因《よ》る。

【現代語訳】

生より死に赴《おもむ》くとは、無《む》から有《ゆう》に出てきたものが、次第に有から無に入っていき、そのまま衰えてしまうことにすぎない。それ故、これに対して清静《せいせい》な態度を取るのが徳の極致であり、柔弱《じゅうじゃく》に構えるのが道の根本であり、虚心恬淡《きょしんてんたん》としているところに物としての存在意義が生ずる。静かに自己の感じたとおりに反応し、豊《ゆた》やかに根本的なものを振り返るならば、やがて無形の世界に入って行くこともできよう。その無形とは、一《いち》のことであり、その一とは、天下に並ぶもののないことである。すっくと独り立ち、どっしりと独り処《お》り、大空の九《きゅう》天《てん》にも達し、大地の九野《きゅうや》をも貫く。円くてもコンパスに合わず、四角くても物指《ものさし》に合わず、一切を大きく混ぜ合わせて一つとしているので、葉の生い茂った大木の根がどこにあるのか分からないかのよう。しかし天地を包みこんでおり、道に至る関門《かんもん》なのである。ぼんやりもやもやとした中に、純粋な徳として独り存し、どんなに与えても尽《つ》きず、どんなに用いても無くならない。こういうわけで、目をこらしても形は見えず、耳を傾けても声は聞こえず、後を追っても身体《からだ》に触れることができない。無形でありながら有形を生み、無声でありながら五音《ごおん》（宮《きゅう》・商《しょう》・角《かく》・徴《ち》・羽《う》）を響かせ、無味でありながら五味《ごみ》（甘《かん》・鹹《かん》・酸《さん》・苦《く》・辛《しん》）を現《あらわ》し、無色でありながら五色《ごしょく》（白・黒・黄・青・赤）を作る。したがって、有は無から生じ、実は虚から出てくるのであるが、宇宙という大枠を設定するならば、そこには道の観念も物の実質もともに含まれている。

音の数は五つにすぎないが、五音の変化で奏《かな》でる楽曲は聴き尽くせない。味の数は五つにすぎないが、五味の変化で作るメニューは味わい尽くせない。色の数は五つにすぎないけれども、五色の変化の織りなす景色は眺《なが》め尽くせない。ところが、音は宮《きゅう》が確立して五音が整い、味は甘《かん》が決まって五味が定まり、色は白が決まって五色が成り立つ。同じように、道は一が確立してそこに万物が生ずるのである。こうして、一の有する条理は四海《しかい》にまで貫かれ、一の分解したものは天地にまで行き渡る。まだ分解しない以前は樸《あらき》のように混じり気がなく、分解した後は濁り水のように不純である。混濁もやがて清み、空虚もやがて盈《み》ちてくれば、深淵《しんえん》のようにじいっと、浮雲《うきぐも》のようにふんわりと、無いように見えながら有り、亡くなったように見えながら存在している。

万物の全体はみな一つの穴によって統括され、万事《ばんじ》の根源は全て一つの門に由来する。それ故、至人《しじん》は姿《すがた》形《かたち》なく動き、鬼神《きしん》のように変化し、跡形《あとかた》なく進み、常に後《おく》れながら先を行く。至人（道を体得した人）の行う政治のやり方は、自分の聡明さを隠《かく》し、教養を捨て、道により知を廃し、人民に対しては公正で分け隔てせず、彼らの野心・欲望・分別を取り除いてやる。こうして至人は、行わなければならない仕事を少なくするので、ものがよく見えるし、他に求めるものがほとんどないので、全てがうまく行く。これとは反対に、耳目に頼って見聞きする者は、身体が疲れるばかりで何も見えないし、知慮によって政治を行う者は、心を苦しめるだけで治績《ちせき》も挙がらない。こういうわけで、聖人《せいじん》（至人に同じ）は一の道を唯一の規範としてそれに従い、その都合のよい快適さを変更せず、その変わらぬ恒常性《こうじょうせい》に手を加えない。また一の道だけを基準としてそれにより、一々その無理のない妥当性に従うのである。

【原文】

出生入死、自無蹠有、自有蹠無、而以衰賤矣。是故清靜者、德之至也、而柔弱者、道之要也、虛而恬愉者、萬物之用也。肅然應感、殷然反本、則淪於無形矣。所謂無形者、一之謂也。所謂一者、無匹合於天下者也。卓然獨立、塊然獨處、上通九天、下貫九野、員不中規、方不中矩、大渾而爲一、葉累而無根、懷囊天地、爲道關門。穆忞隱閔、純德獨存、布施而不既、用之而不勤。是故視之不見其形、聽之不聞其聲、循之不得其身。無形而有形生焉、無聲而五音鳴焉、無味而五味形焉、無色而五色成焉。是故有生於無、實出於虛。天下爲之圈、則名實同居。

音之數不過五、而五音之變不可勝聽也。味之和不過五、而五味之化不可勝嘗也。色之數不過五、而五色之變不可勝觀也。故音者、宮立而五音形矣。味者、甘立而五味亭矣。色者、白立而五色成矣。道者、一立而萬物生矣。是故一之理施四海、一之解際天地。其全也純兮若樸、其散也混兮若濁。濁而徐淸、冲而徐盈、澹兮其若深淵、汎兮其若浮雲、若無而有、若亡而存。

萬物之總（總）、皆閱一孔、百事之根、皆出一門。其動無形、變化若神、其行無迹、常後而先。是故至人之治也、掩其聰（聰）明、滅其文章、依道廢智、與民同出于公、去其誘慕、除其嗜欲、損其思慮。約其所守則察、寡其所求則得。夫任耳目以聽視者、勞形而不明、以知慮爲治者、苦心而無功。是故聖人一度循軌、不變其宜、不易其常、放準循繩★、曲因其當。

【注釈】

△**出生入死**――『老子』第五十章の同じ句を踏まえる。

△**自無蹠……有蹠無**――本書精神篇にも出る。

△**清靜者**――以下、「因其當」まで『文子』道原篇に重出。

△**九天**―高誘注は「八方中央也」と言う。本書俶眞篇などにも出る。

△**九野**―上文のとは異なって地の「九野」（九州）であろう。

△**員不中……不中矩**―『莊子』駢拇篇の類似句を踏まえる。

△**大渾而爲一**―『老子』第十四章の類似句を踏まえる。

△**無根**―高誘注は「言微妙也」とする。

△**穆忞隱閔**―高誘注は「皆无形之貌也」（吳承仕『淮南舊注校理』を參照）とする。

△**用之而不勤**―「勤」は、上文に既出（楊樹達）。

△**視之不……得其身**―『老子』第十四章の類似句を踏まえる（楠山春樹『淮南子』上）。

△**天下爲……實同居**―上文の「張天下……之有乎」と同趣旨（楊樹達）。『莊子』大宗師篇の「藏天下於天下」を踏まえる。

△**道者一……物生矣**―『老子』第四十二章の類似句を踏まえる（戶川芳郎・木山英雄・澤谷昭次）。

△**一之理……際天地**―『莊子』刻意篇、『管子』心術下篇・內業篇、馬王堆帛漢墓書『十六經』成法篇などに類似句がある。後句の意味は、馬宗霍による。

△**萬物之……出一門**―『呂氏春秋』不二篇・馬王堆帛漢墓書『十六經』成法篇に類似句がある。

△**放準循繩**―「循」は、底本は「修」に作るが、王叔岷『諸子斠證』によって改めた。

【解説】

本章で言う「一」とは、結局のところ「道」のある性質を表現する言葉である。ここでは、それがさまざまに述べられていて、上手にまとめて理解するのにやや困難を感ずるが、それは本章が「一」に関する従来の諸理論を、相互の関連などを考慮しないでオン・パレードに繰り広げたためである。その内容は、全体としては「道」の超越性・唯一性・一元性（そして否定性）に集中しているが、同時にそれらとは反対方向を向いている混一性への言及もある。これらは単なる哲学であるに止《とど》まらず、政治思想として現実社会に適用されることをも目指しているのであるから、以上のような理論内部の矛盾もしくは齟齬は、やがて本章や本書全体の現実的な意味に跳ね返ってこざるをえなかったと考えられる。

巻第二　俶真《しゅくしん》

【総説】

題の意味は、始めの真実ということ。高誘注《こうゆうちゅう》は「俶は、始なり。真は、実なり。道の実は无有《むゆう》に始まり、有を化育《かいく》するを説く。故に『俶真《しゅくしん》』と曰《い》いて、因《よ》りて以《もっ》て篇に題す。」としている。

この始めは、人間もその中に含まれる宇宙が太初に遡《さかのぼ》れば何であったかという、遡行的な観点から見た宇宙の生成の始まりであるが、しかしそうだからといって、作者の主な関心が必ずしも宇宙についての科学的な事実にあるわけではない。根底にあるのはそれよりもむしろ、始めの真実を把えてその立場から現実に起きている「生死」や「栄辱」などの人生の問題を考え、人間のあるべき生き方を問い直そうとする実践論的修養論的な関心であるように思われる。したがって、本篇の叙述は多岐にわたらざるをえないのである。

本書の末尾にある要略篇の解説によれば、本篇の内容は「終始の化を窮逐《きゅうちく》し、有無の精を嬴垺《えいこ》し、万物の変を離別し、死生の形を合同す」るもの、一言で言えば万物の

「終始」である。また本篇の目的は、読者をして「物を遺《わす》れ己《おのれ》に反り、仁義の間を審《つまび》らかにし、同異の理《ことわり》に通じ、至徳の統《とう》を観、変化の紀《のり》を知り、玄妙《げんみょう》の中に説符《せっぷ》し、造化の母に通迥《つうどう》せし」めること、要するに「倣依《ほうい》する所を知らし」めることであると言う。

8　宇宙生成の始めについての考察

【読み下し】

始めなる者有り、未《いま》だ始めより始め有ること有らざる者有り、未《いま》だ始めより夫《か》の未だ始めより始め有ること有らざること有らざる者有り。有《ゆう》なる者有り、无《む》なる者有り、未だ始めより無有ること有らざる者有り、未だ始めより夫《か》の未だ始めより无有ること有らざること有らざる者有り。

所謂《いわゆる》始めなる者有りとは、繁憤《はんふん》未だ発せず、萌兆牙蘖《ぼうちょうがげつ》、未だ形埒垠堮《けいらつぎんがく》有らず、无无蝡蝡《むむぜんぜん》として、将《まさ》に生興《せいこう》せんと欲して、未だ物類を成さざるなり。未だ始めより始め有ること有らざる者有りとは、天気始めて下り、地気始めて上り、陰陽錯合《さくごう》し、相《あ》い与《とも》に宇宙の間に優游《ゆうゆう》競暢《きょうちょう》し、徳を被《こうむ》り和を含み、繽紛蘢蓯《ひんぷんろうそう》し、物と接せんと欲して、未だ兆朕《ちょうちん》を成さざるなり。未だ始めより夫《か》の未だ始めより始め有ること有らざること有らざる者有りとは、天和を含みて未だ降らず、地 気を懐《いだ》きて未だ揚《あが》らず、虚无寂寞《きょむせきばく》、蕭 条 霄 雿《しょうじょうしょうちょう》として、彷彿《ほうふつ》たるもの有ること无《な》く、気遂《と》げて冥冥《めいめい》に大通《だいつう》する者なり。

有《ゆう》なる者有りとは、万物掺落《さんらく》し、根茎枝葉《こんけいしよう》、青葱苓蘢《せいそうれいろう》として、蓶蔰《いこ》炫煌《げんこう》に、蠉飛《けんひ》蝡動《ぜんどう》し、蚑《き》行噲息《こうかいそく》して、切循把握《せつじゅんはあく》す可《べ》くして、数量有るを言う。无《む》なる者有りとは、之を視るも其の形を見ず、之を聴くも其の声を聞かず、之を捫《と》るも得可《うべ》からず、之を望むも極《きわ》む可《べ》からざるなり。儲与扈冶《ちょよこや》、浩浩瀚瀚《こうこうかんかん》として、隠儀揆度《いんぎきたく》す可からざれども、光耀《こうよう》に通ずる者なり。未だ始めより无《む》有ること有らざる者有りとは、天地を包裹《ほうか》し、万物を陶冶《とうや》して、混冥《こんめい》に大通し、深閎《しんこう》広大にして、外を為す可からず、毫を析《さ》き芒《のぎ》を剖《わ》かちて、内を為す可からず、環堵《かんと》の宇《う》无《な》くして、有无《うむ》の根を生ずるなり。未だ始めより夫《か》の未だ始めより无《む》有ること有らざること有らざる者有りとは、天地未だ剖《わ》かれず、陰陽未だ判《わ》かれず、四時《しいじ》未だ分かれず、万物未だ生ぜず、汪然《おうぜん》として平静に、寂然《せきぜん》として清澄《せいちょう》にして、其の形を見るもの莫《な》し。

光耀《こうよう》の无有《むゆう》に問いて、退きて自失するが若《ごと》し。曰《い》わく、「予《われ》能く無《む》有れども、未だ无《む》无《な》き能《あた》わず。其の无《む》无《な》きを為すに及びては、至妙《しみょう》何に従《よ》りて此《ここ》に及ばんや。」と。

【現代語訳】

始めというものがある。また、この「始め」がまだなかった、それ以前の始めというものがある。さらに、「この『始め』がまだなかった、それ以前の始め」もまだなかった、それ以前の始めというものがある。ところで、有《ゆう》というものがあり、その始めとしての無《む》というものがある。また、この「無」がまだなかった、それ以前の始めとしてのより純粋な無というものがある。さらに、「この『無』がまだなかった、それ以前の始めとしてのより純粋な無」もまだなかった、絶対の始めとしての完全に純粋な無というものがある。

「始め」とは、一つの物が生まれようとして鬱結《うっけつ》した気がまだ飛び出さず、芽吹《めぶ》き萌《も》え出ようとしてはいるが、なお姿形《すがたかたち》を持つに至らず、もやもやごそごそとして、今にも誕生しそうでいながら、まだ形体の輪郭すら定かでないという状態である。「この『始め』がまだなかった、それ以前の始め」とは、初めて天から陽気が下り、地から陰気が上って、ここに陽気と陰気が交じり合い、相《あ》いたずさえて宇宙（時間と空間）の間にゆったりと行き渡れば、エネルギーを含みハーモニーを抱きつつ、わらわらと群がり集まってきて、ついに何かに凝《ぎょう》集《しゅう》するかのようでありながら、なお形体の兆《きざ》しも見えないという状態である。「『この〝始め〟がまだなかった、それ以前の始め』もまだなかった、それ以前の始め」とは、天は陽気のハーモニーを含んだままなお下降せず、地は陰気のエネルギーを抱いたままなお上昇せず、何一つない虚《むな》しい空間の内にあって、全てはひっそりと静まり返り、物のおぼろげな気配すらなく、二気はただ走るばかりで凝結《ぎょうけつ》することもできず、こうして宇宙は全体が奥深い暗闇《くらやみ》に包まれているという状態である。

「有《ゆう》」とは、あらゆる物が集まって入り乱れ、根本《ねもと》も枝葉も青々と生い茂り、花は開いてまばゆいばかりに麗《うるわ》しく、獣《けもの》や虫たちは飛び回りうごめき、足で歩き口で息するなどのように、人間が切ったり把《とら》えたりできて、しかも数量で示すことができる状態を言う。「有の始めとしての無」とは、目をこらしても何も見えず、耳をすましても何も聞こえず、手で摑《つか》まえようとしても何も摑まらず、眺《なが》め渡しても見極められない。もやもやとして広く、広々として大きく、数えることも計ることもできないが、しかしまだ輝く光と一致している点もあるという状態である。「この『無』がまだなかった、それ以前の始めとしてのより純粋な無」とは、天地を包み、万物を育《はぐく》み、全てが奥深い混乱の内にあって、あまりに底が深く広大なため、何ものもその外に出られず、毛先を裂《さ》き穂先《ほさき》を分けたかのように微細なため、何ものもその内に入れず、一丈四方の家すら持っていないのに、有と無の根源を生ずることができるという状態である。「『この〝無〟がまだなかった、それ以前の始めとしてのより純粋な無』もまだなかった、絶対の始めとしての完全に純粋な無」とは、天と地がまだ形作られず、陰気と陽気がまだ生まれず、春夏秋冬の四季もまだ現れず、万物もまだ発生していない、その遥《はる》か以前の時、しーんと静まりかえり、ひっそりと澄み渡って、いかなる物の形も全く見られないという状態である。

　以上の全ての事情は、あの輝く光が無有《むゆう》（無に同じ）に質問をした後、退出して己《おのれ》を失いながら、つぶやいた次の言葉の中に端的に示されている。――「私は無に達することはできるけれども、しかしその無がまだ無かった、絶対の始めの本当の無には、まだ達することができない。そのような絶対の無を人為的に追い求めようとするならば、どうしてかくも素晴らしい境地に達することができるだろうか。」

【原文】

有始者、有未始有有始者、有未始有夫未始有有始者。有有者、有无者、有未始有有無者、有未始有夫未始有有无者。

所謂有始者、繁憤未發、萌兆牙蘖、未有形埒垠堮、无无蠉蠉、將欲生興、而未成物類。有未始有有始者、天氣始下、地氣始上、陰陽錯合、相與優游競暢于宇宙之間、被德含和、繽紛蘢蓯、欲與物接、而未成兆朕。有未始有夫未始有有始者、天含和而未降、地懷氣而未揚、虛无寂寞、蕭條霄雿、无有仿佛、氣遂而大通冥冥者也。

有有者、言萬物摻落、根莖枝葉、青葱苓蘢、萑蔰炫煌、蠉飛蠉動、蚑行噲息、可切循把握、而有數量。有无者、視之不見其形、聽之不聞其聲、捫之不可得也、望之不可極也。儲與扈治、浩浩瀚瀚、不可隱儀揆度、而通光燿者。有未始有有无者、包裹天地、陶冶萬物、大通混冥、深閎廣大、不可爲外、析毫剖芒、不可爲內、无環堵之宇、而生有无之根。有未始有夫未始有有无者、天地未剖、陰陽未判、四時未分、萬物未生、汪然平靜、寂然淸澄、莫見其形。

若光燿之問於无有、退而自失也。曰、予能有無、而未能无无也。及其爲无无、至妙何從及此哉。

【注釈】

△**有始者**――以下、「有未始有夫未始有有无者」に至るまでは、『莊子』齊物論篇から取って

(島田翰を參照) それとは異なる意味を賦與したもの (拙著『莊子』上巻齊物論篇の補注を參照)。

△**有未始……有无者**─底本にはこの一句がないが、道藏本などによって補った。經文の下文にもあり、高誘注 (道藏本) にもある。

△**垠堮**─王念孫『讀書雜志』は衍文とするが、底本のままでよい (王叔岷『諸子斠證』)。

△**无无**─王叔岷『諸子斠證』によって解釋する。

△**被德含和**─「德」と「和」を併稱する類似句が本篇の下文などにある (吳承仕『淮南舊注校理』)。また戶川芳郎・木山英雄・澤谷昭次を參照)。

△**兆朕**─段玉裁『說文解字注』によって解釋する。

△**有未始……有始者**─底本は眞中の「始」の下に「者」の字があるが、道藏本などによって削った。

△**天含和……而未揚**─本書本經篇に同じ句がある。

△**蕭條霄雿**─「蕭條」は、本書齊俗篇にも出る言葉 (楠山春樹『淮南子』上)。「霄雿」は、本書原道篇にもあり、その王念孫『讀書雜志』の解釋がよい (馬宗霍を參照)。

△**大通冥冥**─「大通混冥」という句が本篇の下文・覽冥篇などに見える。

△**摻落**─菊池三九郎『淮南子國字解』上によって解釋する。

△**萑蒮**─底本は「藋蒮」に作るが、王念孫『讀書雜志』によって「萑」の字だけを改めた。「蒮」の字は改めない (于鬯)。

△**蠉飛蠕動、蚑行噲息**――本書原道篇に既出（楠山春樹『淮南子』上）。

△**視之不……可得也**――本書原道篇や『老子』第十四章などに類似句がある（楠山春樹『淮南子』上）が、直接的には『莊子』知北遊篇を受ける。

△**儲與扈治**――高誘注は「褒大意也」とする。本書要略篇にも見え（鄭良樹）、そこでは「道德」と「三王」が融合するさま。その許愼注は「儲與、猶攝業。扈治、廣大也。」と言う。「儲與」は、本書本經篇にもあり（楠山春樹『淮南子』上）、その高誘注は「猶尙羊、无所主之貌也。一曰、褒大貌也。」とする。

△**隱儀揆度**――蔣超伯『南漘楛語』・于省吾『雙劍誃諸子新證』によって解釋する。

△**光耀**――「無」と關係のある「光耀」は下文に見える。まだ絕對の「無」に至らない（その意味ではマイナスの評價を受ける）「無」の一つの性質を言う。恐らく知惠の光（によって人爲的に追求される）の含意であろう。

△**陶冶萬物**――以下、「而生有无之根」に至るまで『文子』道原篇に取られている（島田翰を參照）。

△**深閎廣……可爲內**――『莊子』天下篇の「至大無外、至小無內。」と同意（馬宗霍）。

△**環堵之宇**――本書原道篇に「環堵之室」という言葉がある（楠山春樹『淮南子』上）。

△**汪然**――「汪」は、馬宗霍によって解釋する。

△**光耀之……及此哉**――『莊子』知北遊篇・本書道應篇にある「光耀」と「無有」の問答を踏まえる（陳昌齊『淮南子正誤』・王叔岷『諸子斠證』）。「問」は、底本は「閒」に作るが、

陳昌齊によって改めた。「光耀」も「无有」も上文の「有无者」に當たるが、「无有」は「光耀」の問いに何も答えられなかったが故に、かえって「无无」であることができたという趣旨である。「无无」は上文の「有未始有有無者」に當てるよりも、むしろ「有未始有夫未始有有无者」に當てる方がよい。

【解説】

『荘子』斉物論篇を踏まえて宇宙生成論を述べた章である。『荘子』斉物論篇では、真実の知識によって把えられた世界の真実の姿とは、一体どういうものであるかを問う知識―存在論を、哲学的論理的に述べていたのに対して、この文章では、それに時間性を導入して、「太初」の何ものも存在していなかった状態（「無の無の無」）から、いかにして今日の「万物」（「有」）が生まれてきたかという、宇宙の生成を論じている。道家の思想の中で、彫りの深い哲学的論理的な思索が平板な即自的歴史的な知見に取って代わられるプロセスが窺い知られる、代表的な文章の一つと言うことができよう。ただし、本章において宇宙の始まりに関する真実を把える目的が、それによって「生死」「栄辱」などの現実の諸現象はそれほど気に懸けるに及ばないという実践的な結論を導き出すことにある点は、やはり『荘子』の思索の一部を引き継ぐものである。

その宇宙生成論の内容は、「始」―「始の始」―「始の始の始」のA系列と、「有」―「無」―「無の無」―「無の無の無」のB系列との、二つの系列から成っている。両者の関係は必ずしもはっきりしないが、Ａ系列の「始」の前にＢ系列の「有」が位置し、Ａ系列の「始の始の始」の後にＢ系列の「無」が位置する、つまり「有」―「始」―「始の始」―「始の始の始」―「無」―「無の無」―「無の無の無」、のような連鎖として構成されているのではなかろうか。

9　物の転化としての生と死

【読み下し】

夫《そ》れ大塊《たいかい》我を載《の》するに形を以てし、我を労《つか》らすに生を以てし、我を逸《やす》んずるに老いを以てし、我を休《いこ》わしむるに死を以てす。我が生を善しとする者は、乃《すなわ》ち吾が死を善しとする所以《ゆえん》なり。夫れ舟を壑《たに》に蔵《ぞう》し、山を沢に蔵すれば、人は之《これ》を固《かた》しと謂《い》わん。然《しか》りと雖《いえど》も夜半に力有る者負《お》いて趨《はし》れば、寐《い》ぬる者は知らずして、猶《な》お遁《のが》るる所有り。若《も》し天下を天下に蔵すれば、則《すなわ》ち其の形を遁るる所无《な》からん。物豈《あ》に大揚攉《だいようかく》无しと謂う可《べ》けんや。一たび人の形を範《はん》せられて猶《な》お喜ぶも、人の若《ごと》き者は、千変万化して、未だ始めより極《きわ》まり有らざるなり。弊《やぶ》れて復《ま》た新たなり、其の楽しみ為《た》るや、勝《あ》げて計《はか》る可けんや。

譬《たと》えば㝱《ゆめ》に鳥と為りて天に飛び、㝱に魚と為りて淵《ふち》に没《しず》むが若《ごと》し。其の㝱みるに方《あ》たりてや、其の㝱なるを知らず、覚《めざ》めて後其の㝱なるを知るなり。今将《まさ》に大覚《たいがく》有りて、然《しか》る後今の此の大㝱《たいむ》為《た》るを知らんとするなり。始め吾《われ》未だ生まれざるの時、焉《なん》ぞ生の楽しきを知らんや。今吾未だ死せず、又た焉ぞ死の楽しからざるを知らんや。

昔 公牛哀《こうぎゅうあい》 転病するや、七日にして化して虎と為る。其の兄 戸《と》を掩《おお》いて入《い》りて之を覘《うかが》えば、則ち虎搏《う》ちて之を殺せり。是の故に文章 獣と成り、爪牙《そうが》 移易《いえき》すれば、志と心と変じ、神《しん》と形と化す。其の虎と為《な》るに方《あ》たりてや、其の嘗《かつ》て人為《た》りしを知らざるなり。其の人為《た》るに方たりてや、其の旦《まさ》に虎と為《な》らんとするを知らざるなり。二者代謝舛馳《だいしゃせんち》して、各々《おのおの》其の成《せい》形《けい》を楽しむ。狡猾鈍惽《こうかつどんこん》にして、是非《ぜひ》 端《たん》无きがごとし、孰《だれ》か其の萌《きざ》す所を知らんや。夫れ水は冬に嚮《む》かえば、則ち凝《こ》りて冰《こおり》と為り、冰は春を迎うれば、則ち泮《と》けて水と為る。冰水《ひょうすい》の前後に移易すること、員《えん》を周《めぐ》りて趨《はし》るが若し。孰か其の苦楽する所を知るに暇《いとま》あらんや。

是の故に形の寒暑燥湿《そうしつ》の虐《ぎゃく》に傷《やぶ》らるる者は、形は苑《や》めども神は壮《さか》んに、神《しん》の喜怒思慮の患《うれ》いに傷らるる者は、神は尽《つ》くれども形は余り有り。故に罷馬《ひば》の死するや、之を剝《は》げば槁《か》れたるが若く、狡狗《こうく》の死するや、之を割《さ》けば猶《な》お濡《うるお》うがごとし。是の故に傷死《しょうし》する者其の鬼嬈《みだ》れ、時既《つ》くる者其の神漠《しんしず》かなるは、是《これ》皆な形と神と倶《とも》に没するを得ざればなり。夫れ聖人《せいじん》の心を用うるは、性に杖《よ》り神に依《よ》り、相い扶《たす》けて終始するを得《う》。是の故に其の寐《い》ぬるや夢《ゆめ》みず、其の覚むるや憂《うれ》えず。

【現代語訳】

そもそも大地（宇宙）は人間の肉体を与えて私をこの世に送り出し、生を与えて私を苦しませ、やがて老いをもたらして私を楽にし、終わりに死をもたらして私を休ませてくれる。

このように私の生も死も、全て大地（宇宙）の作り出した結果である。そうだとすれば、我が生を善しと肯定することは、延《ひ》いては我が死を善しと肯定するゆえんでもある。それに、自分の持ち物である舟《ふね》を山間《やまあい》の谷間に隠したり、山《やま》を深い沼沢地に隠したりしておく者は、これでまず大丈夫と思うに違いない。しかし、夜中に大力のある男がそれらを背負って逃げだした場合、寝ている持ち主は気がつかないし、また逃げおおせる余地もあろう。ところが、天下のあらゆる物を天下それ自体の中に隠すならば、どんな物も逃げおおせる余地はない。あらゆる物を包みこむ大枠《おおわく》（宇宙）というものがあるのだ。たまたま人間の形を鋳《い》こまれてこの世に送り出されてきただけで、人々は喜んでいるけれども、人間の形などというものは、他物の形へと千変万化して、決して止《とど》まることのないものである。壊《こわ》れてはまた蘇《よみがえ》ることの繰り返しで、そこには無限の楽しみがあろうではないか。

　喩《たと》えば、夢の中で鳥となって天空に翔《かけ》り、また魚となって深淵《しんえん》に沈むようなものである。夢を見ている最中には、夢であることに気がつかず、目が覚めて始めて夢であることが分かる。同じように、いつの日か大きな目覚めを経験して始めて、この今が大きな夢でしかなかったと分かるのである。もともと私がこの世に生まれる前には、生の楽しさを知らなかった。とすれば、まだ死んでいない今の私に、またどうして死の楽しさが分かろうか。

　その昔、公牛哀《こうぎゅうあい》という男が転化《てんか》の病いにかかり、七日間病んで虎になった。兄がドアーを閉めて入り様子を見ようとしたところ、虎は襲いかかって兄を殺してしまった。このように、体の縞模《しまも》様《よう》が虎になり、爪《つめ》も牙《きば》も変わったので、気性・性質も変化し、精神・肉体も変化したのだ。虎になった時には、今まで人間であったことが分からないし、人間である時には、やがて虎になろうとしていることが分からない。人間も虎も次々に転化し異なる物になって、それぞれ与えられた身体を楽しむのであるが、そのメカニズムは、ごちゃごちゃと入り乱れぼんやりと暗く、世間の善と悪が一つながりになっていて切れ目がはっきりしないのと同様、誰にもそれらが萌《きざ》す仕組みは分からない。一体、水は冬に向かえば凍って氷となり、氷は春を迎えれば溶けて水となる。氷と水が前になり後になって変化するさまは、円の周《まわ》りを走るようなもので、どちらが苦しくどちらが楽しいかなどは、そもそも考える必要がないことである。

さて、肉体が寒暑・乾湿の害に傷つけられた時は、肉体が病んでも精神はなお盛んであり、精神が喜怒・分別の悩みに傷つけられた時は、精神が尽《つ》きても肉体はなお余力があるのである。だから、老いて死んだ馬の体は、皮を剝《は》いで見ると干《ひ》からびているが、若くして死んだ犬の体は、割《さ》いて見るとなおみずみずしい。それ故、横死《おうし》した者の霊魂が祟《たた》りをなし、寿命の尽きた者の霊魂が静かに落ち着いているというのは、どちらの場合も肉体と精神が一緒に滅びることができなかったからである。そもそも聖人《せいじん》が意を用いているのは、肉体を支えとし精神を拠《よ》りどころとして、両者が互いに助けあいながら人間としての生を始め、また終えることができるようにということである。だから、聖人は寝ている時には夢を見ないし、目覚めている時には何も悩まないのだ。

【原文】

夫大塊載我以形、勞我以生、逸我以老、休我以死。善我生者、乃所以善吾死也。夫藏舟於壑、藏山於澤、人謂之固矣。雖然夜半有力者負而趨、寐者不知、猶有所遁。若藏天下於天下、則无所遁其形矣。物豈可謂无大揚擢乎。一範人之形而猶喜、若人者、千變萬化、而未始有極也。弊而復新、其爲樂也、可勝計邪。譬若㝱爲鳥而飛於天、㝱爲魚而★沒於淵。方其㝱也、不知其㝱也、覺而後知其㝱也。今將有大覺、然後知今此之爲大㝱也。始吾未生之時、焉知生之樂也。今吾未死、又焉知死之不樂也。

昔公牛哀轉病也、七日化爲虎。其兄掩戸而入覘之、則虎搏而殺之。是故文章成獸、爪牙移易、志與心變、神與形化。方其爲虎也、不知其嘗爲人也。方其爲人、不知其且爲虎也。二者代謝舛馳、各樂其成形。狡猾鈍惛、是非无端、孰知其所萌。夫水嚮冬、則凝而爲冰、冰迎春、則★泮而爲水。冰★水移易于前後、若周員而趨。孰暇知其所苦樂乎。

是故形傷于寒暑燥溼之虐者、形苑而神壯、神傷乎喜怒思慮之患者、神盡而形有餘。故罷馬之死也、剝之若槁、狡狗之死也、割之猶濡。是故傷死者其鬼嬈、時既者其神漠、是皆不得形神俱沒也。夫聖人用心、杖性依神、相扶而得終始。是故其寐不㝱、其覺不憂。

【注釈】

△**夫大塊載我以形**——以下、「可勝計邪」に至るまで類似の文章が『莊子』大宗師篇に見える

（楊樹達）。拙著『莊子』上巻大宗師篇の補注を參照されたい。
△**大揚攉**―「揚攉」は、陶方琦・鄭良樹・于大成がその用例を集めている。
△**一範人……而猶喜**―高誘注の一説「範、法也。言物一法效人形尙由喜也。」（鄭良樹を參照）によって解釋する（于鬯・楊樹達）。
△**寥爲鳥……沒於淵**―『莊子』大宗師篇に類似句がある（楊樹達を參照）。
△**方其寥……大寥也**―『莊子』齊物論篇の類似句を踏まえる（楊樹達）。
△**始吾未……不樂也**―『愼子』外篇に類似句がある（于大成）。
△**轉病**―高誘注は「易病也」とし、楊樹達は「又名注病」とする。しかしこれは「萬物」の轉化の比喩であって、實際の病氣を意味するものではない。
△**化爲虎**―吳承仕『淮南舊注校理』・于大成が古典文獻から類似の話を集めている。
△**方其爲……爲虎也**―『莊子』大宗師篇の「且方將化、惡知不化哉。方將不化、惡知已化哉。」と同意。「且」は、「猶將也」の意（馬宗霍・于大成）。
△**二者代……其成形**―「謝」は、于大成によって解釋する。「舛馳」は、本書氾論篇にも見える（鄭良樹）。「成形」は、『莊子』齊物論篇を踏まえる（拙著『莊子』上巻齊物論篇の補注を參照）。
△**孰知其所萌**―『莊子』齊物論篇の類似句を踏まえる（拙著『莊子』上巻齊物論篇の補注を參照）。
△**泮而爲水**―「泮」は、底本は「洋」に作るが、鄭良樹によって改めた。

△**氷水**—底本は「冰故」に作るが、道藏本によって改めた（鄭良樹）。

△**形傷于寒暑燥溼之虐者**—以下、「其覺不憂」に至るまで『文子』道原篇に取られている（于大成）。

△**形苑而神壯**—「苑」は、高誘注の「枯病也」による。劉家立『淮南集證』・馬宗霍に優れた考證がある。「壯」は、高誘注は「傷也」とするが、陶鴻慶『讀諸子札記』・金其源『諸子管見』によって「壯健」の意。

△**罷馬・狡狗**—高誘注によって解釋する。

△**傷死者……倶沒也**—高誘注によって解釋する（吳承仕『淮南舊注校理』・于大成を參照）。

△**其寐不寢、其覺不憂**—『莊子』大宗師篇・刻意篇の類似句を踏まえる（于大成）。

【解説】

前章に続く文章である。前章で明らかにした宇宙の始まりに関する知見を受けて、ここでは「万物」のあり方についての新たな見解を提唱する。

一つには、「物」には「始」—「始の始」—「始の始の始」等々の時間性が必ずあることから、「物」の一つである人間の「生死」（特に「死」）を時間の中で考えて、それは「物」がその「物」としては「死ぬ」ことによって別の「物」として「生ま」れてくる転化・転生である、と意味づけている。

二つには、「始」—「始の始」—「始の始の始」等々のように前に遡《さかのぼ》れば明らかなとおり、「物」は一つの「物」としてではなく空間的全体として存在していることから、人間の「生死」（特に「死」）を空間の中で考えて、それはあれこれの「物」の全体がたえず自己同一に保たれている静止的な空間としての「大揚擢」（大きな宇宙）において、別の「物」への転化・転生が限りなく永劫に繰り返される輪廻のプロセスである、と意味づけている。

10　聖人《せいじん》の学問

【読み下し】

夫《そ》れ世の性命《せいめい》を喪《うしな》う所以《ゆえん》は、衰《し》漸《ぜん》して以《もっ》て然《しか》ること有り、由《よ》りて来たる所の者久《ひさ》し。是の故に聖人《せいじん》の学は、以て性を初めに反《かえ》して、心を虚《きょ》に游《あそ》ばしめんと欲するなり。達人《たつじん》の学は、則《すなわ》ち然《しか》らず。以て性を遼廓《りょうかく》に通ぜしめて、寂漠《せきばく》に覚《さと》らんと欲するなり。夫《か》の俗世の学の若《ごと》きは、則ち然らず。徳を擢《ぬ》き性を捲《と》り、内は五蔵（臓）を愁《うれ》えしめ、外は耳目を労《つか》らす。乃《すなわ》ち始めて物の豪《ごう》芒《ぼう》を招蟯振繾《しょうじょうしんけん》し、仁義《じんぎ》礼楽《れいがく》を揺消掉捎《ようしょうとうしょう》し、天下に行いを暴《さら》し智を越《あ》げて、以て名声を世に招号《しょうごう》す。此《これ》我が羞《は》じて為さざる所なり。

是の故に其の天下を有《たも》たんよりは、説《よろこ》（悦）ぶこと有《あ》るに若《し》かず。其の説（悦）ぶこと有らんよりは、物の終始に尚羊《しょうよう》して、有《う》無《む》の際に条達《じょうたつ》するに若かず。是の故に世を挙《あ》げて之を誉《ほ》むれども勧《すす》むるを加えず、世を挙げて之を非《そし》れども沮《はば》むを加えず、死生の境《さかい》を定めて、栄《えい》辱《じょく》の理《ことわり》に通ず。炎火《えんか》洪水《こうずい》の天下に弥靡《びび》すること有りと雖《いえど》も、神《しん》は胷《きょう》（胸）臆《おく》の中に虧欠《きけつ》すること無し。然《しか》るが若《ごと》き者は、天下の間を視ること、猶《な》お飛羽浮芥《ひうふかい》のごときなり。熟《だれ》か肯《あ》えて分分然《ふんふんぜん》として、物を以て事と為さんや。

【現代語訳】

一体、世間の人々が自己の本性《ほんせい》を失うに至った次第は、徐々に状況が悪化してここまで来たのであって、その始まりは遠い以前に遡《さかのぼ》る。そこで、聖人《せいじん》の学問は、本性を原初の状態に戻し、心を虚無《きよむ》に遊ばせようとするのであり、達人《たつじん》の学問は、本性を広遠《こうえん》の彼方《かなた》につなぎ、寂漠《せきばく》の価値に目覚めようとするのである。ところが、世俗の学問は、これとは違う。徳を抜き去り本性をむしり取って、内では五臓を苦しめ、外では耳目を疲れさせ、そうしておいて毛先ほどの事物の末梢《まつしょう》をいじくりまわし、仁義《じんぎ》礼楽《れいがく》といったモラルを振りかざし、挙《あ》げ句の果ては、己《おのれ》の行いと知恵を天下の人々に見せびらかし、世間を相手に高らかに名声を馳《は》せる。私には恥ずかしくてできないことだ。

こういうわけで、天下を手中に収めることよりも、心に喜びのあることの方がよく、心に喜びがあることよりも、あらゆる物がそこにおいて終始する道の中にさまよい、有《ゆう》と無《む》の接する根底に達することの方がさらによい。このような人は、世間がこぞって誉《ほ》めようと別に気負い立ちもせず、世間がこぞってけなそうと別にやる気を失いもせず、死と生の違いを見定め、名誉と恥辱の理《ことわり》に通じている。たとえ天下が炎火《えんか》や洪水に覆《おお》われることがあったとしても、彼の胸中に宿る精神は損なわれることがない。このような人は、天下の全体を目にしても、空に舞う羽根か水に浮かぶ草ぐらいにしか思わない。一体、誰が齷齪《あくせく》として、末梢《まつしょう》的《てき》な事物などにかかずらう気を起こすであろうか。

【原文】

夫世之所以喪性命、有衰漸以然、所由來者久矣。是故聖人之學也、欲以反性於初、而游心於虛也。達人之學也、欲以通性於遼廓、而覺於寂漠也。若夫俗世之學也、則不然。擢德攓性、内愁五藏（臟）、外勞耳目。乃始招蟯振繾物之豪芒、搖消掉捎仁義禮樂、暴行越智於天下、以招號名聲於世。此我所羞而不爲也。

是故與其有天下也、不若有說（悅）也。與其有說（悅）也、不若尚羊物之終始★也★、而條達有無之際。是故擧世而譽之不加勸、擧世而非之不加沮、定于死生之境、而通于榮辱之理。雖有炎火洪水彌靡於天下、神無虧缺於胷（胸）臆之中矣。若然者、視天下之閒、猶飛羽浮芥也。熟肯分分然、以物爲事也。

【注釈】

△**夫世之所以喪性命**――以下、「擧世而非之不加沮」に至るまで『文子』上禮篇に取られている（島田翰を參照）。上の三句は、兪樾によって解釋する。

△**擢德攓性**――『莊子』駢拇篇に類似句がある。「攓」は、于省吾・楊樹達によって解釋する。

△**暴行**――「暴」は、于省吾・楊樹達によって解釋する。

△**不若有說也**――「說」は、馬宗霍が『爾雅』「稅、舍也。」の意とするが、高誘注の「樂也」でよい。
△**終始也**――底本は「終也始」に作るが、明刻茅一桂刊本などによって改めた。俞樾・王叔岷『諸子斠證』にもそれぞれ説がある。
△**舉世而……辱之理**――『莊子』逍遙遊篇の類似句に本づく（楊樹達）。
△**浮芥**――「芥」は、高誘注によって「屮也」（吳承仕『淮南舊注校理』・馬宗霍を參照）。
△**熟肯分……爲事也**――『莊子』逍遙遊篇の類似句に本づく。「分分」は、高誘注の「猶意念之貌」によって解釋する。

【解説】

始めの真実を議論する本篇の宇宙生成論が、宇宙についての科学的な事実に関心を抱いて生まれて来たというよりも、むしろ「性を初めに反《かえ》す」「心を虚《きょ》に游《あそ》ばす」などといった人間のあるべき生き方を問う、実践論・修養論から発想されたものであることを示す文章である。本篇のこのような性格は、要略篇における本篇の位置づけ――「道を言いて終始に明らかならざれば、則ち倣依《ほうい》する所を知らず。」によっても、確認することができる。

巻第三　天文《てんもん》

【総説】

題の意味は、「天」が君主を譴告《けんこく》するために下した「日月五星」などの形、ということ。高誘注《こうゆうちゅう》は「文なる者は、象なり。天先ず文象《ぶんしょう》を垂《た》る。日月五星★及び彗孛《すいはい》は、皆な以《もっ》て一人を譴告《けんこく》すと謂う。故に『天文《てんもん》』と曰《い》いて、因《よ》りて以《もっ》て篇に題す。」とする。

本書の末尾にある要略篇の解説によれば、本篇の内容は「陰陽の気を和し、日月の光を理《おさ》め、開塞《かいそく》の時を節し、星辰《せいしん》の行《めぐ》りを列《つら》ね、逆順の変を知り、忌諱《きき》の殃《わざわ》いを避け、時運の応に順《したが》い、五神の常《つね》に法《のっと》る」もの、一言で言えば「天」である。また本篇の目的は、読者をして「以て天を仰ぎて承順《しょうじゅん》して、其の常を乱さざること有らしめること、短く言えば「避諱《ひき》する所を知らし」めることであると言う。

要略篇や高誘注が解説するとおり、天人感応説を媒介にして帝王（前漢時代の武帝を指す）の政治を善政たらしめようという目的の下に、この時代までに蓄積されていた天文学の知識を体系的総合的に論述した篇である。論述はやや長い序論を置いた後、「九野・五星・八風・五官・六府」……のように進み、比較的よく整っている。

『史記』天官書と並んで古代天文学の最大の精華と評価することができよう。ここでは、その序論に当たる部分を読むことにしたい。

11　天地創造

【読み下し】

天墜《てんち》（地）未《いま》だ形《あらわ》れざるとき、馮《ひょう》　馮《ひょう》翼《よく》翼《よく》、洞《どう》洞《どう》灟《しょく》　灟《しょく》たり、故に「大始《たいし》」と曰《い》う。道は虚《きょ》霩《かく》を始め、虚霩は宇宙を生じ、宇宙は元気を生じ、元気に涯垠《がいぎん》有り。清陽《せいよう》なる者は、薄靡《はくび》して天と為り、重濁《じゅうだく》なる者は、滞凝《たいぎょう》して地と為る。清妙《せいみょう》の合専《ごうせん》するは易《やす》く、重濁の凝竭《ぎょうけつ》するは難《かた》し。故に天 先ず成りて地 後に定まる。

天地の襲精《しゅうせい》は陰陽と為り、陰陽の専精《せんせい》は四時《しいじ》と為り、四時の散精《さんせい》は万物と為る。積陽《せきよう》の熱気は火を生じ、火気の精《せい》なる者は日と為り、積陰《せきいん》の寒気なる者は水と為り、水気の精なる者は月と為り、日月の淫気《いんき》の、精なる者は星辰《せいしん》と為る。天は日月星辰《じつげつせいしん》を受け、地は水潦塵埃《すいりょうじんあい》を受く。

昔者《むかし》共工《きょうこう》顓頊《せんぎょく》と帝と為らんことを争い、怒りて不周《ふしゅう》の山に触《ふ》る。天柱《てんちゅう》折れ、地維《ちい》絶《た》つ。天は西北に傾く、故に日月星辰は移る。地は東南に満たず、故に水潦塵埃は帰《き》す。

【現代語訳】

天地がまだ形作られていなかった時は、ただ何かがもやもやと漂《ただよ》い、ふわふわと浮かんでいるだけであった。これを「大始《たいし》」（大きな始まり）と言う。道がこの虚霩《きょかく》（漠然たる広がり）を作り出したのであるが、やがて虚霩（カオス）から宇宙（空間と時間）が生まれ、宇宙（コスモス）から元気（万物の根源的な元素）が生まれた。そして元気の中に二つのものへの分化が現れると、清《す》んで明るい気は、広くたなびいて天となり、重く濁《にご》った気は、凝固して地となった。清んで細かな気が集まることは易しく、重く濁った気が固まることは難しい。そこで、天が先にできあがり地は後で定まった。

さらに、天と地の精気が合わさって陰陽となり、陰と陽の精気が集まって四季となり、四季の精気が散らばって万物を作った。また陽気の積み重なった熱気から火が生まれ、火気の純粋なものは日（太陽）となり、陰気の積み重なった寒気から水が生まれ、水気の純粋なものは月となり、日月から流れ出た気の内、純粋なものは星辰《ほし》となった。こうして、天には日月星辰《じつげっせいしん》が収まり、地には河海砂土が収まることになった。

その昔、共工《きょうこう》（神話的な人物。伏羲《ふくぎ》・神農《しんのう》の時代の実力者）は顓頊《せんぎょく》（五帝の一人。黄帝《こうてい》の孫）と帝位を争い、怒りのあまり不周山《ふしゅうざん》（世界の西北の極にある山）にぶつかった。そのために天柱《てんちゅう》（天を支える柱）が折れ、地維《ちい》（地をつなぐ綱）が断ち切れた。そこで、天は西北に高く傾いて、日月星辰が運行し始め、地は東南に落ちこんで、河海砂土がそこへ流れこむことになったのである。

【原文】

天墬（地）未形、馮馮翼翼、洞洞灟灟、故曰大始★。道始于虛霩、虛霩生宇宙、宇宙生元★氣、元★氣有涯★垠。清陽者、薄靡而爲天、重濁者、滯凝而爲地。清妙之合專易、重濁之凝竭難。故天先成而地後定。

天地之襲精爲陰陽、陰陽之專精爲四時、四時之散精爲萬物。積陽之熱氣生火、火氣之精者爲日、積陰之寒氣者爲水、水氣之精者爲月、日月之淫★氣、精者爲星辰。天受日月星辰、地受水潦塵埃。

昔者共工與顓頊爭爲帝、怒而觸不周之山。天柱折、地維絕。天傾西北、故日月星辰移焉。地不滿東南、故水潦塵埃歸焉。

【注釈】

△**天墬**—段玉裁『說文解字注』によれば、「地」の籀文は「墬」に作らなければならない（于大成）。ここでは底本もほぼ同じ「墜」に作っているので、これを取ることとする。次の墬（地）形篇の「墬」も同じ。

△**馮馮翼翼**—「馮翼」は、『毛詩』大雅、巻阿篇や『韓詩外傳』巻五にも見える（金谷治『老荘的世界—淮南子の思想—』）が、ここに最も近いのは『楚辭』天問篇の用例である（銭塘『淮南天文訓補注』）。朱熹『楚辭集註』によって解釋する。

△**洞洞灟灟**――本書氾論篇に「洞洞屬屬」として出（呉承仕『經籍舊音辨證』）、また『禮記』禮器篇にもある（楠山春樹『淮南子』上）。氾論篇の高誘注「婉順貌也」による（戸川芳郎・木山英雄・澤谷昭次）。

△**故曰大……于虛霩**――「始」は、底本は「昭」に作るが、王引之『讀書雜志』によって改めた。王引之はさらに「道始于」をも「太始生」に改めるが、本章を踏まえた『楚辭』天問篇の王逸注によれば「大始」はすなわち「虛霩」であり、また類書の引用を見れば「道」の字の存在は否定できないので、そのように改めるのは適當でない。

△**宇宙生……有涯垠**――「元氣」（二つ）は、底本には「元」がないが、王念孫『讀書雜志』によって補った。「涯」は、底本は「漢」に作るが、莊逵吉によって改めた。

△**淸妙之……凝竭難**――「妙」は、馬宗霍によって「微小」の意。「專」は、「聚」の意（馬宗霍）。「凝竭」は、「凝固」とほぼ同意（馬宗霍）。

△**襲精**――高誘注の「襲、合也。精、氣也。」によって解釋する。下文の「專精」もこれとほぼ同意。

△**熱氣・寒氣者**――王引之は「熱氣久者・寒氣久者」に改める。

△**日月之淫氣**――「淫」は、「流散」の意（馬宗霍）。「氣」は、底本は「爲」に作るが、王引之によって改めた。

△**昔者共……爭爲帝**――以下、類似の話は古典文獻にいくつかある（『論衡』談天篇や『列子』湯問篇など）が、『楚辭』天問篇もその內容が本章と關係が深い（錢塘）。本書原道篇では

共工は高辛と争ったことになっている（于大成）。また共工と顓頊の争いは本書では兵略篇にも出る。

△**不周之山**──本書墬（地）形篇に詳しい。

△**天柱折、地維絶**──前句は、『史記』龜策列傳に「地柱折」とある（于大成）。後句の「地維」は、本書原道篇や本篇の下文に見える「四維」であろう（于大成）。

△**天傾西北**──「傾」は、高誘注によって解釋した。于大成は天の「傾」も地についての「傾」と同じく「下」の意とする。

【解説】

天文篇の冒頭の章で、天地の開闢に関する理論を述べた部分である。「道は虚霩《きょかく》を始む」とあるとおり、基礎に置かれているのは、根源の「道」を主宰者として立てる道家の宇宙生成論であり、また「日月」や「四時」などを「陰陽」によって説明する「気の哲学」である。全体的に論述の筆致は理詰めであって、ロジカルな欠陥はほとんど見出だしえない。前漢時代初期までにこのテーマについてさまざまに唱えられていた諸理論を、よく吸収して一つの比較的整った体系にまとめあげたものと評することができよう。

そうした理詰めの論述の中に、共工《きょうこう》と顓頊《せんぎょく》の争いという神話・伝説がはめこまれていることが注意を引く。これは、天の日月星辰《じつげつせいしん》がなぜ運行するのか、地の水潦塵埃《すいりょうじんあい》がなぜ東南に帰するのか、の理由を理詰めに説き明かすことに窮して取った窮余の一策というよりも、作者の巧まざるユーモアまたは読者を楽しませようというサービス精神の現れではなかろうか。

12　天地に関する現象と天人感応説《てんじんかんのうせつ》

【読み下し】

天道は「員《えん》」と曰《い》い、地道は「方《ほう》」と曰う。方なる者は幽《ゆう》を主《つかさど》り、員なる者は明《めい》を主る。明なる者は気を吐く者なり、是の故に火を「外景《がいけい》」と曰う。幽なる者は気を含む者なり、是の故に水を「内景《ないけい》」と曰う。気を吐く者は施し、気を含む者は化《か》す、是の故に陽は施し陰は化す。天地の偏気《へんき》の、怒《ど》する者は風と為り、天地の合気《ごうき》の、和する者は雨と為る。陰陽相《あ》い薄《せ》まり、感じて雷《かみなり》と為り、激して霆《いかずち》と為り、乱れて霧《きり》と為る。陽気勝てば、則《すなわ》ち散じて雨露と為り、陰気勝てば、則ち凝《こ》りて霜雪と為る。

毛羽《もうう》ある者は、飛行の類《るい》なり、故に陽に属す。介鱗《かいりん》ある者は、蟄伏《ちつふく》の類なり、故に陰に属す。日なる者は陽の主なり、是の故に春夏には則ち群獣除《じょ》し、日至《にっし》にして麋《び》鹿《ろく》解《と》く。月なる者は陰の宗《そう》なり、是《ここ》を以《もっ》て月虚しくして魚脳《ぎょのう》減り、月死して蠃《ら》蛖《ぼう》膲《や》す。火は上に蕁《も》え、水は下に流る。故に鳥は飛びて高く、魚は動きて下《くだ》る。物類《ぶつるい》相い動き、本標《ほんぴょう》相い応ず。故に陽《よう》燧《すい》日を見れば、則ち燃えて火と為り、方諸《ほうしょ》月を見れば、則ち津《うるお》いて水と為る。虎嘯《うそぶ》きて谷風至り、竜挙《あ》がりて景雲《けいうん》属《あつ》まり、麒麟《きりん》闘《たたか》いて日月食《じつげつしょく》し、鯨魚《げいぎょ》死して彗星《すいせい》出《い》で、蚕《かいこ》絲《いと》を珥《は》きて商弦《しょうげん》絶《た》え、賁星《ほんせい》墜《お》ちて勃海《ぼっかい》決《あふ》る。

人主《じんしゅ》の情は、上《うえ》天に通ず。故に誅《ちゅう》暴なれば則ち飄風《ひょうふう》多く、法令を枉《ま》ぐれば則ち虫螟《ちゅうめい》多く、不辜《ふこ》を殺せば則ち国 赤地となり、令《れい》もて収めざれば則ち淫雨《いんう》多し。四時《しじ》なる者は天の吏《り》なり、日月なる者は天の使いなり、星辰《せいしん》なる者は天の期なり、虹蜺彗星《こうげいすいせい》なる者は天の忌《き》なり。

【現代語訳】

天の道は円形であり、地の道は方形である。方形のものは暗さを司《つかさど》り、円形のものは明るさを司る。明るいものは気を吐き出す、そこで火を「外景」（外に光を放出するもの）と呼ぶ。暗いものは気を含みこむ、そこで水を「内景」（内に光を吸収するもの）と呼ぶ。気を吐き出すものは万物に与え、気を含みこむものは万物を生む。だから、陽気の作用は与えることであり、陰気の作用は生むことである。天地の一方に偏《かたよ》った気が、勢いを得れば風となり、天地の集まり合った気が、ほどよく調和すれば雨となる。陰陽の二気が互いに接近する場合、感じ合えば雷《かみなり》となり、激突すれば電《いなずま》となり、すれ違えば霧《きり》となる。陽気が勝《まさ》れば、飛散して雨露となり、陰気が勝れば、凝結《ぎょうけつ》して霜雪となる。

毛・羽のある動物（鳥・獣《けもの》）は、飛び走る種類であり、だから陽に属する。殻《から》・鱗《うろこ》のある生物（虫・魚）は、隠れ閉じこもる種類であり、だから陰に属する。日（太陽）は陽の中心であり、そのために日の推移に従って春夏には獣たちの毛が抜け替わり、夏至・冬至には麋《おおしか》・鹿の角が脱け落ちる。月は陰の根本であり、そのために月が欠けると魚の脳味噌《のうみそ》が減り、月が暗くなれば蛤《はまぐり》の肉が痩せる。陽の火は上に燃え上がり、陰の水は下へと流れる。そこで、鳥は飛んで高く上がり、魚は動いて低く下がる。一体、同類の物は互いに動かし合い、本と末は互いに応じ合うものである。それ故、陽燧《ようすい》（銅製の凹面鏡。太陽に照らしその焦点で火を取る。）は日光を受けると、燃えて火を生じ、方諸《ほうしょ》（大蛤《おおはまぐり》製の杯盤。月の夜に露滴《ろてき》を結ばせて水を取る。）は月光を浴びると、湿《しめ》って水を生ずる。虎が唸《うな》り声を立てると、渓谷を渡る風が吹き、竜が舞い上がると、大きな瑞雲《ずいうん》が集まる。麒麟《きりん》が闘えば日食・月食が起こり、鯨《くじら》が死んで打ち上げられれば彗星《すいせい》（異変の起こる凶兆《きょうちょう》）が現れ、蚕《かいこ》が絲《いと》を吐けば琴瑟《こと》の商《しょう》の絹弦《いと》が切れ、流星が落ちれば大海に水が溢《あふ》れる。

君主の態度は、上なる天に通じている。だから、人民に対する租税の取り立てが乱暴であれば、暴風にしばしば襲われ、法令を枉《ま》げれば、稲の芯を食う螟虫《ずいむし》が大発生し、無実の人を殺せば、国土は旱魃《かんばつ》で赤茶け、政令によらない収奪を行えば、長雨が続くことになる。そして、四季は天の手足となる役人であり、日月は天の派遣する使者であり、星辰《ほし》は天の指図する行動の時期であり、虹蜺《にじ》や彗星は天の禁止するタブーである。

【原文】

天道曰員、地道曰方。方者主幽、員者主明。明者吐氣者也、是故火曰外景。幽者含氣者也、是故水曰内景。吐氣者施、含氣者化、是故陽施陰化。天地之偏氣、怒者爲風、天地之合氣、和者爲雨。陰陽相薄、感而爲雷、激而爲霆、亂而爲霧。陽氣勝、則散而爲雨露、陰氣勝、則凝而爲霜雪。

毛羽者、飛行之類也、故屬於陽。介鱗者、蟄伏之類也、故屬於陰。日者陽之主也、是故春夏則群獸除、日至而★麋鹿解。月者陰之宗也、是以月虛而魚腦減、月死而蠃蛖膲。火上蕁、水下流。故鳥飛而高、魚動而下。物類相動、本標相應。故陽燧見日、則燃而爲火、方諸見月、則津而爲水。虎嘯而谷風至、龍擧而景雲屬、麒麟鬭而日月食、鯨魚死而彗星出、蠶珥絲而商弦絶、賁星墜而勃海決。

人主之情、上通于天。故誅暴則多飄風、枉法令則多蟲螟、殺不辜則國赤地、令不收則多淫雨。四時者天之吏也、日月者天之使也、星辰者天之期也、虹蜺彗星者天之忌也。

【注釈】

△**天道曰員**―以下、「故屬於陰」に至るまでは、類似句が『大戴禮記』曾子天圓篇に重出（錢塘を參照）。始めの二句は、『呂氏春秋』圜道篇に類似句がある（于大成）。

△**明者吐……曰內景**―「火曰・水曰」は、顧廣圻は「火日・水金」に改め、洪頤煊・于大成は「火日・水月」に改める。「景」は、王聘珍『大戴禮記解詁』によって「光」の意。「外景・內景」は、『荀子』解蔽篇に見える言葉（馬宗霍）。

△**天地之偏氣・天地之合氣**―底本は「天之偏氣・天地之含氣」に作るが、王念孫『讀書雜志』によって改めた。

△**陰陽相……而爲霆**―本書墬（地）形篇に類似句がある（楊樹達）。「霆」は、ここでは

「雹」の意（楊樹達・于大成）。

△**日至而麋鹿解**――高誘注の「日冬至麋角解、日夏至鹿角解。」によって解釋する。高誘注は本書時則篇に本づく（楠山春樹『淮南子』上）。

△**月虚而魚腦減**――「虚」は、王念孫『讀書雜志』は「虧」に改める。

△**月死而蠃蛖膲**――『呂氏春秋』精通篇に類似句があり（于大成）、本書説山篇にも同趣旨の句がある（鄭良樹）。このあたりは、下文に「物類相動」などともあるとおり、感應説によって書かれている。

△**火上蕁**――「蕁」は、高誘注・錢塘・李哲明によって解釋した。

△**故鳥飛而高**――「飛」は、王念孫『讀書雜志』は「動」に改める。

△**物類相動**――以下、「蠶珥絲而商弦絶」に至るまで、本書覽冥篇に類似句がある。「物類相動」は、『呂氏春秋』應同篇・召類篇の「類固相召、氣同則合、聲比則應。」や『荀子』勸學篇の「物類之起、必有所始。」「物各從其類也」などの戰國時代の感應説を踏まえた表現。また後代の文獻でこの部分を受けたものとしては、『楚辭』七諫の謬諫篇・『論衡』亂龍篇・『劉子新論』類感篇などが擧げられる。

△**本標**――『莊子』庚桑楚篇に「本剽」として出る。「標」は、高誘注によって「末」の意（楊樹達を參照）。

△**陽燧・方諸**――高誘注によって解釋した。

△**虎嘯而……景雲屬**――『論衡』寒溫篇などに類似句がある（陶方琦）。

△蠶珥絲而商弦絶――意味は、高誘注の一説によって解釋する（馬宗霍を參照）。『春秋繁露』郊語篇などに類似句がある（于大成）。

【解説】

前章に続く章であり、両者合わせて本篇の序論をなす。（これ以下の本論は、残念であるが紙幅の都合で割愛する。）「陰陽二気」という根本原理を用いて天地自然の現象を分類・整理しながら説明した後、同じ原理によって自然界に現れる感応現象を解釈し、終わりに、君主の政治の善し悪しの「人」が風雨の順不順や虫害の有無などの「天」に跳ね返る、とする天人感応説を主張している。本篇の「天文」に関する知識にいかなる意味があるか、というその意味づけを明確にしたものである。

これによれば、「人主」が「誅《ちゅう》暴なり」「法令を枉《ま》ぐ」「不辜《ふこ》を殺す」「令《れい》もて収めず」などといった悪政を行わない（あるいは善政を行う）ためには、自分の政治の善し悪しの感応を媒介にした反映である「四時・日月・星辰・虹蜺・彗星」のあり方、すなわち天文現象を観察しその意味を解読して悪政を正さなければならない、その観察や解読のノウハウを教えるところに本篇の意味があると言うのである。本篇は『史記』天官書と並んで前漢初期の天文学の最大の精華と言って差し支えないものであるが、それが以上のような政治的な目的を掲げつつ達成されたという、後の中国天文学にも共通する重要な特徴を具えていることに注意したいと思う。

なお注意したいのは、これが君主の権力を抑えようというヴェクトルを持っていることであって、この点は同時代の儒家系（例えば董仲舒）の天人感応説とは反対方向を向いていること。また本章の天人感応説の「天」には宗教的な性格がなく、この点でも董仲舒などのそれとは大分趣きを異にしていること。「天の吏《り》」「天の使い」といっても比喩にすぎず、「天」を至上の人格神と考えているのではない。これらはともに、当代の諸思想と比べてみて感取される本書『淮南子』の重要な特徴である。

巻第四　墬《ち》（地）形《けい》

【総説】

題の意味は、地の形ということ。高誘注《こうゆうちゅう》は「東西南北、山川藪沢《さんせんそうたく》、地の載する所、万物形兆《けいちょう》の化育《かいく》する所を紀《しる》すなり。故に『墬★（地）形《けい》』と曰★いて、因《よ》りて以《もっ》て篇に題す。」とする。

本篇は、本書中において、「道」（道の原道篇）↓「一」（一の俶真篇）↓「二」（天と地の二の天文篇と墬（地）形篇）↓「四」（春夏秋冬の四の時則篇）↓「万物」（万物の覧冥篇より泰族篇に至るまで）、という道家系の哲学に本づく全体構想の中で、「二」のところに位置している。それ故、天文篇とペアーをなしており、それと並んで重要な篇である。世界の自然地理・人文地理・異域誌・博物誌など、およそ「地」に関することであれば何でも豊富かつ多様に記されており、先秦時代以来蓄積されてきたこのジャンルの知識の集大成の観を呈する。その反面、篇内で相互に矛盾・齟齬する記述も多く、このテーマについては作者たちのオリジナルな思考が始まったばかりという感想を抱かせる。

要略篇の解説によれば、本篇の内容は「南北の脩《なが》さを窮《きわ》め、東西の広さを極め、山陵《さんりょう》の形を経《えが》き、川谷《せんこく》の居を区《わか》ち、万物の主を明らかにし、生類の衆《おお》きを知り、山淵《さんえん》の数を列《つら》ね、遠近の路を規《はか》る」もの、一言で言えば「地」である。また本篇の目的は、読者をして「通迴周備《つうどうしゅうび》して、動かすに物を以てす可《べ》からず、驚かすに怪を以てす可からざらし」めること、短く言えば「避諱《ひき》する所を知らし」めることであると言う。

13　大地の全体的なイメージ

【読み下し】

墜《ち》（地）の載する所は、六合《りくごう》の間、四極《しきょく》の内なり。之《これ》を昭《あき》らかにするに日月《じつげつ》を以《もっ》てし、之を経《けい》するに星辰《せいしん》を以てし、之を紀《き》するに四時《しいじ》を以てし、之を要《よう》するに太歳《たいさい》を以てす。天地の間に、九州・八極あり、土に九山有り、山に九塞《きゅうさい》有り、沢に九藪《きゅうそう》有り、風に八等《はちとう》有り、水に六品《ろくひん》有り。

何をか九州と謂《い》う。東南は神州なり、「農土」と曰《い》う。正南は次州《じしゅう》なり、「沃土《よくど》」と曰う。西南は戎州《じゅうしゅう》なり、「滔土《とうど》」と曰う。正西は弇州《えんしゅう》なり、「幷土《へいど》」と曰う。正中は冀州《きしゅう》なり、「中土《ちゅうど》」と曰う。西北は台州《だいしゅう》なり、「肥土《ひど》」と曰う。正北は済州《さいしゅう》なり、「成土《せいど》」と曰う。東北は薄州《はくしゅう》なり、「隠土《いんど》」と曰う。正東は陽州なり、「申土《しんど》」と曰う。

何をか九山と謂う。「会稽《かいけい》、泰山《たいざん》、王屋《おうおく》、首山《しゅざん》、太華《たいか》、岐山《きざん》、太行《たいこう》、羊腸《ようちょう》、孟門《もうもん》なり。」

何をか九塞《きゅうさい》と謂う。曰わく、「大汾《たいふん》、澠阨《べんやく》、荊阮《けいげん》、方城《ほうじょう》、殽阪《こうはん》、井陘《せいけい》、令疵《れいし》、句注《くちゅう》、居庸《きょよう》なり。」

何をか九藪《きゅうそう》と謂う。曰わく、「越《えつ》の具区《ぐく》、楚《そ》の雲夢《うんぼう》、秦《しん》の陽紆《ようう》、晋《しん》の大陸《たいりく》、鄭《てい》の圃田《ほでん》、宋《そう》の孟諸《もうしょ》、斉《せい》の海隅《かいぐう》、趙《ちょう》の鉅鹿《きょろく》、燕《えん》の昭余《しょうよ》なり。」

何をか八風《はちふう》と謂う。東北を「炎風《えんぷう》」と曰い、東方を「条風《じょうふう》」と曰い、東南を「景風《けいふう》」と曰い、南方を「巨風《きょふう》」と曰い、西南を「涼風《りょうふう》」と曰い、西方を「飂風《りゅうふう》」と曰い、西北を「麗《れい》風《ふう》」と曰い、北方を「寒風」と曰う。

何をか六水《りくすい》と謂う。曰わく、「河水《かすい》、赤水《せきすい》、遼水《りょうすい》、黒水《こくすい》、江水《こうすい》、淮水《わいすい》なり。」

四海の内を闔《あ》わすれば、東西は二万八千里、南北は二万六千里なり。水道は八千里、通谷《つうこく》は六、名川《めいせん》は六百、陸径《りくけい》は三千里なり。禹《う》は乃《すなわ》ち太章《たいしょう》をして歩みて東極自《よ》り、西極に至らしめしに、二億三万三千五百里七十五歩なり。豎亥《じゅがい》をして歩みて北極自《よ》り、南極に至らしめしに、二億三万三千五百里七十五歩なり。凡《およ》そ鴻水《こうすい》の淵藪《えんそう》の、三仞《さんじん》自《よ》り以上のものは、二億三万三千五百五十有《ゆう》九なり。禹は乃ち息土《そくど》を以て洪水《こうずい》を塡《うず》めて、以て名山《めいざん》と為し、昆崙《こんろん》の虚《きょ》を掘りて、以て地に下《くだ》す。

【現代語訳】

大地の上に載っている世界は、六合《りくごう》（上下と東西南北）の間であり、四極《しきょく》（四方の果《は》て）

の内側にある。この世界は、日月《じつげつ》の光によって照らし出され、星辰《ほし》の運行によって秩序づけられ、四季の推移によってめりはりを与えられ、太歳《たいさい》（木星）の運動によって統括されている。天地の間には、九州と八極があり、その陸地には九山が、山には九塞《きゅうさい》（九つの険阻な要害の地形）が、沢には九藪《きゅうそう》（九つの草木の生い茂った沼沢地）が、風には八種が、水（河川）には六種が、それぞれある。

九州とは何か。東南は神州《しんしゅう》であり、「農土」（農業発祥の地）と言う。南は次州《じしゅう》であり、「沃土《よくど》」（穀物の繁茂する地）と言う。西南は戎 州《じゅうしゅう》であり、「滔土《とうど》」（産物の大きな地）と言う。西は弇州《えんしゅう》であり、「幷土《へいど》」（百穀のたわわに実る地）と言う。中央は冀州《きしゅう》であり、「中《ちゅう》土《ど》」（中心に位置する地）と言う。西北は台州《だいしゅう》であり、「肥土《ひど》」（土壌の肥えた地）と言う。北は済州《さいしゅう》であり、「成土《せいど》」（百穀のよく実る地）と言う。東北は薄州《はくしゅう》であり、「隠土」（陰気の潜《ひそ》む地）と言う。東は陽州であり、「中土《しんど》」（陽気の再び起こる地）と言う。

九山とは何か。「会稽山《かいけいざん》」（今の浙江省《せっこうしょう》 紹興市《しょうこうし》付近にある山）、「泰山《たいざん》」（山東省泰安県《たいあんけん》にある山）、「王屋山《おうおくざん》」（山西省垣曲県《えんきょくけん》の山）、「首山《しゅざん》」（山西省永済県《えいさいけん》の山）、「太華山《たいかざん》」（陝西省華《せんせいしょうか》陰県《いんけん》の山）、「岐山《きざん》」（陝西省岐山県《きざんけん》の山）、「太行山《たいこうざん》」（河南省沁陽県《しんようけん》の山）、「羊腸山《ようちょうざん》」（山西省太原市《たいげんし》の山）、「孟門山《もうもんざん》」（山西省吉県《きっけん》と陝西省宜川県《ぎせんけん》との間の山）である。

九塞《きゅうさい》とは何か。「大汾《たいふん》」（古代の晋にあった塞）、「澠阨《べんやく》」（冥阨《めいやく》に同じ。今の河南省信陽市付近の塞）、「荊阮《けいげん》」（古代の楚の塞）、「方城《ほうじょう》」（楚の塞）、「殽阪《こうはん》」（今の河南省殽池県《こうちけん》付近の塞）、「井陘《せいけい》」（河北省井陘県《せいけいけん》付近の塞）、「令疵《れいし》」（遼 寧省 錦州市《りょうねいしょうきんしゅうし》付近の塞）、「句注《くちゅう》」（山西省代県付近の塞）、「居庸《きょよう》」（北京市の西北の塞）である。

九藪《きゅうそう》とは何か。「越《えつ》の具区《ぐく》」（今の太湖一帯）、「楚《そ》の雲夢《うんぼう》」（今の湖北省南部一帯の藪沢《そうたく》）、「秦《しん》の陽紆《ようう》」（陝西省涇陽県《せんせいしょうけいようけん》の藪沢）、「晋《しん》の大陸《たいりく》」（河南省汲県《きゅうけん》の藪沢）、「鄭《てい》の圃田《ほでん》」（河南省中牟県《ちゅうぼうけん》の藪沢）、「宋《そう》の孟諸《もうしょ》」（河南省虞城県《ぐじょうけん》の藪沢）、「斉《せい》の海隅《かいぐう》」（山東半島の海岸地帯の藪沢）、「趙《ちょう》の鉅鹿《きょろく》」（河北省巨鹿県《きょろくけん》の藪沢）、「燕《えん》の昭余《しょうよ》」（山西省平遥県《へいようけん》の藪沢）である。

八風《はっぷう》とは何か。東北の風を「炎風《えんぷう》」と言い、東の風を「条風《じょうふう》」と言い、東南の風を「景《けい》風《ふう》」と言い、南の風を「巨風《きょふう》」と言い、西南の風を「涼風《りょうふう》」と言い、西の風を「飂風《りゅうふう》」と言い、西北の風を「麗風《れいふう》」と言い、北の風を「寒風」と言う。

六水《りくすい》とは何か。「河水《かすい》」（黄河）、「赤水《せきすい》」（雲南省鎮雄県《ちんゆうけん》に源《みなもと》を発する赤水河《せきすいか》か）、「遼《りょう》水《すい》」（遼河《りょうか》）、「黒水《こくすい》」（甘粛省敦煌県《かんしゅくしょうとんこうけん》を流れる川か）、「江水《こうすい》」（長江）、「淮水《わいすい》」（淮河《わいが》）である。

四海で囲まれた内側のものを総計すると、東西の長さは二万八千里（一里は約四〇五メートル）、南北の長さは二万六千里。河川の流域は長さ八千里、深い谷は六、大きな河川は六百、陸上の道路は長さ三千里に達する。また四極の大きさは、かつて夏《か》王朝の禹《う》が、太章《たいしょう》（禹の臣下、伝説上の健脚家）に命じて東極から西極まで歩かせたところ、その長さが二億三万三千五百里と七十五歩（一歩は約一三五センチ）であった。豎亥《じゅがい》（禹の臣下、伝説上の健脚家）に命じて北極から南極まで歩かせたところ、その長さが二億三万三千五百里と七十五歩であった。大きな河川の深淵《しんえん》で、深さ三仞《さんじん》（一仞は約一五八センチ）以上のところは、合計二億三万三千五百五十九個所あった。そこで禹は息土《そくど》（自ずから生長・隆起する土）を用いて洪水《こうずい》を起こす河川を塡《しず》めて、大きな山をこしらえ、また崑崙《こんろん》の丘を掘り崩《くず》して、低地に敷《し》きつめた。

【原文】

★墬（地）之所載、六合之閒、四極之內。昭之以日月、經之以星辰、紀之以四時、要之以太歲。天地之閒、九州八極、土有九山、山有九塞、澤有九藪、風有八等、水有六品。

何謂九州。東南神州、曰農土。正南次州、曰沃土。西南戎州、曰滔土。正西弇州、曰并土。正中冀州、曰中土。西北台州、曰肥土。正北濟州、曰成土。東北薄州、曰隱土。正東陽州、曰申土。

何謂九山。會稽、泰山、王屋、首山、太華、岐山、太行、羊腸、孟門。

何謂九塞。曰、大汾、澠阨、荊阮、方城、殽阪、井陘、令疵、句注、居庸。

何謂九藪。曰、越之具區、楚之雲夢、秦之陽紆、晉之大陸、鄭之圃田、宋之孟諸、齊之海隅、趙之鉅鹿、燕之昭余。

何謂八風。東北曰炎風、東方★曰條風、東南曰景風、南方曰巨風、西南曰涼風、西方曰飂風、西北曰麗風、北方曰寒風。

何謂六水。曰、河水、赤水、遼水、黑水、江水、淮水。

闔四海之內、東西二萬八千里、南北二萬六千里。水道八千里、通谷六★、名川六百、陸徑三千里。禹乃使太章步自東極、至于西極、二億三萬三千五百里七十五步。使豎亥步自北極、至于南極、二億三萬三千五百里七十五步。凡鴻水淵藪、自三★仞以上、二億三萬三千五百五十★有九★。禹乃以息土塡洪水、以爲名山、掘崑崙虛、以下地。

【注釈】

△**墬之所……以太歳**——『山海經』海外南經の類似句から取ったものであろう（王念孫『讀書雜志』）。「墬（地）之所載」を除く部分は、『列子』湯問篇ともほぼ一致する（畢沅『山海經新校正』）。「墬」は、底本は「墬形」に作るが、王念孫『讀書雜志』によって改めた。

△**天地之間**——以下、「至于南極、二億三萬三千五百里七十五步」に至るまでは、『呂氏春秋』有始覽の類似句を踏まえる（島田翰を參照）。楊樹達や于大成は、本篇の「九州」を鄒衍のいわゆる「大九州」であると見るが、以下の「九山・九塞・九藪」などから考えて『呂氏春秋』有始覽のと同じ「小九州」であろう（楠山春樹『淮南子』）。

△**八極**——王念孫『讀書雜志』は「八柱」に改めるが、于大成に有力な反論がある。

△**澠阨**——『呂氏春秋』有始覽は「冥阨」に作る。「澠」と「冥」とは音が通ずる（呉承仕『淮南舊注校理』）。高誘は『呂氏春秋』の「冥阨」と本書の「澠阨」とを異なった「塞」とするが、同一の「塞」であり、『呂氏春秋』有始覽の注によって解釋するのが正しい（于鬯・呉承仕『淮南舊注校理』）。

△**晉之大陸**——高誘注と『春秋左氏傳』定公元年杜預注によって解釋する（馬宗霍）。

△**八風**――本書天文篇などのように「八風」を列擧する古典文獻はいくつかある（馬宗霍・于大成）が、ここと最もよく一致するのは『呂氏春秋』有始覽である。

△**東方**――「方」は、底本は「玄」に作るが、于大成によって改めた。道藏本は「風」に作る。

△**條風**――「條」は、『呂氏春秋』有始覽は「滔」に作る。陳奇猷『呂氏春秋校釋』有始覽は兩字を疊韻とする。

△**巨風**――「巨」は、俞樾は「豈」の壞字とし、于省吾は「愷」の音假とする。

△**麗風**――「麗」は、『呂氏春秋』有始覽は「厲」に作る。陳奇猷は兩字を疊韻とする。

△**赤水**――本篇の次章にも出る河川の名。

△**黑水**――『尙書』禹貢篇・『山海經』海內西經にも出る河川の名。

△**東西二……六千里**――『管子』地數篇・輕重乙篇などに類似句がある（俞正燮『癸巳類稿』）。

△**通谷六**――「六」は、底本は「其」に作るが、陳昌齊によって改めた（王念孫『讀書雜志』を參照）。

△**陸徑三千里**――「里」は、鄭良樹は衍字とする。『呂氏春秋』有始覽は「陸注三千」に作る。

△**禹乃使……十五步**――「太章」「豎亥」は、高誘注によって解釋する。鄒伯奇（劉家立所引）や馬宗霍が「推步天象之人」とするのは、取らない。「步」は、馬宗霍や于大成が「推也」とするが、楊樹達の「行也」でよいと思う。古典文獻の極間の距離に言及している例については、俞正燮・馬宗霍が集めて考證している。

△**自三仞……十有九**――『廣雅』釋水篇に類似句がある（王念孫『讀書雜志』）。「三仞・五十・有九」は、底本はそれぞれ「三百仞・五十里・有九淵」に作るが、王念孫『讀書雜志』によってそれぞれ「百・里・淵」を削った。

△**以息土塡洪水**――『山海經』海内經の鯀に關する類似句から取ったもののようである。「息土」は、『山海經』は「息壤」に作る。

【解説】

墬（地）形篇の冒頭の、大地の形の大枠について述べた部分である。全体的にはリアリスティックな『呂氏春秋』有始覧を下敷きにしながら、その不足をアンリアルな『山海経』などで補うという文章構成であるらしい。そのためにここには相互に矛盾・齟齬する個所も見られる。――例えば、冒頭における「四極」と「八極」の混在、「九州」と「四海・四極」の関係の曖昧さ、「禹」が突如として登場する不自然さ、極間の距離の後に再び（海内の）淵数を叙述する混乱、等々である。

ところで、『呂氏春秋』の九州は、「河漢の間を豫州《よしゅう》と為す、周なり。両河の間を冀州《きしゅう》と為す、晋なり。河済《かさい》の間を兗州《えんしゅう》と為す、衛なり。……」のように、戦国時代までに実際に支配した地域、現実の呼び名に本づく州名、実際に存在した国名を挙げていた。それに対して、本書の「九州」は、機械的に井形に九分した方角、多少は現実に本づくが抽象的な州名、農事や陰陽によって思想的に意味づけされた土名を挙げている。憶測を逞《たくま》しくするならば、恐らく本章は『呂氏春秋』の九州説に賛成しなかったのである。

一つには、『淮南子』の作者にとって諸国家の分裂・対立する戦国時代的な政治体制はすでに過去のものとなっており、そのシンボルでもある古い九州説に何の魅力も感じなかったからであろう。

二つには、「墬（地）形」としての「九州」を主に政治的な視点からリアリスティックに見る『呂氏春秋』に、ある種の視野の狭さを感じ取ったからであろう。これはまた同時に、『淮南子』作者をして現代（前漢時代初期）の郡国制下の「天下」の実際を反映した九州説を画かしめなかった理由でもある。

三つには、人間の居住する空間としての「九州」を政治的なリアリズムから解放して、もっと根源的な広い視点から見たかったからであり、また「九州」を相対化して「六合・四極」の中におけるその位置を確認したかったからでもあろう。――そして以上の三点は、上に述べた本篇における『山海経』などの導入と密接につながっているように思われる。

14　遥《はる》かなる崑崙《こんろん》の丘を訪《たず》ねて

【読み下し】

中に増《そう》（層）城《じょう》の九《きゅう》重《ちょう》なるもの有り、其の高さは万一千里百一十四歩二尺六寸なり。上に木禾《ぼくか》有り、其の脩《なが》さは五尋《ごじん》なり。珠樹《しゅじゅ》、玉樹、琁樹《せんじゅ》、不死樹《ふしじゅ》、其の西に在り。沙棠《さとう》、琅《ろう》玕《かん》、其の東に在り。絳樹《こうじゅ》、其の南に在り。碧樹《へきじゅ》、瑤樹《ようじゅ》、其の北に在り。旁《かたわ》らに四面四十門有り、門の間は四里、門は九純《きゅうじゅん》、純は丈五尺なり。

旁らに九井《きゅうせい》有り、玉横《ぎょくこう》其の西北の隅《すみ》に維《つな》ぐ。北門開きて以て不周《ふしゅう》の風を傾宮《けいきゅう》、旋室《せんしつ》に内《い》る。県圃《けんぽ》、涼風《りょうふう》、樊桐《はんとう》は、崑崙の閶闔《しょうこう》の中に在り、是《これ》其の疏圃《そほ》なり。疏圃の池は、之《これ》に黄水を浸《ひた》す。黄水三たび周《めぐ》りて、其の原《みなもと》に復《かえ》る。是を丹水《たんすい》と謂《い》い、之を飲めば死せず。河水《かすい》は崑崙の東北の陬《すみ》より出《い》で、渤海《ぼっかい》を貫く。禹《う》の導く所の積石山《せきせきざん》に入《い》る。赤水《せきすい》は其の東南の陬より出で、西南して南海の丹沢《たんたく》の東に注ぐ。赤水の東は、弱水《じゃくすい》出《い》ずること窮石《きゅうせき》自《よ》りして、合《ごう》黎《れい》に至る。余波《よは》は流沙《りゅうさ》に入り、流沙を絶《す》ぎ、南して南海に至る。洋水《ようすい》は其の西北の陬より出で、南海の羽民《うみん》の南に入る。凡《およ》そ四水なる者は、帝《てい》の神泉《しんせん》なり。以て百薬《ひゃくやく》を和《わ》し、以て万物を潤《うるお》す。

崑崙の丘、或《も》し上ること之に倍すれば、是《これ》を涼風《りょうふう》の山と謂《い》う。之に登れば而《すなわ》ち死せず。或し上ること之に倍すれば、是を懸圃《けんぽ》の山と謂う。之に登れば乃《すなわ》ち霊《れい》に、能《よ》く風雨を使う。或し上ること之に倍すれば、乃ち維上天《これじょうてん》なり。之に登れば乃ち神《しん》に、是を太帝《たいてい》の居《きょ》と謂う。

扶木《ふぼく》は陽州に在り、日の曊《て》らす所なり。建木《けんぼく》は都広《とこう》に在り、衆帝《しゅうてい》の自《よ》りて上下《じょうげ》する所なり。日中に景《かげ》無く、呼べども響《ひび》き無く、蓋《けだ》し天地の中《ちゅう》ならん。若木《じゃくぼく》は建木《けんぼく》の西に在り、末に十日《じゅうじつ》有り、其の華《はな》は下地《かち》を照らす。

【現代語訳】

崑崙の丘の内部には、九層の城楼《じょうろう》がそびえており、その高さは一万一千里と百十四歩二尺六寸ある。崑崙の丘の上には木禾《ぼくか》（穀類）の樹が生えており、その高さは五尋《ごじん》（一尋は約一八〇センチ）。珠樹《しゅじゅ》・玉樹・琁樹《せんじゅ》・不死樹《ふしじゅ》がその西に、沙棠《さとう》・琅玕《ろうかん》（ともに玉の名）がその東に、絳樹《こうじゅ》（色は赤い）がその南に、碧樹《へきじゅ》（青い石の樹）・瑶樹《ようじゅ》がその北に、それぞれ生えている。木禾の周《まわ》りには、四面に四十の門があり、門と門の間隔は四里（一里は約四〇五メートル）、門の広さは九純（長さの単位）、一純は一丈五尺（一丈は約二二五センチ）である。

近くには九つの井戸があり、西北の隅の井戸には玉横《ぎょくこう》（不死の薬水を汲む玉製の器）が綱で結びつけてある。北門は開いたままになっていて、（西北の極から吹く）不周《ふしゅう》の風が傾宮《けいきゅう》（瓊玉《けいぎょく》で飾った宮殿）と旋室《せんしつ》（琁玉《せんぎょく》で飾った宮室）に吹きこんでくる。県圃《けんぽ》・涼風《りょうふう》・樊桐《はんとう》の三山は、崑崙の閶闔門《しょうこうもん》（西極にある門）の内側にある。このあたりが崑崙の疏圃《そほ》（野菜畑）である。疏圃にある池には、黄水（川の名）が注いでいる。黄水は三周してまた水源に戻る。これが丹水《たんすい》（川の名）であり、これを飲めば不死の身となる。河水《かすい》（黄河）は崑崙の東北の隅《すみ》に源を発し、地中に伏流して渤海《ぼっかい》にまで達しているが、禹《う》がかつて水流を導いた積石《せきせき》山《ざん》（青海省瑪沁県《せいかいしょうばしんけん》一帯の山）で地上に現れる。赤水《せきすい》（川の名）は崑崙の東南の隅に源を発して、西南に向かい南海（広東省広州市一帯の海か）の丹沢《たんたく》（藪沢《そうたく》の名）の東に注ぐ。赤水の東では、弱水《じゃくすい》（今の甘粛省《かんしゅくしょう》の山丹河《さんたんか》か）が窮石山《きゅうせきざん》（甘粛省山丹県付近の山）に源を発して、合黎《ごうれい》（甘粛省高台県《こうだいけん》付近）に至っている。その支流は流沙《りゅうさ》の中に入ってこれを横ぎり、南に向かって南海に達する。洋水《ようすい》（漢水の上流。甘粛省礼県《れいけん》付近を経て、成県《せいけん》付近を東流する。）は崑崙の西北の隅に源を発し、南海の羽民国《うみんこく》（その民は身体に羽が生えている）の南部に注いでいる。以上の四つの川は、天帝《てんてい》の神霊《しんれい》ある泉であって、これを用いて百薬を調合し、万物を潤《うるお》しているのである。

崑崙の丘を、また同じ高さだけ登れば、そこは涼風《りょうふう》の山である。この山に登ると不死の身となる。また同じ高さだけ登れば、そこは懸圃《けんぽ》（県圃に同じ）の山である。この山に登ると霊妙《れいみょう》な気を授かり、雨風《あめかぜ》を起こすことができる。さらに同じ高さだけ登れば、そこがすなわち上天《じょうてん》である。ここまで登った人は神秘の力を得るが、ここがまさに天帝《てんてい》のおわします宮居《みやい》に他ならない。

扶木《ふぼく》（扶桑《ふそう》に同じ、湯谷《とうこく》の南に生えている神樹）は陽州《ようしゅう》（東方、九州の一）にある。太陽の照り輝くところである。建木《けんぼく》（牛の形をした木）は都広山《とこうざん》（南方の山）にあり、ここを通って天帝たちが天と地の間を昇り降りする。日中には物の影ができないし、声を出して叫んでも反響しないから、恐らくここが天地の中心なのであろう。若木《じゃくぼく》（青い葉・赤い華をつけた赤い樹）は建木《けんぼく》の西にある。その梢《こずえ》には連珠《れんじゅ》のように連なった十個の太陽が掛かり、その華が光を放って大地を照らしている。

【原文】

中有增（層）城九重、其高萬一千里百一十四步二尺六寸。上有木禾、其脩五尋。珠樹、玉樹、琁樹、不死樹、在其西。沙棠、琅玕、在其東。絳樹、在其南。碧樹、瑤樹、在其北。旁有四面四十門、門間四里、門九純、純丈五尺。

旁有九井、玉橫維其西北之隅。北門開以內不周之風傾宮、旋室。縣圃、涼風、樊桐、在崑崙閶闔之中、是其疏圃。疏圃之池、浸之黃水。黃水三周、復其原。是謂丹水、飲之不死。河水出崑崙東北陬、貫渤海。入禹所導積石山。赤水出其東南陬、西南注南海丹澤之東。赤水之東、弱水出自窮石、至于合黎。餘波入于流沙、絕流沙、南至南海。洋水出其西北陬、入于南海羽民之南。凡四水者、帝之神泉。以和百藥、以潤萬物。

崑崙之丘、或上倍之、是謂涼風之山。登之而不死。或上倍之、是謂懸圃之山。登之乃靈、能使風雨。或上倍之、乃維上天。登之乃神、是謂太帝之居。

扶木在陽州、日之所曊。建木在都廣、衆帝所自上下。日中無景、呼而無響、蓋天地之中也。若木在建木西、末有十日、其華照下地。

【注釈】

△**増城**——「增」は、于鬯・劉文典によって「層」と讀爲する。

△**木禾**——崑崙の上に「木禾」のあることは、『山海經』海內西經にも見える。

△**珠樹・玉樹・琁樹・不死樹**——『山海經』海內西經に「開明北有視肉、珠樹、文玉樹、玗琪

樹、不死樹。」とある。

△**沙棠**―高誘注によって解釋する。木の名でもあり、『呂氏春秋』本味篇に出る（高誘注の一説）。崑崙に「沙棠」の木があることは、『山海經』西山經にも出る（于大成）。

△**琅玕**―崑崙の「琅玕」のことは、本篇の下文（鄭良樹）・『山海經』海內西經にも見える。

△**四面**―「面」は、底本は「百」に作るが、菊池三九郎『淮南子國字解』上によって改めた。

△**門九純**―「門」は、底本は「里閒」に作るが、兪樾によって改めた。「純」は、高誘注に「量名也」とある（王叔岷『諸子斠證』を參照）。

△**玉横**―「横」は、高誘注の或說によって解釋した。

△**傾宮・旋室**―『呂氏春秋』過理篇に「頃宮・琁室」として出る（于大成）。「傾」は、「瓊」（赤玉）に同じ。「傾宮」は、「瓊」で飾った「宮」（高亨『諸子新箋』・陳奇猷）。高誘注は、不適當（于大成）。「旋室」は、「旋玉」で飾った「室」（高誘注）。高誘注の一說は、不適當（于大成）。

△**疏圃**―崑崙に「疏圃」があることは、本書覽冥篇にも出る（楠山春樹『淮南子』上）。

△**丹水**―王念孫『讀書雜志』は「白水」に改める。

△**河水出……積石山**―『山海經』海內西經に類似句がある。この內、「入禹所導積石山」は、『尙書』禹貢篇とも重なる（楠山春樹『淮南子』上）。

△**赤水出其東南陬**―『山海經』海內西經から取ったものであろうか。

△**赤水之……至南海**―王引之『讀書雜志』は「赤水之東」「至于合黎。餘波」を後人の附加、「弱水出自窮石、入于流沙」を下文の竄入と見てともに削除し、正文を「弱水出其西南陬、絶流沙、南至南海。」に改める。なお「弱水……至于合黎、餘波入于流沙。」は、『尚書』禹貢篇に見える（王引之『讀書雜志』）。

△**洋水出……民之南**―『山海經』海内西經の類似句に本づく（于大成）。

△**或上倍之**―高誘注によって解釋する。「或」「倍」は、孫詒讓『札迻』はそれぞれ「又也」「乘也、登也。」とする。

△**懸圃之山**―「懸」は、底本は「懸」に作るが、上文に「縣」として既出。同音のため通假するのであろう。また、底本には「之山」がないが、王念孫『讀書雜志』によって補った。

△**建木在……之中也**―『呂氏春秋』有始覽の類似句から取った文（于大成）。「都廣」は、『山海經』海内經にあり（于大成）、また本篇の下文に「八紘」の南方として出る。

△**日中無……而無嚮**―『山海經』大荒西經に類似句がある（于大成）。

△**若木**―西極の「若木」のことは、『山海經』大荒北經・海内經に見える（郝懿行『山海經箋疏』を參照）。

△**末有十……照下地**―意味は、高誘注によって解釋する（莊逵吉・劉文典・吳承仕『淮南舊注校理』・鄭良樹を參照）。

【解説】

前章からすぐ続く章で、崑崙の神仙境を画いたもの。「崑崙の虚」について、その巨大な規模や内部の入り組んだ構造、不死を可能にする水や山の存在、「玉樹・玉横・旋室」などの清福のシンボル、「河水」などの「四水」がここに発源して各地に流れて行くさま、などを画いている。登場する人物は「帝・太帝・衆帝」つまり神々だけである。

以上によって理解する限りでは、静寂・清淡な神仙境であるにしても、あまりに非活動的・無機的で豊饒・至福のイメージからはほど遠く、人を惹きつける魅力に乏しい。敢えて言えば、これは死の世界の描写ではなかろうか。というのは、もともと神仙思想が発達する以前に、「崑崙の虚」は死の世界として考えられており（拙著『荘子』下巻至楽篇の補注を参照）、本章はそれをベースにして思想史上（『山海経』とともに）ほとんど初めて崑崙の神仙化を図った文献だからである。元の要素を色濃く残しているのも当然と言わなければならない。

15　八殥《はちいん》・八紘《はちこう》・八極《はちきょく》から成る大地

【読み下し】

九州の大いさは、純《じゅん》は方《ほう》千里なり。九州の外に、乃《すなわ》ち八殥《はちいん》有り、亦《ま》た方千里なり。北東方自《よ》り、「無通《むつう》」と曰《い》い、「大沢《だいたく》」と曰う。東方は「大渚《たいしょ》」と曰い、「少海《しょうかい》」と曰う。東南方は

「具区《ぐく》」と曰い、「亢沢《こうたく》」と曰う。南方は「大夢《たいぼう》」と曰い、「浩沢《こうたく》」と曰う。西南方は「渚《しょ》資《し》」と曰い、「丹沢《たんたく》」と曰う。西方は「九区《きゅうく》」と曰い、「泉沢《せんたく》」と曰う。西北方は「大夏《たいか》」と曰い、「海沢《かいたく》」と曰う。北方は「大冥《たいめい》」と曰い、「寒沢《かんたく》」と曰う。凡そ八殥・八沢《はちたく》の雲は、是《これ》九州に雨ふらす。

八殥の外に、而《すなわ》ち八紘《はちこう》有り、亦《ま》た方千里なり。東北方自り、「和丘《わきゅう》」と曰い、「荒土《こうど》」と曰う。東方は「棘林《きょくりん》」と曰い、「桑野《そうや》」と曰う。東南方は「大窮《たいきゅう》」と曰い、「衆女《しゅうじょ》」と曰う。南方は「都広《とこう》」と曰い、「反戸《はんこ》」と曰う。西南方は「焦僥《しょうぎょう》」と曰い、「炎土《えんど》」と曰う。西方は「金丘《きんきゅう》」と曰い、「沃野《よくや》」と曰う。西北方は「一目《いちもく》」と曰い、「沙所《さしょ》」と曰う。北方は「積《せき》冰《ひょう》」と曰い、「委羽《いう》」と曰う。凡《およ》そ八紘の気は、是《これ》寒暑を出《い》だして、以《もっ》て八正《はちせい》に合い、必ず以て風雨す。

八紘の外に、乃《すなわ》ち八極《はちきょく》有り。東北方自り、「方土《ほうど》の山」と曰い、「蒼門《そうもん》」と曰う。東方は「東極《とうきょく》の山」と曰い、「開明《かいめい》の門」と曰う。東南方は「波母《はぼ》の山」と曰い、「陽門《ようもん》」と曰う。南方は「南極《なんきょく》の山」と曰い、「暑門《しょもん》」と曰う。西南方は「編駒《へんく》の山」と曰い、「白門《はくもん》」と曰う。西方は「西極《せいきょく》の山」と曰い、「閶闔《しょうこう》の門」と曰う。西北方は「不周《ふしゅう》の山」と曰い、「幽都《ゆうと》の門」と曰う。北方は「北極《ほっきょく》の山」と曰い、「寒門《かんもん》」と曰う。凡そ八極の雲は、是《これ》天下に雨ふらし、八門の風は、是《これ》寒暑を節し、八紘・八殥・八沢の雲は、以て九州に雨ふらして、中《ちゅう》土《ど》を和《わ》す。

【現代語訳】

九州の大きさは、周囲が千里四方である。九州の外には八殥《はちいん》（八つの遠方の地域）があり、これもそれぞれ千里四方の大きさである。八殥と八沢《はちたく》は、北東から挙げれば、「無通《むつう》」と「大沢《だいたく》」（ともに藪《そう》の名）、東は「大渚《たいしょ》」（大きな中洲《なかす》）と「少海《しょうかい》」（水の少ない海、沢《さわ》の名）、東南は「具区《ぐく》」（越《えつ》の藪）と「亢沢《こうたく》」（広大な水沢《みずさわ》）、南は「大夢《たいぼう》」（楚《そ》の雲夢《うんぼう》か）と「浩沢《こうたく》」（大きな沢）、西南は「渚資《しょし》」（水沢の名）と「丹沢《たんたく》」（丹水《たんすい》の近くにある沢）、西は「九区《きゅうく》」と「泉沢《せんたく》」、西北は「大夏《たいか》」と「海沢《かいたく》」、北は「大冥《たいめい》」と「寒沢《かんたく》」（水の冷たい沢）である。以上の八殥・八沢のかもし出す雲気は、九州に雨を降らせる。

　八殥の外には八紘《はちこう》（天と地をつないでいる八本の大綱《おおづな》の外側の地域）があり、これもそれぞれ千里四方の大きさである。東北から挙げれば、「和丘《わきゅう》」と「荒土《こうど》」（鳳《おおとり》の自ら歌い、鸞《らん》の自ら舞うところ）、東は「棘林《きょくりん》」と「桑野《そうや》」、東南は「大窮《たいきゅう》」と「衆女《しゅうじょ》」（その民は男が少なく女が多い）、南は「都広《とこう》」（国名、この国にある山が都広山《とこうざん》）と「反戸《はんこ》」（赤道以南にあり北向きに戸《と》を作る地）、西南は「焦僥《しょうぎょう》」（身長三尺に満たない短人の国）と「炎土《えんど》」、西は「金丘《きんきゅう》」（五行《ごぎょう》の西に当たる）と「沃野《よくや》」（白金《はくきん》の野《の》）、西北は「一目《いちもく》」（その民は顔の中央に一つの目がある国）と「沙所《さしょ》」（流沙《りゅうさ》の流れ出る源《みなもと》）、北は「積冰《せきひょう》」（寒氷の積もるところ）と「委羽《いう》」（山名、北極の北にあり太陽が見えない）である。以上の八紘のかもし出す雲気は、時に応じて寒暑を作り出して、吹くべき八風の方角を誤たず、きちんと風雨を起こさせる。

八紘の外にはさらに八極《はちきょく》がある。それを東北から挙げれば、「方土山《ほうどざん》」と「蒼門《そうもん》」（五行の木の色、春の始めに当たる）、東は「東極山《とうきょくざん》」と「開明門《かいめいもん》」（陽《よう》である日の出るところ）、東南は「波母山《はぼざん》」と「陽門《ようもん》」（純陽《じゅんよう》の気の盛んなところ）、南は「南極山《なんきょくざん》」と「暑門《しょもん》」（盛陽《せいよう》に当たり暑さの集まるところ）、西南は「編駒山《へんくざん》」と「白門《はくもん》」（五行の金の始まるところ）、西は「西極山《せいきょくざん》」と「閶闔門《しょうこうもん》」（成熟した万物を大いに収穫して閉ざす門）、西北は「不周山《ふしゅうざん》」と「幽都門《ゆうともん》」（陰気に従って収斂《しゅうれん》する門）、北は「北極山《ほっきょくざん》」と「寒門《かんもん》」（寒さの積もるところ）である。以上の八極のかもし出す雲気は、天下（天の下にある全ての地域）に雨を降らせ、八《はち》門《もん》から吹きこむ風は、その寒暑を調節し、そして八紘・八殯・八沢のかもし出す雲気は、我が九州に雨を降らせて、中土《ちゅうど》（九州の中心地、冀州《きしゅう》）をほどよく和《やわ》らげる。

【原文】

九州之大、純方千里。九州之外、乃有八殯、亦方千里。自北東方、曰無★通★、曰大★澤★。東方曰大渚、曰少海。東南方曰具區、曰元★澤。南方曰大夢、曰浩澤。西南方曰渚資、曰丹澤。西方曰九區、曰泉澤。西北方曰大夏、曰海澤。北方曰大冥、曰寒澤。凡八殯八澤之雲、是雨九州。

八殯之外、而有八紘、亦方千里。自東北方、曰和丘、曰荒土。東方曰棘林、曰桑野。東南方曰大窮、曰衆女。南方曰都廣、曰反戸。西南方曰焦僥、曰炎土。西方曰金丘、曰沃野。西北方曰一目、曰沙所。北方曰積冰、曰委羽。凡八紘之氣、是出寒暑、以合八正、必以風雨。

八紘之外、乃有八極。自東北方、曰方土之山、曰蒼門。東方曰東極之山、曰開明之門。東南方曰波母之山、曰陽門。南方曰南極之山、曰暑門。西南方曰編駒之山、曰白門。西方曰西極之山、曰閶闔之門。西北方曰不周之山、曰幽都之門。北方曰北極之山、曰寒門。凡八極之雲、是雨天下、八門之風、是節寒暑、八紘八殥八澤之雲、以雨九州、而和中土。

【注釈】

△**純方千里**――「純」は、高誘注は「緣也。亦曰量名也。」とする。ここでは前者によっておくが、本當のところはよく分からない。

△**曰無通、曰大澤**――底本は「曰大澤、曰無通。」に作るが、兪樾によって改めた。

△**具區・大夢**――この二つは九州の「九藪」と重複しており（楠山春樹『淮南子』上）、作者の熟考を經た文章ではないようである。

△**亢澤**――底本は「元澤」に作るが、王念孫『讀書雜志』によって改めた。

△**渚資**――『山海經』西山經に「諸資之水」として出る（于大成）。

△**和丘**――本章の下文にも出る（楠山春樹『淮南子』上）。

△**沃野**――楊樹達によって解釋した。

△**一目**――本章の下文に「一目民」として出る（楠山春樹『淮南子』上）。

△**委羽**――本章の下文に「委羽之山」として出る（于大成）。

△**八極**――以下、前前章の「八極」と呼應してその細目を述べる。

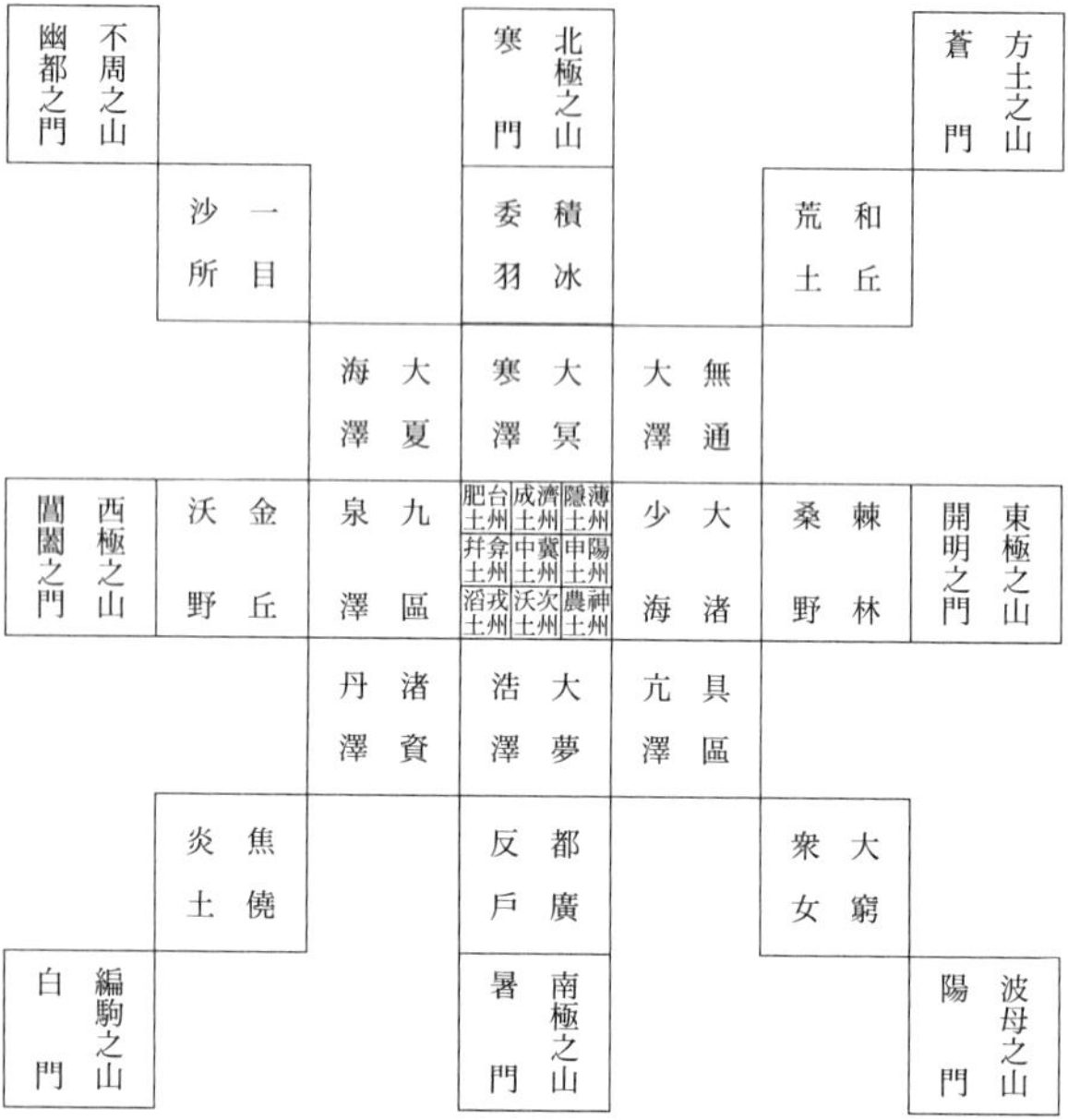

不周之山 幽都之門
北極之山 寒門
方土之山 蒼門
一目 沙所
積冰 委羽
和丘 荒土
大夏 海澤
大冥 寒澤
無通 大澤
西極之山 閶闔之門
金丘 沃野
九區 泉澤
薄州 隱土
濟州 成土
台州 肥土
陽州 申土
冀州 中土
弇州 并土
神州 農土
次州 沃土
戎州 滔土
大渚 少海
棘林 桑野
東極之山 開明之門
渚資 丹澤
大夢 浩澤
具區 亢澤
焦僥 炎土
都廣 反戶
大窮 衆女
編駒之山 白門
南極之山 暑門
波母之山 陽門

△**編駒之山**―『山海經』大荒西經に「偏句之山」として見える（于大成）。
△**閶闔之門**―下文に言う「閶闔風」が吹きこむ門（馬宗霍）。「閶闔」は、前章に既出。
△**不周之山**―前章の「不周之風」が吹き出す山（馬宗霍）。
△**寒門**―前前章の「寒風」が吹きこむ門（馬宗霍）。
△**中土**―前前章に「九州」の「正中」として既出。

【解説】

前章に続く章である。「九州」を中心として「八殯・八紘・八極」と八方に向かって放射線状に拡がり、外枠は方形を成す、天の下なる地上の世界を画いたものである。極めて図式的である点に特徴がある。上文の九州説をも加味して図示してみよう。（薄井俊二「淮南子地形訓の基礎的研究」を参照した。）

巻第五　時則《じそく》

【総説】

題の意味は、一年十二個月の月ごとに出す法のことであり、いわゆる時令・月令を指している。劉殿爵が「則」を「節」の意とし、「時則」を「時節」のこととするのは、適当でない（于大成）。高誘注《こうゆうちゅう》は「則は、法なり。四時・寒暑は、十二月の常法なり。故に『時則《じそく》』と曰《い》いて、因《よ》りて以《もっ》て篇に題するなり。」とする。

要略篇の解説によれば、本篇の内容は「上は天の時に因り、下は地の力を尽《つ》くし、度に拠《よ》り当たれるを行い、諸《これ》を人の則《のり》に合わせ、十二節に刑《あらわ》して、以て法式と為し、終われば復《ま》た始まり、無極に転じ、因循《いんじゅん》・倣依《ほうい》して、以て禍福を知り、操舎《そうしゃ》・開塞《かいそく》、各々竜忌《りゅうき》有り、号を発し令を施して、時を以て期《き》を教う」るもの、一言でいえば「四時」である。また本篇の目的は、読者である「人に君たる者」をして「従事する所以《ゆえん》を知らし」めること、短く言えば「避諱《ひき》する所を知らし」めることであると言う。

戦国時代末期に成立した『呂氏春秋』十二紀やほぼ同時代の『礼記』月令篇は、戦国時代にさまざまに展開した時令の思想を集大成したものである。本章は、それらをさらに簡略にして整理した十二紀の部分と、その後に付記された「五位・六合・制度」の部分とから成っている。ここでは十二紀の冒頭の「孟春之月」（一月）を読むことにしよう。

16　一月の時令（タイムリーな政令）

【読み下し】

孟春《もうしゅん》の月、招揺《しょうよう》寅《とら》を指す。昏《くれ》に参《しん》中《ちゅう》し、旦《あした》に尾《び》中す。其の位は東方なり、其の日は甲《こう》乙《おつ》なり、盛徳 木に在り。其の虫は鱗《りん》なり。其の音は角《かく》なり、律は太簇《たいそう》に中《あ》たる。其の数は八なり。其の味は酸なり。其の臭《にお》いは羶《せん》なり。其の祀《まつ》りは戸《と》なり、祭るには脾《ひ》を先にす。東風 凍《こお》りを解き、蟄虫《ちっちゅう》始めて振穌《しんそ》す。魚は上《のぼ》りて氷《こおり》を負い、獺《かわうそ》 魚を祭り、候鴈《こうがん》北《きた》す。天子 青衣を衣《き》、蒼竜《そうりゅう》に乗り、蒼玉《そうぎょく》を服《お》び、青旗を建《た》つ。麦と羊とを食い、八風の水を服《ふく》し、萁燧《がいすい》の火に爨《かし》ぐ。東宮《とうぐう》に女《おんな》に御《ぎょ》す。青色の衣に、青采《せいさい》あり、琴瑟《きんしつ》を鼓《こ》す。其の兵は矛《ほこ》なり。其の畜は羊なり。青陽《せいよう》の左个《さか》に朝《ちょう》して、以て春の令を出《い》だし、徳を布き恵みを施《し》し、慶《けい》賞《しょう》を行い、傜賦《ようふ》を省く。

立春の日、天子親しく三公・九卿《きゅうけい》・大夫《たいふ》を率《ひき》いて、以て歳《とし》を東郊に迎う。祠位《しい》を修除《しゅうじょ》し、幣《へい》もて鬼神《きしん》に禱《いの》り、犠牲には牡《おうし》を用う。木を伐《き》ることを禁じ、巣を 覆《くつがえ》し胎夭《たいよう》を殺すこと母《な》

(毋)く、麛《べい》すること毋く卵《らん》すること毋《な》(毋)く、衆を聚《あつ》め城郭《じょうかく》を置くこと毋《な》(毋)からしむ。骼《かく》を掩《おお》い骴《し》を薶《うず》む。

孟春に夏《なつ》の令を行えば、則《すなわ》ち風雨 時《とき》ならず、草木早く落ち、国は乃《すなわ》ち恐れ有り。秋の令を行えば、則《すなわ》ち其の民大いに疫《えき》し、飄風暴雨総《ひょうふうぼううすべ》(総)て至り、黎莠蓬蒿並《れいゆうほうこうなら》びに興こる。冬の令を行えば、則ち水潦 敗《すいりょうはい》を為し、霜雨《しもふ》り大いに雹《ひょう》ふり、首稼《しゅか》入《い》らず。正月には司空《しくう》を官《かん》す。其の樹は楊《やなぎ》なり。

【現代語訳】

孟春《もうしゅん》の月(夏暦《かれき》の一月)には、招揺《しょうよう》(北斗《ほくと》の第七星、その杓《ひょう》の柄《え》の指す方向)が寅《とら》(東北東)を指す。日没時には二十八宿の参宿《しんしゅく》が南中《なんちゅう》し、日出時には尾宿《びしゅく》が南中する。この月の方位は(五方の)東方であり、日は(十干《じっかん》の)甲乙《こうおつ》であり、天地の盛んな働きは(五行の)木に宿《やど》る。その動物は(五虫の)鱗《うろこ》のある魚・竜である。その音は(五音の)角《かく》であり、音律は(竹管の十二律の)太簇《たいそう》に当たる。その数は(十数の)八である。その味は(五味の)酸《さん》(すっぱさ)である。その臭《にお》いは(五臭《ごしゅう》の)羶《せん》(羊肉の生臭さ)である。その家の祀《まつ》りは(五祀《ごし》の)戸《と》であり、祭る場合(五臓の)脾臓《ひぞう》をまず供《そな》える。

この月には、東風が氷を溶《と》かし、冬ごもりの動物が活動し始める。魚(鯉《こい》や鮒《ふな》)は水面に近づいてきて氷を押し上げ、獺《かわうそ》は捕えた魚を水辺に並べていわゆる祭りを行い、季節を知る雁《がん》は北へ去る。

天子は（五色の）青い衣服を着、蒼《あお》い大馬《たいば》に乗り、蒼い宝玉を佩《お》び、青い熊・虎を画いた旗を立てる。（五穀の）麦と（五畜の）羊を食べ、八方の風を集めた銅盤の露水を飲み、萁《がい》（木の名）の木を燧《き》って起こした火で炊事をする。東の宮殿において女性を召すが、女性は青色の衣を、青い彩《いろど》りで飾り、楽器は琴《きん》と瑟《しつ》を奏《かな》でる。その武器は（五兵の）矛《ほこ》である。その家畜は（五畜の）羊である。天子はこの月の朔日《ついたち》に、明堂《めいどう》（天子が政教を行うところ）の青陽《せいよう》（東向きの堂）の左个《さか》（北の室）で朝廷を開いて、春の政令を発布し、徳を施し恵みを垂れ、慶賞《けいしょう》を行い、賦役《ふえき》を軽くする。

立春の日、天子は自ら三公・九卿《きゅうけい》・大夫《たいふ》たちを率《ひき》いて、東の郊外（都城《とじょう》の東、郭外八里の地）で春を迎える。祭壇を清め、圭璧《けいへき》の幣《ぬさ》を供《そな》えて鬼神に幸福を禱《いの》り、犠牲には雄牛《おうし》を用いる。木を伐採することを禁止し、鳥の巣を覆《くつがえ》して雛《ひな》を取ったり獣《けもの》の胎児《たいじ》や幼児を殺すことを許さず、鹿の子や鳥の卵を取ることを認めず、民衆を動員して城郭《じょうかく》を築くことは農事を妨げるので行わない。鳥獣の残骨《ざんこつ》に土をかけ腐肉《ふにく》を土中に埋めて生気を大切にする。

孟春の月に、夏《なつ》の政令を行うならば、風雨が時節をはずれて訪れ、草木が早く枯れ落ち、国内に恐慌《きょうこう》が起きるであろう。秋の政令を行うならば、人民の間に疫病《えきびょう》が大流行し、疾風《しっぷう》・暴雨がともに来襲し、黎莠《あかざ》・蓬蒿《よもぎ》などの雑草が一斉に生《お》い茂るであろう。冬の政令を行うならば、雨水が災害をもたらし、霜が降り大きな雹《ひょう》の害もあって、百穀に先立って植える稷《きび》が実らない。正月には（十二官の）司空《しくう》（土地・建設のことを司《つかさど》る官）を任命する。その樹は（十二樹の）楊《やなぎ》である。

【原文】

孟春之月、招搖指寅。昏參中、旦尾中。其位東方、其日甲乙、盛德在木。其蟲鱗。其音角、律中太簇。其數八。其味酸。其臭羶。其祀戶、祭先脾。

東風解凍、蟄蟲始振穌。魚上負冰、獺祭魚、候鴈北。

天子衣青衣、乘蒼龍、服蒼玉、建靑旗。食麥與羊、服八風水、爨萁燧火。東宮御女。青色衣、青采、鼓琴瑟。其兵矛。其畜羊。朝于青陽左个、以出春令、布德施惠、行慶賞、省傜賦。

立春之日、天子親率三公九卿大夫、以迎歲于東郊。修除祠位、幣禱鬼神、犧牲用牡。禁伐木、毋（毋）覆巢殺胎夭、毋麛母（毋）卵、毋（毋）聚衆置城郭。掩骼薶骴。

孟春行夏令、則風雨不時、草木早落、國乃有恐。行秋令、則其民大疫、飄風暴雨總（總）至、黎莠蓬蒿竝興。行冬令、則水潦爲敗、雨霜大雹、首稼不入。正月官司空。其樹楊。

【注釈】

△**孟春之月**―以下は、『呂氏春秋』の十二紀の孟春紀や『禮記』月令篇を踏まえて書かれている（島田翰を參照）。

△**魚上負冰**―「魚」は、高誘注は「鯉・鮒」のこととする（吳承仕『淮南舊注校理』を參照）。

△**獺祭魚**―意味は、高誘注によって解釋する。于大成が本書『淮南子』から同じような獣の祭の例を集めている。

△**候鴈北**―意味は、高誘注によって解釋する（呉承仕『淮南舊注校理』・于大成を參照）。

△**服八風水**―意味は、高誘注によって解釋する。于大成は、『三輔故事』の「承露盤」、『史記』孝武本紀の「承露仙人掌」などを用いて露水を得たのであろうと言う。

△**殺胎夭**―「夭」は、高誘注によらず、『禮記』月令篇の孔穎達疏によって解釋する（馬宗霍を參照）。

△**掩骼薶骴**―陳世宜の復元した高誘注によって解釋した（呉承仕『淮南舊注校理』を參照）。

△**首稼不入**―意味は、『禮記』月令篇の鄭玄注・孔穎達疏によって解釋した。

【解説】

時則篇《じそくへん》の冒頭の孟春《もうしゅん》の時令《じれい》を記《しる》した章である。このような時令の背後に横たわっている思想は、人間は自然のありように従って行動しなければならない、殊に君主（人間の代表）の毎月発する政令は、その月の自然現象にマッチするものでなければならず、さもなければ（つまり違令を犯した場合には）人間全体に災異が下る、とする一種の天人感応説である。

この思想は、もともと五行説とは関係がなかったと考えられるが、自然と人間とを巧みに媒介しうる理論である五行説を導入することによって、天と人の間の感応関係をより説得的に説明することができるようになったのであった。本章は、『管子』幼官篇あたりから始まる、道家による五行説の導入（金谷治『管子の研究』、岩波書店、一九八七、を参照）が完了した後の、両者の結合のほとんどルーティーン化した姿を示す文章、と把えて差し支えない。

巻第六　覧冥《らんめい》

【総説】

題の意味は、「冥《くら》きを覧《み》る」、すなわち事物の変化の奥深い理《ことわり》を見る、ということ。高誘注《こうゆうちゅう》は「幽冥《ゆうめい》変化の端を覧観《らんかん》すれば、至精 天を感ぜしめて、★无極に★通達す。故に『覧冥《らんめい》』と曰《い》いて、因《よ》りて以《もっ》て篇に題す。」とする。

本篇は、感応説を述べた篇である。しかしこの感応説は、必ずしも人の道徳的なあり方と天の瑞兆・災異との間に成り立つ天人感応説に限られておらず、また特に人の代表としての天子と宗教的な主宰者としての天との間の道徳的政治的な感応説に絞られてもいない。万物一般の変化するメカニズムの一つとして説明される、やや古いタイプの感応説であると言えよう。

要略篇の解説によれば、本篇の内容は「至精の九天に通じ、至微の無形に淪《い》り、純粋の至清に入り、昭昭の冥冥に通ずるを言う。乃《すなわ》ち始めは物を攬《と》り、物には類を引き、覧取《らんしゆ》橋《きょう》掇《てつ》し、宵類《しょうるい》を浸想《しんそう》す。物の以て意を喩《さと》し形を象《かたど》る可《べ》き者は、乃ち以て窘《きん》滞《たい》を穿通《せんつう》し、壅塞《ようそく》を決瀆《けつとく》し、人の意を引きて、之を無極に繋《つな》ぎ、乃ち以て物類の感、同気の応、陰陽の合、形埒《けいらつ》の朕《あと》を明らかにす」るもの、要するに「譬《たと》えを引き類を援《ひ》く」こと、また「至《し》精《せい》」である。本篇の目的は、読者をして「遠く観て博く見し」めること、また「精微《せいび》を識《し》らし」めることであると言う。

17　同類の物が感応《かんのう》し合うメカニズム

【読み下し】

夫《そ》れ物類《ぶつるい》の相《あ》い応ずるは、玄妙深微《げんみょうしんび》にして、知《ち》（智）も論ずること能《あた》わず、弁《べん》も解《と》くこと能わず。故《ゆえ》に東風《とうふう》至りて酒 湛溢《たんいつ》し、蚕《かいこ》 絲《いと》を咡《は》きて商弦《しょうげん》 絶《た》ゆるは、或《あ》るもの之《これ》に感ずればなり。画《えが》くこと灰を随《したが》わしめて月運闕《げつうんか》け、鯨魚《げいぎょ》死して彗星《すいせい》出ずるは、或るもの之に動けばなり。故に聖人《せいじん》位に在れば、道を懐《いだ》きて言わざるも、沢《たく》は万民に及び、君臣心を乖《そむ》くれば、則《すなわ》ち背譎《はいきつ》 天に見《あらわ》るるは、神気《しんき》相い応ずるの徴《しるし》なり。故に山雲は草莽《そうぼう》なり、水雲は魚鱗《ぎょりん》なり、旱雲《かんうん》は煙火《えんか》なり、涔雲《しんうん》は波水《はすい》なり。各々《おのおの》其の形類《けいるい》に像《かたど》るは、之に感ずる所以《ゆえん》なり。

夫燧《ふすい》は火を日より取り、方諸《ほうしょ》は露を月より取る。天墬《てんち》（地）の間は、巧歴《こうれき》も其の数を挙《あ》ぐること能わず、手は忽怳《こっきょう》を徴《ちょう》するも、其の光を覧《と》（攬）ること能わず。然《しか》れども掌握《しょうあく》の中を以て、類を太極《たいきょく》の上より引きて、水火立ちどころに致す可《べ》き者は、陰陽 気を同じくして相い動けばなり。此傳説《これふえつ》の辰尾《しんび》に騎《の》る所以《ゆえん》なり。

故に至陰《しいん》は飂飂《りゅうりゅう》に、至陽《しよう》は赫赫《かくかく》として、両者交々《こもごも》接し和を成して、万物生ず。雄衆《おすおお》くして雌《めす》無ければ、又た何の化を之《これ》能く造る所ぞや。所謂《いわゆ》る不言《ふげん》の弁《べん》、不道《ふどう》の道《みち》なり。故に遠きを召す者の使いを為すこと無《な》く、近きを親しましむる者の言を事とすること无きは、惟《た》だ夜行《やこう》する者のみ能く之を有すと為す。故に走馬《そうば》を却《しりぞ》けて以《もっ》て糞《ふん》し、車軌《しゃき》は遠方の外に接せず。是《これ》を坐馳陸沈《ざちりくちん》と謂《い》う。昼冥《くら》く宵《よる》明るく、冬を以て膠《にかわ》を鑠《と》かし、夏を以て冰《こおり》を造る。

【現代語訳】

一体、同類の物が互いに反応し合うさまは、奥深く微妙であって、どんな叡智《えいち》をもってしても論ずることができず、どんな雄弁をもってしても説くことができない。例えば、春になって東の風が吹きそめると酒が醗酵《はっこう》して溢《あふ》れ出し、蚕《かいこ》が絲《いと》を吐き始めると琴瑟《こと》の商《しょう》の音の絹《い》弦《と》が切れるのは、何かと何かとが感じ合うからである。蘆《あし》の灰を用いて地上に月影を模《も》した円を画き、その一端を消し去ると、天上の月の暈《かさ》も一端が欠けたり、鯨《くじら》が死ぬ時に彗星《すいせい》が現れたりするのも、ある物とある物とが影響し合うからである。それ故、聖人《せいじん》が君主の位に就《つ》いていれば、道を内に懐《いだ》いたまま何一つものを言わなくても、恩恵が万民に及び、君主と臣下の心が離れていれば、不協和《ふきょうわ》が天空に現れるのは、まさに精妙な気が反応し合っている証拠に他ならない。そして、山に湧《わ》く雲は草莽《くさむら》の形を呈《てい》し、水辺《みずべ》に漂《ただよ》う雲は魚の鱗の形であり、日照《ひで》りの折に立つ雲は煙と火のようであり、雨を含んだ雲は波立つ水のようであって、それぞれ同類の物の形に似るというのが、何かと何かとが感じ合うメカニズムの一例である。

また夫燧《ふすい》（銅製の凹面鏡）という道具は太陽の光から火を取り、方諸《ほうしょ》（大蛤《おおはまぐり》製の杯盤《はいばん》）という器具は月の光から露を取る。天と地を隔てる距離は、どんな暦算《れきさん》の名人でも測定しえないほど遠く、人間の手は微小な物体を調べるぐらいならまだしも、太陽や月の光を摑《つか》むことはできない。それにもかかわらず、手に握った道具を用いて、同類の物を天空の上から呼び寄せ、水でも火でも直ちに得られるというのは、同じ陰気と陰気と、陽気と陽気とが影響し合うからに他ならない。そしてこれはまた、殷《いん》の傅説《ふえつ》（高宗《こうそう》の宰相）が死んだ後、天に昇って星神の一つとなり、辰星《しんせい》と尾星《びせい》（ともに星の名）に騎《また》がっているその理由でもある。

ところで、純粋な陰の気は冷え冷えとして厳しく、純粋な陽の気は赤々として熱い。この両者が触れ合って和合すると、ここに万物が生まれてくるというメカニズムである。雄《おす》ばかりが多くて雌《めす》がいなければ、一体どんな万物の変化が起こりえようか。そして、不言《ふげん》の弁《べん》（言わないことを通じてかえって真に言っている本当の弁舌）、不道《ふどう》の道《みち》（道であるという規定を越えた真の道）と言われる道理の内容も、まさにこれに他ならない。したがって、遠方の諸国を引き寄せる場合使者を立てる必要がなく、近隣の諸国を手なずけるのに外交文書を発するまでもないというのは、ただ事物の奥深い根源に立って行動する人だけにできることなのである。このような人の統治下では、戦争がないので脚《あし》の速い軍馬は退いて田畑を耕し、民衆が落ち着いているので馬車の軌《わだち》は遠方諸国にまで続くことがない。これを呼んで、座ったままで世界の万物を動かし、深く大地の根源に降《お》り立つこと、と言う。これによるならば、昼を暗くし夜を明るくしたり、冬に膠《にかわ》を融《と》かし夏に氷を作ることだって、決して難しくはないのだ。

【原文】

夫物類之相應、玄妙深微、知（智）不能論、辯不能解。故東風至而酒湛溢、蚕（蠶）咡絲★而商弦絶、或感之也。畫★隨灰而月運闕、鯨魚死而彗星出、或動之也。故聖人在位、懷道而不言、澤及萬民、君臣乖心、則背譎見於天、神氣相應徵矣。故山雲草莽、水雲魚鱗、旱雲煙火、涔雲波水。各像其形類、所以感之。

夫燧★取火於日、方諸取露於月。天墬（地）之閒、巧歴不能擧其數、手徵忽怳、不能覽（攬）其光。然以掌握之中、引類於太極之上、而水火可立致者、陰陽同氣相動也。此傳說之所以騎辰尾也。

故至陰飂飂、至陽赫赫、兩者交接成和、而萬物生焉。衆雄而無雌、又何化之所能造乎。所謂不言之辯、不道之道也。故召遠者使无爲焉、親近者言★无事焉、惟夜行者爲能有之。故却走馬以糞、而車軌不接於遠方之外。是謂坐馳陸沈。晝冥宵明、以冬鑠膠、以夏造冰。

【注釈】

△**夫物類之相應**―以下、「彗星出」に至るまでは、本書天文篇に類似句がある。

△**知不能論、辯不能解**―下文に「得失之度、深微窈冥、難以知（智）論、不可以辯說也。」の

句がある（劉文典）。「論」は、兪樾に説があるが取らない（劉文典）。

△**東風至而酒湛溢**――類似句が『春秋繁露』同類相動篇にあり（王念孫『讀書雜志』）、『劉子新論』類感篇にもある（鄭良樹）。「酒湛溢」は、高誘注・李哲明によらず王念孫『讀書雜志』によって解釋する。

△**畫隨灰而月運闕**――高誘注では「隨灰」が説明できないので、許愼注によって解釋した（陶方琦を參照）。

△**聖人在位**――以下、「爲能有之」に至るまで『文子』精誠篇に取られている（王念孫『讀書雜志』）。

△**懷道而不言**――「而」は、ないテキストがあり（鄭良樹）、それが正しかろう（陶鴻慶）が、ここでは底本のままとしておく。

△**山雲草……雲波水**――『呂氏春秋』應同篇の類似句に本づく（王引之『讀書雜志』）。「煙」は、王引之『讀書雜志』は「標」に改めるが、底本のままでよい（楊樹達）。「涔雲」は、于省吾によって解釋する。これらの「雲」は、感應説の原理である「氣」として擧げられているようである。

△**夫燧取……露於月**――「夫燧」は、底本は「夫陽燧」に作るが、王念孫『讀書雜志』によって改めた。「夫燧」（陽燧）と「方諸」は、本書天文篇に既出（王念孫『讀書雜志』）。

△**巧歷不能擧其數**――『莊子』齊物論篇の類似句を踏まえる。

△**手徵忽……覽其光**――「徵」は、「檢」の意（菊池三九郎『淮南子國字解』上）、または

「驗」の意（于省吾）。「忽怳」は、「微物」の意（高誘注）。「覽」は、「攬」の假借字（于鬯）。
△太極之上―兪樾の說が優れる。
△此傅說……辰尾也―「傅說」が「星神」となったことは、『莊子』大宗師篇に見え（楊樹達）、『楚辭』遠遊篇にも見える（于大成）。
△至陰飂……物生焉―『莊子』田子方篇の類似句を踏まえる（楊樹達）。
△衆雄而……能造乎―『莊子』應帝王篇の類似句を踏まえる。
△不言之辯、不道之道―『莊子』齊物論篇の同じ句から取ったもの。この句は、本書では本經篇にも出る。
△召遠者……能有之―『管子』形勢篇の類似句に本づく（王念孫『讀書雜志』）。『春秋繁露』精華篇にも類似句がある（陶鴻慶）。「言」は、底本は「使」に作るが、王念孫『讀書雜志』によって改めた。「夜行」は、高誘注が優れる。
△却走馬……方之外―前句は、『老子』第四十六章の言葉（高誘注）。後句は、『莊子』胠篋篇の類似句を踏まえる。
△坐馳―『莊子』人間世篇の言葉（陶鴻慶）。
△陸沈―『莊子』則陽篇の言葉。
△晝冥宵明―本書泰族篇に類似句がある（陶鴻慶）。
△以冬鑠……夏造冰―『莊子』徐無鬼篇に類似句がある。

【解説】

本書における感応説の代表的な文章である。感応説というのは、世界におけるある物とある物とが何か表面的には説明のつかないメカニズムによって、感じ合い応じ合って因果の関係で結ばれている、と見る思想である。そのメカニズムは、通常、宗教掛《が》かった非合理の色彩を帯びることが多く、ここでも始めに「どんな叡智《えいち》をもってしても論ずることができず、どんな雄弁をもってしても説くことができない。」と述べている。しかし、本章で画かれている感応のメカニズムは全てが非合理であるわけではない。下文を読めば分かるように、作者は感応のメカニズムを陰陽説でもって説明しており、当時、陰陽説は最新の自然科学であったと考えられるからである。

本章の感応説のもう一つの特徴は、これがいわゆる「天人感応」（自然界と人間界との間に発生する感応関係）だけに限定されておらず、もっと広い範囲にわたって適用される一般的な性格を持っていることである。このことと関連して、「人」（特に君主）の道徳的政治的なあり方を問題にする視点がそれほど強くないというのも、本章の感応説の特徴と言ってよかろう。

18 黄帝《こうてい》と虙戯《ふくぎ》の黄金時代

【読み下し】

昔者《むかし》黄帝《こうてい》 天下を治めて、力牧《りきぼく》・太山稽《たいざんけい》之《これ》を輔《たす》く。以て日月の行《めぐ》りを治め、陰陽の気を律し、四時《しいじ》の度を節し、律歴《りつれき》の数を正し、男女を別かち、雌雄《しゆう》を異にし、上下を明らかにし、貴賤《きせん》を等《とう》し、強きをして弱きを掩《おお》わず、衆《おお》きをして寡《すく》なきを暴《しいた》げざらしむ。人民は命《いのち》を保ちて夭《よう》せず、歳時は熟して凶ならず、百官は正しくして私《わたくし》無く、上下は調《ととの》いて尤《とが》無く、法令は明らかにして闇《くら》からず、輔佐《ほさ》は公《おおやけ》にして阿《おもね》らず。田者《でんしゃ》は畔《あぜ》を侵《おか》さず、漁者《ぎょしゃ》は隈《くま》を争わず、道には遺《お》ちたるを拾わず、市《いち》には賈《あた》いを予《いつわ》らず、城郭は関《とざ》さず、邑《ゆう》に盗賊無く、鄙旅《ひりょ》の人は相《あ》い譲るに財を以てし、狗彘《くてい》は菽粟《しゅくぞく》を路に吐きて、忿争《ふんそう》の心無し。是《ここ》に於《お》いて日月は精明に、星辰《せいしん》は其の行《めぐ》りを失わず、風雨は時節あり、五穀は登熟《とうじゅく》し、虎狼《ころう》は妄《みだ》りに噬《か》まず、鷙《し》鳥《ちょう》は妄りに搏《う》たず、鳳皇《ほうおう》は庭《てい》に翔《かけ》り、麒麟《きりん》は郊に游《あそ》び、青竜は駕《が》を進め、飛黄《ひこう》は皁《うまや》に伏し、諸北《しょほく》・儋耳《せんじ》の国は、其の貢職《こうしょく》を献ぜざるもの莫《な》し。然《しか》れども猶お未《いま》だ虙戯氏《ふくぎし》の道に及ばざるなり。

往古《おうこ》の時、四極廃《しきょくすた》れ、九州裂け、天は兼ね覆《おお》わず、墬《ち》(地)は周《あまね》く載せず、火は爁炎《らんえん》として滅《き》えず、水は浩洋《こうよう》として息《や》まず、猛獣は顓民《せんみん》を食《くら》い、鷙鳥《しちょう》は老弱を攫《とら》う。是《ここ》に於いて女媧《じょか》五色の石を錬《ね》りて、以て蒼天《そうてん》を補い、鼇《おおがめ》の足を断ちて、以て四極を立て、黒竜を殺して、以て冀州《きしゅう》を済《すく》い、蘆灰《ろかい》を積みて、以て淫水《いんすい》を止《とど》む。

蒼天補われ、四極正しく、淫水涸《かわ》き、冀州《きしゅう》平らぎ、狡虫《こうちゅう》死し、顓民《せんみん》生く。方州《ほうしゅう》を背にし、員天《えんてん》を抱き、和春陽夏《わしゅんようか》に、殺秋約冬《さいしゅうやくとう》に、方《ほう》なるを枕とし縄《なわ》に寝《い》ね、陰陽の壅沈《ようちん》して通ぜざる所の者は、之を竅理《きょうり》し、逆気《ぎゃくき》の物に戻《もと》り民を傷つくることの厚積《こうせき》なる者は、之を絶止《ぜっし》す。此の時に当たりて、臥《ふ》しては倨倨《きょきょ》たり、興《お》きては盱盱《くく》たり、一《ある》いは自ら以て馬と為し、一いは自ら以て牛と為し、其の行くこと瞋瞋《てんてん》たり、其の視ること瞑瞑《めいめい》たり。侗然《どうぜん》として皆な其の和を得、由《よ》りて生ずる所を知るもの莫《な》し。浮游《ふゆう》して求むる所を知らず、魍魎《もうりょう》のごとくにして往く所を知らず。此の時に当たりて、禽獣蝮蛇《ふくだ》も、其の爪牙《そうが》を匿《かく》し、其の螫毒《せきどく》を蔵せざること無く、攫噬《かくぜい》の心有ること無し。

其の功烈《こうれつ》を考うるに、上は九天に際《いた》り、下は黄壚《こうろ》に契《あ》い、名声は後世に被《こうむ》り、光暉《こうき》は万物を熏《かがや》かす。雷車《らいしゃ》に乗り、応竜《おうりゅう》を服し、青虬《せいきゅう》を驂《さん》とし、絶瑞《ぜつずい》を援《と》り、蘿図《らと》を席《し》き、黄雲の絡《おもがい》もて、白螭《はくち》を前にし、奔蛇《ほんだ》を後にし、浮游消揺《ふゆうしょうよう》して、鬼神《きしん》を道《みちび》き、九天に登りて、帝に霊門《れいもん》に朝《ちょう》し、宓穆《ひつぼく》として太祖《たいそ》の下に休《いこ》う。然れども其の功を彰《あらわ》さず、其の声を揚げず、真人《しんじん》の道を隠して、以て天墬《てんち》（地）の固然《こぜん》に従う。何となれば則ち道徳 上に通じて、智故《ちこ》 消滅すればなり。

【現代語訳】

その昔、黄帝《こうてい》（人類最古の帝王）が天下を統治した時、力牧《りきぼく》と太山稽《たいざんけい》（ともに黄帝の臣）の二人がこれを補佐した。彼らは日月の運行を支配し、陰陽の二気を整え、四季の推移に節度を与え、音律・暦算の数理を正確にし、また男女・雌雄《しゆう》の別を定め、上下・貴賤《きせん》の分を明らかにし、強者が弱者を圧倒したり、多勢が無勢を虐《しいた》げたりすることのないように導いた。

そこで人民は天寿を保って若死にせず、年々の穀物はよく実って凶作がなく、役人たちは公正で私利を貪《むさぼ》らず、上下は協力し合って失政がなく、法令は明確で曖昧《あいまい》さがなく、補佐する二人の側近も公正で黄帝におもねることがなかった。また農民は他人の畔《あぜ》を侵《おか》さず、漁師は魚の集まるポイントを争わず、道路では物が落ちていても誰も拾わず、市場《いちば》ではどの商人も値段をつり上げない。本城も外郭《がいかく》も門を閉《と》ざさず、村里にも盗賊は出ず、卑賤《ひせん》な大衆でさえ互いに財産を譲り合い、犬や豚までが豆類・穀類を飽食して道端に吐き捨てるありさまで、怒りや争いのムードは全くなかった。こうして日月は清らかに輝き、星々は運行を誤たず、風雨は時節にかない、五穀は豊かに実り、また虎《とら》・狼《おおかみ》もやたらに噛《か》みつかず、鷲《わし》・鷹《たか》もめったに襲わなかった。それどころか、瑞兆《ずいちょう》である鳳凰《ほうおう》が現れて宮廷に飛びかい、麒麟《きりん》が天下《あまくだ》って郊外に遊び、青い竜は黄帝の車を引き、神獣の飛黄《ひこう》（狐に似た想像上の獣《けもの》）はケージの中で寝ころび、北方の各異民族や儋耳《せんじ》などの国々に至るまで、貢《みつ》ぎ物を献上しに来ないものはなかった。しかしながら、これでもまだ虙戯氏《ふくぎし》（人類最古の帝王）の道には及ばない。

さて、その虙戯氏についてであるが、遥かに遠い昔のこと、天の東西南北、四方の極が崩《くず》れ、九州から成る中国の地がずたずたに裂けて、天は大地の全域を覆《おお》うことができず、地は万物の全部を載せることができなくなった。火災はぼうぼうと燃えて収まらず、洪水はとうとうと溢《あふ》れて退《ひ》かず、猛獣は善良な人民を食い殺し、猛禽《もうきん》は老人や子供に襲いかかった。そこで、女媧《じょか》（虙戯《ふくぎ》の統治を補佐した神話上の女帝）が現れて、五色の石を練りあげて青空に開《あ》いた穴を塞《ふさ》ぎ、大亀の足を切り取ってきて崩れた天の四方の極を立て直し、黒い竜（水の神）を殺して冀州《きしゅう》（中国）を水害から救い、蘆《あし》の灰を積み上げて洪水をせき止めた。

こうして、青空に開《あ》いた穴が塞《ふさ》がり、崩れた四方の極が正しく立ち、洪水が退き、冀州《きしゅう》（中国）が平和になると、猛獣は死に絶え、良民は生き返った。人々は、四方の大地を下に敷き、円い大空を上に抱きかかえて、和《なご》やかな春も暑い夏も、涼しい秋も全てが枯れ果てる冬も、四角な枕と縄のベッドで安らかに臥《ふ》せった。陰陽の二気が停滞してスムーズに通じない場合は、穴を開けて通じをよくし、二気が乱れて物資や人命に甚大な損害を与える場合は、遮断《しゃだん》して防止した。このような時代にあって、人々は寝てはすやすや、覚めてはうろうろ、ある者は自分のことを馬ではないかと疑い、ある者は牛であろうと思って人間であることを忘れ、その歩みはどっしりと、その目差《まなざ》しはぼんやりとしていた。ぬうぼうと暮らす中にもみな和《やわ》らぎを得、しかもどうしてそうなのかを知らず、気のむくままにぶらついて自分が何を求めているかも分からず、物にできる影のように自分ではどこに行こうとしているのかも考えなかった。このような時代にあっては、禽獣《きんじゅう》や蝮《ま》蛇《むし》でさえ、みな爪《つめ》や牙《きば》を隠《かく》し、針の毒を収《おさ》めて、襲ったり噛みついたりしようとの心を持たなかった。

思えば、虙戯氏の偉大な功績は、上は九つの天に至り、下は黄泉《こうせん》の底の剛土《ごうど》に及び、名声は後世にまで鳴り響き、光輝はあらゆる物を輝かした。その動くに当たっては、雷《かみなり》の車に乗り、応竜《おうりゅう》（有徳者の統治下に瑞兆《ずいちょう》として現れる竜）に引かせ、青虬《せいきゅう》（青い竜）を左右に配し、無上の瑞玉《ずいぎょく》を手に取り、めでたい予言書を並べて敷《し》き物とし、たなびく黄雲の気が飾りの紐《ひも》となった。やがて駆け出せば、白螭《はくち》（白い竜）が先導に立って、奔蛇《ほんだ》（空を翔《か》ける蛇）

がしんがりを務め、気のむくままに大空をぶらつきつつ、鬼神《きしん》たちを従え、九つの天の上に登るや、その霊門《れいもん》において上帝《じょうてい》に拝謁《はいえつ》し、安らかに豊《ゆた》やかに祖宗《そそう》の下で休息したのであった。けれども、その功績をひけらかそうとも、名声をとどろかそうともせず、心に真人《しんじん》（真実の人）の道を抱きながら、天地の本来のあり方に従って生きたのだった。それというのも、虙戯氏《ふくぎし》はその道と徳（道の働き）が天の上帝によく通じており、知恵と技巧が消えていたからである。

【原文】

昔者黄帝治天下、而力牧太山稽輔之。以治日月之行、★律陰陽之氣、節四時之度、正律歴之數、別男女、異雌雄、明上下、等貴賤、使強不掩弱、衆不暴寡。人民保命而不夭、歳時熟而不凶、百官正而無私、上下調而無尤、法令明而不闇、輔佐公而不阿。田者不侵畔、漁者不爭隈、道不拾遺、市不豫賈、城郭不關、邑無盜賊、鄙旅之人相讓以財、狗彘吐菽粟於路、而無忿爭之心。於是日月精明、星辰不失其行、風雨時節、五穀登熟、虎狼不妄噬、鷙鳥不妄搏、鳳皇翔於庭、麒麟游於郊、青龍進駕、飛黄伏皁、諸北儋耳之國、莫不獻其貢職。然猶未及虙戲氏之道也。

　往古之時、四極廢、九州裂、天不兼覆、墜（地）不周載、火爁炎而不滅、水浩洋而不息、猛獸食顓民、鷙鳥攫老弱。於是女媧鍊五色石、以補蒼天、斷鼇足、以立四極、殺黑龍、以濟★冀州、積蘆灰、以止淫水。

蒼天補、四極正、淫水涸、冀州平、狡蟲死、顓民生。背方州、抱員天、和春陽夏、殺秋約冬、枕方寢繩、陰陽之所壅沈不通者、竅理之、逆氣戾物傷民厚積者、絕止之。當此之時、臥倨倨、興盱盱、一自以爲馬、一自以爲牛、其行蹎蹎、其視瞑瞑。侗然皆得其和、莫知所由生。浮游不知所求、魍魎不知所往。當此之時、禽獸蝮蛇、無不匿其爪牙、藏其螫毒、無有攫噬之心。

考其功烈、上際九天、下契黃壚、名聲被後世、光暉熏萬物。乘雷車、服應龍、驂青虬、援絕瑞、席蘿圖、黃雲絡、前白螭、後奔蛇、浮游消搖、道鬼神、登九天、朝帝於靈門、宓穆休于太祖之下。然而不彰其功、不揚其聲、隱眞人之道、以從天墬（地）之固然。何則道德上通、而智故消滅也。

【注釈】

△**昔者黃帝**―以下、「智故消滅也」に至るまで『文子』精誠篇に取られている（王念孫『讀書雜志』を參照）。

△**治日月……陽之氣**―底本は「以治日月之行律、治陰陽之氣。」に作るが、陳昌齊・王念孫『讀書雜志』によって改めた。

△**衆不暴寡**―劉文典・于大成は「衆不得暴寡」に作るべきだとする。

△**道不拾遺、市不豫賈**―本書泰族篇に類似句がある。「豫賈」は、『荀子』儒效篇に初出する言葉。王引之『讀書雜志』に優れた考證がある。

△**鄗旅**――「旅」は、「衆人なり」（菊池三九郎『淮南子國字解』上）。

△**儋耳之國**――『山海經』大荒北經に見える（楠山春樹『淮南子』上）。

△**爁炎・浩洋**――王念孫『讀書雜志』は「炎」を「焱」に、「洋」を「溔」にそれぞれ改める。

△**女媧錬……立四極**――類似句が『列子』湯問篇にあり（王叔岷『諸子斠證』）、『論衡』談天篇にもある（于大成）。

△**狡蟲**――于省吾によって解釋する。

△**枕方寢繩**――高誘注によらず、楊樹達によって解釋する。

△**陰陽之……竅理之**――王念孫『讀書雜志』はこの內の三字を改めるが、その必要はない（楊樹達）。「沈」は、「猶滯也」（馬宗霍）。「竅理」は、本書俶眞篇にも出る（馬宗霍）。

△**臥倨倨……以爲牛**――「盱盱」は、底本は「眄眄」に作るが、王念孫『讀書雜志』によって改めた。『莊子』應帝王篇に類似句がある（王念孫『讀書雜志』）他、王念孫『讀書雜志』・洪頤煊が類似句を集めて考證している。

△**其行蹎……視瞑瞑**――『莊子』應帝王篇に類似句がある（王叔岷『諸子斠證』）。「瞑瞑」は、王叔岷『諸子斠證』は「顚顚」に改める。

△**侗然**――馬宗霍によって解釋する。

△**浮游不……知所往**――『莊子』在宥篇に類似句がある（王叔岷『諸子斠證』）。

△**黃壚**――高誘注によって解釋する（于大成を參照）。

△**光暉熏萬物**――「熏」は、底本は「重」に作るが、王念孫『讀書雜志』によって改めた。

△**乗雷車**―本書原道篇に既出（王念孫『讀書雜志』）。
△**服應龍**―底本は「服駕應龍」に作るが、王念孫『讀書雜志』によって改めた。
△**援絶瑞**―「瑞」は、王念孫『讀書雜志』は「應」に改めるが、その必要はない（于省吾・王叔岷『諸子斠證』）。
△**黄雲絡**―兪樾は「絡黄雲」に改めるが、その必要はない。
△**太祖**―高誘注は「道之太宗也」とする。

【解説】

本章もまた感応説を述べた文章であるらしい。――より正確に言えば、感応説の観点に立って古代社会の歴史を述べた文章と把えるべきであろうか。

例えば、黄帝の天下の統治が優れていたので、「日月は精明に、星辰《せいしん》は其の行《めぐ》りを失わず、……鳳皇《ほうおう》は庭《てい》に翔《かけ》り、麒麟《きりん》は郊に遊《あそ》び、青竜は駕《が》を進め、飛黄《ひこう》は皁《うまや》に伏す。」という結果がもたらされたと述べている。さらに加えて、虙戯氏の統治が一層優れていたために、「禽獣蝮蛇《ふくだ》も、其の爪牙《そうが》を匿《かく》し、其の螫毒《せきどく》を蔵せざること無く、攫噬《かくぜい》の心有ること無し。……雷車《らいしや》に乗り、応竜《おうりゆう》を服し、青虬《せいきゆう》を驂《さん》とし、絶瑞《ぜつずい》を援《と》り、蘿図《らと》を席《し》き、黄雲の絡《おもがい》もて……。」という結果になった、などと述べているのである。

これらの瑞兆の出現する原因が黄帝や虙戯氏の抱いていた「道」「道徳」にあり、それが「上に通じて」すなわち「帝」「太祖」に通ずることによって瑞兆が出現したと考えている点は、注目に値しよう。ここではまだ十分に顕在化してはいないけれども、しかし道家系の思想も次第に天人感応説という非合理主義の荒波に飲みこまれていくという予兆が、すでに読み取られるからである。

19　現代政治の課題と展望

【読み下し】

三代《さんだいよ》自り以後なる者は、天下未《いま》だ嘗《かつ》て其の情性に安《やすん》じて、其の習俗を楽しみ、其の脩命《しゅうめい》を保ちて、人虐《じんぎゃく》に夭《よう》せられざることを得ざるなり。然《しか》る所以《ゆえん》の者は何ぞや。諸侯力征《りきせい》し、天下合して一家と為《な》らざればなり。

当今《とうこん》の時に至るに逮《およ》びて、天子上位に在り、持《じ》するに道徳を以てし、輔《たす》くるに仁義を以てす。近き者は其の智を献じ、遠き者は其の徳に懐《なつ》き、拱揖指麾《きょうゆうしき》して、四海賓服《ひんぷく》し、春秋冬夏、皆な其の貢職《こうしょく》を献じ、天下混《こん》じて一と為り、子孫相い代わる。此《これ》五帝の天徳を迎《むか》うる所以なり。

夫《そ》れ聖人《せいじん》なる者は、時を生ずること能わざるも、時至りて失わざるなり。輔佐《ほさ》に能《のう》有りて、讒佞《ざんねい》の端《たん》を黜《しりぞ》け、巧弁《こうべん》の説を息《や》め、削刻《さくこく》の法を除き、煩苛《はんか》の事を去り、流言の迹《あと》を屏《しりぞ》け、朋党《ほうとう》の門を塞《ふさ》ぎ、知（智）能を消し、太常《たいじょう》を脩《おさ》め、枝《し》（肢）体《たい》を隳《やぶ》り、聡《そう》（聰）明《めい》を絀《しりぞ》け、混冥《こんめい》に大通《だいつう》し、意を解き神を釈《す》て、漠然として魂魄《こんぱく》無きが若《ごと》く、万物をして各々《おのおの》其の根に復帰せしむれば、則ち是伏犠氏《これふくぎし》の迹を脩めて、五帝の道に反《かえ》る所なり。

【現代語訳】

夏《か》・殷《いん》・周《しゅう》の三代《さんだい》より後の天下は、人々が持って生まれた自然の本性に安住し、自分たちの風俗・習慣を楽しみ、天与の長寿を保って、人為による虐殺から免れる、ということが全くなかった。なぜかといえば、諸侯が互いに武力のみに頼って戦争に明け暮れ、天下が統一されて一家となることがなかったからである。

さて、現代の社会はといえば、天子（前漢の武帝を指す）が上に位《くらい》して、根本の道徳（道とその働き）を手に持ち、仁義のモラルによってその不足を補っている。近くにいる者は己《おのれ》の知恵を献じ、遠くにある者は天子の徳を慕い、天子が手をこまねいて会釈《えしゃく》しちょっと指図《さしず》するだけで、四海の民はことごとく服従して、春夏秋冬、四季折々《おりおり》に、みな貢ぎ物を献上しにやって来る。こうして、天下は和合して一家となり、漢朝《かんちょう》の帝位は親から子へ、子から孫へと受け継がれていく。これこそまさしく、太古の五帝《ごてい》がそれぞれ天の徳をその身に授かったやり方なのである。

一体、聖人であっても、自ら時を作り出すことはできず、ただ時が到来すればそれを逃さないだけである。さて、時の到来している今日、もしも補佐の臣下が有能であって、讒言《ざんげん》やへつらいを萌芽の内に摘み取り、言葉巧みな弁舌を止《や》めさせ、苛酷な法令を取り除き、煩瑣《はんさ》な雑務を捨て去り、流言飛語を相手にせず、徒党の結託を許さず、その上、天子自らは知恵の働きを消し、身に恒常不変《こうじょうふへん》の道を守り、肢体《したい》の能力を抑え、耳や目の感覚作用を鎮《しず》め、奥深い混沌《こんとん》の道に大きく融《と》けこみ、意志や精神の営みを解き放ち、こうして、ひっそりと静まりかえって魂《たましい》もないかのように振る舞いながら、万物万民の全てをそれぞれ根源の道に帰っていくようにしむけることができるならば、これこそまさしく、伏犠《ふくぎ》氏の統治の成果を修得して、五帝の実践した道に立ち反《かえ》るということに他ならない。

【原文】

自三代以後者、天下未嘗得安其情性、而樂其習俗、保其脩命★、而不夭於人虐也。所以然者何也。諸侯力征、天下★不合而爲一家。

逮至當今之時、天子在上位、持以道德、輔以仁義。近者獻其智、遠者懷其德、拱揖指麾、而四海賓服、春秋冬夏、皆獻其貢職、天下混而爲一、子孫相代。此五帝之所以迎天德也。

夫聖人者、不能生時、時至而弗失也。輔佐有能、黜讒佞之端、息巧辯之說、除削刻之法、去煩苛之事、屛流言之迹、塞朋黨之門、消知（智）能、脩太常、隳枝（肢）體、絀聰（聰）明、大通混冥、解意釋神、漠然若無魂魄、使萬物各復歸其根、則是所脩伏犧氏之迹、而反五帝之道也。

【注釈】

△**自三代以後者**――以下、「復歸其根」に至るまで『文子』上禮篇に取られている（王念孫『讀

書雑志』を参照)。

△**保其脩命**――底本は「命」の下に「天」があるが、王念孫『讀書雜志』によって削った。

△**天下不合**――底本は「不」の字がないが、王念孫『讀書雜志』によって補った。

△**天子**――高誘注の「漢孝武皇帝」による。

△**隳枝體**――以下、「復歸其根」に至るまで『莊子』在宥篇に重出(楠山春樹『淮南子』上)。
また、「大通」に至るまで『莊子』大宗師篇に重出。

△**大通混冥**――本書俶眞篇に既出。

△**萬物各復歸其根**――『老子』第十六章を踏まえる(楠山春樹『淮南子』上)。

【解説】

作者の現代社会に対する明確な評価を示している文章として、本書の中でも注目すべきものの一つである。その内容は、漢朝が天下の統一によって三代より後の政治的混乱を解決したことを高く評価しながらも、なお「五帝」や「伏犧」の行ったとされる理想的な統治には及ばないと批判して、後者に向かって進むために若干の提案を述べる、というものである。

その提案は、実際政治上の細かい具体的な事項もあり多岐にわたっているが、ここでは基本となる大枠について二、三の点を解明しておく。

第一に、現代また未来において天子が理想の政治を実践するための原理としては、道家の「道徳」を主とし儒家の「仁義」を従とするようにと提案しているが、これは要略篇における本書全体の構想のそれとほぼ一致している。

第二に、本篇の中心テーマである感応説が、ここで「太古の五帝《ごてい》がそれぞれ天の徳をその身に授かった」という天子の受命説に変形させられているのだとするならば、第一の道家の「道徳」には同時代の代表的な儒者董仲舒《とうちゅうじょ》の天人感応説などをも包摂《ほうせつ》する用意があるらしい。

第三に、「輔佐《ほさ》に能《のう》有り」すなわち天子を補佐する臣下は有能でなければならないという主張は、「道徳」を天下に実践する人材の確保に言及したリアルな提案であるが、恐らく淮《わい》南王《なんおう》劉安のことを指すのであろう。換言すれば、武帝の側近として淮南王を挙用せよと主張していることになる。

なお、前章において黄金時代とされた「黄帝《こうてい》・虙戯《ふくぎ》」から、本章の現代社会に至るまでの間に、原文では「夏桀の時」（夏王朝の末期）と「晩世の時」（戦国時代）が挟みこまれていて、歴史の次第に衰微していくありさまが画かれている（本書では割愛した）が、その後に位置する現代が衰微の極点と見なされていないのは、道家系の歴史観の中に歴史の進展とともに新しい動きが起こりつつあることを示唆しているものである。

巻第七　精神《せいしん》

【総説】

題の意味は、人間の「精神」のこと。それは、人間の内にある物質的生理的な元素・エネルギーとしての「気」と、人間が守るべき「心」の優れた働きとしての「神」との両面から成っている。高誘注《こうゆうちゅう》は「精なる者は、人の気なり。神《しん》なる者は、人の守りなり。其の原《もと》に本づき、其の意を説く。故に『精神《せいしん》』と曰《い》いて、因《よ》りて以《もっ》て篇に題するなり。」とする。

本篇の人間は、精神と肉体から成るものとして二元論的に把えられている。しかし、精神は上述のようにマティリアルであると同時にアイディアルでもあるので、二元論とは言っても精神と肉体が単純に対立しているわけではない。この二元論は、永劫の「気」の集散運動によって「生死」の変化を繰り返す肉体とは違う、「精神」(心)の不滅を説く点で新しいものがあり、注目されるべき内容を持っている。

要略篇の解説によれば、本篇の内容は「人の生ずる所由《ゆえん》を原本《げんほん》して、其の形骸《けいがい》・九竅《きゅうきょう》は、象を天に取るを曉寤《ぎょうご》し、其の血気を雷霆《らいてい》・風雨に合同し、其の喜怒を昼宵《ちゅうしょう》・

寒暑★に比類し、死生の分を審《つまび》らかにし、同異の跡を別かち、動静の機を節し、以て其の性命の 宗《おおもと》に反る」もの、一言で言えば「人の神気《しんき》」「人の情」である。また本篇の目的は、読者をして「其の精神を愛養し、其の魂魄《こんぱく》を撫静《ぶせい》し、物を以て己《おのれ》に易《か》えずして、堅く虚无《きよむ》の宅《たく》を守らし」めること、簡単に言えば「養生《ようせい》の機を知らし」めることであるとする。

20　人間の精神の由来について

【読み下し】

古《いにしえ》 未《いま》だ天地有らざるの時、惟《た》だ像《しょう》あるのみにして形無く、窈窈冥冥《ようようめいめい》、芒芠漠閔《ぼうぶんばくびん》、澒濛《こうもう》鴻洞《こうどう》として、其の門を知ること莫《な》し。二神有り混生《こんせい》し、天を経《けい》し地を営み、孔乎《こうこ》として其の終極する所を知ること莫く、滔乎《とうこ》として其の止息《しそく》する所を知ること莫し。是《ここ》に於《お》いて乃《すなわ》ち別れて陰陽と為り、離れて八極と為り、剛柔《ごうじゅう》相い成り、万物乃《すなわ》ち形《あらわ》る。煩気《はんき》は虫と為り、精気は人と為る。是の故に精神は天の有《ゆう》にして、骨骸《こつがい》は地の有なり。精神 其の門に入りて、骨骸 其の根に反れば、我尚《な》お何ぞ存せん。

是の故に聖人《せいじん》は天に法《のっと》り地に順《したが》い、俗に拘《かかわ》らず、人に誘《いざな》われず。天を以《もっ》て父と為し、地を以て母と為し、陰陽を綱《こう》と為し、四時を紀《き》と為す。天は静かにして以て清く、地は定まりて以て寧《やす》らかなり。万物の之《これ》を失う者は死し、之に法《のっと》る者は生く。夫《そ》れ静漠《せいばく》なる者は、神明《しんめい》の宅《たく》なり。虚無なる者は、道の居《お》る所なり。是の故に或《あ》いは之を外に求むる者は、之を内に失い、有《あ》いは之を内に守る者は、之を外に失う。譬《たと》えば猶《な》お本《もと》と末《すえ》とのごときなり。本従《よ》り之を引けば、千枝《せんし》万葉《ばんよう》、随《したが》わざるを得るもの莫きなり。

【現代語訳】

太古《たいこ》のまだ天地が生まれていなかった時、宇宙はただぼんやりとした質料があるだけで何の形もなく、黒々として暗く、もやもやとして把《とら》えどころがなく、がらんとして広く、どこに出入り口があるのか分からないという状態であった。その中から二つの霊妙な存在が混然一体となって現れて、天を開き地を造ったが、その営みは広々として限りがなく、深々として止《や》む時がなかった。やがてそれは分離して陰気と陽気になり、八方の極となり、さらに剛《ごう》（陰気）と柔《じゅう》（陽気）の絡み合いによって、万物が形作《かたちづく》られるに至った。その際、乱雑の気は動物となり、純精《じゅんせい》の気は人間となった。それ故、人間の精神は天のものであり、肉体は地のものである。死んで精神が天の門をくぐり、肉体が地の根に帰った後は、この私はもはや存在することができないのだ。

そこで聖人は、天のあり方をモデルとし地の姿に従い、俗習にとらわれず、世人に惑わされない。また天を父とし、地を母とし、陰陽の二気を規範とし、四季のめぐりを規準として、これらに逆らうことがない。天は静かで清らかなもの、地は動かず安らかなものである。万物は、このような天地のあり方に逆らえば死に、従えば生きる。そもそも静かで広々とした心は、神明《しんめい》（道の霊妙な明晰さ）の泊まる宿《やど》であり、虚しくぼんやりとした心は、道の落ち着く住居《すまい》である。それ故、外面的なもの（俗習・世人）を追い求める者は、内面的なもの（神明・道）を見失い、内面的なものを守る者は、外面的なものがお留守になる。しかし両者の関係は、樹木で喩《たと》えてみれば根本《ねもと》と枝葉《えだは》のようなものであって、根本から引っこ抜くと、千万もの枝葉は全て付いて行かないわけにはいかない。

【原文】

古未有天地之時、惟像無形、窈窈冥冥、芒芠漠閔、澒濛鴻洞、莫知其門。有二神混生、經天營地、孔乎莫知其所終極、滔乎莫知其所止息。於是乃別爲陰陽、離爲八極、剛柔相成、萬物乃形。煩氣爲蟲、精氣爲人。是故精神天之有也、而骨骸者地之有也。精神入其門、而骨骸反其根、我尚何存。

是故聖人法天順地★、不拘於俗、不誘於人。以天爲父、以地爲母、陰陽爲綱、四時爲紀。天靜以清、地定以寧。萬物失之者死、法之者生。夫靜漠者、神明之宅也。虛無者、道之所居也。是故或求之於外者、失之於内、有守之於内者、失之於外。譬猶本與末也。從本引之、千枝萬葉、莫得不隨也。

【注釈】

△**未有天地之時**――以下、「而安之不極」に至るまで、『文子』九守篇に取られている（王念孫『讀書雜志』）。
△**惟像無形**――意味は、楊樹達・戸川芳郎・木山英雄・澤谷昭次によって解釋する。
△**精神天……之有也**――類似句が『説苑』反質篇・『列子』天瑞篇にあり（王叔岷『諸子斠證』）、『漢書』楊王孫傳にもある（于大成）。また以下の四句と同じ思想の表現は『禮記』郊特牲篇にも見える（戸川芳郎・木山英雄・澤谷昭次）。
△**精神入……尙何存**――『列子』天瑞篇に取られている（楠山春樹『淮南子』上）。
△**順地**――「地」は、底本は「情」に作るが、鄭良樹によって改めた。
△**以天爲父**――『莊子』大宗師篇に出る句。
△**天靜以……定以寧**――『莊子』至樂篇に類似句がある。
△**譬猶本……不隨也**――本書繆稱篇に類似句がある（王引之『讀書雜志』）。「得」は、道藏本などにはないが、あるのが正しい（顧廣圻・王引之『讀書雜志』）。

【解説】

精神篇の冒頭の一章である。「惟《た》だ像《しょう》あるのみにして形無し」の太古から説き起こして、陰陽の析出、天地の生成、人類の誕生などについて略述し、人間という存在は精神と肉体から成っているが、それらはともに「天地の有《ゆう》」であるから、「聖人」のように「天に法《のっと》り地に順《したが》っ」て生きるのがよいと勧める。そのような生き方を目的意識的に生きるためには、精神が主導的な役割を果たす必要がある、という主張なのであろう。

21　天地自然と人間の深いつながり

【読み下し】

夫《そ》れ精神なる者は、天より受くる所にして、形体なる者は、地より稟《う》くる所なり。故に曰《い》わく、「一は二を生じ、二は三を生じ、三は万物を生ず。万物は陰を背《お》いて陽を抱き、沖気《ちゅうき》以て和を為す。」と。故に曰わく、「一月にして膏《こう》たり、二月にして胅《てつ》たり、三月にして胎《たい》し、四月にして肌《はだ》あり、五月にして筋《すじ》あり、六月にして骨あり、七月にして成り、八月にして動き、九月にして躁《さわ》ぎ、十月にして生まる。形体以て成り、五蔵（臓）乃《すなわ》ち形《あらわ》る。」と。是の故に肺は目を主《つかさど》り、腎《じん》は鼻を主り、膽《たん》（胆）は口を主り、肝は耳を主り、脾《ひ》は舌を主る。外を表《おもて》と為して、内を裏《うら》と為し、開閉張歙《ちょうきゅう》するに、各々《おのおの》経紀《けいき》有り。

故に頭の円なるは天に象《かたど》り、足の方《ほう》なるは地に象る。天に四時《しいじ》・五行・九解《きゅうかい》・三百六十日有り、人にも亦《ま》た四支（肢）・五蔵（臓）・九竅《きゅうきょう》・三百六十節有り。天に風雨寒暑有り、人にも亦た取与《しゅよ》喜怒《きど》有り。故に膽（胆）は雲と為り、肺は気と為り、脾は風と為り、腎は雨と為り、肝は雷と為り、以て天地と相《あ》い参《まじ》わりて、心之《これ》が主と為る。

是の故に耳目なる者は、日月《じつげつ》なり、血気なる者は、風雨なり。日中に踆烏《しゅんう》有りて、月中に蟾蜍《せんじょ》有り。日月其の行《めぐ》りを失えば、薄蝕《はくしょく》して光無く、風雨其の時に非《あら》ざれば、毀《き》折《せつ》して災《わざわ》いを生じ、五星其の行りを失えば、州国《しゅうこく》殃《わざわ》いを受く。

【現代語訳】

一体、精神は天から授かるものであり、身体は地から与えられるものである。そこで、「一は二を生じ、二は三を生じ、三は万物を生ずる。万物は、それぞれ陰気を背負い陽気を抱きかかえているが、この気が活発に運動することによって全体のバランスを保っている。」と言う。また、「一個月で膏《あぶら》が集まり、二個月でそれが膨《ふく》らみ、三個月で胎児となり、四個月で肌が生じ、五個月で筋肉がつき、六個月で骨が固まり、七個月で形が整い、八個月で動き始め、九個月で騒ぎ、十個月で生まれ出る。こうして身体ができあがり、五臓が具わるようになる。」とも言うのである。そこで、肺臓は目を、腎臓《じんぞう》は鼻を、胆嚢《たんのう》は口を、肝臓は耳を、脾臓《ひぞう》は舌をそれぞれ統御し、外の五官が表となり、内の五臓が裏となるが、動いたり止まったり、張りつめたり緩んだりする場合、五官と五臓の一つ一つには互いに切り離せない関連がある。

だから、頭が丸いのは天に似たのであり、足が四角なのは地に似たのである。天には四季・五行（木火土金水）・九解《きゅうかい》（八方と中央）・三百六十日があれば、人にもまた四肢（手足）・五臓・九竅《きゅうきょう》（九つの穴）・三百六十節があり、天に風雨・寒暑があれば、人にもまた与《よ》奪《だつ》・喜怒がある。また、五臓の胆嚢は雲に、肺臓は気に、脾臓は風に、腎臓は雨に、肝臓は雷にそれぞれ当たり、人間はこのようにして天地自然と交わっているが、心がこれらを主宰《しゅさい》している。
そういうわけで、天地自然の耳目《じもく》は日月であり、血気は風雨である。太陽の中に八咫烏《やたがらす》（三本足の烏）がうずくまり、月の中にはひき蛙が住む。日月の運行が狂えば、蝕《しょく》を起こして光がなくなり、風雨が時期を失すれば、破壊を起こして災害が生じ、五星の運行が乱れれば、その分野に当たる州・国が禍《わざわ》いを受ける。

【原文】

夫精神者、所受於天也、而形體者、所稟於地也。故曰、一生二、二生三、三生萬物。萬物背陰而抱陽、沖氣以爲和。故曰、一月而膏、二月而胅、三月而胎、四月而肌、五月而筋、六月而骨、七月而成、八月而動、九月而躁、十月而生。形體以成、五藏（臟）乃形。是故肺主目、腎主鼻、膽（胆）主口、肝主耳、脾主舌。外爲表、而內爲裏、開閉張歙、各有經紀。

故頭之圓也象天、足之方也象地。天有四時五行九解三百六十日、人亦有四支（肢）五藏（臟）九竅三百六十節。天有風雨寒暑、人亦有取與喜怒。故膽（胆）爲雲、肺爲氣、脾爲風、腎爲雨、肝爲雷、以與天地相參也、而心爲之主。

是故耳目者、日月也、血氣者、風雨也。日中有踆烏、而月中有蟾蜍。日月失其行、薄蝕無光、風雨非其時、毀折生災、五星失其行、州國受殃。

【注釈】

△**一生二……以爲和**――『老子』第四十二章に同じ文章があり、それを踏まえる（楠山春樹『淮南子』）。

△**一月而……月而生**――『廣雅』釋親篇に類似句がある（王念孫『讀書雜志』）。「肤」は、于省吾によって解釋する。「生」は、底本は「坐」に作るが、道藏本などによって改めた。

△**肺主目……脾主舌**――于大成が類似句を多く集めている。「脾主舌」は、底本にはないが、王念孫『讀書雜志』によって補った。「脾」と「舌」を結びつける類似句が『白虎通義』情性篇にある（王念孫『讀書雜志』）。

△**天有四……六十節**――「天」は、底本・道藏本にはないが、諸本によって補った（鄭良樹）。「九解」は、兪樾によって解釋する。「三百六十日・三百六十節」は、底本は「三百六十六日・三百六十六節」に作るが、王念孫『讀書雜志』によって改めた。王念孫『讀書雜志』は「三百六十日・三百六十節」に作る類似句を多く集めている（楊樹達・于大成をも參照）。

△**脾爲風、肝爲雷**――底本は「肝爲風、脾爲雷」に作るが、王念孫『讀書雜志』によって改めた。于大成にも說がある。

△**踆烏**――「踆」は、底本・道藏本は「蹲」に作るが、諸本によって改めた。

△**薄蝕**――「薄」は、日蝕・月蝕の一種（于大成）。

【解説】

前章にすぐ続く章である。三つのパラグラフに分かれている。

第一パラグラフは、その身体と精神を天地から賦与されている人間という存在は、『老子』第四十二章に言う「万物」の一つに他ならないと前置きして、胎児が母の胎内で生育していくさまを月ごとに順次説明する。

第二パラグラフは、第一の論旨を踏まえて、天地自然と人間（の主として身体）の間に密接な対応関係があると指摘する。天人相関説と言ってもよいかもしれないが、道徳性政治性の入りこむ余地のない物理的生理的な天人相関説である。この点で、同時代の儒教サイドの天人相関説、例えば春秋公羊学などのそれとは大きく異なっている。

第三パラグラフは、天地自然を大きな人体（有機体）と見なしつつ、そこに生ずる変調が直ちに人間社会に災害をもたらすことを論ずる。

22　精神の不滅について

【読み下し】

吹呴《すいく》呼吸《こきゆう》し、故《ふる》きを吐《は》き新しきを内《い》れ、熊のごとく経《けい》し鳥のごとく伸び、鳧《かも》のごとく浴《よく》し蝯《さる》のごとく躩《おど》り、鴟《とび》のごとく視て虎のごとく顧《かえりみ》るが若《ごと》きは、是形《これかたち》を養うの人なり、以《もつ》て心を滑《みだ》すに足らず。神《しん》をして滔蕩《とうとう》して、其の充《み》てるを失わざらしめ、日夜傷《やぶ》るること無くして、物と春を為せば、則《すなわ》ち是《これ》合して時を心に生ずるなり。

且《か》つ人は形を戒《あらた》（改）むること有れども、心を損《そこ》なうこと無く、宅《たく》を綴《や》（輟）むること有れども、精《せい》を耗《へ》らすこと無し。夫《そ》れ癩者《らいしゃ》は趨《おもむ》き変ぜず、狂者は形虧《か》けず。神将《しんまさ》に遠徙《えんし》する所有らんとす、孰《だれ》か其の為す所を知るに暇《いとま》あらんや。故に形は摩《ま》すること有れども、神《しん》は未《いま》だ嘗《かつ》て化《か》せざる者なり。化せざるものを以て化に応ずれば、千変万抮《ばんしん》して、未だ始めより極まり有らず。化する者は無形に復帰するなり、化せざる者は天地と倶《とも》に生くるなり。夫れ木の死するは、青青《せいせい》たるもの之《これ》を去るなり。夫れ木をして生《せい》あらしむる者は、豈《あ》に木ならんや。猶《な》お形に充《み》つる者の形に非《あら》ざるがごときなり。故に生に生あらしむる者は未だ嘗て死せず、其の生あらしむる所は則ち死す。物を化する者は未だ嘗て化せず、其の化する所は則ち化す。

【現代語訳】

呼吸の緩急・深浅を調え、故気《こき》を吐き出し新気を吸いこみ、熊のように仁王立《におうだ》ちし鳥のように首を伸ばし、鳧《かも》のように水を浴び猿のように飛び跳ね、鴟《とび》のように見つめ虎のように振り向くなどといった術《わざ》は、身体を鍛練する人の好むところであって、心を煩《わずら》わすほどのものではない。精神を勢いよく動かしながら、使い果たして枯渇させてしまわず、日に夜に傷つけられないように守り、外界の事物との間に春のような和《なご》やかな関係を保つならば、これこそ事物と交わって時の流れを我が心の中に作り出していくことに他ならない。

その上、人間というものは、死んで身体が変わり果てることはあっても、心が消滅することはなく、住居《すまい》（身体）を離れることはあっても、精神が尽きることはない存在である。一体、「癩者」は身体は病んでいるけれども心の働きに異常はなく、「狂者」は精神は虚《うつろ》になっているが身体に欠陥はない。彼らの精神はやがて遠い彼方（道）に飛び出していくのだ、なさねばならぬ倫理的マクシムを学ぶ余裕などどこにあろうか。こうして、身体は摩滅《まめつ》してしまうけれども、精神は決して変化することのないものである。変化しない精神を抱きつつ、別の物に生まれ変わる転生に対応していくならば、己《おのれ》は千変万化して、永劫《えいごう》にその変化を繰り返すことができるであろう。変化する身体はまた元の無形に帰り、変化しない精神は天地とともに永劫に生きるわけである。一体、木が枯れて死ぬのは、青青《せいせい》たる生の力（精気）が木から去るからだ。木に生を与えているものが、どうして木そのものでありえよう。あたかも身体に充ちているもの（精気）が身体そのものでないのと同じである。それ故、生きる者に生を与える当《とう》のもの（精神）は決して死ぬことがなく、生を与えられる者（万物）こそが死ぬ。物に変化を与える当のもの（道）は決して変化することがなく、変化を与えられる者（物）こそが変化するのだ。

【原文】

若吹呴呼吸、吐故内新、熊經鳥伸、鳧浴蝯躩、鴟視虎顧、是養形之人也、不足★以滑心。使神滔蕩、而不失其充、日夜無傷、而與物爲春、則是合而生時于心也。

且人有戒（改）形、而無損心★、有綴（輟）宅、而無耗精。夫癩者趨不變、狂者形不虧。神將有所遠徙、孰暇知其所爲。故形有摩、而神未嘗化者。以不化應化、千變萬抮、而未始有極。化者復歸於無形也、不化者與天地俱生也。夫木之死也、青青去之也。夫使木生者、豈木也。猶充形者之非形也。故生生者未嘗死也、其所生則死矣。化物者未嘗化也、其所化則化矣。

【注釈】

△**吹呴呼……之人也**―『莊子』刻意篇の類似句から取った文（楊樹達）。文中の字句の意味と類似句の指摘については、拙著『莊子』上巻刻意篇の補注を參照。「熊經」は、馬王堆漢墓帛書「導引圖」にも出る。「鴟視虎顧」は、『後漢書』華陀傳に類似句がある（楊樹達）。

△**不足以滑心**―以下、「則是合而生時于心也」までは、『莊子』徳充符篇の類似句から取ったもの（劉績）。また以下、「其所化則化矣」に至るまでが、『文子』九守篇に取られている（劉績を參照）。「足」は、底本にはないが、王叔岷『諸子斠證』によって補った。類似句が『莊子』徳充符篇・庚桑楚篇・本書俶眞篇などにある（王叔岷『諸子斠證』）。「充」は、兪樾は『文子』によって「元」に改めるが、その必要はない。因みに『莊子』は「兌」に作る。

△**且人有……無耗精**―『莊子』大宗師篇の類似句から取った文（王念孫『讀書雜志』）。「戒」は、「改」の假借字。（高誘注・楊樹達・拙著『莊子』上巻大宗師篇の補注を參照）。「心」

は、底本は「於心」に作るが、王念孫『讀書雜志』によって「於」の字を削った。「綴」は、楊樹達によって「輟」と讀爲する。

△**夫癩者趨不變**――「趨」は、楊樹達によって「志趣・趣向」の「趣」と讀む。

△**以不化……始有極**――前二句は本書詮言篇に、後二句は『莊子』大宗師篇・本書俶眞篇にそれぞれ類似句がある。

【解説】

本章は「精神」の不滅を説く興味深い一章である。ところで、作者の言う「精神」とは、一つには、「心を損《そこ》なうこと無し」の「心」、「神は未《いま》だ嘗《かつ》て化《か》せざる者なり」の「神」であって、「心」とその優れた働きを指す。――アイディアルなものである。二つには、「精《せい》を耗《へ》らすこと無し」の「精」、「形に充《み》つる者」であって、「生」や「物」を構成する物質的生理的な元素・エネルギーとしての「精気」を指す。――マティリアルなものである。この二つの「精神」の不滅が混然一体となって論じられているわけであるが、どちらかと言えば後者が主であるらしい。

そして、「万物」の究極的な原因である物質的生理的な「気」が不滅であるとする見解は、すでに戦国時代の道家などの説いていたことであるけれども、それを人間の（心・神を含む）「精神」と同じものだとしたのは、前漢時代に入って以後の新しい思想であって注目されるところである（拙著『莊子』上巻刻意篇の解説を参照）。

23　精神を煩《わずら》わさないために

【読み下し】

天下を軽《かろ》んずれば、則《すなわ》ち神《しん》は累《わずら》い無し。万物を細《こまか》しとすれば、則ち心は惑《まど》わず。死生を斉《ひと》しくすれば、則ち 志《こころざし》は懾《おそ》れず。変化を同じくすれば、則ち明《めい》は眩《くら》まず。衆人《しゅうじん》は以《もっ》て虚言《きょげん》と為さん、吾将《われまさ》に類を挙げて之《これ》を実《じつ》にせんとす。

人の人主《じんしゅ》と為るを楽《ねが》う所以《ゆえん》の者は、其の耳目の欲を窮《きわ》めて、躬体《きゅうたい》の便を適《てき》ならしむるを以てなり。今 高台層榭《こうだいそうしゃ》は、人の麗《うるわ》しとする所なり。而《しか》れども尭は様桷《ようかく》斲《けず》らず、素題《そだい》枅《けん》せず。珍怪奇味は、人の美《うま》しとする所なり。而れども尭は糲粢《れいし》を之飯《これはん》とし、藜藿《れいかく》を之羹《これこう》とす。文繡《ぶんしゅう》狐白《こはく》は、人の好む所なり。而れども尭は布衣《ふい》もて形《かたち》を揜《おお》い、鹿裘《ろくきゅう》もて寒さを御《ふせ》ぐ。性を養うの具は厚きを加えずして、之を増すに任重きの憂いを以てす。故に天下を挙げて之を舜《しゅん》に伝うること、重負《じゅうふ》を解くが若《ごと》く然《しか》り。直《た》だに辞譲《じじょう》するのみに非《あら》ず、誠に以て為すこと无《な》きなり。此《これ》天下を軽んずるの具なり。

禹《う》は南のかた方《ほう》を省《み》んとして、江《こう》を済《わた》りしとき、黄竜《こうりゅう》舟を負う。舟中の人、五色 主《しゅ》無し。禹乃《すなわ》ち熙笑《きしょう》して称して曰《い》わく、「我命《めい》を天に受け、力を竭《つ》くして万民に労《ろう》す。生は寄《よ》することなり、死は帰ることなり、何ぞ以て和を滑《みだ》すに足らん。」と。竜を視ること猶お蝘蜓《えんてい》のごとくにして、顔色変ぜず。竜乃ち耳を弭《た》れ尾を掉《ふ》りて逃ぐ。禹の物を視ること亦《ま》た細《こまか》し。

鄭《てい》の神巫《しんぷ》 壺子林《こしりん》を相《そう》し、其の徴《しるし》を見て、列子《れつし》に告ぐ。列子行くゆく泣きて壺子《こし》に報ず。壺子持《じ》するに天壌《てんじょう》の、名実入らず、機《きざし》 踵《きびす》より発するを以てす。壺子の死生を視ること亦た斉《ひと》し。

子求《しきゅう》は行年《こうねん》五十有《ゆう》四にして、傴僂《くる》を病む。脊管《せきかん》は頂《いただき》よりも高く、腸下《かつか》は頤《あご》に迫り、両脾《りょうひ》は上に在り、燭営《しょくえい》は天を指す。匍匐《ほふく》して自ら井《い》に闚《うかが》いて曰わく、「偉《い》なるかな、造化者《ぞうかしゃ》は。其れ我を以て此の拘拘《こうこう》たるものを為《つく》るか。」と。此《これ》其の変化を視ること亦《ま》た同じ。

故に尭の道を観《み》れば、乃《すなわ》ち天下の軽きを知るなり。禹の志を観れば、乃ち万物の細きを知るなり。壺子の論を原《たず》ぬれば、乃ち死生の斉しきを知るなり。子求の行いを見れば、乃ち変化の同じきを知るなり。

【現代語訳】

天下を軽いと見なせば、精神は煩《わずら》うことがない。万物を小さいと見なせば、心は惑うことがない。死生を等しいと見なせば、意志は挫《くじ》けることがない。変化を同じ価値と見なせば、明知は眩《くら》むことがない。人々は以上の言葉を嘘と思うかもしれない。そこで私が一つ例を挙げてその正しさを証明してみたい。

人々が君主になりたいと願う理由は、君主になれば、耳目の欲望を満喫し、身体の具合いを快適にすることができるからである。さて、豪奢《ごうしゃ》な高台《たかだい》や何層もの見晴らし台は、人々が素晴らしいと思うものである。しかし尭《ぎょう》（古代の聖天子）は王宮の桷《たるき》に加工をしない櫟《くぬぎ》を用い、梁《はり》や柱の頭に枡型《ますがた》の飾りを施さなかった。山海の珍味は、人々が美味しいと思うものである。しかし尭は玄米と稷《きび》の飯を食べ、藜《あかざ》と豆の葉のスープをすすっていた。美しい刺繡《ししゅう》や白い狐毛《きつねげ》のオーバーは、人々が欲しがるものである。しかし尭は荒布《あらぬの》を身にまとい、鹿皮のジャンパーで寒さをしのいだ。このように尭は、自分の生命を維持するための手立てには贅沢《ぜいたく》をせず、かえって重責《じゅうせき》に任ずる苦しみばかりを引き受けた。それ故、天下の全てを舜《しゅん》に譲った時、尭はあたかも背負った重荷を解くかのようであった。単に謙譲《けんじょう》の美徳を行ったのではなく、天下をどうこうしようという野心が全然なかったのである。これが天下を軽いと見なした具体例である。

禹《う》（古代の聖天子、夏《か》王朝の創始者）が南方の諸地域を巡察しようとして、長江《ちょうこう》を渡っていた時のこと、一頭の黄竜《こうりゅう》が水中から舟を持ち上げた。舟に乗り合わせた人たちは、みな恐れて色を失ったが、禹はなごやかに笑いながら呼びかけて、「私は天から命《めい》を受けて、力を尽くして万民の幸せのために努めている者だ。生とは仮の宿《やど》りでしかなく、死とは元への復帰にすぎない。何で心の平安を乱すに値《あたい》しよう。」と言った。竜を蝘蜓《とかげ》のように見なして、顔色一つ変えなかったので、竜はついに耳を垂らし尾を振って逃げ去ったという。禹もまた万物を小さいと見なしたのである。

鄭《てい》（古代の国名）の神《かみ》のように霊験《れいけん》あらたかな巫女《みこ》が、ある日、壺子林《こしりん》（人名、列子《れっし》の先生）の運勢を見ることになったが、その死の徴候を読み取ると、弟子の列子に知らせてやった。列子が泣く泣く壺子に言上《ごんじょう》したところ、壺子は改めて、天が万物を醸成している相《そう》、すなわちその実態も名称も把えられないが、生の兆《きざ》しが踵《かかと》から発してくる相を身に体して、これを巫女に見せたという。壺子もまた死生を等しいと見なしたのである。

子求《しきゅう》（人名）は五十四歳を迎えて、佝僂病《くるびょう》にかかった。脊髄《せきずい》は頭のてっぺんよりも高く、胸下《むなもと》は頤《あご》に迫り、両腿《りょうもも》が上半身に飛び出し、肛門《こうもん》が天を向くというありさまである。子求は腹這いになって井戸までたどりつき、己《おの》が姿を映して言うのであった。「何という偉大なものであろうか、変化を生み出す実在（道）は。ついに私をこんなくにゃくにゃの物に変えてしまったわい。」と。これは変化を同じ価値と見なしたものである。

それ故、尭の行った道を調べれば、天下の軽さが分かる。禹の示した意気を見れば、万物の小ささが分かる。壺子の演じた占い批判の道理を検討すれば、死生の等しさが分かる。子求の病気の体験を見れば、変化の同じ価値であることが分かるのだ。

【原文】

輕天下、則神無累矣。細萬物、則心不惑矣。齊死生、則志不懾矣。同變化、則明不眩矣。衆人以爲虚言、吾將擧類而實之。

人之所以樂爲人主者、以其窮耳目之欲、而適躬體之便也。今高臺層榭、人之所麗也。而堯樸★桷不斲、素題不枅。珍怪奇味、人之所美也。而堯糲粢之飯、藜藿之羹。文繡狐白、人之所好也。而堯布衣揜形、鹿裘御寒。養性之具不加厚、而增之以任重之憂。故擧天下而傳之于舜、若解重負然。非直辭讓、誠无以爲也。此輕天下之具也。

禹南省方、濟于江、黃龍負舟。舟中之人、五色無主。禹乃熙笑而稱曰、我受命於天、竭力而勞萬民。生寄也、死歸也、何足以滑和。視龍猶蝘蜓、顏色不變。龍乃弭耳掉尾而逃。禹之視物亦細矣。

鄭之神巫相壺子林、見其徵、告列子。列子行泣報壺子。壺子持以天壤、名實不入、機發於踵。壺子之視死生亦齊。

子求行年五十有四、而病傴僂。脊管高于頂、腸下迫頤、兩脾在上、燭營指天。匍匐自闚於井曰、偉哉、造化者。其以我爲此拘拘邪。此其視變化亦同矣。

故覩堯之道、乃知天下之輕也。觀禹之志、乃知萬物之細也。原壺子之論、乃知死生之齊也。見子求之行、乃知變化之同也。

【注釈】

△**輕天下**――以下、「學之建鼓矣」に至るまで、『文子』九守篇に取られている。

△**樣桷不斲**――『韓非子』五蠹篇・『史記』李斯列傳・本書主術篇の「采椽不斲」と同義（王念孫『讀書雜志』・于大成）。「樣」は、底本は「樸」に作るが、王念孫『讀書雜志』によって改めた。

△**此輕天下之具也**――「之具」は、戸川芳郎・木山英雄・澤谷昭次は衍字とする。

△**禹南省方**――以下、「龍乃弭耳掉尾而逃」に至るまで、類似句が『呂氏春秋』知分篇・『論

衡』異虚篇にある（島田翰）。また『論衡』龍虚篇・『呉越春秋』越王無余外傳などにもある（鄭良樹・于大成）。

△**鄭之神……發於踵**──『莊子』應帝王篇に本づく話。『列子』黄帝篇にも取られている（于鬯）。詳しくは拙著『莊子』上卷應帝王篇の補注を見られたい。

△**子求行年五十有四**──以下、「其以我爲此拘拘邪」に至るまでは、『莊子』大宗師篇から取ったもの（兪樾）。「子求」は、顧廣圻が「子永」に、兪樾が「子來」にそれぞれ改めるが、その必要はない（于鬯）。「下」は、孫詒讓が「肝」に改め、楊樹達が「髃」の或字とし、鄭良樹が「腸下迫頤」を「頤下迫腸」に改めるが、いずれも確かでない。

△**乃知萬物之細也**──「萬物」は、底本は「天下」に作るが、王念孫『讀書雜志』によって改めた。

【解説】

前章からすぐ続く章である。本篇の中心的なテーマである、「精神」を煩わさないためには、「天下」「万物」を小さいと見、「死生」「変化」を同じと見る世界観（本篇冒頭に既出）に立つ必要があることを説いている。

ところで、本章の特徴の一つは、その極めて明晰で論理的な論証方法である。このような際立った特徴を備えて思想活動を行っていたグループとしては、この時代までにただ墨家があるだけであったから、これはもともと墨家に属していた人たち（ただし、すでに著しく道家化している。）が書いた文章ではなかろうか。思想の内容について言っても、説話の第一と第二のように、尭や禹などの帝王を、自己の欲望の追求などには目もくれずに、ひたすら「力を竭《つ》くして万民に労《ろう》し」た者と見るのは、他学派にはない墨家だけの特徴である。また第二と第三の「竜」や「神巫」といった神秘・非合理に対する批判も、もし本章を書いたのが初期墨家からの伝統を受け継いでいた墨家であるとすれば、それは彼らには受け入れやすい説話であったと思われるからである。

巻第八　本経《ほんけい》

【総説】

題の意味は、治乱の原因としての恒常的で根源的な道、ということ。高誘注《こうゆうちゅう》は「本は、始なり。経は、常なり。天経《てんけい》たる造化《ぞうか》は、道より出《い》ず。治乱の由《ゆう》は、得失に常有り。故に『本経《ほんけい》』と曰《い》いて、因《よ》りて以《もっ》て篇に題するなり。」とする。

本篇のテーマは、道家の退歩史観によりながら、現代（前漢時代の武帝期）儒教の唱える「仁義礼楽」を我が「道徳」の疎外形態として否定的に画くことである。「本経」とはその「道徳」のことであろう。これは、それなりに意義のある現代批判であったと思う。しかし、道家の退歩史観が一方で事実としての歴史の進歩を認めつつ、他方で価値の評価としてはそれを退歩と見るという二重構造を持っていたので、これは決定的な批判となることができなかった。

要略篇の解説は、本篇の内容を「大聖の徳を明らかにし、維初《いしょ》の道に通じ、衰世古今の変を埒略《らつりゃく》し、以て先聖の隆盛を褒《ほ》めて、末世の曲政を貶《そし》る」もの、要するに「大《たい》聖《せい》の徳」あるいは「帝道」である。また、本篇の目的を、読者をして「耳目の聰《そう》

（聡）明《めい》を黜《しりぞ》け、精神の感動を静め、流遁《りゅうとん》の観《かん》を樽《とど》め、養性の和を節し、帝王の操《そう》を分《わ》かち、小大の差《さ》を列せし」めること、簡潔に言えば「五行《ごぎょう》の差を知らし」めることであると言う。

24　仁義・礼楽《れいがく》よりも神明《しんめい》・道徳を

【読み下し】

天地の合和し、陰陽の万物を陶化《とうか》するは、皆な人の気に乗ずる者なり。是の故に上下《じょうげ》心を離せば、気は乃《すなわ》ち上に蒸《のぼ》（烝）り、君臣和せざれば、五穀《ごこく》為《な》らず。日の冬至を距《さ》ること四十六日、天は和を含みて未《いま》だ降らず、也《ち》（地）は気を懐《いだ》きて未だ揚《あが》らず。陰陽は儲与《ちょよ》として、呼吸すること浸潭《しんたん》に、風俗を包裹《ほうか》し、万殊《ばんしゅ》を斟酌《しんしゃく》し、衆宜《しゅうぎ》を旁薄《ほうはく》し、以《もっ》て相《あ》い嘔咐醞醸《おうふうんじょう》して、羣《ぐん》（群）生《せい》を成育す。是の故に春粛《はげ》しく秋栄《さか》え、冬雷《らい》なり夏霜《しも》ふるは、皆な賊《ぞく》気の生ずる所なり。此《これ》に由《よ》りて之《これ》を観れば、天地宇宙は、一人の身なり。六合《りくごう》の内は、一人の制《せい》なり。是の故に性に明らかなる者は、天地も脅《おびや》かすこと能《あた》わざるなり。符《ふ》に審《つまび》らかなる者は、怪物も惑《まど》わすこと能わざるなり。故に聖人《せいじん》なる者は、近き由《よ》り遠きを知りて、万殊《ばんしゅ》を一《いち》と為す。

古《いにしえ》の人は、気を天地に同じくし、一世と与《とも》にして優游《ゆうゆう》す。此の時に当たりて、慶賞《けいしょう》の利、刑罰の威《い》無く、礼義廉恥《れいぎれんち》設《もう》けず、誹誉《ひよ》仁鄙《じんぴ》立たざるも、万民相い侵欺暴虐《しんぎぼうぎゃく》するもの莫《な》く、猶《な》お混冥《こんめい》の中に在り。衰世《すいせい》に至るに逮《およ》びて、人衆《おお》くして財寡《すく》なく、力労《りきろう》を事とするも養い足らず。是《ここ》に於《お》いて忿争《ふんそう》生ず。是《ここ》を以《もっ》て仁を貴ぶ。仁鄙斉《ひと》しからず、比周朋党《ひしゅうほうとう》し、詐諝《さしょ》を設け、機械巧故《こうこ》の心を懐《いだ》きて、性失《せいうしな》わる。是を以て義を貴ぶ。陰陽の情は、血気《けっき》の感有らざること莫く、男女羣《ぐん》（群）居雑処《きょざつしょ》して別無し。是を以て礼を貴ぶ。性命《せいめい》の情は、淫《いん》して相い脅《おびや》かし、以て已《や》むを得ざれば、則《すなわ》ち和せず。是を以て楽《がく》を貴ぶ。是の故に仁義《じんぎ》礼楽《れいがく》なる者は、以て敗《はい》を救う可《べ》きも、通治《つうち》の至《いた》りに非《あら》ざるなり。夫《そ》れ仁なる者は争いを救う所以《ゆえん》なり。義なる者は失《しつ》を救う所以なり。礼なる者は淫《いん》を救う所以なり。楽なる者は憂いを救う所以なり。

　神明《しんめい》　天下に定まりて、心其の初めに反る。心其の初めに反りて、民の性善なり。民の性善にして、天地陰陽、従いて之を包《つつ》めば、則ち財足る。財足りて人贍《た》れば、貪鄙《たんぴ》忿争《ふんそう》、生ずるを得ず。此《これ》に由《よ》りて之《これ》を観《み》れば、則ち仁義は用いず。道徳　天下に定まりて、民　純樸《じゅんぼく》なれば、則ち目は色に営《まど》わず、耳は声に淫《いん》せず。坐俳《ざはい》して歌謡し、被髪《ひはつ》して浮游《ふゆう》し、毛嬙《もうしょう》・西施《せいし》の色有りと雖も、悦《よろこ》ぶを知らざるなり。掉羽《とうう》武象《ぶしょう》も、楽しむを知らざるなり。淫泆《いんいつ》にして別無きこと、生ずるを得ず。此に由りて之を観れば、礼楽は用いざるなり。是の故に徳衰えて然《しか》る後仁生じ、行い沮《やぶ》れて然る後義立ち、和失われて然る後声調《こえととの》い、礼淫《みだ》れて然る後容飾《かたち》る。是の故に神明を知りて、然る後道徳《どうとく》の為すに足らざるを知るなり。道徳を知りて、然る後仁義《じんぎ》の行うに足らざるを知るなり。仁義を知りて、然る後礼楽《れいがく》の脩《おさ》むるに足らざるを知るなり。

【現代語訳】

天地が和合し、陰陽が万物を化育するのは、全て人間の気（身体を構成する元素やエネルギー）を通じて行われる。そこで、人間の世界で上下の心が離反すれば、気は上に昇ったまとなり、君臣の仲が不和になれば、五穀《ごこく》は実らない。冬至の日に先立つ四十六日間、天は陽気のハーモニーを含んでまだ下降せず、地は陰気のエネルギーを抱いてまだ上昇しない。やがて陰陽の気がもやもやと兆《きざ》し、天地の呼吸が湿り気を帯び始めると、それは人々の生活全体を覆《おお》い、万物の色々な違いを生かして、それぞれの長所を包容しながら、息を吹きかけたり温めたりして、群生を育《はぐく》む。だから、春にしぼみ秋に花が咲き、冬に雷が鳴り夏に霜が降りるといった類《たぐい》のことは、いずれも妖気《ようき》の起こす現象である。この点から考えるならば、天地・宇宙は、一人の人間の身体《からだ》のようなものであり、六合《りくごう》（上下四方の極）の内は、一人の人間の支配するところである。それ故、己《おのれ》の本性をよく知っている者は、天地も脅《おびや》かすことができず、変化の兆しに詳しく通じている者は、怪異《かいい》も惑わすことができない。そこで聖人は、身近なことによって遠くを知り、万物の色々な違いを一つに包容するのである。

古代の人は、その気が天地と一体になり、全ての民衆とともに悠々自適《ゆうゆうじてき》の生活を楽しんでいた。当時は、褒賞《ほうしょう》による誘《さそ》いも、刑罰による威《おど》しもなく、礼義《れいぎ》や廉恥《れんち》の徳目も設けられず、誹毀《ひき》と名誉、仁徳《じんとく》と不仁《ふじん》の区別も立てられていなかったが、万民は侵《おか》し合ったり虐《しいた》げ合ったりすることもなく、まだ奥深い混沌の中に在った。世の中が衰えると、人口は多いのに財貨は乏《とぼ》しく、勤労に励《はげ》んでも物資は足りなくなった。こうして、憎悪と闘争が生じ、そのために仁《じん》（思いやり）を貴ぶようになった。人々は、仁徳のある者とない者とに分かれ、一味徒党を組んで、策謀をめぐらし、あざとい功利の心を懐《いだ》いたので、本来の性を失うに至り、そのために義《ぎ》（正義）を貴ぶようになった。人間における陰陽の実際の姿として、必ず血気の感応《かんのう》があり、男女が雑然と一緒になって暮らすのでは、その間に区別が立たない。それで礼（礼儀）を貴ぶようになった。また人間の性命（本性・生命）の実際は、とかく度を過ごしては相手に脅威を与えるものであって、そのままにしておいて規制を加えないと、人々の間に不和が生ずる。それで楽《がく》（音楽）を貴ぶようになったのである。それ故、仁義《じんぎ》礼《れい》楽《がく》というものは、破綻《はたん》を取り繕《つくろ》うことはできるにしても、スムーズな統治の究極ではありえない。大体、仁は闘争を防ぐ手段でしかなく、義は失敗を正す手段でしかなく、礼は逸脱を直す手段でしかなく、楽は憂欝を晴らす手段でしかないのだ。

人間の住むこの天下に神明《しんめい》（宇宙の霊妙・明晰な働き）がちゃんと作用しているならば、人々の心はその初めに立ち返る。心が初めに立ち返れば、人々の本性は善となる。本性が善となれば、天地・陰陽も人々を暖かく包むので、財貨は豊富になる。財貨が豊富になって人々も満足すれば、貪欲《どんよく》の情や闘争の心は、生ずる余地がない。こうして見ると、仁義は無用である。また、天下に道徳（道とその働き）がちゃんと作用しているならば、人々は純朴になり、目は美色に惑《まど》わず、耳は妙音に溺《おぼ》れない。座ったりぶらついたりして歌を歌い、髪を振り乱してさまよい歩き、毛嫱《もうしょう》や西施《せいし》（ともに古代の伝説的な美女）の美貌を見ても、喜ぶことを知らず、掉羽《とうう》（羽舞の一種）や武象《ぶしょう》（周《しゅう》の武《ぶ》王《おう》の音楽）を聞いても、楽しむことを知らない。度を過ごすとか男女の区別がないとかの問題は、生じようがないのだ。こうして見ると、礼楽は無用である。したがって、徳（道の働き）が衰えて始めて仁が生まれ、行いが乱れて始めて義が立てられ、和（自然の和音）が失われて始めて音が調《ととの》えられ、礼が度を過ごして始めて形を飾るようになったのである。だから、神明を知れば、道徳はなすほどの値打ちのないことが分かり、道徳を知れば、仁義は行うほどの値打ちのないことが分かり、仁義を知れば、礼楽は修めるだけの値打ちのないことが分かるのだ。

【原文】

天地之合和、陰陽之陶化萬物、皆乘人氣者也。是故上下離心、氣乃上蒸（烝）、君臣不和、五穀不爲。距日冬至四十六日、天含和而未降、也（地）懷氣而未揚。陰陽儲與、呼吸浸潭、包裹風俗、斟酌萬殊、旁薄衆宜、以相嘔咐醞釀、而成育羣（群）生。是故春肅秋榮、冬雷夏霜、皆賊氣之所生。由此觀之、天地宇宙、一人之身也。六合之內、一人之制也。是故明於性者、天地不能脅★也。審於符者、怪物不能惑也。故聖人者、由近知遠、而萬殊爲一★。

古之人、同氣于天地、與一世而優游。當此之時、無慶賞★之利、刑罰之威、禮義廉恥不設、誹譽仁鄙不立、而萬民莫相侵欺暴虐、猶在于混冥之中。逮至衰世、人衆而財寡、事力勞而養不足。於是忿爭生。是以貴仁。仁鄙不齊、比周朋黨、設詐諝、懷機械巧故之心、而性失矣。

是以貴義。陰陽之情、莫不有血氣之感、男女羣（群）居雜處而無別。是以貴禮。性命之情、淫而相脅、以不得已、則不和。是以貴樂。是故仁義禮樂者、可以救敗、而非通治之至也。夫仁者所以救争也。義者所以救失也。禮者所以救淫也。樂者所以救憂也。

神明定於天下、而心反其初。心反其初、而民性善。民性善、而天地陰陽、從而包之、則財足。財足而人瞻矣、貪鄙忿争、不得生焉。由此觀之、則仁義不用矣。道德定於天下、而民純樸、則目不營於色、耳不淫於聲。坐俳而歌謠、被髮而浮游、雖有毛嬙西施之色、不知悦也。掉羽武象、不知樂也。淫泆無別、不得生焉。由此觀之、禮樂不用也。是故德衰然後仁生、行沮然後義立、和失然後聲調、禮淫然後容飾。是故知神明、然後知道德之不足爲也。知道德、然後知仁義之不足行也。知仁義、然後知禮樂之不足脩也。

【注釈】

△**天地之合和**――以下、「不足脩也」まで『文子』下德篇に取られている（陶鴻慶を參照）。

△**上蒸**――「蒸」は、「烝」の假借字（馬宗霍）。

△**五穀不爲**――「爲」は、「登」の意（菊池三九郎『淮南子國字解』上・鄭良樹）。

△**天含和……而未揚**――同じ句が本書俶眞篇に見える（楠山春樹『淮南子』上）。

△**儲與**――高誘注は「猶尙羊、无所主之貌也。一曰、褭大貌也。」とする。本書俶眞篇・要略篇にも出る。馬宗霍によって「猶言積聚之貌」。

△**浸潭**――本書原道篇に重出（于省吾）。

△**旁薄**――『莊子』逍遙遊篇に「旁礴」として出る。拙著『莊子』上巻逍遙遊篇の補注を參照。

△**一人之制也**――「制」は、王念孫『讀書雜志』が「刑」に改めるが、その必要はない。

△**優游**――本書原道・俶眞・時則・泰族の諸篇にも出る（楠山春樹『淮南子』上を參照）。

△**慶賞**――底本は「慶賀」に作るが、陳昌齊によって改めた（王念孫『讀書雜志』所引）。

△**混冥**――本書俶眞・覽冥・繆稱の諸篇にも出る（楠山春樹『淮南子』上を參照）。『莊子』天地篇に本づく。

△**機械巧故之心**――本書で「心」について「機械」を言うものとしては、他に原道・精神・本篇（上文）・泰族の諸篇に例がある。『莊子』天地篇に本づく。

△**性命之情**――『莊子』駢拇篇・在宥篇に初出。

△**神明**――この言葉が本篇本章と同じく、「道德」とほぼ同義で用いられているのは、『莊子』天下篇である。

△**財足。財足而人贍矣**――道藏本を始めとする諸本は、「財足」を重ねない（鄭良樹）。「贍」は、諸本は「贍」に作る。

△**掉羽武象**――本書原道篇にも出る（鄭良樹を參照）。

【解説】

本章の前半部分は、天人感應説の一種と見なすことができる。その理論的根拠は、第一に、「天」も「人」も同じ「気」によって作られているとする「気」の哲学である。

第二に、「天地宇宙は、一人の身なり。六合《りくごう》の内は、一人の制《せい》なり。」とする世界観・政治思想である。これは、戦国中期の『荘子』斉物論篇の「天地は一指なり、万物は一馬なり。」の万物斉同の思想に由来し、戦国末期の『呂氏春秋』有始篇の「天地万物は、一人の身なり。」を踏まえて唱えられている。しかし本章は、戦国末期の儒家の荀子派の天人分離論の影響をも受けていて、「性に明らかなる者は、天地も脅《おびや》かすこと能《あた》わざるなり。符《ふ》に審《つまび》らかなる者は、怪物も惑《まど》わすこと能わざるなり。」などと述べる。『荀子』天論篇を見ると、「本を彊《つよ》（強）くして用を節すれば、則ち天も貧しくする能わず。養い備わりて動くこと時なれば、則ち天も病ましむる能わず。道に循《したが》いて弐《たが》わざれば、則ち天も禍《わざわ》いする能わず。故に水旱《すいかん》も之をして飢渇《きかつ》せしむる能わず、寒暑も之をして疾《や》ましむる能わず、祆怪も之をして凶ならしむる能わず。」とある。本章の世界観・政治思想が、『荀子』天論篇の天人分離論から影響を受けていることは明らかであろう。

後半部分は、『老子』第十八章などの退歩史観に本づいて、現在行われつつある儒教の「仁義礼楽」を重視する社会システムの意義を相対化しようとした文章である。この文章の中では、道家にとって従来至高の意義を持っていた「道徳」を、「神明」の下に位置づけた点が目新しい（本書要略篇の「道徳」と「玄眇（妙）」の関係に同じ）。作者は、古い道家の思想をも相対化しようという姿勢を有していたのである。

25 私の夢みるユートピア

【読み下し】

今其の本に背《そむ》きて、末に求め、其の要《よう》を釈《す》てて、之《これ》を詳《つまび》らかなるに索《もと》むるは、未《いま》だ与《とも》に至《し》を言う可《べ》からざるなり。天地の大は、矩表《くひょう》を以て識《し》る可きなり。星月《せいげつ》の行《めぐ》りは、歴推《れきすい》を以て得《う》可きなり。雷霆《らいてい》の声は、鼓鐘《こしょう》を以て写す可きなり。風雨の変は、音律《おんりつ》を以て知る可きなり。是の故に大《だい》の観《み》る可き者は、得《え》て量《はか》る可きなり。明《めい》の見る可き者は、得て蔽《おお》う可きなり。声の聞く可き者は、得て調《ととの》う可きなり。色の察す可き者は、得て別《わ》かつ可きなり。夫《そ》れ至大《しだい》は、天地も含むこと能《あた》わざるなり。至微《しび》は、神明《しんめい》も領《おさ》むること能わざるなり。律歴《りつれき》を建《た》て、五色を別かち、清濁を異《こと》にし、甘苦《かんく》を味わうに至るに及びては、則《すなわ》ち樸散《あらき》じて器《うつわ》と為る。仁義を立て、礼楽《れいがく》を脩《おさ》むれば、則ち徳遷《うつ》りて偽《い》（為）と為る。偽《い》（為）の生ずるに及びてや、智《ち》を飾りて以て愚を驚かし、詐《いつわ》りを設けて以て上《うえ》を巧《あざむ》く。天下に能《よ》く之を持《じ》する者有らんや、能く之を治《おさ》むる者有らんや。

昔者《むかし》蒼頡《そうけつ》書《しょ》を作りて、天 粟《ぞく》を雨《ふ》らし、鬼《き》 夜哭《こく》す。伯益《はくえき》 井《い》を作りて、竜 玄雲《げんうん》に登り、神《しん》崑崙《こんろん》に棲《す》む。能愈々《のういよいよ》多くして徳愈々薄し。故に周《しゅう》の鼎《かなえ》に倕《すい》を著《あらわ》し、其の指を銜《ふく》ましめて、以て大巧《たいこう》の為す可からざるを明らかにするなり。故に至人《しじん》の治は、心は神《しん》と処《お》り、形は性と調《ととの》い、静かにして徳を体し、動いて理通じ、自然の性に随《したが》いて、已《や》むを得ざるの化に縁《よ》る。洞《どう》然《ぜん》として無為《むい》にして、天下自《みずか》ら和し、憺然《たんぜん》として無欲にして、民自《みずか》ら樸《ぼく》に、禨祥《きしょう》無くして民夭《よう》せず、忿争《ふんそう》せずして養い足《た》る。海内《かいだい》を兼ね苞《つつ》みて、沢《たく》後世に及ぶも、之を為す者の誰何《すいか》なるかを知らず。是の故に生きて号《ごう》無く、死して諡《おくりな》無く、実聚《あつ》まらずして、名立たず。施す者は徳あらず、受くる者は譲らず、徳交々《こもごも》焉《これ》に帰するも、之を充忍《じゅうじん》（牣）すること莫《な》きなり。故に徳の總《す》（総）ぶる所は、道《みち》も害すること能《あた》わざるなり。智の知らざる所は、弁《べん》も解《と》くこと能わざるなり。不言《ふげん》の弁《べん》、不道《ふどう》の道《みち》、若《も》し焉《これ》に通ずるもの或《あ》れば、之を天府《てんぷ》と謂《い》う。取れども損せず、酌《く》めども竭《つ》きず、其の由《よ》りて出《い》ずる所を知るもの莫《な》し、是《これ》を瑤光《ようこう》と謂う。瑤光なる者は、万物を資糧《しりょう》する者なり。

【現代語訳】

さて、根本に背《そむ》いて末梢《まっしょう》を求め、主要を捨てて瑣末《さまつ》を求める者とは、ともに究極的なものについて語り合うことができない。天地の大きさは、定規《じょうぎ》とノーモンによって知りえよう。星月《ほしつき》の運行は、暦法《れきほう》の推算《すいさん》によって把《と》えられよう。雷鳴《らいめい》のとどろきは、鼓《つづみ》と鐘《かね》によって写せよう。気候の変化は、音律《おんりつ》の計算によって見通せよう。だから、目に見える大きさは計量することができ、目に見える明るさは遮蔽《しゃへい》することができ、耳に聞こえる音は調律することができ、目に察しうる色は識別することができるのである。ところが、大きさの究極である道《みち》は、天地もこれを包含することができず、小ささの究極でもある道は、神明《しんめい》もこれを差配《さはい》することができない。このような道の中から、やがて音律《おんりつ》・暦法《れきほう》を制定し、五色の色を見分け、清濁《せいだく》の音を聞き分け、甘苦《かんく》の味を吟味《ぎんみ》するようになって、ついに純樸《じゅんぼく》（道）は飛散して道具（器）が現れるに至った。また仁義を確立し、礼楽《れいがく》を修得するようになると、徳（道の働き）は姿を消して人為《じんい》が現れるに至った。人為が現れた後は、知識を飾って愚民《ぐみん》を驚かし、詐術《さじゅつ》を構《かま》えて君上《くんじょう》を欺《あざむ》くに至った。この期《ご》に及んで、なお天下を維持しうる者がいるであろうか、天下を統治しうる者がいるであろうか。

その昔、蒼頡《そうけつ》（黄帝《こうてい》の臣）が始めて文字を作った時、天は穀物の雨を降らせ、鬼神《きしん》は夜哭《な》いた。伯益《はくえき》（舜《しゅん》の臣）が始めて井戸を掘った時、竜は黒雲に乗って去り、百神《ひゃくしん》は逃れて崑崙《こんろん》（山の名）に住むようになった。能力が多くなればなるほど、徳が乏《とぼ》しくなったわけである。それで、周《しゅう》の時代に鋳《い》られた鼎《かなえ》の中には、自分の指を嚙《か》む倕《すい》（堯《ぎょう》の時の名工）の像を彫《ほ》ったものがあるが、甚《はなは》だしい技巧に走ってはならないことを戒めているのである。こういうわけで、至人《しじん》（最高の人）の統治は、その心が霊妙な道と一致し、その体《からだ》が自然の本性と調和し、静かな時は身に徳を修め、動く時は理《ことわり》（道《みち》に同じ）を現して、ひたすら自然の本性に従い、必然の変化に拠《よ》っていく。上に立つ至人がぼんやりと無為《むい》であるから天下は自《みずか》ら進んで平和になり、さっぱりと無欲であるから人民は自《みずか》ら進んで素朴になり、また災異《さいい》・瑞祥《ずいしょう》も現れないので人民は若死にせず、憎悪・闘争も起こらないので物資に事欠かない。四海《しかい》の内をくまなく包み、恩恵を後世にまで及ぼしながら、誰がこのような統治を行っているのか分からない。だからこそ、至人は生前には称号がなく、死後にも諡《おくりな》がなく、財貨をためこまず、名声も揚《あ》がらない。この時、人に施す者は自ら恩徳《おんとく》と思わず、人から貰《もら》う者も遠慮などしない。あらゆる徳が至人の下に集まっておりながら、決して満ち溢《あふ》れることはないのである。それ故、このような徳の感化の及んでいるところでは、学者たちの唱えている道は何一つ妨害できないし、このような真の知によっても知りえない事柄は、どんな能弁も解明できないのだ。――これが、いわゆる不言《ふげん》の弁《べん》（言わないことによってかえって真に言っている本当の弁舌）、不道《ふどう》の道《みち》（道であるという規定を越えた真の道）であるが、もしこれに通《つう》暁《ぎょう》している人がいるならば、その人のことを天府《てんぷ》（自然の宝庫）と言うべきである。いくら取ってもなくならず、いくら酌《く》んでも尽《つ》きず、どこから湧《わ》いてくるのかも分からない。これを瑤光《ようこう》（美しい玉の輝き）と言う。瑤光とは、ありとあらゆる物を育《はぐ》むものである。

【原文】

今背其本、而求于末、釋其要、而索之于詳、未可與言至也。天地之大、可以矩表識也。星月之行、可以歴推得也。雷霆★之聲、可以鼓鐘寫也。風雨之變、可以音律知也。是故大可覩者、可得而量也。明可見者、可得而蔽也。聲可聞者、可得而調也。色可察者、可得而別也。夫至大、天地弗能含也。至微、神明弗能領也。及至建律歴、別五色、異清濁、味甘苦、則樸散而爲器矣。立仁義、脩禮樂、則徳遷而爲僞（爲）矣。及僞（爲）之生也、飾智以驚愚、設詐以巧上。天下有能持之者、有能治之者也。

昔者蒼頡作書、而天雨粟、鬼夜哭。伯益作井、而龍登玄雲、神棲崑崙。能愈多而徳愈薄矣。故周鼎著倕、使銜其指、以明大巧之不可爲也。故至人之治也、心與神處、形與性調、靜而體德、動而理通、隨自然之性、而緣不得已之化。洞然無爲、而天下自和、憺然無欲、而民自樸、無禨祥而民不夭、不忿爭而養足。兼苞海內、澤及後世、不知爲之者誰何。是故生無號、死無謚、實不聚、而名不立。施者不德、受者不讓、德交歸焉、而莫之充忍（牣）也。故德之所總（總）、道弗能害也。智之所不知、辯弗能解也。不言之辯、不道之道、若或通焉、謂之天府。取焉而不損、酌焉而不竭、莫知其所由出、是謂瑤光。瑤光者、資糧萬物者也。

【注釈】

△**而求于末**――「于」は、諸本は「其」に作る。王叔岷『諸子斠證』・鄭良樹に説がある。

△**雷霆**――底本は「雷震」に作るが、王念孫『讀書雜志』によって改めた（王叔岷『諸子斠證』・于大成を參照）。以下、「資糧萬物者也」まで『文子』下德篇に取られている。

△**樸散而爲器矣**――『老子』第二十八章を踏まえる。

△**有能治之者也**――「也」は、于省吾によって「反詰」の意。王念孫『讀書雜志』は「有」の上に「未」を補うが、取らない。

△**蒼頡作……鬼夜哭**――『論衡』異虛篇・感虛篇がこれを批判している（于大成）。

△**伯益作……棲崑崙**――『論衡』感虛篇がこれを批判している（劉文典）。「伯益」は、呉承仕『淮南舊注校理』と于大成に考證がある。「伯益作井」は、『呂氏春秋』勿躬篇に本づく（于大成）。「神」は、「百神」の意（劉文典）。

△**周鼎著……可爲也**――『呂氏春秋』離謂篇に本づく（于省吾）。本書道應篇にも類似句がある

（楊樹達）。

△**是故生無號**―以下、「不道之道」までは、『莊子』徐無鬼篇を踏まえる。

△**施者不……交歸焉**―『老子』第六十章を踏まえる（于大成）。

△**充忍**―「忍」は、王念孫『讀書雜志』によって「牣」と讀爲する。

△**故德之……能害也**―「總」は、兪樾が「利」の誤りとするが、そうではない（陶鴻慶・劉文典）。「德」と「道」との關係は、『莊子』徐無鬼篇のそれを逆轉させたもの。その結果、「道」の意味は世間的な「道」（下文で言う「不道」のこと）に變化している（楠山春樹『淮南子』上を參照）。

△**不言之辯**―以下、「是謂瑤光」までは、『莊子』齊物論篇から取る（島田翰を參照）。

【解説】

本章の言う「仁義礼楽」に本づいた統治とは、文字の上では前代の儒家の荀子派のそれを指しているようであるけれども、実際は当時、長安の中央政権の下でぼつぼつ重視され始めた前漢初期の新しい儒教の動きを指すのであろう。

章中、「徳の総《す》（総）ぶる所は、道《みち》も害すること能《あた》わざるなり。」と主張される「道」は、恐らく前漢初期の儒教が唱える「道」を指す。それを歴史の退歩の所産であると言って悪《あ》しざまに画きながら、本章は自らの理想とする統治、理想とする社会――一種のユートピアを提出してみせる。しかし、それは『莊子』徐無鬼篇・斉物論篇・『老子』第六十章などの、先行する漢代初期までの道家からのコピーでしかなく、ユートピア思想としてやや迫力に欠ける怨みがある。手垢にまみれたお題目を繰り返して唱えるのではなく、新しい時代を切り開く新しい理想社会像を開示することが必要であったはずであるにもかかわらず。

巻第九　主術《しゅじゅつ》

【総説】

題の意味は、君主の統治方法ということ。高誘注《こうゆうちゅう》は「主は、君なり。術は、道なり。君の国を宰《さい》し、臣下を統御するは、五帝三王以来、道を用いて興《お》こらざるもの无《な》し。故に『主術《しゅじゅつ》』と曰《い》うなり。因《よ》りて以《もっ》て篇に題す。」とする。

本篇を全体として見れば、その理想とする社会は、上から下まで全ての人間の能力・個性が十分に発揮される社会である。「主術」もこの理想の下に位置づけられており、作者はこの実現のために、時に戦国時代以来の法家や儒家の君主論をも援用しながら、君主が主として道家的な「無為」を行ってイニシァティヴを取るようにと訴える。——中国の政治思想の上に現れた新しい動きとして注目に値しよう。

要略篇の解説によれば、本篇の内容は「人に君《きみ》たるの事なり。任に因りて督責《とくせき》し、群臣をして各々其の能《のう》を尽《つ》くさしむる所以《ゆえん》なり。権を摂《と》り柄《へい》を操《と》りて、以て群下を制し、名を提《てい》して実を責め、之を参伍《さんご》に考うるを明らかにし」たもの、一言で言えば「君事《くんじ》」であるとする。また本篇の目的は、読者である人主をして「数《すう》を乗《と》り要を持《じ》し、妄《みだ》りに喜怒せざらしむ。其の数《すう》は施《まが》れるを直《なお》くして邪を正し、私《わたくし》を外《す》てて公《おおやけ》を立つることにして、百官をして条通《じょうつう》して輻湊《ふくそう》し、各々其の業を務め、人ごとに其の功を致さし」めること、一言で言えば「小大の衰《し》を知らし」めることであるとする。

26　君主が採用すべき統治の方法

【読み下し】

人主《じんしゅ》の術は、无為《むい》の事に処《お》りて、不言《ふげん》の教えを行い、清静《せいせい》にして動かず、度を一にして揺《ゆる》がさず、因循《いんじゅん》して下に任じ、成るを責めて労せず。是の故に心は知規《ちき》すれども師傅《しふ》道を諭《さと》し、口は能《よ》く言えども行人《こうじん》辞《じ》を称し、足は能く行けども相者《しょうしゃ》先導し、耳は能く聴けども執《しっ》正《せい》（政）進謀す。是の故に慮《はか》るに失策無《な》く、挙ぐるに過事《かじ》無し。言は文章と為り、行いは天下に儀表《ぎひょう》と為り、進退は時に応じ、動静は理に循《したが》い、醜美の為《た》めに好憎せず、賞罰の為めに喜怒せず。名は各々自《おのおのみずか》ら名づけ、類は各々自《みずか》ら類し、事は猶《な》お自然のごとくにして、己《おのれ》より出《い》ずるもの莫《な》し。

故に古《いにしえ》の王者、冕《べん》して旒《りゅう》を前にするは、明《めい》を蔽《おお》う所以《ゆえん》なり。黈纊《とうこう》耳を塞《ふさ》ぐは、聰《そう》（聡）を掩《おお》う所以なり。天子に外屏《がいへい》あるは、自ら障《さえぎ》る所以なり。故に理《おさ》むる所の者遠ければ、則ち在《み》る所の者邇《ちか》く、治むる所の者大なれば、則ち守る所の者少《ちいさ》（小）し。夫《そ》れ目は視るに安んずれば則ち淫《いん》し、耳は聴くに安んずれば則ち惑《まど》い、口は言うに安んずれば則ち乱る。夫《か》の三関《さんかん》なる者は、慎みて守らざる可《べ》からざるなり。若《も》し之を規《ただ》さんと欲すれば、乃《すなわ》ち是之《これこれ》を離し、若し之を飾らんと欲すれば、乃ち是之を賊《そこな》わん。

【現代語訳】

君主が統治を行う方法は、無為《むい》（何も為さない）の行為に身を置き、不言《ふげん》（何も言わない）の教えを行い、清く静かにしていて動かず、規範を一定にして揺がさず、臣下の言うままに従って彼らに仕事を任せ、その成否を責めて自分は労力を費やさない。それ故、君主は、その心に知恵がないわけではないのに補佐役が道理を諭《さと》し、その口は話すことができないわけではないのに報道官が口上を述べ、足は歩くことができないわけではないのに案内係が先導し、耳は聴くことができないわけではないのに執政官が進んで謀りごとを聴く。こういうわけで、君主の思慮には失敗がなく、行動には過失がないのである。彼の言葉は自ずから輝かしい文化となり、振る舞いは自ずから天下の人々の模範となり、進退は時宜《じぎ》に適《かな》い、動静は道理に従い、相手の美醜によって好悪の念を抱かず、賞罰を与えるに際して喜怒の情を表さない。臣下たちの職務規定はそれぞれ自ら定めるに委《ゆだ》ね、彼らの勤務評定も各々自ら行うに任せ、全ての仕事を彼らが自《みずか》ら取りしきるように仕向けて、何一つ君主自身の意思に出るものがないようにするのだ。

そこで、古代の王者が、その冠《かんむり》の前に玉飾りを垂らしていたのは、視力を保護するためであった。冠の左右の綿飾りが耳を塞《ふさ》いでいたのは、聴力を保護するためであった。また天子がその宮殿の外に屏《へい》を廻《めぐ》らしていたのは、自分を外部にさらさないためであった。だから、遠い地域まで統治する者は、むしろ身近なことに心を配り、広い土地を支配する者は、むしろ小さな問題に気を使う。そもそも目は何でも視ようとすれば度を過ごし、耳は何でも聴こうとすれば聞き間違え、口は何でも言おうとすれば言葉を乱す。この三つのポイントは、その働きを慎重に維持しなければならないものである。もし無理に規制しようとするならば、これらはかえって身体から離れて行ってしまうであろうし、もし無理に矯正しようとするならば、結局はこれらを駄目にしてしまうであろう。

【原文】

人主之術、處无爲之事、而行不言之教、清靜而不動、一度而不搖、因循而任下、責成而不勞。是故心知規而師傅諭道★、口能言而行人稱辭、足能行而相者先導、耳能聽而執正（政）進謀★。是故慮无失策、擧★无過事。言爲文章、行爲儀表於天下、進退應時、動靜循理、不爲醜美好憎、不爲賞罰喜怒。名各自名、類各自類、事猶自然、莫出於己。

故古之王者、冕而前旒★、所以蔽明也。黈纊★塞耳、所以掩聰（聽）。天子外屛、所以自障。故所理者遠、則所在者邇、所治者大、則所守者少（小）。夫目安視則淫、耳安聽則惑、口安言則亂。夫三關者、不可不愼守也。若欲規之、乃是離之、若欲飾之、乃是賊之。

【注釈】

△**人主之術**―以下、「故其化如神」に至るまで『文子』自然篇に取られている（王念孫『讀書雜志』を參照）。

△**處无爲……言之教**―『老子』第二章の類似句を踏まえる（楠山春樹『淮南子』中）。

△**心知規……无過事**―『愼子』逸文（『太平御覽』卷七十六所引）・『春秋繁露』離合根篇に類似句がある（楊樹達）。

△**諭道**―「道」は、底本は「導」に作るが、劉文典・王叔岷『諸子斠證』によって改めた。

△**執正**―下文の「執政」に同じ（孫詒讓・劉文典）。

△**進謀**―「謀」は、底本は「諫」に作るが、高誘注・楊樹達によって改めた。

△**是故慮……无過事**―類似句が賈誼『新書』保傅篇にある（王念孫『讀書雜志』）。「擧」は、底本は「謀」に作るが、王念孫『讀書雜志』によって改めた。

△**言爲文……於天下**―『大戴禮記』制言中篇に類似句がある（于大成）。兪樾・王叔岷『諸子斠證』が「於天下」の三字を削るのは、不適當（于大成）。

△**古之王……以掩聰**―類似句が『大戴禮記』子張問入官篇・『晏子春秋』外篇に見える（楊樹達）。「旒」「纊」は、底本はそれぞれ「旅」「續」に作るが、いずれも道藏本などによって改めた。

△**所守者少**―「少」は、王念孫『讀書雜志』・鄭良樹・于大成は「小」の誤りとする。誤りではなく假借字である。

△三關━本書詮言篇に「目・耳・口」を「三官」とする文章があり、その許慎注は「三官は、三關なり。」と言う。

【解説】

主術篇の冒頭の一章である。あるべき君主の政術を説いている。

前半部分は、道家の無為・不言の哲学を基礎にしながら、「名は各々自《おのおのみずか》ら名づけ、類は各々自《みずか》ら類す。」という法家の形名参同《けいめいさんどう》の方法によって、あらゆる臣下の持てる能力をフルに発揮させるべきことを主張する。

後半部分は、前半の臣下の統御が、君主自らの肉体（目・耳・口など）の働きを守る最善の方法でもあると述べる。君主に向かって勧める、一種の養生説である。

27　太古の神農《しんのう》の政治と末世の政治

【読み下し】

天の気は魂《こん》と為り、地の気は魄《はく》と為る。之を玄房《げんぼう》に反《かえ》して、各々其の宅に処《お》り、守りて失うこと勿《な》ければ、上は太一《たいいち》に通ず。太一の精は、通じて天に合す。天道は玄黙《げんもく》して、容《かたち》无《な》く則《のり》無く、大にして極《きわ》む可《べ》からず、深くして測《はか》る可からず、尚《つね》（常）に人と化して、知（智）も得ること能《あた》わず。

昔者《むかし》神農《しんのう》の天下を治むるや、神は胷《きょう》（胸）中《ちゅう》に馳《は》せず、智は四域より出《い》でず、其の仁成《じんせい》（誠）の心を懐《いだ》くのみにして、甘雨《かんう》時に降り、五穀蕃植《はんしょく》し、春生じ夏長じ、秋収め冬蔵す。月に省《かえり》み時に考え、歳の終わりに功を献じ、時を以て穀を嘗《しょう》せしめて、明堂《めいどう》に祀《まつ》る。明堂の制は、蓋《がい》有りて四方無きも、風雨は襲うこと能わず、寒暑は傷《やぶ》ること能わず。遷延《せんえん》して之に入り、民を養うに公《おおやけ》を以てす。其の民は樸重端愨《ぼくじゅうたんかく》に、忿争《ふんそう》せずして財足り、形を労せずして功を成し、天地の資に因《よ》りて之と和同す。是の故に威《い》は厲《はげ》しけれども試《もち》いず、刑は錯《お》きて用いず、法は省きて煩《わずら》わしからず。故に其の化は神《しん》の如《ごと》く、其の地は南は交阯《こうし》に至り、北は幽都《ゆうと》に至り、東は湯谷《とうこく》に至り、西は三危《さんき》に至るまで、聴従《ちょうじゅう》せざるもの莫《な》し。此の時に当たりて、法寛《ゆる》やかに刑緩《ゆる》く、囹圄《れいご》空虚にして、天下は俗を一にし、姦心《かんしん》を懐くもの莫し。
　末世の政《せい》は則ち然《しか》らず。上は取るを好みて量無《な》く、下は貪狼《たんろう》にして譲《ゆず》ること無く、民は貧苦にして忿争し、事は力労して功无し。智詐《ちさ》は萌興《ほうこう》し、盗賊は滋々《いよいよ》彰《あらわ》れ、上下相い怨《うら》み、号令行われず。執政《しっせい》・有司《ゆうじ》道に反るを務めず、其の本に矯拂《きょうふつ》して、其の末を事修《じしゅう》し、其の徳を削薄《さくはく》し、其の刑を曾累《そうるい》して、以て治を為さんと欲す。以て弾《たま》を執りて鳥を来たし、梲《だつ》を揮《ふる》いて犬を狎《な》らさんとするに異なること无きなり。乱乃《すなわ》ち逾々甚《いよいよはなは》だし。

【現代語訳】

天の気が人間の内に宿ると魂《こん》（精神）となり、地の気が人間の内に宿ると魄《はく》（肉体）となる。魂と魄を元《もと》の玄房《げんぼう》（奥深い部屋）に帰してやり、両者ともに自分の住居《すまい》に落ち着いて、そこを守って見失うことがなければ、人は遥かに太一《たいいち》（道）に通ずることができよう。太一の精髄に通ずるならば、さらに通じて天とも合致することができよう。天の道は奥深い沈黙の中にあって、形もなければ筋道もなく、その大きさは極められず、深さは測りえない。常に人とともに変化しているので、人知をもって把《と》えることは不可能である。

その昔、神農《しんのう》（人類最古の帝王）が天下を統治した時、彼の精神は胸中を駆けめぐることもなく、知識は国境の外の事情にまで及ぶこともなく、ただ仁誠《じんせい》の心を抱いているだけであったけれども、甘雨が時節に適《かな》って降り、五穀が豊かに実って、春の発芽、夏の成長、秋の収穫に、冬の貯蔵と、全てが順調であった。毎月毎季に成績を調べ、年末には実りを宗廟《そうびょう》に献じ、しかるべき時に新穀を祖先に供《そな》えて、明堂《めいどう》（天子が政教を行う堂）で祭りを行うのであった。当時の明堂の造りは、屋根があるだけで四方の室は設けられておらず、人が風雨に襲われず、寒暑に傷つけられないだけのものであった。神農はためらいがちにここに出勤して、民を養う政治を公平に行った。その民は、素朴の上に誠実で、互いに争いを起こすまでもなく物資は有り余り、身体を酷使するまでもなく成果が挙がり、天地自然のもたらす恩恵に浴して、それらとよく調和していた。それ故、威勢は烈《はげ》しかったけれどもそれを振わず、刑罰は捨ててしまって用いず、法律は簡略にして煩《わずら》わしくなかった。こうして、神農の教化はあたかも神《かみ》のごとく、南は交阯《こうし》（ヴェトナム北部）、北は幽都《ゆうと》（暗黒の都）、東は湯谷《とうこく》（太陽の出るところ）、西は三危《さんき》（西の極みにある山）の地に至るまで、服従しないものはなかった。この時、法律・刑罰は緩《ゆる》やかで、牢獄には囚人がおらず、天下の風俗は一つに統一されて、邪心を抱く者はいなかった。

ところが、末世の政治は違う。上は搾取することを好んで際限がなく、下は貪欲に荒《すさ》んで謙譲を知らず、民は貧困のために争い合い、仕事は労力を費やすばかりで成果が挙がらない。やがてずる賢さが生まれるに伴って、次第に盗賊が出没するようになり、上下が互いに怨《うら》み合い、命令も実行されなくなった。執政官から役人たちに至るまで、誰も道《みち》に立ち返ろうと努めず、根本に背き末梢《まっしょう》にこだわり、恩徳を捨て刑罰を増《ふ》やして、このようなやり方で政治を行おうとしているのだ。これでは、手に弾丸《たま》を握ったまま鳥を呼び寄せ、棍棒《こんぼう》を振るって犬を手懐《てなず》けようとするのと、全然違いがない。かえって乱がひどくなるばかりである。

【原文】

天氣爲魂、地氣爲魄。反之玄房、各處其宅、守而勿失、上通太一。太一之精、通合★於天★。天道玄默、无容无則、大★不可極、深不可測、尙（常）與人化、知（智）不能得。

昔者神農之治天下也、神不馳於胷（胸）中、智不出於四域、懷其仁成（誠）之心、甘雨時降、五穀蕃植、春生夏長、秋收冬藏。月省時考、歲終獻功、以時嘗穀、祀于明堂。明堂之制、有蓋而無四方、風雨不能襲、寒暑不能傷。遷延而入之、養民以公。其民樸重端愨、不忿爭而財足、不勞形而成★★功、因天地之資而與之和同。是故威厲而不試★、刑錯而不用、法省而不煩。故其化如神、其地南至交阯、北至幽都、東至湯谷、西至三危、莫不聽從。當此之時、法寛刑緩、囹圄空虛、而天下一俗、莫懷姦心。

末世之政則不然。上好取而无量、下貪狼而无讓、民貧苦而忿爭、事力勞而无功。智詐萌興、盜賊滋彰、上下相怨、號令不行。執政有司不務反道、矯拂其本、而事修其末、削薄其德、曾累其刑、而欲以爲治。无以異於執彈而來鳥、捭梲而狎犬也。亂乃逾甚。

【注釈】

△**通合於天**―底本は「通於天道」に作るが、王念孫『讀書雜志』によって改めた。

△**尙與人化**―「尙」は、「常」の省字または假借字（于省吾・于大成）。

△**昔者神……天下也**―以下、「其所修者本也」に至るまで『文子』精誠篇に類似句がある（王念孫『讀書雜志』）。

△**月省時考**―『大戴禮記』主言篇・『孔子家語』王言解篇などに類似句がある（于大成）。

△**成功**―底本は「功成」に作るが、楊樹達・于大成によって改めた。

△**威厲而……而不用**―『荀子』議兵篇・宥坐篇・『史記』禮書に類似句がある（王念孫『讀書雜志』）。「試」は、底本は「殺」に作るが、王念孫『讀書雜志』によって改めた。

△**湯谷**―「湯」を「暘」に作る本があるのは、後に改めたものである（王引之『讀書雜志』）。

△**盜賊滋彰**―『老子』第五十七章の「法物茲章、而盜賊多有。」（馬王堆漢墓帛書本）を踏まえる（楠山春樹『淮南子』中）。

△**執彈而……狎犬也**―本書說山篇に類似句がある（陳昌齊）。「捭」は、陳昌齊は「揮」の譌

字とする（王念孫『讀書雜志』を参照）。

【解説】

前章から続く章である。有効な統治を行うためには、法律や刑罰はできる限りない方がよいとする、道家的また儒家的な主張の展開である。

28　法とは何か

【読み下し】

法なる者は、天下の度量《どりょう》にして、人主《じんしゅ》の準縄《じゅんじょう》なり。法を県《か》くる者は、不法に法あらしむるなり、賞を設くる者は、当《まさ》に賞すべきを賞するなり。法定まるの後、程《てい》に中《あ》たる者は賞し、縄《じょう》を鈌《か》く者は誅《ちゅう》す。尊貴なる者も、其の罰を軽くせずして、卑賤《ひせん》なる者も、其の刑を重くせず。法を犯す者は、賢なりと雖《いえど》も必ず誅し、度《ど》に中たる者は、不肖《ふしょう》なりと雖も必ず罪無し。是の故に公道通じて、私道塞《ふさ》がる。

古《いにしえ》の有司《ゆうじ》を置くは、民に禁じて自《みずか》ら恣《ほしい》ままにすることを得ざらしむる所以《ゆえん》なり。其の君《きみ》を立つるは、有司を剬《せい》（制）して専行すること无からしむる所以なり。法籍《ほうせき》礼義なる者は、君に禁じて擅断《せんだん》すること無からしむる所以なり。人自ら恣ままにするを得ること莫《な》ければ、則ち道勝つ。道勝てば而《すなわ》ち理達す。故に無為《むい》に反《かえ》る。無為なる者は、其の凝滞《ぎょうたい》して動かざるを謂《い》うに非《あら》ざるなり。以て其の己《おのれ》従《よ》り出ずるもの莫きを言《い》うなり。

夫れ寸の穠《びょう》より生じ、穠の日より生じ、日の形より生じ、形の景《けい》より生ずるは、此度《これ》の本なり。楽の音より生じ、音の律より生じ、律の風より生ずるは、此《これ》声の宗《そう》なり。法の義より生じ、義の衆適《しゅうてき》より生じ、衆適の人心に合うは、此《これ》治の要なり。故に本に通ずる者は、末に乱れず、要を観《み》る者は、詳《つまび》らかなるに惑《まど》わず。

法なる者は、天の堕《おと》すものに非ず、地の生ずるものに非ず、人間《じんかん》に発して、反って以て自ら正すものなり。是の故に諸《これ》を己《おのれ》に有して、諸を人に非《そし》らず、諸を己に無くして、諸を人に求めず。下に立つる所の者は、上に廃せず、民に禁ずる所の者は、身に行わず。所謂《いわゆ》る亡国なる者は、君無きに非ざるなり、法無きなり。変法なる者は、法無きに非ざるなり、法有れども用いざれば、法無きと等《ひと》しきなり。是の故に人主の法を立つるは、先ず自ら検式《けんしき》儀表と為る。故に令　天下に行わる。孔子曰わく、「其の身正しければ、令せずして行われ、其の身正しからざれば、令すと雖《いえど》も従われず。」と。故に禁《きん》　身に勝てば、則ち令《れい》　民に行わる。

【現代語訳】

法というものは、天下の規準であり、君主の準則である。法を定めるのは、無法の状態に法あらしめるためであり、賞を設けるのは、賞すべき者に賞を与えるためである。法が定まった後、その規程に合う者には賞を与え、準則に背く者には罰を与える。身分の高い者であってても罰を軽くせず、身分の低い者であっても刑を重くせず、法を犯せば賢者でも必ず罰せられ、法を守れば愚者でも必ず罪を問われない。このようにしてこそ、公《おおやけ》の道は通じ、私《わたくし》の道は塞《ふさ》がるのだ。

古代において、役人を設けたのは、民衆が勝手気ままに流れるのを禁ずるためであり、君主を立てたのは、役人が独断専行するのを抑えるためであり、法律・儀礼を作ったのは、君主が専制支配に走るのを防ぐためである。このようにして、人々がそれぞれに勝手気ままを行うことができなくなれば、大道が勝利する。大道が勝利すれば、道理が貫徹されて、やがて無為《むい》（作為のないこと）の政治を取り戻すこともできよう。無為とは、停滞して動かないという意味ではなく、あらゆる行為が君主の命令を待つまでもなくスムーズに行われることを言ったものである。

一体、寸（長さの単位、百二十䅇）は䅇《びょう》（秋分の時の禾芒《のげ》の長さ）から生まれ、䅇（長さの単位、百二十分の一寸）は日（太陽）から生まれ、日は形（万物の形）から生まれ、形は景《けい》（万物の根本の質料）から生まれる。これが尺度の根本である。音楽は音階から生まれ、音階は音律から生まれ、音律は風から生まれる。これが歌声の大本《おおもと》である。法は義（正義）から生まれ、義は大衆の便宜《べんぎ》から生まれ、大衆の便宜こそが人の心にかなう。これが政治の要諦《ようてい》である。そこで、根本に通じている者は、末梢《まっしょう》のことで乱れず、要諦を見極める者は、瑣末《さまつ》なことに迷わない。

法というものは、天の降したものでなければ、地の生んだものでもなく、人間社会の中で発生しながら、かえって人々が自らを正す手段となるものである。それ故、正しさが己《おのれ》にあるからといって、他人を非難してはならず、正しさが己になければ、他人にそれを要求してはならない。下に対して設けた法は、上においても廃棄せず、民に禁じたことは、君主自身も行うことができない。いわゆる亡国とは、君主がいないのではなく、法のない国のことである。変法（法をしばしば変えること）とは、法がないのではなく、法があっても実行されないため、法がないのと同様になった時に生ずる事態である。それ故、君主が法を作る場合、まず自ら模範・モデルとなるべきであって、そうしてこそ命令が天下に行われるようになるのだ。孔子も言っている――「我が身が正しければ、命令は下すまでもなく行われる。我が身が正しくなければ、命令は下しても守られない。」と。したがって、禁令は君主自身がそれに耐えて始めて、民衆に守られるのである。

【原文】

法者、天下之度量、而人主之準繩也。縣法者、法不法也、設賞者、賞當賞也。法定之後、中程者賞、缺繩者誅。尊貴者、不輕其罰、而卑賤者、不重其刑。犯法者、雖賢必誅、中度者、雖不肖必無罪。是故公道通、而私道塞矣。

古之置有司也、所以禁民使不得自恣也。其立君也、所以剬（制）有司使无專行。法籍禮義者、所以禁君使無擅★斷★也。人莫得自恣、則道勝。道勝而理達矣。故反於無爲。無爲者、非謂其凝滯而不動也。以言其莫從己出也。

夫寸生於穮、穮生於日、日生於形、形生於景、此度之本也。樂生於音、音生於律、律生於風、此聲之宗也。法生於義、義生於衆適、衆適合於人心、此治之要也。故通於本者、不亂於末、覩於要者、不惑於詳。

法者、非天墮、非地生、發於人閒、而反以自正。是故有諸己、不非諸人、無諸己、不求諸人。所立於下者、不廢於上、所禁於民者、不行於身。所謂亡國者★、非無君也、無法也。變法者、非無法也、有法★而不用★、與★無法等。是故人主之立法、先自爲檢式儀表。故令行於天下。孔子曰、其身正、不令而行、其身不正、雖令不從。故禁勝於身、則令行於民矣。

【注釈】

△**法者、天下之度量**――以下、「以言其莫從己出也」に至るまで、『文子』上義篇に取られている（王念孫『讀書雜志』）。

△**縣法者……當賞也**――王念孫は、三つの「法」の字の內、上の二つを「罰」に改め、兪樾は、後半の二句を削るが、ともに不適當。

△**法定之……繩者誅**――『韓非子』難一篇・『鄧析子』轉辭篇に類似句がある（于大成）。

△**公道通……道塞矣**――『韓詩外傳』巻六に類似句がある（于大成）。

△**剬有司**――「剬」は、「制」と同じ（楊樹達）。陶鴻慶・于省吾をも參照。

△**道勝而理達矣**――「而」は、「則」の義（鄭良樹）。

△**以言其……己出也**――「言其」は、底本は「其言」に作るが、王念孫『讀書雜志』によって改めた。「莫從己出」は、本書本篇上文の「莫出於己」と同義。

△**夫寸生……生於景**――「穰」は、王引之『讀書雜志』は「穰」の誤りとする。秋分の時の「穰」（稻の禾芒《のげ》）の長さを基準に取って、長さの單位、「穰・分・寸・尺」などが定められたことについては、本書天文篇を見よ（王引之『讀書雜志』）。兪樾はこの四句を「夫寸生於穰、穰生於形、形生於景、景生於日。」に改める。

△**法生於……於人心**――本書繆稱篇に類似句がある（于大成）。以下、「則令行於民矣」に至るまで、『文子』上義篇に取られている。

△**法者、非……以自正**――『愼子』逸文（『繹史』所引）に類似句がある（于大成）。

△**有諸己……求諸人**――類似句が『禮記』大學篇にあり（馬宗霍）、『墨子』小取篇・『晏子春秋』內篇問上にもある（于大成）。

△**所立於……行於身**――『晏子春秋』內篇問上に類似句がある（于大成）。

△**所謂亡國者**――「者」は、底本にはないが、王念孫『讀書雜志』によって補った。

△**有法而……無法等**――底本には「有法」の「法」の下に「者」の字があるが、王念孫『讀書雜志』によって削った。「用、與」は、底本や道藏本は「與、用」に作るが、諸本によって改めた。

△**先自爲檢式儀表**――「自」は、王念孫『讀書雜志』は「以身」に改めるが、その必要はなかろう（楊樹達）。

△**孔子曰……令不從**――『論語』子路篇の言葉である（戸川芳郎・木山英雄・澤谷昭次）。

【解説】

法の起源・目的や性格を論じた重要な章である。

法の起源については、民衆の「自ら恣《ほしい》ままにすること」を禁ずることから起こったとするよりも、君主の「擅断《せんだん》」を禁ずることから起こったとして、君主権の抑制にウェイトを掛けている点に注目したい。

法の性格については、「尊貴なる者も、其の罰を軽くせずして、卑賤《ひせん》なる者も、其の刑を重くせず。」や「下に立つる所の者は、上に廃せず、民に禁ずる所の者は、身に行わず。」などのように、法の適用の公平さを強調しているが、ここでも「尊貴なる者」「賢」「上」「人主」を法の公平な適用の対象としつつ、彼らの利益を抑制しようとする姿勢が目につく。

法の目的については、本章においてさまざまに語られているが、特に注目したいのは、「人自ら恣ままにするを得ること莫《な》し」→「道勝つ」→「理達す」→「無為《むい》に反《かえ》る」のシェーマである。これによれば、作者は「無為」の政治（例えば前章の神農）に反ることを法の最終目的、自らの思想における究極の理想と考えていたことになるわけである。ところで、その「無為」とは「己《おのれよ》従り出ずるもの莫し」、すなわち君主自身の意思から生み出されるものが何一つないという態度であった。以上から、本章の政治思想は、君主権の中央集権的な強化に反対するに止《とど》まらず、さらにそれを越えて君主制の否定にまで接近する可能性があったと理解することができよう。

巻第十　繆称《びゅうしょう》

【総説】

題の意味は、互いにくい違う（繆）複数の理論を、具体的な物を挙げる（称）ことを通じて、一つの優れた理論にまとめ上げる、ということ。許慎注《きょしんちゅう》は「繆異《びゅうい》の論は、物を称し類を仮《か》り、之を神明《しんめい》に同《どう》ずれば、以て貴ぶ所を知る。」とする。

要略篇の解説によれば、本篇の内容は「道徳の論を破砕《はさい》し、仁義の分を差次《さじ》し、略《ほ》ぼ人間《じんかん》の事を雑《まじ》え、揔《すべ》（摠）て神明の徳に同《どう》じ、象《しょう》を仮り耦《ぐう》を取りて、以て相い譬喩《ひゆ》し、短きに断《た》ち節と為《な》して、以て小具《しょうぐ》に応ず」るもの、短く言えば「称喩《しょうゆ》を為す」「称喩を以《もち》い」るものである。また、本篇の目的は「曲説巧★論し、感に応じて匱《とぼ》しからざ」るようにすること、短く言えば「動静の宜《よろ》しきを知らし」めることであるとする。

その「道徳の論」とは道家の思想を指し、「仁義の分」とは儒家の思想を指す。それらを「揔《すべ》（摠）て神明の徳に同ず」ると言うのは、両者を総合・統一して究極の理論にまで高めることであろう。本篇のこのような意味づけは、本篇の実際の内容をよく表わしているように思われる。また要略篇に述べられている本書全体の著作目的とも一致するが、これが「以て小具に応ず」ること、すなわち些細な雑事にとって役に立つことを標榜している点が、要略篇とはやや異なる。

29　人の心の誠実さについて

【読み下し】

心の精《せい》なる者は、以《もっ》て神化《しんか》す可《べ》くして、以て人を導く可からず。目の精なる者は、以て消《しょう》沢《たく》す可くして、以て昭誋《しょうき》す可からず。混冥《こんめい》の中に在りて、人を諭《さと》す可からず。故に舜《しゅん》は席を降《くだ》らずして、天下治まり、桀《けつ》は陛《へい》を下《くだ》らずして、天下乱る。蓋《けだ》し情《じょう》は叫呼《きょうこ》より甚《はなは》だしければなり。諸《これ》を己《おのれ》に無くして、諸を人に求むるは、古今未《いま》だ之《これ》を聞かざるなり。

同じく言いて民信ずるは、信《しん》言《げん》の前に在ればなり。同じく令して民化《か》するは、誠《まこと》令の外に在ればなり。聖人《せいじん》上に在れば、民遷《うつ》りて化するは、情以て之に先んずればなり。上に動きて、下に応ぜざる者は、情と令と殊《こと》なればなり。故に『易《えき》』に曰わく、「亢竜悔《こうりゅうく》い有り。」と。三月《さんげつ》の嬰児《えいじ》は、未《いま》だ利害を知らず、而《しか》れども慈母の愛焉《ここ》に諭《さと》る者は、情あればなり。故に言の用は、昭昭乎《しょうしょうこ》として小なるかな。不言の用は、曠曠乎《こうこうこ》として大なるかな。君子の言を身《み》にするは信なり、君子の意に中《あ》たるは忠なり。忠信《ちゅうしん》内に形《あらわ》るれば、感動外に応ず。故に禹《う》は干戚《かんせき》を執《と》り、両階の間に舞いて、三苗《さんびょう》服せり。鷹《たか》川に翔《かけ》れば、魚鼈《ぎょべつ》沈み、飛鳥揚がるは、必ず害を遠ざくるなり。

子の父に死するや、臣の君に死するや、世に之を行う者有り。出死《しゅつし》して以て名を要《もと》むるに非《あら》ざるなり。恩心《おんしん》の中に蔵して、其の難を違《さ》くること能《あた》わざるなり。故に人の甘甘《かんかん》たるは、正《まさ》に蹠《ねが》いの為《た》めにするに非ず、而《しか》れども蹠い焉《すなわ》ち往く。君子の惨怛《さんたん》たるは、正に偽形《ぎけい》の為めにするに非ず、人心を諭《さと》すなり。外従《よ》り入《い》るに非ず、中自《よ》り出《い》ずる者なり。

義は君を尊《たっと》び、仁は父に親しむ。故に君の臣に於《お》けるや、能《よ》く之を死生せしむるも、苟易《こうい》を為さしむる能わず。父の子に於けるや、能く之を発起《はっき》せしむるも、憂尋《ゆうじん》無からしむる能わず。故に義《ぎ》君に勝ち、仁《じん》父に勝てば、則ち君尊くして臣忠に、父慈にして子孝なり。

聖人上に在れば、化育《かいく》神《しん》の如《ごと》し。太上《たいじょう》は曰《い》わく、「我其《われそ》れ性なるか。」と。其の次は曰わく、「彼微《かれなか》りせば其《そ》れ此《か》くの如くならんや。」と。故に『詩《し》』に曰わく、「轡《たづな》を執《と》ること組《くみひも》の如し。」と。『易』に曰わく、「章《あや》を含みて貞《ただ》しかる可し。」と。近きに動きて、文《ぶん》を遠きに成すなり。夫《そ》れ夜行する所を察するに、周公《しゅうこう》は景《かげ》に慙《は》じず。故に君子は其の独《ひと》りを慎《つつし》むなり。近きを釈《す》てて遠きを期《き》すれば、塞《ふさ》がれん。

【現代語訳】

心の誠実さというものは、人々を絶妙に変化させることはできるが、彼らを教え導くことはできない。目の誠実さというものは、事物を細かく分析することはできるが、人々を導き戒めることはできない。それらは乱れた深淵の中にひそむものであって、人々を教え諭すことはできないのである。そうであればこそ、舜《しゅん》（上古の聖天子）は玉座に座ったままでいて、すでに天下が治まり、桀《けつ》（夏《か》王朝の暴君）は宮殿の階段を降りない内に、早くも天下が乱れた。心の誠実さは、声に出して呼び掛けるよりも強いからであろう。己《おのれ》に具《そな》わるものがないのに、人に何かを求めるなどという話は、古来聞いたためしがない。

他人と同じことを言っても民衆が信じるのは、言う前にすでに信実が存在しているからだ。他人と同じ命令を発しても民衆が教化《きょうか》されるのは、命令の外に別に誠意が存在しているからだ。聖人《せいじん》が為政者の位に就《つ》いている場合、民衆が教化されていくのは、全てに先立って心に誠実さが存在しているからだ。為政者が上で動きを起こしても、民衆が下で応じないのは、心と命令とが食い違っているからだ。そこで、『易《えき》』には「高く上りつめた竜には悔《く》いがある。」と言う。生後三個月の赤子が、まだ利益と損害の区別も着かないのに、優しい母の愛情をわきまえているのは、母の心に誠実さがあるからである。こうしてみると、言葉の働きはこせこせとして何とも小さなものよ、沈黙の働きは広々として何とも大きなものよ。人身をもって君子《くんし》の言葉を行うのが信実であり、心に君子の思いを懐《いだ》くのが忠実である。人の内面に信実と忠実が形作《かたちづく》られると、それに対する感動を外部に引き起こす。それ故、禹《う》（上古の聖天子）が干戚《かんせき》（盾《たて》とまさかり）を手に執《と》って、宮殿の東西二つの階段の間で舞いを演じたところ、三苗《さんびょう》（上古の異民族）は服従した。鷹《たか》が川の上を飛翔《ひしょう》すれば、魚と鼈《すっぽん》は深くもぐり、飛鳥は飛び去って、必死で害を避けようとする。

子が父のために死んだり、臣下が君主のために死んだりすることは、世間にこれを実行する者がいる。これは、身を投げ出して死ぬことによって、名声を求めようというわけではなく、恩愛《おんあい》の情が内面に宿っているので、自らの危難を避けることができないためである。だから、子や臣下が甘んじて死んでいくのは、名声を得るという目的のためではないが、しかしその目的は結果的にかなえられる。君子が惨怛《さんたん》たる思いで心を痛めるのは、外形を飾るためではなく、だからこそ人の心を教え諭すのだ。これらは、外から取り入れるものではなく、中から出て行くものなのである。

義という徳は、臣下が君主を尊ぶことであり、仁という徳は、子が父に親しむことである。ところで、君主は臣下に対して、彼を殺すことも生かすことも自由にできようが、しかし彼に不道徳なでたらめ（不義）を行わせることはできない。父は子に対して、彼をあちこちに使いに出すことも勝手にできようが、しかし彼に父への気づかいを禁ずる（不仁）ことはできない。それ故、義の徳が君主の力に勝ち、仁の徳が父の力に勝つならば、君主は尊厳を保ち臣下は忠実となり、父は慈愛深く子は孝行となる。

聖人が為政者の位に就いていれば、民衆の教化はあたかも神《かみ》が手を下しているかのように行われる。最上の為政者は、民衆に「我々は本性のままに振る舞っているにすぎない。」と言われる君主である。次善の為政者は、民衆に「あの人がいなかったら、このように暮らせただろうか。」と言われる君主である。そこで、『詩』に「手綱《たづな》を取って巧みに馬を御《ぎょ》するありさまは、さながら組《く》み紐《ひも》を織るかのよう。」とあり、『易』に「美しさを内に秘めながら、正しい道を行うことができる。」とある。これらは、身近なところで行動を起こして、遠くに麗《うるわ》しい成果を挙げるという意味である。真夜中に独り歩く人の様子を観察してみるに、例えば周公《しゅうこう》は自分の影に対しても恥じるところがなかったという。このように、君子は己《おのれ》独りのあり方を慎《つつし》むのである。もし身近な己《おのれ》の修養を捨てておいて、遠くに民衆統治の成果を期待するならば、きっと行き詰まるに違いない。

【原文】

心之精者、可以神化、而不可以導人。目之精者、可以消澤、而不可以昭誋。在混冥之中、不可諭於人。故舜不降席、而天下治、桀不下陛、而天下亂。蓋情甚乎叫呼也。無諸己、求諸人、古今未之聞也。

同言而民信、信在言前也。同令而民化、誠在令外也。聖人在上、民遷而化、情以先之也。動於上、不應於下者、情與令殊也。故易曰、亢龍有悔。三月嬰兒、未知利害也、而慈母之愛諭焉者、情也。故言之用者、昭昭乎小哉。不言之用者、曠曠乎大哉。

身君子之言信也、中君子之意忠也。忠信形於內、感動應於外。故禹執干戚、舞於兩階之間、而三苗服。鷹翔川、魚鼈沈、飛鳥揚、必遠害也。

子之死父也、臣之死君也、世有行之者矣。非出死以要名也。恩心之藏於中、而不能違其難也。故人之甘甘、非正爲蹠也、而蹠焉往。君子之慘怛、非正爲僞形也、諭乎人心。非從外入、自中出者也。

義尊乎君、仁親乎父。故君之於臣也、能死生之、不能使爲苟易★。父之於子也、能發起之、不能使無憂尋。故義勝君、仁勝父、則君尊而臣忠、父慈而子孝。

聖人在上、化育如神。太上曰、我其性與。其次曰、微彼其如此乎。故詩曰、執轡如組。易曰、含章可貞。動於近、成文於遠。夫察所夜行、周公不慙★乎景。故君子愼其獨也。釋近期★遠、塞矣。

【注釈】

△**心之精者**――以下、「塞矣」に至るまで『文子』精誠篇に取られている。

△**消澤**――菊池三九郎『淮南子國字解』上によって「消釋なり、細に分析し盡くすことなり。」の意。

△**不可以昭誋**――許愼注の「照、道。誋、誡也。不可以教導戒人。」でよい。呉承仕『淮南舊注校理』・楊樹達を参照。

△**舜不降……天下亂**――『子思子』に類似句があったようである（楊樹達）。

△**同言而……令外也**――『子思子』に類似句があったらしい（楊樹達・于大成）。

△**亢龍有悔**――『周易』乾卦の上九の爻辭（戸川芳郎・木山英雄・澤谷昭次）。

△**三月嬰……者情也**――『呂氏春秋』具備篇の類似句に本づく（于大成）。大意は、馬宗霍によって解釋する。なお兪樾「文子平議」・于大成を参照。

△**禹執干……三苗服**――ほぼ同じ内容の説話が舜のこととして本書齊俗篇・氾論篇に見える。

また『韓非子』五蠹篇などにも類似句がある（戸川芳郎・木山英雄・澤谷昭次）。

△**必遠害也**―「害」は、王念孫『讀書雜志』が「實」に改めるが、改めるに及ばない（楊樹達・馬宗霍・于大成）。

△**人之甘……蹠焉往**―大意は、ほぼ吳承仕『淮南舊注校理』によって解釋する。ただし、「甘」を一字削ることはしない。

△**苟易**―底本は「苟簡易」に作るが、王念孫『讀書雜志』によって改めた。

△**憂尋**―于省吾によって、「憂狷」すなわち「憂思」の意。

△**太上曰……如此乎**―『老子』第十七章を踏まえる。

△**執轡如組**―『毛詩』國風、邶風の簡兮篇あるいは鄭風の大叔于田篇の句。この句の同じような意味づけは『呂氏春秋』先己篇にあり（戸川芳郎・木山英雄・澤谷昭次）、本章はそれを踏まえる。

△**含章可貞**―『周易』坤卦の六三の爻辭（戸川芳郎・木山英雄・澤谷昭次）。

△**不慙乎景**―底本は「慙乎景」に作るが、王念孫『讀書雜志』によって改めた。

△**釋近期遠**―底本は「期」を「斯」に作るが、王念孫『讀書雜志』によって改めた。

【解説】

政治における為政者の心の誠実さの重要性を説いた文章である。『毛詩』と『周易』の引用があるところからも知られるとおり、儒家系の思想家の手になる文章である。「信」「誠」

などの人間の内面性を強調する点から判断して、儒家系の中でも孟子派の流れを汲む者の著作であろう。この時代には確実に存在していた『子思子』と共通する文句が見えることも、併せて考えるべきである。

しかし、また本章は純然たる儒家の思想ではない。「混冥《こんめい》の中に在りて、人を諭《さと》す可からず。」「不言の用は、曠曠乎《こうこうこ》として大なるかな。」「太上《たいじょう》は曰《い》わく、『我其《われそ》れ性なるか。』と。」など、明らかに道家と思われる言葉が少なからず含まれているのである。恐らくこれは、戦国末期から前漢初期にかけてのいわゆる黄老《こうろう》思想の流行の中で、儒家の孟子派が道家の心の理論（虚静説など）を取り入れて自らの思想の革新を図った、その痕跡を今に遺す資料なのであろう。

巻第十一　斉俗《せいぞく》

【総説】

題の意味については、許慎注《きょしんちゅう》は「斉《せい》は、壱《いち》なり。四宇《しう》の風、世の衆理、皆な其の俗を混《こん》じて、一道《いちどう》と為《な》さしむ。」とする。これによれば、「俗《ぞく》を斉《ひと》しくす」、すなわち「世の中の風俗を統一する」の意となるが、本篇中に「行い俗に斉《ひと》しきは随《したが》う可きなり。」というセンテンスがあるので、当然「俗に斉しくす」、すなわち「世の中の風俗に合わせる」の意でなければならない（楊樹達）。

ところで、本篇は「俗に斉しくす」と言っても、世俗・風俗に追従すべきことを訴える消極的な姿勢の論文集ではない。むしろ、主に前漢帝国の有効な統治を目的として、社会の実際の情況（俗）から遊離せず、それを正確に把えて対処すること（斉）を訴える積極的なものである。そして、このような「斉俗」を可能にする原理として、戦国時代の道家に由来する「道」を掲げつつ、作者は社会の実情から遊離して硬直した儒家の「礼楽《れいがく》」の原則論を批判している。

要略篇の解説によれば、本篇の内容は「群生《ぐんせい》の短脩《たんしゅう》に一《いち》にし、九夷《きゅうい》の風采★に同《どう》じ、古今の論に通じ、万物の理を貫きて、礼義の宜《よろ》しきを財制《さいせい》し、人事の終始を擘画《はくかく》す」るもの、短く言えば「俗変」であり、また本篇の目的は「合同の大指《たいし》を知らしむ」ることであるとする。

30　道徳が失われて礼楽《れいがく》が生まれた

【読み下し】

性に率《したが》いて行う、之を道と謂《い》い、其の天性を得る、之を徳と謂う。性失われて然《しか》る後仁を貴《たっと》び、道失われて然る後義を貴ぶ。是の故に仁義立てば而《すなわ》ち道徳遷《うつ》り、礼楽《れいがく》飾れば則《すなわ》ち純樸《じゅんぼく》散じ、是非《ぜひ》形《あらわ》るれば則ち百姓《ひゃくせい》眩《くら》み、珠玉尊ければ則ち天下争う。凡《およ》そ此の四者は、衰世《すいせい》の造《ぞう》なり、末世《まっせい》の用なり。

夫《そ》れ礼なる者は、尊卑を別《わ》かち貴賤《きせん》を異にする所以《ゆえん》にして、義なる者は、君臣・父子・兄弟・夫妻・友朋《ゆうほう》の際を合する所以なり。今世《こんせい》の礼を為す者は、恭敬《きょうけい》にして忮《そこな》い、義を為す者は、布施《ふせ》して徳とす。君臣は以て相い非《そし》り、骨肉は以て怨《うら》みを生ずれば、則ち礼義の本を失うなり。故に構《な》りて責め多し。夫れ水積めば則ち相い食《くら》うの魚を生じ、土積めば則ち自ら肉《にく》するの獣《けもの》を生じ、礼義飾れば則ち偽匿《ぎとく》の士を生ず。夫れ灰《はい》を吹きて眯《べい》すること無からんと欲し、水を渉《わた》りて濡《ぬ》るること無からんと欲するも、得《う》可《べ》からざるなり。

古者《いにしえ》民《たみ》童蒙《どうもう》にして東西を知らず、貌《ぼう》は情に羨《あま》らずして、言《げん》は行いに溢《あふ》れず。其の衣《ころも》は煖《あたた》かにして文《かざ》り無く、其の兵は鈇《にぶ》くして刃《は》無く、其の歌は楽しくして転ずること无く、其の哭《こく》は哀しみて声無し。井《い》を鑿《うが》ちて飲み、田を耕して食《くら》い、其の美を施す所無く、亦《ま》た得るを求めず。親戚《しんせき》相い毀誉《きよ》せず、朋友相い怨徳《えんとく》せず。

礼義の生じ、貨財の貴《たっと》ばるるに至るに及びて、詐偽《さぎ》萌《きざ》し興《お》こり、非誉《ひよ》相い紛《みだ》れ、怨徳《えんとく》並び行わる。是《ここ》に於《お》いて乃《すなわ》ち曽参《そうしん》・孝己《こうき》の美《び》有りて、盗跖《とうせき》・荘蹻《そうきょう》の邪《じゃ》を生ず。故に大路《たいろ》・竜旂《りゅうき》、羽蓋《うがい》・垂緌《すいすい》、駟《し》を結び騎《き》を連ぬること有れば、則ち必ず窬《ゆ》を穿《うが》ち楗《かぎ》を拊《う》ち、墓を扣《ほ》り備《び》を踰《こ》ゆるの姦《かん》有り。詭文《きぶん》・繁繡《はんしゅう》、弱緆《じゃくせき》・羅紈《らがん》有れば、必ず菅屩《かんきゃく》の跐踦《しき》なる、短褐《たんかつ》の完《まった》からざる者有り。故に高下《こうげ》の相い傾くや、短脩《たんしゅう》の相い形《あらわ》るるや、亦《ま》た明らかなり。

【現代語訳】

人間がその本性のままに振る舞うことを道と言い、その天与《てんよ》の本性の身に具わっているものを徳と言う。そして、本性が失われたために仁が貴ばれ、道が失われたために義が貴ばれるようになった。だから、仁義が打ち立てられて道と徳がなくなり、礼楽《れいがく》が飾り立てられて純朴さが消え、是非が明らかにされたので人民は目がくらみ、珠玉が尊ばれたために天下が争うようになったのである。この四つのもの（仁義・礼楽・是非・珠玉）は、衰世《すいせい》の所産であり、末世《まっせい》の用品である。

そもそも礼というものは、尊卑《そんぴ》・貴賤《きせん》を区別するための手段であり、義というものは、君臣・父子・兄弟・夫婦・朋友《ほうゆう》の間を結合するための方便である。ところが、現代の礼を行う者は、うわべは恭《うやうや》しいが実は相手を傷つけ、義を行う者は、恩恵を施して有徳者を気取っている。そのために君臣は互いに非難し合い、親兄弟は憎み合うのであるから、これは礼義の根本を見失ったものと言わなければならない。それ故、成し遂げれば成し遂げるほど咎《とが》めを受けることになるのだ。一体、水が沢山集まると、共食《ともぐ》いをするような魚が生まれ、土が沢山集まると、互いに食い合う獣が生まれ、礼義が飾り立てられると、詐欺《さぎ》・邪悪の輩《やから》が生まれる。灰を吹きながら目に入らないことを望み、川を渉《わた》りながら水に濡れないことを望んでも、それはできない相談である。

古代には、人民は蒙昧《もうまい》で東も西も分からず、外見は実情そのままで飾らず、言葉は実際の行いを美化しなかった。また、衣服はただ暖かさを求めて装飾がなく、武器はなまくらで刃《は》がなく、歌は楽しむだけで音調を転じたりの技巧を用いず、哭《こく》する時は哀しむだけで大声でわめいたりはしなかった。ひたすら井戸を掘って水を飲み、田を耕して飯《めし》を食うだけで、華美に飾るところもなく、他に欲しいものもなかった。親戚同士が誉めたりけなしたり、友達同士が怨《うら》んだり恩に着たりなどのことも、全くなかったのである。

ところが、礼義というものが生まれ、財貨が貴ばれるようになると、騙《だま》しと偽《いつわ》りの気風が起こり、誉めたりけなしたりが入り乱れ、怨んだり恩に着たりが横行するに至った。こうして、親孝行の曽参《そうしん》（春秋時代の魯《ろ》の人、孔子《こうし》の弟子）や孝己《こうき》（殷《いん》の高宗《こうそう》の太子）の善行が登場するとともに、盗賊の盗跖《とうせき》（伝説上の盗賊の親分）や荘蹻《そうきょう》（戦国時代の楚の荘王の子孫、西南夷の長となった。）の悪行《あくぎょう》も発生したのである。それ故、一方に天子の車・竜の旗・車を覆《おお》う羽飾《はねかざ》り・車の把《と》り綱《づな》に、四頭立ての馬車を連ね、騎馬を並べれば、他方には必ずくぐり戸に穴をあけ、鍵をたたき壊し、墓をあばき、垣根を飛び越えて襲う悪党が現れ、一方に奇をこらした模様・手のこんだ刺繡《ししゅう》・細布・綾絹《あやぎぬ》ができれば、他方には必ず左右不揃いの茅《かや》の靴、ほころびた毛の長袖シャツが生まれる。それ故、高いものと低いものが同時に発生し、長いものと短いものが相互に形成されるということは、明らかな事実なのである。

【原文】

率性而行、謂之道、得其天性、謂之德。性失然後貴仁、道失然後貴義。是故仁義立而道德遷矣、禮樂飾則純樸散矣、是非形則百姓眩★矣、珠玉尊則天下爭矣。凡此四者、衰世之造也、末世之用也。

夫禮者、所以別尊卑異貴賤、義者、所以合君臣父子兄弟夫妻友朋之際也。今世之爲禮者、恭敬而忮、爲義者、布施而德。君臣以相非、骨肉以生怨、則失禮義之本也。故構而多責。夫水積則生相食之魚、土積則生自肉★之獸、禮義飾則生僞匿之士★。夫吹灰而欲無眯、涉水而欲無濡、不可得也。

古者民童蒙不知東西、貌不羨乎情、而言不溢乎行。其衣煖★而無文、其兵★銖而無刃、其歌樂而无轉、其哭哀而無聲。鑿井而飲、耕田而食、無所施其美、亦不求得。親戚不相毀譽、朋友不相怨德。

及至禮義之生、貨財之貴、而詐僞萌興、非譽相紛、怨德竝行。於是乃有曾參孝己★之美、而生盜跖莊蹻之邪。故有大路龍旂、羽蓋垂緌、結駟連騎、則必有穿窬拊楗、扣★墓★踰備之姦。有詭文繁繡、弱緆羅紈、必有菅屩跐踦、短褐不完者。故高下之相傾也、短脩之相形也、亦明矣。

【注釈】

△**率性而行、謂之道**―『禮記』中庸篇に類似句があり、それとほぼ同時代に書かれた文章である。以下、「生僞匿之士」まで『文子』上禮篇に取られている（島田翰を參照）。

△**性失然……後貴義**―『老子』第三十八章を踏まえる。また趣旨は、『老子』第十八章の「大道廢るれば、案《すなわ》ち仁義有り。」（馬王堆漢墓帛書甲本）とも近い。

△**構而多責**―『莊子』天運篇に「觀而多責」の句がある（吳承仕『淮南舊注校理』）。「構」の意味は、拙著『莊子』上巻天運篇の補注を參照。

△**夫水積……匿之士**―『荀子』の「積」や「禮義」の思想を踏まえて、それを揶揄した文章。

△**自肉**―「肉」は、底本は「穴」に作るが、王念孫『讀書雜志』によって改めた。

△**僞匿之士**―「士」は、底本は「本」に作るが、王念孫『讀書雜志』によって改めた。

△**夫吹灰……可得也**―本書繆稱篇に類似句がある（鄭良樹）。

△**古者民**―以下、「爲民俗」まで『文子』道原篇に取られている。

△**不知東西**―王念孫『讀書雜志』・于大成は「不知西東」に改める。

△**其衣煖・其兵銖**―底本は「其衣致煖・其兵戈銖」に作るが、王念孫『讀書雜志』によって改めた。「銖」は、許愼注に「楚人謂刃頓爲銖」とある。

△**孝己**―『莊子』外物篇に曾參と竝んで出る（楠山春樹『淮南子』中を參照）。

△**莊蹻**―『史記』西南夷列傳に出る（楠山春樹『淮南子』中）。

△**抇墓**―底本は「抽箕」に作るが、王引之『讀書雜志』・吳承仕『淮南舊注校理』によって改めた。

△**踰備**―「備」は、許愼注に「後垣」とある。

△**詭文**―本書本經篇にも出る（馬宗霍）。

△**弱緆**―許愼注は「細布也」と言う。

△**羅紈**―許愼注は「羅、縠。紈、素也。」と言う。

△**跐踦足**―李哲明・楊樹達によって「不齊之義」。

△**短褐不完**―本書覽冥篇にも見える（陶方琦）。「短褐」は、許愼注は「楚人謂袍爲短。褐、毛布。」（吳承仕『淮南舊注校理』による）とする。

△**高下之相……相形也**―當時の『老子』第二章からの引用であろう。「高」と「下」、「短」と「脩」（長）がそれぞれ相互規定的に形成される、という『老子』の趣旨を踏まえる。

【解説】

儒教の唱える「礼楽」などの存在を、道家の言う「道徳」の失われた結果であるとして説明するのが、本章の主な趣旨である。ところで、この文章には以下のような特徴が認められる。

第一に、それが共時的哲学的な説明であるよりも、「礼楽」などは「古者《いにしえ》」の人類が「童《どう》蒙《もう》」であった状態（つまり道徳）からの退落の結果であるとして、歴史的に説明することにウエイトが掛かっていること。

第二に、「道徳」の失われたことが原因でその結果として「礼楽」などが生まれたと言うと同時に、「礼楽」などの発生が原因となって「道徳」が失われるという結果が生じたとも言っており、因果の説明が循環論になっていること。

第三に、その「礼楽」などを、「尊卑を別《わ》かち貴《き》賤《せん》を異に」し、「君臣・父子・兄弟・夫妻・友《ゆう》朋《ほう》の際を合する」という機能を果たしうるものならば、肯定しようという姿勢を示していること。以上である。

31　時代が異なれば物事《ものごと》も変わる

【読み下し】

世の事《こと》に明らかなる者は、多く道徳の本を離れて曰《い》わく、「礼義は以て天下を治むるに足る。」と。此《これ》未《いま》だ与《とも》に術《みち》を言う可からざるなり。所《い》謂《わゆ》る礼義なる者は、五《ご》帝《てい》三《さん》王《おう》の法《ほう》籍《せき》にして、風《ふう》俗《ぞく》一《いっ》世《せい》の迹《あと》なり。譬《たと》えば芻《すう》狗《く》・土《ど》竜《りゅう》の始めて成るが若《ごと》く、文《かざ》るに青黄を以《もっ》てし、絹《おお》

(帩)うに綺繍《きしゅう》を以てし、纏《まと》うに朱絲《しゅし》を以てし、尸祝《ししゅく》は袀袨《きんげん》し、大夫《たいふ》は端冕《たんべん》し、以て之《これ》を送迎す。其の已《すで》に之を用うるの後に及びては、則《すなわ》ち壌土《じょうど》・草薊《そうかい》なるのみ。夫《そ》れ有《ま》(又)た孰《だれ》か之を貴《たっと》ばん。

故に舜《しゅん》の時に当たりて、有苗《ゆうびょう》服せず。是《ここ》に於《お》いて舜 政《せい》を脩《おさ》め兵を偃《ふ》せ、干戚《かんせき》を執《と》りて之を舞う。禹《う》の時、天下大いに雨ふる。禹 民《たみ》をして土を聚《あつ》め薪《たきぎ》を積み、丘 陵《きゅうりょう》を択《えら》びて之に処《お》らしむ。武王《ぶおう》 紂《ちゅう》を伐つとき、尸《し》を載せて行く。海内未《かいだいいま》だ定まらず、故に三年の喪《そう》を為す。禹 鴻水《こうずい》の患《うれ》い、陂塘《ひとう》の事に遭《あ》う。故に朝に死して暮に葬る。此《これ》皆な聖人《せいじん》の時に応じ変に耦《あ》(遇)い、形を見て宜《よろ》しきを施す所以《ゆえん》の者なり。

今干戚を脩《おさ》むるを知りて钁挿《かくそう》を笑い、三年を知りて一日を非《ひ》とするは、是《これ》牛に従いて馬を非とし、徴《ち》を以て羽《う》を笑うことなり。此《これ》を以て化《か》に応ずるは、以て一絃《いちげん》を弾《だん》じて棘下《きょくか》を会《かい》せんとするに異なること無し。夫れ一世の変を以て、以て化に耦《あ》(遇)い時に応ぜんと欲するは、譬《たと》えば猶《な》お冬 葛《かつ》を被《き》て夏 裘《かわごろも》を被《き》るがごとし。夫れ一儀は以て百発す可からず、一衣は以て歳《とし》を出《い》ず可からず。儀は必ず高下に応じ、衣《ころも》は必ず寒暑に適《かな》う。是の故に世異なれば即《すなわ》ち事《こと》変じ、時移れば即ち俗《ぞく》易《か》わる。

【現代語訳】

世間の物事《ものごと》を知っている者たちは、大方《おおかた》は道徳(道とその働き)の根本を離れて、「礼義こそが天下を治めることのできる手段である。」などと言う。これでは、とても道を語り合うことはできない。いわゆる礼義とは、太古の五帝《ごてい》・三王《さんおう》の用いた法典であり、ある時代に流行《はや》った風俗の残滓《ざんし》であるにすぎない。譬《たと》えて言えば、祭りに使う犬の藁人形《わらにんぎょう》・竜の泥人形《どろにんぎょう》のようなもので、できたばかりの時は、青や黄の色を塗り、綾絹《あやぎぬ》や縫《ぬ》い取りで覆《おお》い、朱《しゅ》の絹糸をからげるなどの装飾を施し、巫女《みこ》・かんなぎは黒装束に身を固め、大夫《たいふ》は冠を正して、これを送り迎えする。しかし、用済みになって捨てられた後は、ただの土塊《つちくれ》・雑草にすぎない。一体、誰がありがたがるであろうか。

舜帝《しゅんてい》（上古の聖天子）の時、有苗《ゆうびょう》（南方の異民族）が服従しなかった。そこで、舜は政治を正し、軍備を撤廃し、干戚《かんせき》（盾《たて》とまさかり）を手に執って舞いを演じた。夏の禹王《うおう》（上古の聖天子）の時、天下に大雨が降った。禹は、人民に命じて土を集め薪《たきぎ》を積み上げさせ、また丘陵《きゅうりょう》を選んでそこに住まわせた。周《しゅう》の武王《ぶおう》が殷《いん》の紂王《ちゅうおう》を討伐した時、父文王《ぶんおう》の位牌を戦車に載せて出征するようなありさまで、天下はまだ安定していなかった。それ故、三年の喪《も》を行わざるをえなかった。禹は、洪水の難に遭い、築堤の工事に奔走していた。それ故、朝死人が出ればその日の夕方には葬った。以上はみな、聖人が時勢に応じ変化に合わせ、状況を見て適切な処置を行った、そのやり方なのである。

今もし、干戚《かんせき》（盾とまさかり）の舞いを習うこと（舜のケース）を知って、鍬《くわ》と鋤《すき》による築堤工事（禹のケース）を笑い、三年の喪《も》（武王のケース）を知って一日だけの喪《も》（禹のケース）を非難するならば、それは牛を規準にして馬を非難し、徴《ち》を規準にして羽《う》（ともに五音の一つ）を笑うようなものである。こんなやり方で変化に対処しようというのは、たった一本の弦《げん》を弾《はじ》いて棘下《きょくか》（周代の音楽の名）の曲を合奏しようとするのと異ならない。一体、わずか一時代の流行《はやり》を心得ているからといって、それであらゆる変化に対処しあらゆる時勢に対応しようとするのは、譬《たと》えて言えば、冬になっても葛《くず》のシャツ一枚を着て過ごしたり、また夏でも毛皮のオーバー一着を着て通すようなものだ。そもそも弩弓《いしゆみ》は、ただ一つの照準では百方に射《い》ることができないし、衣服もわずかに一着では一年を過ごすわけにはいかない。照準は高低に応じて改めなければならないし、衣服も寒暑に合わせて変える必要があるからである。こういうわけで、時代が異なれば物事も変わり、時勢が動けば風俗も変わるのだ。

【原文】

世之明事者、多離道徳之本曰、禮義足以治天下。此未可與言術也。所謂禮義者、五帝三王之法籍、風俗一世之迹也。譬若芻狗土龍之始成、文以青黄、絹（帩）以綺繡、纏以朱絲、尸祝袀袨、大夫端冕、以送迎之。及其已用之後、則壤土草蒭而已。夫有（又）孰貴之。故當舜之時、有苗不服。於是舜脩政偃兵、執干戚而舞之。禹之時、天下大雨。禹令民聚土積薪、擇丘陵而處之。武王伐紂、載尸而行。海内未定、故★爲三年之喪。禹遭鴻水之患、陂塘之事。故朝死而暮葬。此皆聖人之所以應時耦（遇）變、見形而施宜者也。

今知脩干戚而笑钁插、知三年而非一日、是從牛非馬、以徴笑羽也。以此應化、無以異於彈一絃而會棘下。夫以一世之變、欲以耦（遇）化應時、譬猶冬被葛而夏被裘。夫一儀不可以百發、一衣不可以出歲。儀必應乎高下、衣必適乎寒暑。是故世異卽事變、時移卽俗易。

【注釈】

△**世之明……德之本**――「事」は、「末」である事物・事象の意、「本」である「道德」と對する。この對稱は、要略篇に詳論されている。

△**譬若芻狗土龍**――以下、「壤土草蒭而已」まで『莊子』天運篇に類似句がある。

△**絹以綺繡**――「絹」は、諸本は「絹」に作る。「絹」は「帩」の假借字であろう。

△**草蒭**――「蒭」は、王念孫『讀書雜志』は「蒯」の壞字とする。

△**禹之時、天下大雨**――本書要略篇に類似句がある（王念孫『讀書雜志』）。

△**爲三年之喪**――「爲」は、底本は「不爲」に作るが、王念孫『讀書雜志』によって改めた。「三年之喪」の起源に關する本書の說明としては、要略篇が詳しい。

△**聖人之所以應時耦變**――以下、「不能爲治」まで『文子』道德篇に取られている（島田翰・于大成を參照）。

【解説】

本章は、現代における統治の手段としての儒教的「礼義」（直接的には戦国末期の儒家である荀子に由来する。）を単なる「事」でしかないと見て相対化し、その根源に横たわる道家の「道徳」を把える必要のあることを提唱したもの。同時代の道家の作品、『莊子』天運篇第四章の趣旨とほぼ一致する。

ただし、その「道徳」を重視する立場から、統治の手段は「礼義」だけを金科玉条のように重んじて繰り返すのでは不可で、時代状況に対応して各種各様の手段があるべきだとする主張は、『荘子』天運篇よりも積極的・前向きであり、前漢時代、武帝期の新しい社会・文化の状況に適応しようとしている。

32　聖人が法を作った根本を求めよ

【読み下し】


故に聖人は世を論じて法を立て、時に随《したが》いて事を挙《あ》ぐ。尚《じょう》（上）古《こ》の王、泰山《たいざん》に封《ほう》じ、梁《りょう》父《ほ》に禅《ぜん》するもの、七十余聖あり。法度《ほうど》同じからざるは、務めて相《あ》い反するに非ざるなり、時《じ》世《せい》異なればなり。是の故に其の以《すで》（已）に成るの法を法とせずして、其の法を為る所以《ゆえん》を法とす。法を為る所以の者は、化と推移する者なり。夫《そ》れ能《よ》く化と推移して人を為《おさ》むる者は、至貴《しき》焉《ここ》に在るのみ。故に狐梁《こりよう》の歌は随《したが》う可《べ》きも、其の歌う所以の者は、為《な》す可からざるなり。聖人の法は観る可きも、其の法を作る所以は、原《たず》ぬ可からざるなり。弁士《べんし》の言は聴く可きも、其の言う所以は、形《あらわ》す可からざるなり。淳均《じゅんきん》の剣は愛す可からずして、欧冶《おうや》の巧《こう》は貴《たつと》ぶ可きなり。

今夫《そ》れ王喬《おうきょう》・赤誦子《せきしょうし》は、吹嘔《すいく》（欨）呼吸し、故《ふる》きを吐《は》き新しきを納《い》れ、形を遺《わす》れ智《ち》を去り、素《そ》を抱き真《しん》に反《かえ》りて、以て玄眇《げんみよう》（妙）に遊び、上雲天《うんてん》に通ず。今其の道を学ばんと欲し、其の気を養い神《しん》を処《お》らしむることを得ずして、其の一《ある》いは吐き一いは吸い、時に詘《かが》み時に伸ぶるを放《なら》えば、其の雲に乗り升仮《しようか》する能《あた》わざること、亦《ま》た明らかなり。五帝三王《ごていさんおう》は、天下を軽んじ、万物を細《こまか》しとし、死生を斉《ひと》しくし、変化を同じくし、大聖の心を抱きて、以て万物の情を鎮《しず》め、上は神明《しんめい》と友と為り、下は造化《ぞうか》と人《ひと》と為る。今其の道を学ばんと欲し、其の清明玄聖《せいめいげんせい》を得ずして、其の法籍憲令《ほうせきけんれい》を守れば、治《ち》を為す能わざること、亦た明らかなり。故に曰《い》わく、「十の利剣《りけん》を得るは、欧冶《おうや》の巧《こう》を得るに若《し》かず。百の走馬《そうば》を得るは、伯楽《はくらく》の数《すう》を得るに若かず。」と。

樸《あらき》の至大《しだい》なる者は形状無く、道《みち》の至眇《しみよう》（妙）なる者は度量《どりよう》無し。故に天の員《えん》なるものは規《き》に中《あ》たらず、地の方《ほう》なるものは矩《く》に中たらず。往古来今《おうこらいこん》、之《これ》を宙《ちゆう》と謂《い》い、四方上下《しほうじようげ》、之を宇《う》と謂う。道は其の間に在りて、其の所を知るもの莫《な》し。故に其の見《けん》の遠からざる者は、与《とも》に大《だい》を語る可《べ》からず。其の智の閎《ひろ》からざる者は、与に至《し》を論ず可からず。

【現代語訳】

そこで聖人は、世情《せじよう》を把《とら》えて法を定め、時勢に従って事業を行う。例えば、上古の聖王で、泰山《たいざん》や梁父《りようほ》（ともに山名。今の山東省にある。）において、天地を祭る封禅《ほうぜん》の儀礼を行った者は、七十数人に達する。その各々の統治に用いた法が同じでないのは、ことさら対立しようとしたわけではなく、時世が異なっていたからである。それ故、聖王の過去の法を我が法とするのではなく、彼らが法を作った所以《ゆえん》（根本の道）を法とすべきであるが、その法を作る所以は、時世の変化とともに推移していく。一体、時世とともに推移しつつ、人々を統治しうる者がいるとすれば、彼には最高の位も夢ではない。それで、狐梁《こりよう》（古代の名歌手）の歌は真似ることもできようが、彼が歌を歌ったその所以は、なかなか把《と》えることができない。聖人の法は見ることもできようが、彼が法を作ったその所以は、量《はか》ることが難しい。弁士の言葉は聴くこともできようが、彼がそれを語った所以は、明らかにすることが難しい。しかし、淳均《じゆんきん》の剣（古代の大きく鋭い名剣）はそれほど愛すべきものではなく、むしろこれを作った欧冶《おうや》（越《えつ》の剣工の名人）の技《わざ》（所以）をこそ貴ぶべきなのである。

さて、あの王喬《おうきよう》と赤誦子《せきしようし》（ともに古代の仙人）は、呼吸の緩急・深浅を調整し、故気《こき》を吐き出し新気を吸いこみ、肉体を忘れ知恵を捨てさり、素朴を抱き真実に立ち返って、奥深い霊妙《れいみよう》な道の世界に遊び、高く雲天《うんてん》の彼方《かなた》に入っていったのであった。今、もしその道を学ぼうと志《こころざ》して、精気を養い精神を保つ法を会得《えとく》しないままに、ただ息の呼吸や身体《からだ》の屈伸だけをまねるならば、雲に乗り天の彼方に昇って行くことができないのは、言うまでもない。また太古の五帝《ごてい》・三王《さんおう》は、天下・万物を軽小とし、死生・変化を同一と見、偉大な聖人の心を抱いて、万物の本性を落ち着かせ、上では大道《たいどう》の霊妙な働き・明敏な知恵を友とし、下ではその万物生成の作用と仲間になったのであった。今、もしその道を学ぼうと志して、清らかな明敏・奥深い聖徳を身につけないままに、ただ彼らの残した法典・政令だけを守るならば、政治を行うことができないのは、明らかである。それ故、「十本の利剣《りけん》を手に入れるよりも、欧冶《おうや》の技《わざ》を会得する方が勝《まさ》る。百頭の駿馬《しゅんめ》を手に入れるよりも、伯楽《はくらく》（古代の馬の調教の名人）の術を会得する方が勝る。」と言うのである。

樸《あらき》の極めて大きなものには形状がなく、道《みち》の極めて霊妙《れいみょう》なものには限界がない。円形の天でさえコンパスでは測れないし、方形の地でさえ定規では測れないのだ。古《いにしえ》から今に至る無限の時間を宙《ちゅう》と言い、四方上下に広がる無限の空間を宇《う》と言う。道はその間に存在するが、その所在《しょざい》を知ることは難しい。それ故、見識の遠くまで及ばない者とは、大道を語ることはできない。知識の広きにわたらない者とは、至極《しきょく》（道）を論ずることはできないのである。

【原文】

故聖人論世而立法、隨時而擧事。尙（上）古之王、封於泰山、禪於梁父、七十餘聖。法度不同、非務相反也、時世異也。是故不法其以（已）成之法、而法其所以爲法。所以爲法者、與化推移者也。夫能與化推移爲人者、至貴在焉爾。★故狐梁之歌可隨也、其所以歌者、不可爲也。聖人之法可觀也、其所以作法、不可原也。辯士之言可聽也、其所以言、不可形也。淳均之劍不可愛也、而歐冶之巧可貴也。

今夫王喬赤誦子、吹嘔（欨）呼吸、吐故納新、遺形去智、抱素反眞、以遊玄眇（妙）、上通雲天。今欲學其道、不得其養氣處神、而放其一吐一吸、時詘時伸、其不能乘雲升假、亦明矣。五帝三王、輕天下、細萬物、齊死生、同變化、抱大聖之心、以鎭萬物之情、上與神明爲友、下與造化爲人。今欲學其道、不得其淸明玄聖、而守其法籍憲令、不能爲治、亦明矣。故曰、得十利劍、不若得歐冶之巧。得百走馬、不若得伯樂之數。

樸至大者無形狀、道至眇（妙）者無度量。故天之員也不中規、地之方也不中矩。往古來今、謂之宙、四方上下、謂之宇。道在其閒、而莫知其所。故其見不遠者、不可與語大。其智不閎者、不可與論至。

【注釈】

△**封於泰……十餘聖**――『管子』封禪篇・地數篇などに本づく（于大成）。

△**七十餘……世異也**――『呂氏春秋』察今篇に本づく（于大成）。

△**不法其……爲法者**――『呂氏春秋』察今篇に本づく（于大成）。

△**爲人**――王念孫『讀書雜志』は衍文とするが、本章の本づく『呂氏春秋』察今篇に「先王之所以爲法者、人也。」とあり、王念孫說は不適當。

△**至貴**――『莊子』在宥篇の「夫有土者、有大物也。……是之謂至貴。」を踏まえる。

△**淳均・歐冶**――本書覽冥篇に「區冶生而淳鈞之劍成」とある。

△**王喬・赤誦子**――ともに『列仙傳』などに詳しい（于大成）。本書泰族篇にも兩者が併稱されている（楠山春樹『淮南子』中）。

△**吹嘔呼……故納新**――『莊子』刻意篇などに類似句がある。拙著『莊子』上巻刻意篇の補注を參照。「嘔」は、「欨」の假借字（楊樹達）。

△**遺形去智**―『莊子』大宗師篇などに類似句がある（楠山春樹『淮南子』中）。

△**玄眇**―『老子』第一章の「玄之又玄、衆眇（妙）之門。」（馬王堆漢墓帛書乙本）に本づく。本書要略篇にも出る言葉。

△**鎭萬物之情**―「鎭」は、諸本は「鏡」に作る。上文の「細萬物」などから判断して、「鏡」は誤りであろう。

△**上與神……化爲人**―『莊子』大宗師篇・天下篇などに類似句がある。拙著『莊子』上巻大宗師篇・下巻天下篇の補注を參照。

△**玄聖**―『莊子』天道篇に出る言葉。

△**樸至大者**―以下、「音之主也」まで『文子』自然篇に取られている（島田翰を參照）。

△**往古來今……謂之宇**―「宙」と「宇」の定義は、他に『尸子』にもある（楊樹達）。

【解説】

「聖王の過去の法を我が法とするのではなく、彼らが法を作った所以《ゆえん》（根本の道）を法とすべきである。」というのが、本章の趣旨である。その「法を為《つく》る所以《ゆえん》」と「以（已《すで》）に成るの法」との関係は、直接的には『莊子』天運篇の「迹《せき》する所以」と「迹《せき》」との関係を受け、さらに遡《さかのぼ》れば古い道家が一般に論じていた「道」と「物」との関係に由来する。それ故、作者が「其の法を作る所以の者は、原《たず》ぬ可からざるなり。」と述べて、その把握の不可能性を強調するのは、当然と言えば当然である。しかし、この強調とは裏腹に、本章では実は

「道」である「法を為《つく》る所以《ゆえん》」が、すでに明確に把握されている。――「欧冶《おうや》の巧《こう》」、「王《おう》喬《きょう》・赤誦子《せきしょうし》……気を養い神を処《お》らしむる」、「五帝三王《ごていさんおう》……の清明玄聖《せいめいげんせい》」、「伯楽《はくらく》の数《すう》」などの、どちらかと言えば技術的なノウハウがそれである。

33　諸子百家はいずれも道に合致している

【読み下し】

昔者馮夷《むかしふうい》は道を得て以《もっ》て大川《たいせん》に潜《しず》み、欽負《きんふ》は道を得て以て崑崙《こんろん》に処《お》り、扁鵲《へんじゃく》は以て病《やま》いを治《おさ》め、造父《ぞうほ》は以て馬を御《ぎょ》し、羿《げい》は之を以て射《い》、倕《すい》は之を以て斲《けず》る。為《な》す所の者は各々《おのおの》異なるも、道を得る者は一《いつ》なり。

夫《そ》れ道を稟《う》けて以て物に通ずる者は、以て相《あ》い非《ひ》とすること無きなり。譬《たと》えば陂《いけ》を同じくして田に漑《そそ》ぐに、其の水を受くること鈞《ひと》しきが若《ごと》きなり。今 牛を屠《ほふ》りて其の肉を烹るに、或《あ》るいは酸を以《もち》い、或いは甘《かん》を以い、煎熬燎炙《せんごうりょうしゃ》し、斉味《せいわ》（和）すること万方《ばんぽう》なるも、其の本《もと》は一牛の躰《たい》（体）なり。楩枏《べんだん》・豫樟《よしょう》を伐りて之を剖梨《ほうり》（剺）するに、或いは棺椁《かんかく》と為《な》し、或いは柱梁《ちゅうりょう》と為し、披断撥遂《ひだんはつずい》し、用いる所万方《ばんぽう》なるも、然《しか》れども一木の樸《あらき》なり。

故に百家《ひゃくか》の言は、指奏《しそう》相い反するも、其の道に合するは一なり。譬えば絲竹金石《しちくきんせき》の楽《がく》を会《かい》するは同じくして、其の曲は家ごとに異なるも、体《たい》を失わざるが若《ごと》し。伯楽《はくらく》・韓風《かんぷう》・秦牙《しんが》・筦青《かんせい》は、相《そう》する所各々異なるも、其の馬を知るは一なり。

故に三皇五帝《さんこうごてい》は、法籍《ほうせき》は方《ほう》を殊《こと》にするも、其の民心を得るは鈞《ひと》しきなり。故に湯《とう》は夏《か》に入《い》りて其の法を用い、武王《ぶおう》は殷《いん》に入りて其の礼を行う。桀紂《けっちゅう》の亡《ほろ》ぶる所以《ゆえん》にして、湯武《とうぶ》の治《ち》を為す所以なり。

【現代語訳】

その昔、馮夷《ふうい》（黄河の神《かみ》）は道を体得して大河《たいが》の底に沈み、欽負《きんふ》（崑崙山《こんろんざん》の神《かみ》）は道を体得して崑崙山にこもり、扁鵲《へんじゃく》（古代の名医）は道を把《と》えて病気を治《なお》し、造父《ぞうほ》（古代の名御者）は道を把えて馬車を御《ぎょ》し、羿《げい》（古代の弓の名手）は道によって弓を射、倕《すい》（尭《ぎょう》の時の名工）は道によって木を削った。彼らの為し遂げた事柄はそれぞれ異なっているが、道を体得していたという点では、みな同じである。

一体、道を体得してそれぞれ事物に通じている人たちは、互いに相手を誹《そし》ろうにもその理由がない。譬《たと》えてみれば、同じ一つの貯水池からあちこちの田に灌漑《かんがい》するようなもので、どの田も等しく水を受ける。また、牛を殺してその肉を料理するようなものだ。酸味を加えることもあれば甘味を着けることもあり、あるいは煮たりあるいは焼いたり、調理のし方はさまざまであるけれども、本《もと》になるものは同じ一頭の牛である。さらに、楩《べん》や枏《だん》または豫樟《よしょう》（ともに木の名）の木を伐採して製材するようなものだ。棺桶《かんおけ》を作ることもあれば柱・梁《はり》を作ることもあり、割《さ》いたり切ったりして、用途はさまざまであるけれども、しかし本《もと》は同じ一本の樸《あらき》である。

だから、諸子百家のさまざまな言論は、その主張が相互に対立しているけれども、道に合致しているという点では、どれも同じである。譬《たと》えてみれば、絲《し》・竹・金・石の楽器がある楽曲を合奏して一つにまとまるようなものである。奏でる曲は各パートによって異なるが、楽曲の全体から外れることはない。また、伯楽《はくらく》・韓風《かんふう》・秦牙《しんが》・筦青《かんせい》といった古代の馬相《ばそう》を見る名人たちのようなものだ。めいめいが馬体の中で見る部分は専門分化しているけれども、馬の善し悪しが分かる点では、みな同じである。

したがって、三皇五帝《さんこうごてい》（太古の帝王たち）も、用いた法典こそそれぞれ傾向が異なるものの、民心を得ていたという点では、いずれも同じなのである。だからこそ、殷《いん》の湯王《とうおう》は夏《か》の支配下に入っていた時、夏の法を用いたのだし、周《しゅう》の武王《ぶおう》は殷の支配下にあった時、殷の礼を行ったのだ。そして、これこそが夏の桀王《けつおう》・殷の紂王《ちゅうおう》の滅亡した原因であり、殷の湯王・周の武王の統治に成功した原因である。

【原文】

昔者馮夷得道以潛大川、欽★負★得道以處崑崙、扁鵲以治病、造父以御馬、羿以之射、倕以之斲。所爲者各異、而得★道者一也。

夫稟道以通物者、無以相非也。譬若同陂而漑田、其受水鈞也。今屠牛而烹其肉、或以★酸、或以★甘、煎熬燎炙、齊味★（和）萬方、其本一牛之躰（體）。伐楩柟★豫樟而剖梨（劈）之、或爲棺槨、或爲柱梁、披斷撥遂★、所用萬方、然一木之樸也。

故百家之言、指奏相反、其合道一★也。譬若絲竹金石之會樂同也、其曲家異、而不失於體。伯樂韓風秦牙筦青、所相各異、其知馬一也。故三皇五帝、法籍殊方、其得民心鈞也。故湯入夏而用其法、武王入殷而行其禮。桀紂之所以亡、而湯武之所以爲治。

【注釈】

△**馮夷得……以之斷**―『莊子』大宗師篇・『老子』第三十九章・『韓非子』解老篇に類似句がある。

△**欽負**―底本は「鉗且」に作るが、莊逵吉によって改めた。

△**得道者一也**―「得」は、底本は「所」に作るが、呂傳元『淮南子斠補』によって改めた。

△**或以酸、或以甘**―底本は「或以爲酸、或以爲甘。」に作るが、王念孫『讀書雜志』によって改めた。

△**剖梨之**―「梨」は、「剺」の假借字（馬宗霍）。

△**披斷撥遂**―「遂」は、底本は「檖」に作るが、王念孫『讀書雜志』によって改めた。

△**指奏**―「指趣」の意（于省吾・楊樹達）。

△**其合道一也**―底本は「其合道一體也」に作るが、王念孫『讀書雜志』によって改めた。

△**伯樂韓……馬一也**―『呂氏春秋』觀表篇に本づく（于大成）。

【解説】

本章の作者は、「百家《ひやくか》の言」の全てをいずれも「道」を把えているとして肯定する。この点は、『荘子』天下篇や本書要略篇の中国思想史論と似ているところである。また、「絲竹金《しちくきん》石《せき》」と「伯楽《はくらく》・韓風《かんふう》・秦牙《しんが》・筦青《かんせい》」の比喩によれば、「百家の言」の総合・統一こそが真の「道」であると考えているらしく、この点も『荘子』天下篇や本書要略篇と似ている。

しかし、本章は両者と違って、「百家の言」の総合・統一による真の「道」の回復というテーマには関心を示さない。「三皇五帝《さんこうごてい》」についての叙述からも知られるように、「治《ち》を為す」ことを目的として、「其の民心を得る」「其の法を用う」「其の礼を行う」、すなわち本章のテーマである「俗に斉《ひと》しくす」ることに主たる関心があり、そして作者にとっては、これ（社会の実情に合わせて統治を行うこと）を可能にするものこそが真の「道」なのであった。したがって、「百家の言」全てに対する肯定は、それらの一つ一つが部分的にもせよ「俗に斉しくし」てきた、という判断に本づくのではなかろうか。

巻第十二　道応《どうおう》

【総説】

題の意味は、「道の応《あらわ》れ」ということ。許慎注《きょしんちゅう》は「道の行く所、物動きて応ず。之を禍福《かふく》に考えて、以て験符《けんぷ》を知るなり。」とする。

過去の歴史的事実を説話の形で数多く集めて（五十六例）、それら一つ一つの歴史的事実の中に「道」が現れていることを確認し、それを知ることによって現在・未来に対処していこうという趣旨の篇である。しかし、本篇の作者には、「道」は主に『老子』書の中に書きこまれているという自明の前提があったから、本篇の実際は『老子』の正しさを歴史的事実（説話）によって検証するという、いささか倒錯したスタイルを取る。――『老子』を経典として奉ずるアカデミズム、すなわち道家経学の成立である。ここで注目されるのは、検証される経典が『老子』（五十三条）だけでなく、『荘子』（一条）も加えられていることである。因みに、要略篇の解説の「老《ろう》荘《そう》の術《みち》」（下引）は、荘子を老子とともに重視し、両者を一体のものと見て併称した最初の表現である。

要略篇の解説によれば、本篇の内容は「遂事《すいじ》の蹤《あと》を攬掇《らんてつ》し、往古《おうこ》の跡《あと》を追観し、禍福利害の反するを察し、老荘の術に考験《こうけん》して、以て得失の勢いに合する者」、短く言えば「往事《おうじ》」また「道徳」であり、また本篇の目的は「道徳の応《あらわ》れを知らし」めることであるとする。

34 小人《しょうじん》は大人《たいじん》に及ばず、小知は大知に及ばず

【読み下し】

盧敖《ろごう》北海に游《あそ》び、太陰《たいいん》を経て、玄闕《げんけつ》に入り、蒙穀《もうこく》の上に至り、一士《いっし》を見る。深目にして玄鬢《げんびん》、渠頸《きょけい》にして鳶肩《えんけん》、豊上《ほうじょう》にして殺下《さいか》し、軒軒然《けんけんぜん》として方《まさ》に風を迎えて舞う。盧敖を顧見《かえりみ》て、慢然《まんぜん》として其の臂《うで》を下して、碑下《ひか》に遯逃《とんとう》す。盧敖 就《つ》きて之を視れば、方《まさ》に亀殻《きかく》に倦《けん》して、蛤梨《はまぐり》を食《くら》う。

盧敖 之《これ》と語りて曰《い》わく、「唯《た》だ敖《ごう》のみ群に背《そむ》き党を離れて、観《かん》を六合《りくごう》の外に窮《きわ》むることを為す者なり、敖のみに非《あら》ざるか。敖 幼くして遊ぶを好み、長ずるに至るまで渝解《ゆかい》せず、四《し》極《きょく》を周行《しゅうこう》するも、唯だ北陰《ほくいん》のみ之《これ》を未《いま》だ闚《ひら》かず。今 卒《つい》に夫子《ふうし》を是《ここ》に睹《み》る。子《し》は殆《ほとん》ど敖と友と為《な》る可《べ》きか。」と。

若《こ》の士なる者齤然《けんぜん》として笑いて曰わく、「嘻《ああ》、子は中州《ちゅうしゅう》の民なり、寧《なん》ぞ肯《あ》えてして遠く此《ここ》

に至る。此は猶《な》お日月《じつげつ》に光《てら》されて、列星を載せ、陰陽の行《めぐ》る所、四時《しいじ》の生ず所なり。其れ夫《か》の不名《ふめい》の地に比《くら》ぶれば、猶お窔奥《ようおく》のごときなり。我の若《ごと》きは南は罔寏《もうりょう》の野に游び、北は沈墨《ちんもく》の郷《さと》に息《いこ》い、西は冥冥《めいめい》の党《ところ》を窮め、東は鴻濛《こうもう》の光を関《つらぬ》く。此《これ》其の下に地無くして、上に天無く、聴くも聞こゆること無く、視れば則ち眴《めくら》む。此其の外に猶お汰沃《たいよく》の汜《きし》有り、其の余は一挙して千万里なり。吾《われ》猶お未だ能《よ》く之に在らず。今子《し》游びて始めて此《ここ》に至りて、乃《すなわ》ち観を窮むることを語る。豈《あ》に亦《ま》た遠からずや。然《しか》れども子処《お》れ。吾汗漫《かんまん》と九垓《きゅうがい》の上に期《き》すれば、吾以て久しかる可からず。」と。

若《こ》の士臂《うで》を挙げて身を竦《そばだ》て、遂に雲中に入《い》れり。盧敖仰ぎて之を視るも見えず。乃ち駕《くるま》を止《とど》め、心杯治《はいじ》し、悖《ぼっ》として喪《うしな》うもの有るが若《ごと》きなり。曰《い》わく、「吾は夫子《ふうし》に比ぶれば、猶お黄鵠《こうこく》と蠰虫《じょうちゅう》とのごときなり。終日行きて咫尺《しせき》を離れざれども、自ら以て遠しと為す。豈《あ》に悲しからずや。」と。

故に『荘子《そうじ》』に曰《い》わく、「小人《しょうじん》は大人《たいじん》に及ばず、小知（智）は大知（智）に及ばず。朝秀《ちょうしゅう》は晦朔《かいさく》を知らず、蟪蛄《けいこ》は春秋を知らず。」と。此明《これめい》の見ざる所有るを言うなり。

【現代語訳】

盧敖《ろごう》（戦国時代の燕《えん》の人。秦の始皇帝が召して博士とし、神仙の術を求めに行かせたが、行方不明になったまま帰らなかったという。）がある時、北海地方に旅をした。太陰《たいいん》（北方の地）の地を通って、玄闕《げんけつ》（北方の山）の山に分け入り、蒙穀《もうこく》（山名）の山に登って、その山頂で一人の男に出会った。彫りの深い目に黒々とした鬢《びん》の毛、太い首に怒り肩、上半身が肥《ふと》く下半身が痩せたその男は、すいすいと風を呼びこんで舞っている最中であった。振り返って盧敖を見ると、ふんと言って舞う腕を下ろし、山の麓《ふもと》に逃げていってしまった。盧敖が追い着いてよく視ると、亀の甲羅《こうら》の上にあぐらをかいて、蛤梨《はまぐり》を食っている。

　盧敖は男に話しかけた。「他ならぬこの私は、世間に背を向け仲間を見捨てて、宇宙の外を全て見物し尽くそうとしている者ですが、このような者はきっと私以外にはおりますまい。私は幼い頃から旅が好きで、長ずるに及んでも解怠《けたい》の心なく、四方の彼方をめぐり歩いてまいりましたが、ただ北海地方だけはまだ足を踏み入れたことがありませんでした。この度《たび》ついにこの地に旅をして先生にお目にかかることになりました。先生、できれば私と友達になっていただけませんか。」

　その男は、からからと大口を開けて笑い、次のように言った。「ああ、そなたは中国の人であろう。どうしてはるばるこんなところまで来る気になったのだね。しかし、ここもなお太陽と月が輝き、星々を戴いて、陰気・陽気の活動するところ、四季の区別のある土地だ。あの無名の地に比べれば、まだ広間《ひろま》の中にいるようなものさ。この私は、南は罔宦《もうりょう》の野に遊び、北は沈墨《ちんもく》の里で休み、西は冥冥《めいめい》のあたりにまで赴き、東は鴻濛《こうもう》（太陽）の光の向こう側に出たことがある。そこまで行けば、もはや下に大地がなく、上に天空がなく、聴こうとしても何も聞こえず、視ようとすれば目がくらむ。その地の外には、なお汰沃《たいよく》（四海と天の接するあたりの、水の流れる音）の岸辺があり、さらにその外には、一たび舞い上がれば千万里は飛べる空間が広がっている。しかし、私もまだそこには行ったことがないのだ。さて、そなたは旅をして始めてここに達したばかりなのに、宇宙の全てを見物し尽《つ》くしたいなどと言うが、まだ遥かに及ばないね。まあしかし、そなたはここにいたまえ。私は九垓《きゆうがい》（九天）の上で汗漫《かんまん》（不可知）と会う約束があるから、いつまでもここにいることはできないのだよ。」

男は、腕を上げ身体を伸ばして、そのまま雲の中に入って行ってしまった。盧敖は仰いで視ようとしたが、姿が見えない。そこで車を止めると、心は満たされない思いで塞《ふさ》がり、急に何かを失ったような気持ちがこみ上げてきた。盧敖はつぶやいた。「私など、あの先生に比べれば、黄鵠《こうこく》（大鳥）の前の芋虫《いもむし》のようなものだ。一日中歩いても寸尺《すんしゃく》を出ないのに、自分では遠い道程《みちのり》と思いこんでいた。情けないことだね。」

そこで、『荘子《ちようしゆう》』には、「小さな人物は大きな人物に及ばず、小さな知恵は大きな知恵に及ばない。朝秀（虫の一種、朝生まれてその夕に死ぬ）は一月《ひとつき》の始めと終わりを知らず、蟪《けい》蛄《こ》（小さな蟬《せみ》）は一年の春と秋を知らない。」とあるが、これは、小賢《こざか》しい知恵は大切なことを見落とすもの、という真理を述べた言葉である。

【原文】

盧敖游乎北海、經乎太陰、入乎玄闕、至於蒙轂之上、見一士焉。深目而玄鬢、渠頸而鳶肩、豐上而殺下、軒軒然方迎風而舞。顧見盧敖、慢然下其臂、遯逃乎碑下。盧敖就而視之、方倦龜殼、而食蛤梨。

盧敖與之語曰、唯敖爲背群離黨、窮觀於六合之外者、非敖而已乎。敖幼而好遊、至長不渝解★、周行四極、唯北陰之未闚。今卒睹★夫子於是。子殆可與敖爲友乎。

若士者齤然而笑曰、嘻、子中州之民、寧肯而遠至此。此猶光乎日月、而載列星、陰陽之所行、四時之所生。其比夫不名之地、猶窔★奧也。若我南游乎罔★㝗之野、北息乎沈墨之鄕、西窮冥冥之黨、東闗★鴻濛之光。此其下無地、而上無天、聽焉無聞、視焉則★眴。此其外猶有汰沃之汜★、其餘一舉而千萬里。吾猶未★能之在。今子游始至★於此、乃語窮觀。豈不亦遠哉。然子處矣。吾與汗漫期于九垓之上★、吾不可以久★。

若士舉臂而竦身、遂入雲中。盧敖仰而視之弗見。乃止駕、心★杯治、悖若有喪也。曰、吾比夫子、猶黃鵠與壤蟲也。終日行不離咫尺、而自以爲遠。豈不悲哉。

故莊子曰、小人不及大人、小知（智）不及大知（智）。朝秀★不知晦朔、蟪蛄不知春秋。此言明之有所不見也。

【注釈】

△**盧敖游乎北海**——以下、「豈不悲哉」まで『論衡』道虚篇に取られている（王念孫『讀書雜志』）。

△**蒙穀**——本書天文篇に「蒙谷」として出る（于大成）。

△**渠頸**——底本は「淚注」に作るが、王念孫『讀書雜志』によって改めた。

△**碑下**――底本は「下」がないが、王念孫『讀書雜志』によって補った。
△**不渝解**――底本は「解」がないが、王念孫『讀書雜志』によって補った。
△**舋然**――段玉裁『説文解字注』によらず、馬宗霍によって解釈する。
△**窔奥**――底本は「突奥」に作るが、道藏本などによって改めた。
△**罔㝗**――底本は「岡㝗」に作るが、王念孫『讀書雜志』によって改めた。
△**冥冥之黨**――「黨」は、荘逵吉・盧文弨『鍾山札記』によって解釈する。
△**東關鴻濛之光**――「關」は、底本は「開」に作るが、王念孫『讀書雜志』によって改めた。
△**視焉則眴**――「則」は、底本は「無」に作るが、王念孫『讀書雜志』によって改めた。
△**游始至於此**――「至」は、底本にないが、楊樹達・馬宗霍によって補った。
△**九垓之上**――「上」は、底本は「外」に作るが、王念孫『讀書雜志』によって改めた。
△**不可以久**――底本は「久」の下に「駐」があるが、王念孫『讀書雜志』によって削った。
△**心柸治**――底本は「止柸治」に作るが、王念孫『讀書雜志』によって改めた。
△**荘子曰**――引用は『荘子』逍遙遊篇からであるが、文句に多少の異同がある。
△**朝秀**――底本は「朝菌」に作るが、王念孫『讀書雜志』によって改めた。

【解説】

『荘子』の一節を末尾に配してそれを経典として重視しながら、その経文の「小人《しょうじん》は大人《たいじん》に及ばず、小知（智）は大知（智）に及ばず。……」の真理性を「盧敖《ろごう》北海に游《あそ》ぶ」以下の説話によって証明しよう、という目的で書かれた文章である。本篇で引用されている経典は大部分が『老子』であるので、これは、淮南国《わいなんこく》において『荘子』が『老子』とともに経典として重視され、『荘子』がぼつぼつ研究され始めていることを示す恰好の資料である。

経文「小人《しょうじん》は大人《たいじん》に及ばず、小知（智）は大知（智）に及ばず。……」は、『荘子』の逍遥遊篇第一章と同じように「遊」の思想の中で述べられている。ただし、作者の「遊」は言葉使いが大げさな割りに、内容に『荘子』ほどの深さがない。これらの点から考えて、逍遥遊篇第一章は、『荘子』を構成する一部分としてこの時までに成立していたと考えられる。引用文と『荘子』の間に若干の相異があるのは、『荘子』の経典としての権威がまだ十分に高まっておらず、その経文がまだ十分に確定していなかったためであろうか。

巻第十三　氾論《はんろん》

【総説】

題の意味は、文字どおりに理解するならば、氾《ひろ》く論ずること。高誘注《こうゆうちゅう》は「博《ひろ》く世間古今の得★失を説き、道を以て化を為して、大いに一《いっ》に帰せしむ。故に『氾論★』と★曰いて、因《よ》りて以《もっ》て篇に題す。」とする。

本篇では、太古以来のもろもろの社会制度を歴史的に論ずることが多い。それら一つ一つの制度の、生み出された時代に適応した相対的な意味を承認しながらも、作者は、現代という新しい時代にも適応しうる絶対的な意味がないという理由で、あれこれの制度に拘《こだわ》ってはならないと主張する。「氾《ひろ》く論ずること」は、まさにこの絶対性を獲得するために必要となったのである。

要略篇の解説によれば、本篇の内容は「綵綴《さいさい》（薄衣の破れ）の間を箴縷《しんる》（針と糸で繕う）し、呪齵《あいごう》（乱杭歯）の郄《すきま》を攕楔《せっせつ》（木片で塞ぐ）す」るもの、また「径《けい》（まっすぐなもの）を接《つ》ぎ施《し》（曲がったもの）を直《なお》くし、以て本樸《ほんぼく》を推して、得失の変・利病《りへい》の★反を兆見《ちょうけん》す」るものであり、結局は「世曲」である。また本篇の目的は、読者をして「妄《みだ》りに勢利に没せず、事態に誘惑せられず、曮睨《がんげい》（太陽の規則正しい運行）に符することと有り、兼ねて時世の変を稽《かんが》えて、化と推移せし」めること、短く言えば「以て万方《ばんぽう》に耦《ぐう》（遇）すること有らし」めることであると言う。

35　法律・制度は民衆の状態に応じて

【読み下し】

夫《そ》れ神農《しんのう》・伏犠《ふくぎ》は、賞罰を施さざれども民 非《ひ》を為さず。然《しか》れども政を立つる者は、法を廃して民を治むること能《あた》わず。舜《しゅん》は干戚《かんせき》を執《と》りて有苗《ゆうびょう》を服す。然れども征伐《せいばつ》する者は、甲兵《こうへい》を釈《す》てて疆《きょう》（彊）暴《ぼう》を制すること能わず。此《これ》に由《よ》りて之《これ》を観れば、法度《ほうど》なる者は、民俗《みんぞく》を論じて緩急《かんきゅう》を節する所以《ゆえん》なり。器械なる者は、時変《じへん》に因《よ》りて宜適《ぎてき》を制するものなり。

夫れ聖人 法を作りて、万物制《せい》せらる。賢者 礼を立てて、不肖者《ふしょうしゃ》 拘《こう》せらる。法に制せらるるの民は、与《とも》に遠挙《えんきょ》す可《べ》からず。礼に拘せらるるの人は、変に応ぜしむ可からず。耳に清濁《せいだく》の分を知らざる者は、音を調《ととの》えしむ可からず。心に治乱《ちらん》の源《みなもと》を知らざる者は、法を制せしむ可からず。必ず独《ひと》り聞くの耳、独り見るの明《めい》有りて、然《しか》る後能《よ》く道を擅《ほしい》ままにして行わん。

【現代語訳】

そもそも神農《しんのう》・伏犠《ふくぎ》（人類最古の帝王）は賞罰を行わなかったけれども、人民は悪事を犯《おか》さなかった。しかし今日の為政者《いせいしゃ》は、法を廃して人民を治めることはできない。舜《しゅん》（上古の聖天子）は干戚《かんせき》（盾《たて》とまさかり）を手に、舞いを演じただけで有苗《ゆうびょう》（上古の異民族）を服従させたが、しかし今日征伐《せいばつ》を行う者は、武器を捨てて強暴な者を抑えることはできない。こうしてみると、法律・制度とは、人民の状態を調べた上で適用の緩急《かんきゅう》を加減すべきものであり、器具・機械とは、時勢の変化に応じつつ人々に快適さを与えるべきものである。

一体、聖人が法を作って以来、万民はこれに制約され、賢者《けんじゃ》が礼を定めて以来、愚民《ぐみん》はこれに拘束されてきた。法に制約されたままの民とは、ともに遠い上世《じょうせい》のことを論じ合うことができず、礼に拘束されたままの人は、時代の変化に順応させることができない。耳で清濁《せいだく》の違いを聞き分けられない者には、音のチューニングをさせるわけにはいかず、心に治乱の根源を洞察できない者には、法をコントロールさせるわけにはいかない。どうしても独《ひと》り耳に道を聞き、独り目に道を見ることのできる人でなければならず、そのような人であって始めて、道を掌握し尽くして何ごとをも行うことができるのである。

【原文】

夫神農伏犧、不施賞罰而民不爲非。然而立政者、不能廢法而治民。舜執干戚而服有苗。然而征伐者、不能釋甲兵而制疆（彊）暴。由此觀之、法度者、所以論民俗而節緩急也。器械者、因時變而制宜適。

夫聖人作法、而萬物制焉。賢者立禮、而不肖者拘焉。制法之民、不可與遠擧。拘禮之人、不可使應變。耳不知淸濁之分者、不可令調音。心不知治亂之源者、不可令制法。必有獨聞之耳、獨見之明、然後能擅道而行矣。

【注釈】

△**舜執干……服有苗**――類似句が本書主術篇・繆稱篇にあり（于大成）、また齊俗篇にもある（楠山春樹『淮南子』中）。

△**法度者**――以下、「則難矣」まで『文子』上義篇に取られている（島田翰を參照）。

△**夫聖人……使應變**――類似句が『商君書』更法篇・『史記』商君列傳にあり（楊樹達）、また『戰國策』趙策二・『新序』善謀上篇にもある（于大成）。「萬物」は、劉文典が「萬民」に改め、楊樹達・于大成が「愚民」に改めるが、改めるに及ばない。

△**遠擧**――底本は「達辱」に作るが、道藏本などによって改めた。『荀子』非相篇に出る言葉（楠山春樹『淮南子』中）。

△**獨聞之……見之明**――「耳」は、王念孫『讀書雜志』は「聰」に改めるが、その必要はあるまい。二句は、『莊子』天地篇の「冥冥之中、獨見曉焉。無聲之中、獨聞和焉。」を踏まえる。

【解説】

「法」「礼」は、聖人・賢者の制定したものに制約・拘束されてはならず、「民俗《みんぞく》」「時変《じへん》」に応じてそれに適《ふさわ》しく設けられるべきである、そしてそれは「道」を把えた者にのみ可能なことである、というのが本章の趣旨である。硬直した儒家と法家の思想に対立して、新しい道家の姿勢や役割を打ち出している点で注目される。また、本書全体の趣旨ともほぼ一致する。

36　ただ古代を称《たた》えるだけではいけない

【読み下し】

夫《そ》れ殷《いん》夏《か》を変じ、周《しゅう》殷を変じ、春秋《しゅんじゅう》周を変ず。三代《さんだい》の礼同じからず、何ぞ古《いにしえ》に之《これ》従い、大人《たいじん》作《つく》りて弟子《ていし》循《したが》わん。法治の由《よ》りて生ずる所を知れば、則《すなわ》ち時に応じて変じ、法治の源《みなもと》を知らざれば、古に循うと雖《いえど》も終《つい》に乱る。今世《こんせい》の法籍《ほうせき》は時と与《とも》に変じ、礼義は俗と与に易《か》わる。学を為す者は先《さき》に循い業を襲《おそ》い、籍《せき》に拠《よ》り旧を守り、教えて以て此《これ》に非《あら》ざれば治まらずと為す。是猶《これな》お方枘《ほうぜい》を持ちて員鑿《えんさく》に周《あまね》くせんとするがごときなり。宜適《ぎてき》を得て固《かた》きを致《いた》さんと欲するも、則ち難《かた》し。

今儒墨《じゅぼく》は、三代・文武《ぶんぶ》を称すれども行わず、是《これ》其の行わざる所を言うなり。今時《こんじ》の世を非《ひ》とすれども改めず、是其《これぞ》の非とする所を行うなり。其の是《ぜ》とする所を称して、其の非とする所を行う。是《ここ》を以《もっ》て尽日《じんじつ》慮《りょ》を極《きわ》むれども、治《ち》に益無《な》く、形を労し智を竭《つ》くせども、主《しゅ》に補《おぎな》い无《な》きなり。今夫れ図工 鬼魅《きみ》を画《えが》くを好みて、狗馬《くば》を図《えが》くを憎む者は、何ぞや。鬼魅は世に出でずして、狗馬は日に見る可《べ》ければなり。夫れ危《き》を存し乱を治むるは、智に非ざれば能《あた》わざれども、先《さき》を道《い》い 古《いにしえ》を称するは、愚と雖《いえど》も余り有り。故に不用の法は、聖王行わず、不《ふ》験《けん》の言は、聖王聴かず。

【現代語訳】

そもそも殷《いん》王朝は夏《か》のやり方を改め、周《しゅう》王朝は殷のやり方を改め、春秋《しゅんじゅう》時代は周のやり方を改めた。このように夏・殷・周の三代《さんだい》の制度（礼）も同じではないのだ。どうして古代ばかりをモデルとして、大人《たいじん》の創始したものを若者《わかもの》が遵守《じゅんしゅ》しなければならないことがあろうか。一体、法律や統治というものがこの世に生じた根本の理由をわきまえていれば、時勢に応じてそれらを変化させて行くこともできるが、法律・統治の生じた根本の理由を知らなければ、たとえ古代を模倣したとしても結局は世を乱してしまう。近代の法律は時勢に応じて変わり、その礼制《れいせい》は世俗とともに改まってきたものである。ところが学問をする者は、先王《せんおう》の創始したものを踏襲《とうしゅう》し、旧来の典籍《てんせき》を根拠にして、これを守らなければ統治はできないなどと教える。あたかも四角い枘《ほぞ》を丸い穴にはめこむようなもので、よい塩梅《あんばい》にぴったりとはめこんで固定させたいと思っても、それは難しかろう。

今日、儒家《じゅか》と墨家《ぼくか》は、三代や周の文王《ぶんおう》・武王のやり方を誉《ほ》め称《たた》えるが、それを実践していない。これでは自らの実践しないことをただしゃべっているだけということになる。彼らはまた現代の社会を非難するけれども、それを改革しようとしない。これでは自らの非難するところを実践していることになる。つまり、口では肯定するものを誉め称えておきながら、身は非難するところを実践しているわけである。こんな具合いだから、彼らが一日中思慮を尽くしたとしても、統治には何の益ももたらさず、身を苦しめ知恵を絞《しぼ》ったとしても、何ら君主の助けにならない。ところで、画工は好んでお化《ば》けを描き、犬・馬を描くのを嫌うが、なぜであろうか。それは、お化けは決してこの世に姿を見せないのに対して、犬・馬は毎日でも見ることができるからである。一体、危機を救い乱世を治めることは、知者でなければできないが、しかし先王についてしゃべり古代を称えるだけなら、愚者でもたやすくできる。それ故、役に立たない法律は、聖王の採用するところとならないし、証拠の裏づけのない理論は、聖王の聴きいれないものである。

【原文】

夫殷變夏、周變殷、春秋變周。三代之禮不同、何古之從、大人作而弟子循。知法治所由生、則應時而變、不知法治之源、雖循古終亂。今世之法籍與時變、禮義與俗易。爲學者循先襲業、據籍守舊、教以爲非此不治。是猶持方枘★而周員鑿也。欲得宜適致固焉、則難矣。

今儒墨者、稱三代文武而弗行、是言其所不行也。非今時之世而弗改、是行其所非也。稱其所是、行其所非。是以盡日極慮、而无益於治、勞形竭智、而无補於主也。今夫圖工好畫鬼魅、而憎圖狗馬者、何也。鬼魅不世出、而狗馬可日見也。夫存危治亂、非智不能、而道先稱古、雖愚有餘。故不用之法、聖王弗行、不驗之言、聖王不聽。

【注釈】

△**法籍與……與俗易**―『戰國策』趙策二に類似句がある（楠山春樹『淮南子』中）。

△**循先襲……籍守舊**―兩句は、對句を成す（王叔岷『諸子斠證』）。

△**周員鑿**―「周」は、『説文解字』に「密也」とある。

△**今夫圖……日見也**―『韓非子』外儲説左上篇に本づく（劉家立・楊樹達）。『後漢書』張衡列傳にも類似句がある（劉家立）。

△**夫存危……王不聽**―『文子』上義篇に取られている（島田翰を參照）。

△**而道先稱古**―底本は「道而先稱古」に作るが、王念孫『讀書雜志』によって改めた。

【解説】

作者は、儒家・墨家が現代社会を統治する手段として持ち出す「三代《さんだい》の礼」を「この世に姿を見せないお化《ば》けだ」と言って揶揄《やゆ》し、それに固執しない自らの柔軟な思想を「毎日でも見ることのできる犬・馬」に譬《たと》えて、その歴史的政治的リアリズムを誇っている。

この種のリアリズムがそれなりの意義を有することは勿論であるが、しかしただ「法籍《ほうせき》は時と与《とも》に変じ、礼義は俗と与に易《か》わる。」を繰り返すばかりで、自らの理想とする現代における「法籍《ほうせき》・礼義」の内容をポジティヴに語ろうとしない本章は、やはり政治思想として弱いと評さなければならない。作者は自らの「お化け」、つまり新しい政治の理想を語るべきであった。にもかかわらずそれをしなかった、というよりも正確にはそれができるだけの政治思想の研究の蓄積を持っていなかった。こうして、本書の唱える道家の思想は、結局儒家の「お化け」に敗れてしまうのである。

37　是非は固定した絶対のものではない

【読み下し】

夫《そ》れ弦歌鼓舞《げんかこぶ》して以《もっ》て楽《がく》を為し、盤旋揖譲《ばんせんゆうじょう》して以て礼を脩《おさ》め、厚葬久喪《こうそうきゅうそう》して以て死を送るは、孔子《こうし》の立つる所なり。而《しか》れども墨子《ぼくし》は之《これ》を非《ひ》とす。兼《か》ね愛し賢《けん》を上《たっと》び、鬼《き》を右《たっと》び命《めい》を非とするは、墨子の立つる所なり。而れども楊子《ようし》は之を非とす。性を全《まった》くし真を保《たも》ち、物を以て形を累《わずら》わさざるは、楊子の立つる所なり。而れども孟子《もうし》は之を非とす。趨捨《すうしゃ》人ごとに異なるも、各々《おのおの》心に暁《さと》るもの有り。

故に是非《ぜひ》に処《ところ》有り、其の処を得れば則ち非《ひ》無く、其の処を失えば則ち是《ぜ》無し。丹穴《たんけつ》・太《たい》蒙《もう》・反踵《はんしょう》・空同《くうどう》・大夏《たいか》・北戸《ほくこ》・奇肱《きこう》・脩股《しゅうこ》の民は、是非各々異にして、習俗相い反す。君臣上下、夫婦父子あり、自《みずか》ら以て相い使うなり。此《これ》の是《ぜ》は、彼《かれ》の是《ぜ》に非《あら》ざるなり。此の非《ひ》は、彼の非《ひ》に非《あら》ざるなり。譬《たと》えば斤斧椎鑿《きんぷついさく》の各々施す所有るが若《ごと》きなり。

【現代語訳】

そもそも楽器を奏《そう》し歌舞《かぶ》を演じて音楽を催《もよお》し、立ち居振る舞いや会釈《えしゃく》・拝礼を整えて儀礼を執《と》り行い、手厚く葬《ほうむ》り長く喪《も》に服して死者を弔《とむら》うというのは、孔子《こうし》の唱《とな》え始めたことである。しかし墨子《ぼくし》はこれを非難した。全ての人々が互いに愛しあい、賢者を尊び、鬼神《きしん》を崇《あが》め、運命論に陥らないというのは、墨子の唱え始めたことである。しかし楊子《ようし》はこれを非難した。己《おのれ》の本性を実現し尽くし、内面の真実を保持して、外物のために我が身を煩《わずら》わさないというのは、楊子の唱え始めたことである。しかし孟子《もうし》はこれを非難した。これらの主義主張は人によって異なるけれども、それぞれに得心するものがあって唱えられているのだ。

したがって、是非《ぜひ》を判断される物事には、それぞれに適《ふさわ》しい落ち着き場所がある。それが適しい場所に落ち着いていれば非《ひ》ではなく、落ち着いていなければ是《ぜ》ではない。例えば、丹穴《たんけつ》（南方の太陽の下に当たる地）・太蒙《たいもう》（西方の太陽の沈むところ）・反踵《はんしょう》（国名、人が南に向かって歩むと足跡が北向きにできる）・空同《くうどう》（北極星の真下の地）・大夏《たいか》（西方にある）・北戸《ほくこ》（南方にある）・奇肱《きこう》（西南方、その民は腕が一本である）・脩股《しゅうこ》（西南方、その民は足が長い）などの諸民族は、是非の判断がそれぞれ異なり、風俗・習慣も互いに違う。彼らは、各自それぞれの君臣・上下・夫婦・父子のモラルによって、社会関係を取り結んでおり、こちらの民族の是《ぜ》は、あちらの民族の是《ぜ》ではなく、こちらの民族の非《ひ》は、あちらの民族の非《ひ》ではない。譬《たと》えてみれば、大工道具の斤《おの》・斧《まさかり》・椎《つち》・鑿《のみ》に、それぞれ適しい使い道があるようなものだ。

【原文】

夫弦歌鼓舞以爲樂、盤旋揖讓以脩禮、厚葬久喪以送死、孔子之所立也。而墨子非之。兼愛上賢、右鬼非命、墨子之所立也。而楊子非之。全性保眞、不以物累形、楊子之所立也。而孟子非之。趨捨人異、各有曉心。

故是非有處、得其處則無非、失其處則無是。丹穴太蒙反踵空同大夏北戸奇肱脩股之民、是非各異、習俗相反。君臣上下、夫婦父子、自以相使也。此之是、非彼之是也。此之非、非彼之非也。譬若斤斧椎鑿之各有所施也。

【注釈】

△**丹穴**―『呂氏春秋』貴生篇・『莊子』讓王篇にも出る。

△**太蒙**―『爾雅』釋地篇に見える。

△**反踵**―人や獸の「踵」が反對向きに附いていること。『山海經』海内南經・『爾雅』釋獸篇などに見える言葉。

△**空同**―『逸周書』王會篇に出る地名（于大成）。また『莊子』在宥篇にも出る。

△**大夏**―『呂氏春秋』古樂・本味・爲欲の諸篇・本書墬（地）形篇・『逸周書』王會篇などに出る地名であるが、その所在地については諸説紛紛（于大成）。

△**北戸**――本書墬（地）形篇の「反戸」、時則篇の「北戸孫」と同じであろうか（于大成を参照）。
△**奇肱**――『山海經』海外西經に一本腕の國として見える。
△**脩股**――本書墬（地）形篇にも出る（楠山春樹『淮南子』中）。

【解説】

本章は、「是非」が絶対でないことを二つの面から論じている。一つは、孔子に始まる諸子百家の思想におけるそれ。二つは、丹穴・太蒙などの諸民族の風俗・習慣におけるそれ。前者は、現代の状況にマッチした新しい思想を作っていこうとする本書全体の目的につながっている。後者は、諸民族の中にその全体に対してオーソドクシーを主張できる絶対の「是非」はないというもの。

前漢帝国の拡大した国土の下で、異民族の風俗・習慣に対する観察や理解が深まったことを示す資料であろうか。作者の真意は、恐らく帝国支配下の各地域（例えば淮南国《わいなんこく》）の「是非・習俗」のそれなりの意義を全て認める、地方分権の思想を述べることにあろう。ところで、この論理をさらに推し進めると、漢民族の「是非・習俗」も絶対ではなく諸民族のそれと同じレヴェルに位置する、という結論に導かれていくはずである。したがって、ここには従来の夷狄観《いてきかん》とは違った、開かれた新しい民族観が胚胎していた可能性もある。

38　禹《う》王《おう》より現代に至る価値観の変遷

【読み下し】

禹《う》の時、五音《ごおん》を以《もっ》て治《ち》を聴き、鍾鼓磬鐸《しょうこけいたく》を懸《か》け鞀《とう》を置きて、以て四方の士を待つ。号《ごう》を為《な》して曰わく、「寡人《かじん》に教うるに道を以てする者は鼓《こ》を撃《う》ち、寡人に諭《さと》すに義を以てする者は鍾《しょう》を撃ち、寡人に告ぐるに事を以てする者は鐸《たく》を振《ふ》るい、寡人に語るに憂《うれ》いを以てする者は磬《けい》を撃ち、獄訟《ごくしょう》有る者は鞀《とう》を揺《ゆ》れ。」と。此の時に当たりて、一饋《いっき》にして十《と》たび起《た》ち、一沐《いちもく》にして三たび髪を捉《と》りて、以て天下の民に労《ろう》す。此《か》くして善を達し忠を効《いた》すこと能《あた》わざる者は、則《すなわ》ち才《さい》足《た》らざるなり。

秦《しん》の時、高く台榭《だいしゃ》を為《つく》り、大いに苑囿《えんゆう》を為り、遠く馳道《ちどう》を為り、金人《きんじん》を鋳《い》、適戍《たくじゅ》を発《はっ》し、芻稾《すうこう》を入れ、頭会箕賦《とうかいきふ》して、少府《しょうふ》に輸《ゆ》す。丁壮丈夫《ていそうじょうふ》は、西は臨洮《りんとう》・狄道《てきどう》に至り、東は会稽《かいけい》・浮石《ふせき》に至り、南は豫章《よしょう》・桂林《けいりん》に至り、北は飛狐《ひこ》・陽原《ようげん》に至りて、道路の死人は溝《みぞ》を以て量《み》つ。此の時に当たりて、忠諫《ちゅうかん》する者は之《これ》を不祥《ふしょう》と謂《い》いて、仁義を道《い》う者は之を狂《きょう》と謂う。

高皇帝《こうこうてい》に至るに逮《およ》びて、亡《ほろ》びたるを存し絶えたるを継《つ》ぎ、天下の大義を挙げ、身《み》自ら袂《たもと》を奮《ふる》い鋭《するど》きを執《と》りて、以て百姓の為《た》めに命《めい》を皇天《こうてん》に請《こ》う。此の時に当たりて、天下の雄儁豪《ゆうしゅんごう》英《えい》、野沢《やたく》に暴露《ばくろ》し、前は矢石《しせき》を蒙《こうむ》りて、後は谿壑《けいがく》に堕《お》ち、百死を出でて一生に給《いた》りて、以て天下の権を争い、武を奮い誠《まこと》を厲《はげ》まして、以て一旦《いったん》の命《めい》を決す。此の時に当たりて、豊衣博《ほういはく》帯《たい》して儒墨《じゅぼく》を道《い》う者は、以て不肖《ふしょう》と為す。

　暴乱已《すで》に勝ち、海内《かいだい》大いに定まるに逮《およ》びて、文《ぶん》の業を継ぎ、武《ぶ》の功を立て、天子の籍《くらい》を履《ふ》み、劉氏《りゅうし》の冠《かんむり》を造り、鄒魯《すうろ》の儒墨を揔《す》（摠）べ、先聖《せんせい》の遺教《いきょう》に通じ、天子の旗を戴《いただ》き、大路《たいろ》に乗り、九斿《きゅうりゅう》を建て、大鍾《たいしょう》を撞《つ》き、鳴鼓《めいこ》を撃ち、咸池《かんち》を奏し、干戚《かんせき》を揚《あ》ぐ。此の時に当たりて、武を立つる者有れば疑わる。一世の間にして、文武代《か》わるがわる雌雄《しゆう》と為るは、時有りて用いらるればなり。

　今世《こんせい》の武を為《な》す者は、則ち文を非《ひ》とするなり。文を為す者は、則ち武を非とするなり。文武更々《こもごも》相い非として、時世《じせい》の用を知らざるなり。此隅曲《これぐうきょく》の一指《いっし》を見て、八極《はちきょく》の広大なるを知らざるなり。故に東面して望めば、西牆《せいしょう》を見ず、南面して視れば、北方を覩《み》ず。唯《た》だ嚮《む》かう所無き者のみ、則ち通ぜざる所無し。

【現代語訳】

　夏の禹王《うおう》の時代には、五音《ごおん》（宮《きゅう》・商《しょう》・角《かく》・徴《ち》・羽《う》）によって政治を行った。すなわち、鐘《かね》・鼓《つづみ》・磬《けい》（への字形をした打楽器）・鐸《たく》（大きな鈴）をぶら下げ、鞀《ふりつづみ》を置いて、四方から士の来るのを待った。そして、次のように布告した。「私に道を教えようとする者は、鼓《つづみ》を撃《う》て。私に義を諭《さと》そうとする者は、磬《けい》を撃て。私に事業を勧めようとする者は、鐸《たく》を振れ。私に悩みを語ろうとする者は、鐘《かね》を撃て。訴訟を起こそうとする者は、鞀《ふりつづみ》を振れ。」と。この時、禹王は人々の声に耳を傾けるべく、一度の食事の間に十回も席を立ち、一度の入浴の間に三回も髪を調えて、天下の人民のために尽くした。このような状況下にあっても、善を達成し忠を尽くすことのできない者がいたけれども、それは才能が足りなかったのである。

秦《しん》の時代には、高い見晴らし台を築き、大きな庭園を設け、どこまでも続くお成《な》り道を開き、金人《きんじん》（青銅の巨人像）を鋳造《ちゅうぞう》した。また、辺境へ守備兵を送り出し、軍馬のために牧草を納めさせ、高額の人頭税を課して、少府《しょうふ》（皇帝の私府）に運びこんだ。こうして、徴用《ちょうよう》された壮年《そうねん》の男子は、西は臨洮《りんとう》・狄道《てきどう》（ともに甘粛省《かんしゅくしょう》の地名）に、東は会稽《かいけい》（浙江省の山名）・浮石《ふせき》（東海にあった山名）に、南は豫章《よしょう》（江西省《こうせいしょう》の地名）・桂林《けいりん》（広西省《こうせいしょう》の地名）に、北は飛狐《ひこ》（河北省《かほくしょう》の山名）・陽原《ようげん》（河北省の地名）にと、僻遠《へきえん》の地に赴《おもむ》き、力尽きて路傍で死ぬ者が、溝という溝に満ち溢《あふ》れた。この時、忠義の心をもって皇帝を諫《いさ》める者は不吉と言われ、仁義を説く者は狂人と呼ばれた。

漢《かん》の高祖《こうそ》皇帝の時代になると、滅亡した国を復興し断絶した家を継承させ、天下の大義を高く掲《かか》げて、自ら袂《たもと》をたくし挙げ武器を手に取って、人民の生命の安《やす》からんことを皇天《こうてん》に祈った。この時、天下の英雄・豪傑たちは、山野・沼沢に身をさらし、前からは矢や石の攻撃を受け、後では渓谷《けいこく》に落ちるという苦しい目に遇いながらも、九死に一生を得て、天下の支配権を争い、武力を奮い誠を尽《つ》くして、ついに一朝の運命を決したのであった。このような状況下では、豊かな衣服に広い帯を身にまとって儒家《じゅか》・墨家《ぼくか》の道を説く者は、愚か者として退けられた。

戦乱が治まり、天下に太平がもたらされると、高祖《こうそ》は周《しゅう》の文王の事業を引き継ぎ、武王にも劣らぬ功績を立てて、身は天子の位に即《つ》き、頭上には劉氏《りゅうし》の冠を戴《いただ》いた。そして、鄒《すう》・魯《ろ》（ともに山東省の地名）の儒家《じゅか》・墨家《ぼくか》の学者を集め、古代の聖人の遺《のこ》した教えを明らかにし、天子の旗を掲《かか》げ、大路《たいろ》（天子の車）に乗り、九斿《きゅうゆう》（天子の用いる九筋《すじ》の吹き流し）の大《おお》旗《はた》をおっ立て、大鐘《おおがね》を撞き、大鼓《おおつづみ》を鳴らし、咸池《かんち》（黄帝の音楽）の楽を奏し、干戚《かんせき》（楯《たて》とまさかり）を手に執って舞楽を演じた。この時、なお武を立てようとする者があれば、謀反《むほん》の嫌疑《けんぎ》を掛けられた。同じ高祖の治世の間に、文と武の優劣が入れ代わったのは、時勢の変化があって、それに適《ふさわ》しいものが用いられたからである。

　降《くだ》って現代に至れば、武を行う者は文を誹《そし》り、文を行う者は武を誹り、文武が互いに誹り合って、時勢に応じた用のあることを知らない。これは、片隅《かたすみ》の一点だけを見て、宇宙の広大さを知らないということである。だから、東に顔を向けて眺《なが》めれば西にある壁《かべ》が見えず、南に顔を向けて見つめれば北の方角が目に入らない。しかし、ただどの方角にも顔を向けることのない者だけが、あらゆる問題に通暁《つうぎょう》できるのである。

【原文】

禹之時、以五音聽治、懸鍾鼓磬鐸置鞀、以待四方之士。爲號曰、敎寡人以道者擊鼓、諭寡人以義者擊鍾、告寡人以事者振鐸、語寡人以憂者擊磬、有獄訟者搖鞀。當此之時、一饋而十起、一沐而三捉髮、以勞天下之民。此而不能達善效忠者、則才不足也。

秦之時、高爲臺榭、大爲苑囿、遠爲馳道、鑄金人、發適戍、入芻稾、頭會箕賦、輸於少府。丁壯丈夫、西至臨洮狄道、東至會稽浮石、南至豫章桂林、北至飛狐陽原、道路死人以溝量。當此之時、忠諫者謂之不祥、而道仁義者謂之狂。

逮至高皇帝、存亡繼絕、擧天下之大義、身自奮袂執鋭、以爲百姓請命于皇天★。當此之時、天下雄儁豪英、暴露于野澤、前蒙矢石、而後墮谿壑、出百死而紿一生、以爭天下之權、奮武厲誠、以決一旦之命。當此之時、豐衣博帶而道儒墨者、以爲不肖。

逮至暴亂已勝、海內大定、繼文之業、立武之功、履天子之籍★、造劉氏之冠★、揔（摠）鄒魯之儒墨、通先聖之遺教、戴天子之旗、乘大路、建九斿、撞大鍾、擊鳴鼓、奏咸池、揚干戚。當此之時、有立武者見疑。一世之間、而文武代爲雌雄、有時而用也。

今世之爲武者、則非文也。爲文者、則非武也。文武更相非、而不知時世之用也。此見隅曲之一指、而不知八極之廣大也。故東面而望、不見西牆、南面而視、不覩北方。唯無所嚮者、則無所不通。

【注釈】

△**禹之時**―以下、「而十起」まで『鬻子』上禹政篇に重出（劉文典）。

△**一饋而……三捉髮**―類似句が、禹のこととして『呂氏春秋』謹聽篇・『鬻子』上禹政篇などに、周公のこととして『史記』魯世家・『韓詩外傳』巻三・『說苑』敬愼篇などに、禹と周公のこととして『劉子新論』誡盈篇などに、それぞれ見える（王叔岷『諸子斠證』・王叔岷『劉子集證』）。

△**鑄金人**──『史記』始皇本紀に關連記事がある（楠山春樹『淮南子』中）。
△**發適戍**──『史記』陳渉世家に關連記事がある（楠山春樹『淮南子』中）。
△**入芻槀**──『史記』始皇本紀に關連記事がある（楠山春樹『淮南子』中）。
△**頭會箕賦**──「頭會」は、高誘注に「隨民口數、人責其稅。」★とあり、「箕賦」は、高誘注に「似箕然斂人財、多取意也。」とある。なお、『史記』張耳陳餘列傳に「頭會箕斂」という言葉が出る（楠山春樹『淮南子』中）。
△**少府**──秦の官名。九卿の一。山海池澤の稅を掌る、天子の私府。
△**臨洮狄道**──『漢書』地理志によれば、ともに隴西郡に屬する。高誘注には混亂がある（呉承仕『淮南舊注校理』）。
△**會稽浮石**──ともに山名。「會稽」は、今の浙江省にあり、「浮石」は、東海にあった。高誘注は不適當（孫詒讓）。
△**飛狐**──高誘注は「蓋在代郡南。飛狐山也。」とする。
△**陽原**──高誘注は「蓋在太原。或曰、代郡廣昌東五阮門、是也。」★とする。
△**死人以溝量**──高誘注の「言滿溝也」による。『莊子』人間世篇に「死者以國量」の句がある。楊樹達・拙著『莊子』上卷人閒世篇の補注を參照。
△**紿**──高誘注は「至也」とする。
△**履天子之籍**──底本は「履天子之圖籍」に作るが、王念孫『讀書雜志』によって改めた。「籍」は、「猶位也」（王念孫『讀書雜志』）。

△**造劉氏之冠**—底本は「造劉氏之貌冠」に作るが、王念孫『讀書雜志』によって改めた。「劉氏之冠」のことは、『史記』高祖本紀に見える（王念孫『讀書雜志』）。

△**東面而……覩北方**—『呂氏春秋』去尤篇の類似句を踏まえる（楊樹達）。

【解説】

人の抱く価値観（ここでは、主として帝王の政治政策的なそれ）は、時勢の変化に応じてそれぞれに適《ふさわ》しいものがあるので、既存のどれか一つを絶対としてそれに拘《こだわ》ってはならない、とする思想である。このように主張する作者自身の価値観は、それら個々のものをそれぞれ時勢に適しいと言って相対的に全て認めつつ、同時にそれらは普遍的永劫的な絶対性を持ちえないとしてその観点から全て否定し、詰まるところ個々のもののトータルな否定それ自体に絶対的な価値を見出だそうというものである。——「唯《た》だ嚮《む》かう所無き者のみ、則ち通ぜざる所無し。」とあるのを見られたい。これは、後の要略篇に画かれている本書全体の価値観とほぼ一致するけれども、しかし、それと比較してまだ否定の契機が強すぎるように感じられる。因《ちな》みに、『荘子』天運篇は、「道」のことを述べて「夫の無《む》方《ほう》の伝《でん》は、物に応じて窮《きわ》まらず。」と唱えている。

巻第十四　詮言《せんげん》

【総説】

題の意味は、詳しく説き明かした言葉、あるいは言葉を詳しく説き明かす、ということ（于大成を参照）。許慎注《きょしんちゅう》は「詮《せん》は、就《しゅう》なり。万物の指《むね》に就《つ》きて、以て其の徴《しるし》を言う。事の謂《い》う所にして、道の依《よ》る所なり。」とする。しかし、「詮」は、説き明かすの意である。

本篇に目立って多いのは、吉凶や禍福に対処しようとする処世についてのテーマである。それらは、儒家的傾向もないわけではないが、始めから終わりまでほぼ道家思想のモノトーンと言ってよい。そして、その道家思想は、概して言えば昔ながらの古いままの道家思想であって、知能や人為を働かせる生き方を「道」と単純に対立させた上で、好ましくないとして否定してしまう。新しい時代に適《ふさわ》しい新しい「道」の探求は、残念ながらここには見られない。

要略篇の解説によれば、本篇の内容は「人事の指を譬類《ひるい》し、治乱の躰《たい》（体）を解喩《かいゆ》す」るもの、また「微言《びげん》の眇《みょう》（妙）を差択《さたく》し、詮《と》くに至理《しり》の文を以てして、過失の闕《けつ》を補縫《ほほう》する者」、結局は「書文」である。また本篇の目的は「以て従容《しょうよう》する有らしめ」ることであると言う。

39 知恵と能力の否定

【読み下し】

道術《どうじゅつ》は以《もつ》て進みて名を求む可《べ》からずして、以て退きて身を脩《おさ》む可し。以て利を得《う》可からずして、以て害を離《さ》る可し。故に聖人《せいじん》は行いを以て名を求めず、智を以て誉《ほ》まれを見《あらわ》さず。自然に法循《ほうじゅん》して、己《おのれ》与《あずか》る所無し。慮《りょ》は数《すう》に勝たず、行いは徳に勝たず、事は道に勝たず。為す者には成らざること有り、求むる者には得られざること有り。人は窮《きゅう》すること有るも道は通ぜざること無く、道と争えば則《すなわ》ち凶《きょう》なり。故に『詩』に曰《い》わく、「識《し》らず知らず、帝《てい》の則《のり》に順《したが》う。」と。

智有るも為すこと無ければ、智《ち》無き者と道を同じくし、能《のう》有るも事《こと》とすること無ければ、能無き者と徳を同じくす。其の智《ち》や、之《これ》を告ぐる者至りて、然《しか》る後《のち》其の動くを覚《さと》り、之を使う者至りて、然る後其の為すを覚るなり。智有るも智無きが若《ごと》く、能有るも能無きが若く、道理を正《せい》と為すなり。故に功は天下を蓋《おお》うも、其の美を施《ほどこ》さず、沢《たく》は後世に及ぶも、其の名を有せず。道理通じて人為《じんい》滅ぶなり。

【現代語訳】

道《みち》（道術）によっては、進んで名声を求めることはできないが、退いて我が身を修めることはできる。利益を得ることはできないけれども、損害を避けることはできる。それ故、聖人は行為によって名声を求めず、知恵によって栄誉を輝かさず、事物の自然なあり方に従って、自分はそれに関与《かんよ》しようとしない。それというのも、人間の思慮は事物の理法《りほう》（数）に勝つことができず、その行為は道の働き（徳）に勝つことができず、その営為《えいい》は道に勝つことができないからである。事を為そうとする者には成し遂げられない場合があり、物を求めようとする者には得られない場合がある。人間には行き詰まることがあるが、道には通じないところがなく、だから道と争えば凶《きょう》となる。そこで『詩』にも「識らず知らずの内に、天帝《てんてい》の規範に従っていた。」と歌われているのだ。

知恵があっても、それを用いて事を為そうとしなければ、無知の者と同じように道を有することができよう。能力があっても、それを用いて事を営もうとしなければ、無能の者と同じように徳（道の働き）を抱くことができよう。そのような知恵は、他人に教えられて始めてそれが作動したことに気づき、他人に用いられて始めてそれが成果を挙げたことに気づく。だから、知恵があっても無知と変わりはなく、能力があっても無能と同じであって、ただ道理（道）だけに従っているのである。それ故、功績は全世界に行き渡るが、善行を施したからではなく、恩沢《おんたく》は後世にまで及ぶけれども、名声を獲得することはない。道理が全てに浸透して、人為が消滅しているのである。

【原文】

道術不可以進而求名、而可以退而脩身。不可以得利、而可以離害。故聖人不以行求名、不以智見譽。法循★自然、己無所與。慮不勝數、行不勝德、事不勝道。爲者有不成、求者有不得。人有窮而道無不通、與道爭則凶。故詩曰、弗識弗知、順帝之則。

有智而無爲、與無智者同道、有能而無事、與無能者同德。其智也、告之者至、然後覺其動也、使之者至、然後覺其爲也。有智若無智、有能若無能、道理爲正也。故功蓋天下、不施其美、澤及後世、不有其名。道理通而人爲滅也。

【注釈】

△**道術不可以進**──以下、「不足以斃身」に至るまで、『文子』符言篇に取られている（島田翰を参照）。

△**法循**──底本は「法脩」に作るが、王念孫『讀書雜志』によって改めた。日本の宇野東山の校した『改正淮南鴻烈解』（明の茅坤本の系統）は、「法循」に作っている。

△**慮不勝數**──「數」は、菊池三九郎『淮南子國字解』下の「道術なり」がほぼ正しい。

△**弗識弗……帝之則**──『毛詩』大雅、皇矣篇の句（戸川芳郎・木山英雄・澤谷昭次）。

【解説】

本章の「道術」と「道理」は、「道」とほぼ同義。また「数」「徳」も、厳密には「道」と同じではないが、その親戚筋に当たる言葉である。このような同義語があまり整理もされず使い分けもされずに雑然と同居しているのは、本章がオリジナルな著作ではなく後次的な編纂物だからである。

今ほぼ同義と述べたが、「道術」と「道理」は、実は「道」よりも後に（ともに戦国末期から前漢初期にかけて）できた概念であって、「道」との間にそれぞれ若干のニュアンスがある。「道術」は「道」を把えてそれを実践に生かそうとする場面で用いる、「術」としての「道」。『荘子』大宗師篇・天下篇などに見える。「道理」は「物」の性質を分析しようとする時に用いる、「物」の中に「理」として内在する「道」。『韓非子』解老篇・喩老篇などに見える。

40　名声と道の対立関係について

【読み下し】

名《な》と道とは両《ふた》つながら明らかならず、人《ひと》名《な》を愛すれば則《すなわ》ち道用いられず、道人《ひと》に勝てば則ち名息《や》む。道と人と長《ちょう》を競《きそ》い、人を章《あき》らかにする者は道を息む者なり。人章らかにして道息めば、則ち危うきこと遠からず。故に世に聖名《せいめい》有れば、則ち道如《ゆ》くの日至らん。

名に尸《し》たらんと欲する者は必ず善を為し、善を為さんと欲する者は必ず事を生ず。事生ずれば則ち公《おおやけ》を釈《す》てて私《わたくし》に就《つ》き、数《すう》に背《そむ》きて己《おのれ》に任ず。誉《ほ》まれを善を為すに見《あらわ》して、名を賢《けん》を為すに立てんと欲すれば、則ち治《ち》は故《ふる》きに循《したが》わずして、事は時《とき》に順《したが》わず。治故《ふる》きに循わざれば則ち責《せ》め多く、事時《とき》に順わざれば則ち功無し。責め多く功鮮《すく》なくして、以《もっ》て之《これ》を塞《ふさ》ぐこと無ければ、則ち妄《みだ》りに発して当たるを邀《もと》め、妄りに為して中《あ》たるを要《もと》む。功の成るや、以て責めを更《つぐな》うに足らず、事の敗るるや、以て身を弊《おお》（蔽）うに足らず。故に善を為すを重《はばか》ること非を為すを重るが若《ごと》くなれば、而《すなわ》ち道に幾《ちか》し。

【現代語訳】

名声と道が両者ともに明るく輝くことはない。人が名声を好めば道は用いられず、道が人に勝てば名声は消えるのである。道と人は互いにその大きさを競《きそ》うものであるから、人を名声で明るく輝かせる者は、道を消してしまう者である。人が輝き道が消える時、危険はもう身近に迫っている。それ故、社会に聖人の名声を持った人物が登場する時代には、道の消え去る日が訪れるのだ。

名声を受ける主《あるじ》になろうとする者は、必ず善を行い、善を行おうとする者は、必ず作為《さくい》をやり始める。作為をやり始めれば、公《おおやけ》を捨てて私《わたくし》に就き、理法《りほう》（数）に背《そむ》いて己《おのれ》を恃《たの》むようになる。こうして、善を行うことによって名誉を顕示《けんじ》し、賢者の振る舞いによって名声を挙げようとすれば、その統治は従来のやり方に従わず、その営為《えいい》は時宜《じぎ》に応じなくなるであろう。しかし、従来のやり方に従わない統治では、自己の責任だけが重く、時宜に応じない営為では、功績が少しも挙がらない。責任が重く功績が少ないのに、これらを改める手立てがなければ、勢《いきお》いやたらに事を起こしてうまく行くことを期待し、むやみに何かを行って成功を当てこむことになりかねない。これでは、たとえ成功したとしても、責任を果たし切れず、失敗に終わった場合は、身を守ることすら覚《おぼ》つかない。それであるから、悪を行うのをはばかるのと同じように、善を行うのをはばかるのがよく、この境地に達すればそれがもう道なのである。

【原文】

名與道不兩明、人愛★名則道不用、道勝人則名息矣。道與人競長、章人者息★道者也。人章道息、則危不遠矣。故世有聖名、則道如日至矣。

　欲尸名者必爲善、欲爲善者必生事。事生則釋公而就私、背★數而任己。欲見譽於爲善、而立名於爲賢★、則治不循★故、而事不順★時。治不循★故則多責、事不順★時則無功。責多功鮮、無以塞之、則妄發而邀當、妄爲而要中。功之成也、不足以更★責、事之敗也、不足以獘★（蔽）身。故重爲善若重爲非、而幾於道矣。

【注釈】

△**人愛名**――底本は「人受名」に作るが、王念孫『讀書雜志』によって改めた。

△**道勝人則名息矣**──『愼子』佚文に類似句がある（于大成）。
△**息道者也**──底本は「息」を「則」に作るが、諸本によって改めた。
△**道如日至矣**──諸本は「衰之日至矣」に作る。
△**欲尸名者**──以下は、『莊子』養生主篇の「爲善無近名」や同じく應帝王篇の「無爲尸名、……無爲事任。」を踏まえる。
△**背數**──底本は「貨數」に作るが、王引之『讀書雜志』によって改めた。
△**爲賢**──底本は「爲質」に作るが、王念孫『讀書雜志』によって改めた。
△**治不循故**──底本は「循」を「脩」に作るが、王念孫『讀書雜志』によって改めた。
△**事不順時**──底本は「順」を「須」に作るが、王念孫『讀書雜志』によって改めた。
△**不足以獘身**──「獘」は、「蔽」の假借字（于省吾）。

【**解説**】

「名声」を挙げるためには「善を為す」必要があるが、その「善を為す」ことは「道」と対立関係に立つが故に、うまく行かないのでやめた方がよい、と勧める後ろ向きの消極的な文章である。本書『淮南子』の思想が前漢時代の武帝期をリードする有力な思想になり切れずに、結局のところ時代社会から取り残されてしまった原因の一つは、やはりこんなところにあったのであろう。

巻第十五　兵略《へいりやく》

【総説】

題の「兵略」の内、「兵」は、兵器・軍隊・戦争などの意、その内包はやや広い。「略」は、謀りごとの意、謀略・策略などとして用いる字。題の意味について、許慎《きょしん》注《ちゅう》は「兵は、防なり。乱の萌《きざ》しを防ぐは、皆な略謀《りゃくぼう》に在り。師を用いるの意を解喩《かいゆ》・至論《しろん》するなり。」と言う。

本篇に先立つ戦国時代には、さまざまな兵書が世に現れた。平和の時代になって書かれた本篇は、それらを哲学的政治的な思想によって整理しようという姿勢を強く打ち出している。整理に用いられた思想は、儒家（特に荀子派）と道家が中心である。この整理は、やがて『漢書』芸文志に行き着くのであるが、そこでは兵家を「兵権《へいけん》謀《ぼう》・兵形勢《へいけいせい》・兵陰陽《へいいんよう》・兵技巧《へいぎこう》」の四つに分類しており、本篇の内容は主としてその前二者に当たっている。

要略篇の解説によれば、本篇の内容は「戦勝攻取の数《すう》、形機《けいき》の勢い、詐譎《さきつ》の変を明らかにし、因循《いんじゅん》の道を躰《たい》（体）し、持後《じご》の論を操《あやつ》る」こと、また「戦陣分争《ふんそう》の道に非ざれば行われざるを知り、攻取堅守の徳に非ざれば強からざるを知る」こと、つまりは「兵指《へいし》」「大略《たいりゃく》」である。また本篇の目的は、読者をして「進退・左右、撃危《げきき》する所無く、勢いに乗《じょう》じて以て資《し》と為し、清静《せいせい》以て常と為し、実を避け虚に就くこと、羣《ぐん》（群）羊《よう》を駆《か》るが若《ごと》くならし」めること、簡単に言えば「以て卒《そつ》に応ずる有らし」めることであるとする。

41　戦争の目的と原因

【読み下し】

古《いにしえ》の兵を用うるは、土壌《どじょう》の広きを利として、金玉の略《りゃく》を貪《むさぼ》るに非《あら》ず。将《まさ》に以《もっ》て亡《ほろ》びたるを存し絶《た》えたるを継《つ》ぎ、天下の乱を平らかにして、万民の害を除かんとするなり。

凡《およ》そ血気《けっき》有るの虫、牙《きば》を含み角《つの》を戴《いただ》き、爪《つめ》を前にし距《けづめ》を後にし、角有る者は触《ふ》れ、歯有る者は噬《か》み、毒有る者は螫《さ》し、蹏《ひづめ》有る者は趹《け》り、喜びて相《あ》い戯《たわむ》れ、怒りて相い害するは、天の性なり。人は衣食の情《じょう》有りて、物足ること能《あた》わざるなり。故に羣《ぐん》（群）居雑処《きょざつしょ》して、分均《ぶんひと》しからず、求め贍《た》らざれば、則ち争う。争えば則ち強《きょう》弱を脅《おびや》かして、勇怯《きょう》を侵《おか》す。人には筋《きん》骨《こつ》の強《つよ》き、爪牙《そうが》の利き無し。故に革《かわ》を割《さ》きて甲《よろい》を為《つく》り、鉄を鑠《とか》して刃《やいば》を為る。貪昧饕餮《たんまいとうてつ》の人、天下を残賊《ざんぞく》すれば、万人掻《そう》（騒）動《どう》して、其の所に寧《やす》んずるもの莫《な》し。聖《せい》人勅然《じんちょくぜん》として起こること有れば、乃《すなわ》ち強暴を討《う》ち、乱世を平らげ、険《けん》を夷《たい》らげ穢《あい》を除き、濁《だく》を以て清《せい》と為《な》し、危《き》を以て寧《ねい》と為す。故に中絶せざるを得ず。

兵の由《よ》りて来たる所の者は遠し。黄帝《こうてい》は嘗《かつ》て炎帝《えんてい》と戦い、顓頊《せんぎょく》は嘗て共工《きょうこう》と争う。故に黄帝は涿鹿《たくろく》の野に戦い、堯《ぎょう》は丹水《たんすい》の浦《うら》に戦い、舜《しゅん》は有苗《ゆうびょう》を伐《う》ち、啓《けい》は有扈《ゆうこ》を攻む。五帝《ごてい》自《よ》りして偃《ふ》すこと能わざるなり。又《ま》た況《いわん》や衰世《すいせい》をや。

【現代語訳】

古代における武器の行使は、領土拡張の利を狙《ねら》ったり、金玉略奪の欲を貪《むさぼ》るためではなかった。滅亡した国を保存し、断絶した家を再興し、天下の混乱を平定して、万民の苦痛を除去しようというためであった。

およそ血気を有する動物は、牙《きば》を持ち角《つの》を生やし、前の爪《つめ》と後の距《けづめ》を持っており、角《つの》あるものは突き、歯あるものは嚙《か》み、毒あるものは螫《さ》し、蹏《ひづめ》あるものは蹴《け》り、また喜べば戯《たわむ》れ合うが、怒れば傷つけ合う。これが自然の本性である。人間には着物・食べ物を求めようとする性情があるが、しかし物の量はそれを満足させるほど多くはありえない。そこで社会を作って共同生活を営む場合、物の分配が均等でなく、欲求が満たされないと、争い合いが起きる。争い合いでは、強者が弱者を脅《おびや》かし、勇者が怯者《きょうしゃ》を侵《おか》すことになるが、人間には強い筋骨も、鋭い爪牙《そうが》もないので、皮革を割《さ》いて甲《よろい》を作り、鉄を融《と》かして刃《やいば》を作ったのであった。

やがて物欲に目のくらんだ者が、天下を惨《むご》たらしく痛めつけたために、全ての人が騒ぎ出し、それぞれの持ち場に落ち着いていられなくなった。そこで聖人《せいじん》が身を引き締めて立ち上がり、ついに強暴な者を討伐し、乱世を平定し、険難《けんのん》を平らげ汚穢《おあい》を除き、汚濁を清澄に、危険を安寧に変えたのである。そのため、彼らは途中で滅亡せざるをえなくなった。

戦争というものの原因は、甚だ根深い。黄帝《こうてい》（神話・伝説上の帝王。以下同じ。）でさえかつて炎帝《えんてい》と戦ったことがあるし、顓頊《せんぎょく》もその昔共工《きょうこう》と争ったことがある。それで黄帝は涿《たく》鹿《ろく》（今の河北省涿鹿県《たくろくけん》付近）の原野で戦い、尭《ぎょう》は丹水《たんすい》の岸辺（今の河南省南陽市付近）で戦い、舜《しゅん》は有苗《ゆうびょう》（異民族の名）を征伐し、啓《けい》（禹の子）は有扈《ゆうこ》（今の陝西省扶風県《せんせいしょうふうけん》付近にいた氏族）を攻撃した。こうしてみると、人類の理想の時代である五帝《ごてい》の頃から、すでに戦争は止《や》めることができなかったのだ。それより退歩した時代のことは言う必要もなかろう。

【原文】

古之用兵、非利土壤之廣、而貪金玉之略。將以存亡繼絕、平天下之亂、而除萬民之害也。凡有血氣之蟲、含牙戴★角、前爪後距、有角者觸、有齒者噬、有毒者螫、有蹏者趹、喜而相戲、怒而相害、天之性也。人有衣食之情、而物弗能足也。故羣（群）居雜處、分不均、求不贍、則爭。爭則強脅弱、而勇侵怯。人無筋骨之強、爪牙之利。故割革而爲甲、鑠鐵而爲刃。貪昧饕餮之人、殘賊天下、萬★人搔（騷）動、莫寧其所。有聖人勃然而起、乃討強暴、平亂世、夷險除穢、以濁爲清、以危爲寧。故不得不中絕。

兵之所由來者遠矣。黄帝嘗與炎帝戰矣、顓頊嘗與共工爭矣。故黄帝戰於涿鹿之野、堯戰於丹水之浦、舜伐有苗、啓攻有扈。自五帝而弗能偃也。又況衰世乎。

【注釈】

△古之用兵―以下、「又況治人乎」まで『文子』上義篇に取られている（島田翰を参照）。

△凡有血……之性也―銀雀山漢墓竹簡『孫臏兵法』勢備篇に類似句がある（楠山春樹『淮南子』下）。

△戴角―「戴」は、底本は「帶」に作るが、「秋萩帖」紙背の「淮南鴻烈兵略閒詁第廿」（以下、「古鈔巻子本」と呼ぶ。）によって改めた（于省吾）。王叔岷『諸子斠證』・楊樹達を参照。

△搔動―「搔」は、「騷」の假借字。古鈔巻子本は「騷」に作る（于省吾）。

△勑然―「勑」は、道藏本などは「勃」に作る。

△不得不中絕―兪樾は「人得不中絕」に改めるが、不適當（于省吾・馬宗霍）。

△兵之所……者遠矣―以下、『呂氏春秋』召類篇に本づく。

△顓頊嘗……工爭矣―本書天文篇に詳しい（于大成）。

△黃帝戰……鹿之野―類似句が『莊子』盜跖篇などに見える（于大成）。

△堯戰於丹水之浦―同じ句が『呂氏春秋』召類篇などに見える（于大成）。

△舜伐有苗―『荀子』議兵篇に本づく（于大成）。

△啓攻有扈―『尙書』甘誓篇に詳しい（于大成）。

【解説】

作者によれば、この世の中に戦争が起きるのは、人間の内なる「天の性」に根本的な原因がある。すなわち、人間という存在は、

第一に、誰にも「衣食の情《じょう》」という生存欲がある。

第二に、同時に「羣《ぐん》（群）居雑処《きょざつしょ》」という形で社会を組織する中でしか生存することができない。

第三に、しかも欲の対象である「物」は数量に限りがあるので、必然的に「物足ること能《あた》わざるなり」という状態に陥る。

第四に、その結果、「物」の獲得をめぐって人と人との間に「争い」（万人の万人に対する闘争）が起こらざるをえず、これが戦争の発生する根本的な原因である。

以上のような思想であるが、このシェーマ全体が作者の言う「天の性」に他ならない。したがって、人間の自然の本性がこのようなものである限り、戦争は必然的に起こらざるをえないことになる。

なお、以上のシェーマ中の人間観と社会観は、戦国末期の儒家の思想家、荀子に本づく（楠山春樹『淮南子』）。ただし、荀子が持っていた、この「天の性」が同時に社会発展の原動力でもあるという位置づけが消えて、ペシミズムだけになってしまっている点は、荀子との大きな違いである。

42　軍備はなぜ必要か

【読み下し】

夫《そ》れ兵なる者は、暴を禁じ乱を討《う》つ所以《ゆえん》なり。炎帝《えんてい》火災を為す、故に黄帝之《こうていこれ》を擒《とりこ》にす。共工《きょうこう》水害を為す、故に顓頊《せんぎょく》之を誅《ちゅう》す。之を教うるに道を以てし、之を導くに徳を以てするも聴かざれば、則《すなわ》ち之に臨むに威武《いぶ》を以てす。之に臨むに威武を以てするも従わざれば、則ち之を制するに兵革《へいかく》を以てす。故に聖人《せいじん》の兵を用いるや、髪《かみ》を櫛《くしけず》り苗《なえ》を耨《くさぎ》るが若《ごと》し。去る所の者少なくして、利《り》する所の者多し。

無罪の民を殺して、無義《むぎ》の君《きみ》を養うは、害焉《これ》より大なるは莫《な》し。天下の財を殫《つ》くして、一人の欲を贍《た》らしむるは、禍《わざわ》い焉より深きは莫し。使《も》し夏《か》の桀《けつ》・殷《いん》の紂《ちゅう》、民に害有りて、立ちどころに其の患《うれ》いを被《こうむ》れば、炮烙《ほうらく》を為《つく》るに至らざらん。晋《しん》の厲《れい》・宋《そう》の康《こう》、一不義《いちふぎ》を行いて、身死し国亡べば、侵奪《しんだつ》して暴を為すに至らざらん。此の四君なる者は、皆な小過《しょうか》有れども、之を討《う》つもの莫きなり。故に天下を攘《みだ》して、百姓《ひゃくせい》を害し、一人の邪《よこしま》を肆《ほしい》ままにして、海内《かいだい》の禍《わざわ》いを長ずるに至る。此大論《これたいろん》の取らざる所なり。

君《きみ》を立つる所為《ゆえん》の者は、以て暴を禁じ乱を討たんとするなり。今万民の力に乗《じょう》じて、反って残賊《ざんぞく》を為すは、是《これ》虎の為《た》めに翼《つばさ》を傅《つ》くるなり。曷為《なんす》れぞ除《のぞ》かざる。夫れ池魚《ちぎょ》を畜《やしな》う者は、必ず獱獺《へんだつ》を去る。禽獣《きんじゅう》を養う者は、必ず豺狼《さいろう》を去る。又《ま》た況《いわん》や人を治むるをや。

【現代語訳】

そもそも軍備というものは、暴行を抑《おさ》え混乱を取り締まるためのものである。炎帝《えんてい》（神話上の帝王。以下同じ。）の場合は火災を起こしたので黄帝《こうてい》が逮捕したし、共工《きょうこう》の場合は水害を起こしたので顓頊《せんぎょく》が誅伐《ちゅうばつ》した。黄帝と顓頊は、まず道によって教え、徳によって導いたが、それでも炎帝と共工は聴かなかったので、強権をもって臨んだ。強権をもって臨んでも、まだ従わなかったので、ついに軍隊を出して制圧したのである。したがって聖人《せいじん》の武器の行使のし方は、髪の毛を櫛《くし》でとかし、苗《なえ》の雑草を取り除くようなもので、除去される者が少なく、利益を得る者が多いのである。

　反対に、無実の人民を殺しておいて、不義の君主を養育するならば、これより大きな害悪はない。天下の財物を費《つい》やしながら、一人の欲望を満たすならば、これより深刻な禍《わざわ》いはない。もし夏《か》の桀王《けつおう》や殷《いん》の紂王《ちゅうおう》が、人民に危害を及ぼし始めた段階で、すぐにも武器による責苦を被《こうむ》らせていたならば、彼らも火《ひ》炙《あぶ》りの刑を作るところまでは行かなかったはずである。春秋《しゅんじゅう》時代の晋国《しんこく》の厲公《れいこう》や宋国《そうこく》の康公《こうこう》が、一つの不義を行った段階で、彼ら自身は殺されその国家が滅びていたならば、彼らも侵略と暴虐の振る舞いにまでは及ばなかったに違いない。以上の四人の君主は、いずれも小さな過ちを犯した段階で、彼らを討伐する者がいなかった。そのために天下をかき回し、人民に被害を与え、一人の悪事を野放《のばな》しにして、世界に禍いをはびこらせてしまったのだ。こういうことは、大所高所から論じて認めがたいところである。

そもそも君主を設ける目的は、暴行を抑え混乱を取り締まるためである。ところが、その君主が万民の力の上にあぐらをかいて、かえって彼らに残虐行為を働くとするならば、それは虎のために翼《つばさ》を付けてやるようなものである。どうして取り除かないですまされよう。一体、池に魚を飼う場合必ずかわうそを追い払い、鳥や獣を飼う場合必ず狼《おおかみ》を追い払う。まして人民を治める場合、彼らに残虐を働く者を追い払うのは当然のことだ。

【原文】

夫兵者、所以禁暴討亂也。炎帝爲火災、故黄帝擒之。共工爲水害、故顓頊誅之。教之以道、導之以德而不聽、則臨之以威武。臨之以威武而不從、則制之以兵革。故聖人之用兵也、若櫛髪耨苗。所去者少、而所利者多。

殺無罪之民、而養無義之君、害莫大焉。殫天下之財、而贍一人之欲、禍莫深焉。使夏桀殷紂、有害於民、而立被其患、不至於爲炮烙。晉厲宋康、行一不義、而身死國亡、不至於侵奪爲暴。此四君者、皆有小過、而莫之討也。故至於攘天下、害百姓、肆一人之邪、而長海內之禍。此大論之所不取也。

所爲立君者、以禁暴討亂也。今乘萬民之力、而反爲殘賊、是爲虎傅翼。曷爲弗除。夫畜池魚者、必去猵獺。養禽獸者也、必去豺狼。又況治人乎。

【注釈】

△夫兵者……討亂也――『荀子』議兵篇などに類似句が見える（于大成）。

△炎帝爲……項誅之――『漢書』刑法志に類似句がある（楊樹達）。

△臨之以……而不從――「以」は、底本にはないが、古鈔巻子本によって補った（王叔岷『諸子斠證』・鄭良樹）。

△攘天下――「攘」は、許慎注は「亂」の意とする（楊樹達を参照）。

△爲虎傅翼――『韓詩外傳』巻四に同じ句がある（于大成）。

【解説】

前章で見たように、戦争は人と人との争い合いから生まれる。しかし、作者は争い合いそれ自体が戦争であるとは考えておらず、主に争い合い（特に「天下を残賊《ざんぞく》する」者）を取り締まることが戦争であると考えている。したがって、戦争の多くは正義の戦争ということになる。

また本章には、「夫《そ》れ兵なる者は、暴を禁じ乱を討《う》つ所以《ゆえん》なり。」と「君を立つる所為《ゆえん》の者は、以て暴を禁じ乱を討たんとするなり。」という二つのセンテンスがある。これによれば、君主（例えば前漢の武帝）は責務としてその正義の戦争を行わなければならない。――君主権を軍事的に強化しようという思想であろう。

43　三つの勢いと二つの権《はか》りごと

【読み下し】

兵に三勢《さんせい》有り、二権《にけん》有り。気勢《きせい》有り、地勢《ちせい》有り、因勢《いんせい》有り。

将《しょう》は勇に充《み》ちて敵を軽んじ、卒《そつ》は果敢《かかん》にして戦いを楽しみ、三軍の衆、百万の師《し》は、志《こころざし》は青雲を厲《しの》ぎ、気は飄風《ひょうふう》の如《ごと》く、声は雷霆《らいてい》の如く、誠《まこと》積もり精《せい》踰《こ》えて、威《い》は敵人に加わる。此《これ》を気勢と謂《い》う。硤路津関《きょうろしんかん》、大山名塞《めいさい》、竜蛇蟠《りゅうだわだかま》り、却笠居《きゃくりゅうお》り、羊腸《ようちょう》の道、発笱《はっこう》の門ありて、一人隘《あい》を守れば、千人も敢《あ》えて過ぎざるなり。此を地勢と謂う。其の労倦怠乱《ろうけんたいらん》、飢《き》渇凍暍《かっとうかつ》に因《よ》り、其の揺揺《ようよう》たるを推《お》し、其の掲掲《けいけい》たるを擠《おと》す。此を因勢と謂う。

善く間諜《かんちょう》を用い、審《つまび》らかに規慮《きりょ》を錯《お》き、蔚《うつ》を設け伏《ふく》を施し、其の形を隠匿《いんとく》して、不意に出《い》ずれば、敵人の兵をして、適備《てきび》する所無からしむ。此を知《ち》（智）権《けん》と謂う。陳卒《ちんそつ》正しく、前行選《えら》び、進退倶《とも》にし、什伍摶《じゅうごう》ち、前後相い撚《ふ》まず、左右相い干《おか》さず、刃《やいば》を受くる者少なく、敵を傷つくる者衆《おお》し。此を事権《じけん》と謂う。

権勢《けんせい》必ず形《あらわ》れて、吏卒《りそつ》専精《せんせい》に、良《りょう》を選び才を用いて、官に其の人を得、計《けい》定まり謀《はか》りごと決して、死生に明らかに、挙錯《きょそ》時を得て、振驚《しんきょう》せざるもの莫し。故に攻むれば衝《しょう》隆《りゅう》・雲《うん》梯《てい》を待たずして城抜《ぬ》け、戦えば交兵接刃《こうへいせつじん》に至らずして敵破る。必勝の数《すう》に明らかなればなり。

故に兵は必ずしも勝たざれば、苟《いやしく》も刃《やいば》を接せず、攻むるも必ずしも取らざれば、苟も発することを為さず。故に勝つこと定まりて後戦い、鈐県《けんか》かりて後動く。故に衆聚《しゅうあつ》まれば虚《むな》しくは散ぜず、兵出ずれば徒《いたず》らには帰らず。唯無一《もし》たび動き、動けば則ち天を淩《しの》ぎ地を振《ふ》るい、泰山《たいざん》を抗《あ》げ、四海を蕩《うご》かし、鬼神《きしん》は移徙《いし》し、鳥獣《ちょうじゅう》は驚駭《きょうがい》す。此《か》くの如《ごと》くなれば、則ち野に校兵无《こうへいな》く、国に守城無し。

【現代語訳】

軍備には、三つの勢《いきお》いと二つの権《はか》りごとがある。三つの勢いとは、気の勢い、地の勢い、因《よ》る勢いである。

将軍は勇気に満ちて敵を過大視せず、兵卒《へいそつ》は果敢《かかん》で戦いを楽しみ、三軍の兵隊、百万の軍団も、志気は青雲を淩《しの》ぎ、気概は旋風《せんぷう》のよう、鬨《とき》の声は雷霆《かみなり》のよう、誠の心は積もって溢《あふ》れ、威力は敵軍に加わる。これを気の勢いと言う。山間《やまあい》の道や渡し場に関所、大山《たいざん》や名だたる塞《とりで》、竜蛇《りゅうだ》がとぐろを巻いた格好の難所、笠《かさ》を伏せた形の山々、羊の腸のようなうねり道、笱《やな》（魚を捕らえる竹籠）のような門などが具わり、一人が狭《せま》い要衝《ようしょう》を守れば、千人で攻めて来ても通過できない。これを地の勢いと言う。敵の疲労や混乱、食糧不足や暑さ寒さの弱みにつけこみ、ふらふらと倒れかかっている相手を押し倒し、ぐらぐらと今にも抜けそうな部分を突き落とす。これを因る勢いと言う。

巧みにスパイを使い、細かく策略を立て、草木の繁みを作って伏兵《ふくへい》を置き、そこに姿を隠して相手の不意を突き、こうして敵の兵が防備のしようがないようにする。これを知権《はか》りごとと言う。兵卒の陣形は整い、先鋒の部隊は選《え》りすぐり、前進・退却にも一糸乱れず、の隊伍を組んで攻撃し、先発と後尾が任務を分担し、左翼と右翼が犯し合うこともなく、こうして敵刃《てきじん》を受けることが少なく、敵軍を傷つけることが多い。これを事の権りごとと言う。

以上の勢いと権りごとが確実に具わった上、軍政において指揮官は仕事一途《いちず》に打ちこみ、賢い者や才ある者を選任して、官位ごとにしかるべき人を得、こうして基本的な戦略・戦術が定まり、人々が生死の理を明察して、さて行動となれば好機を逃さず、どんな相手をも震《しん》撼《かん》させずにはおかない。だから、攻撃をしかける場合は、城攻めの戦車やはしご車を持ち出すまでもなく城が落ち、戦闘に及んだ場合は、兵刃《へいじん》を交えるまでもなく敵が破れる。これは必ず勝利を得るための原理を知っているからである。

ところで、戦争は必ず勝利を得るとは決まっていないから、軽々しく兵刃を交えず、攻撃しても必ず城を取れるとは限らないから、軽々しく軍隊を動かさない。勝つという見通しが立ってから戦い、以上の権《はか》りごとが成ってから動かすのである。それ故、軍隊が一旦集結したからには、戦果を挙げずに解散することはないし、軍兵が一たび出陣した以上は、何もしないで帰還することはない。もしも一旦出動したとなれば、天空を淩《しの》ぎ大地を震《ふる》わせ、泰山《たいざん》(今の山東省の山名)を押し上げ、四海を揺り動かし、そのために鬼神はよそへ移動し、鳥獣は驚き慌《あわ》てるほどである。このようにして、郊野《こうや》には敵の交戦する兵がいなくなり、国内には敵の立てこもる城がなくなるのである。

【原文】

兵有三勢、有二權。有氣勢、有地勢、有因勢。

將充勇而輕敵、卒果敢而樂戰、三軍之衆、百萬之師、志厲青雲、氣如飄風、聲如雷霆、誠積精★踰、而威加敵人。此謂氣勢。硤路津關、大山名塞、龍蛇蟠、却笠居、羊腸道、發笱門、一人守隘、而千人弗敢過也。此謂地勢。因其勞倦怠亂、飢渴凍暍、推其搖★搖★、擠其揭揭。此謂因勢。

善用閒諜、審錯規慮、設蔚施伏、隱匿其形、出於不意、使★敵人之兵、無所適備。此謂知(智)權。陳卒正、前行選、進退俱、什伍摶、前後不相撚、左右不相干、受刃者少、傷敵者衆。此謂事權。

權勢必形、吏卒專精、選良用才、官得其人、計定謀決、明於死生、擧錯得時★、莫不振驚。故攻不待衝隆雲梯而城拔、戰不至交兵接刃而敵破。明於必勝之數★也。

故兵不必勝、不苟接刃、攻不必取、不爲苟發。故勝定而後戰、鈐縣而後動。故衆聚而不虛散、兵出而不徒歸。唯無一動、動則凌天振地、抗★泰山、蕩四海、鬼神移徙、鳥獸驚駭。如此、則野无校兵、國無守城矣。

【注釈】

△**誠積精踰**——「精」は、底本にはないが、古鈔卷子本によって補った(于省吾)。

△**發筍門**――「發」は、王念孫『讀書雜志』は「魚」に改めるが、古鈔巻子本は「菆」に作る。「菆」がよいかもしれない（戸川芳郎・木山英雄・澤谷昭次を參照）。

△**推其搖搖**――「搖搖」は、底本は「揺揺」に作るが、王念孫『讀書雜志』によって改めた。古鈔巻子本も「搖搖」に作る。

△**使敵人之兵**――「使」は、底本にないが、王念孫『讀書雜志』によって補った。古鈔巻子本にはある。

△**擧錯得時**――「時」は、底本は「失」に作るが、王念孫『讀書雜志』によって改めた。古鈔巻子本も「時」に作る（王叔岷『諸子斠證』）。

△**必勝之數**――「數」は、底本は「攻」に作るが、王念孫『讀書雜志』によって改めた。古鈔巻子本も「數」に作る（王叔岷『諸子斠證』）。

△**鈐縣而後動**――「鈐」は、「權」の意であり、上文の「二權」を指す（馬宗霍を參照）。古鈔巻子本は「權」に作る（于省吾）。『孫子』軍爭篇の「懸權而動」に本づく。句意はもともと、秤に「權」（分銅）を懸けて重さを量るように、彼我の力を量り勝利の見通しを立てた上で軍隊を出動させるの意であったろう。

△**唯無**――假設を強調する連詞。拙著『莊子』上巻齊物論篇の補注を參照。

【解説】

「知權」とは知を用いた策謀のこと、「事權」とは実戦上の策謀のことであろう（楠山春樹

『淮南子』を参照)。『墨子』には「従事」という言葉があって戦闘行為を意味するが、本章の「事」もそのような用語法に由来するものであるらしい。

また「攻むれば衝隆《しょうりゅう》・雲梯《うんてい》を待たずして城抜《ぬ》け、戦えば交兵接刃《こうへいせつじん》に至らずして敵破る。」は、戦わずして勝つということである。これは、『孫子』謀攻篇の「戦わずして人の兵を屈するは、善の善なる者なり。」の思想に近い。また、これと関連する「勝つこと定まりて後戦う」も、『孫子』形篇の「勝兵は先ず勝ちて後戦いを求む」と一致する。こうしてみると、本篇は先秦時代の兵家の諸思想を総合する文献と言えるようである。

巻第十六　説山《せつざん》

【総説】

題の意味は、「説」を「山」のように沢山集めたもの、すなわち説話集ということ。その内容は多岐にわたっており、必ずしも「道」に関係するものばかりではないと思われる。高誘注《こうゆうちゅう》は「山は、道の本為《もとた》り、仁者の処《お》る所なり。道の旨《むね》を説きて、委《い》積《せき》すること山の若《ごと》し。故に『説山《せつざん》』と曰《い》いて、因《よ》りて以《もっ》て篇に題す。」とする。

要略篇では、本篇は説林篇《せつりんへん》とともに解説されている。それによれば、両篇の内容は、「百事の壅遏《ようあつ》を竅窕穿鑿《きょうちょうせんさく》して、万物の窒塞《ちっそく》を通行貫扃《かんけい》す」るもの、一言で言えば「譬諭《ひゆ》」また「公道」である。また両篇の目的は、「譬《たと》えを仮《か》り象《しょう》を取り、類を異にし形を殊にして、以て人の意を領理《りょうり》し、結紐★を懈堕《かいだ》し、摶囷《たんきん》を説択★して、以て事埒★を明らかにす」ることであると言う。

両篇の特徴は、説話をごく短くまとめた梗概ばかりが列挙されていて、詳しい中味のある説話がほとんど見当たらないことである。これは、戦国時代以来、形作《かたちづく》られてきた伝統的な説話のスタイル（例えば、『韓非子』内外儲説を想起されたい。）を基準に取って言うならば、経だけがあって説がないということになる。因《ちな》みに、ここで取りあげて読むことにした文章は、篇頭に置かれた、本篇では例外的に長い文章である。

44 魄《はく》と魂《こん》の問答――道について

【読み下し】

魄《はく》魂《こん》に問いて曰《い》わく、「道は何を以て体《たい》と為す。」と。

曰わく、「無《む》有《ゆう》を以て体と為す。」と。

魄曰わく、「無有は形有るか。」と。

魂曰わく、「有ること無し。」と。

魄曰わく、「無有は何ぞ得て聞かんや。」と。

魂曰わく、「吾直《われた》だ之に遇《あ》う所有るのみ。之を視るも形無く、之を聴くも声無し。之を幽《ゆう》冥《めい》と謂《い》う。幽冥なる者は、道を喩《たと》うる所以《ゆえん》にして道に非《あら》ざるなり。」と。

魄曰わく、「吾聞きて之を得たり。乃《すなわ》ち内に視て自ら反《かえ》ることとなり。」と。

魂曰わく、「凡《おそ》そ道を得る者は、形は得て見る可からず、名は得て揚《あ》ぐ可からず。今汝《なんじ》は已《すで》に形名《けいめい》有り。何の道か之《これよ》能くする所ならんや。」と。

魄曰わく、「言う者は独《ひと》り何為《なにす》る者ぞや。」と。「吾将《まさ》に吾が宗《そう》に反らんとす。」と。魄　魂を反顧《はんこ》すれば、忽然《こつぜん》として見えず。反りて自ら存《み》れば、亦《ま》た以《すで》（已）に無形に淪《い》れり。

【現代語訳】

魄《はく》（人間の肉体的霊魂）が魂《こん》（人間の精神的霊魂）に訊《たず》ねて言った、「道《みち》の本質は何でしょうか。」

魂が答えた、「本質は無である。」

魄、「無には形がありましょうか。」

魂、「ない。」

魄、「無は、どうすれば聞くことができるのでしょうか。」

魂、「私もたまたま行き当たったことがあるにすぎない。それは目をこらしても形がなく、耳を傾けても音のしないもので、奥深い暗闇《くらやみ》と呼ばれている。しかし『奥深い暗闇』も、道を比喩するための言葉でしかなく、道そのものとは違うのだ。」

魄、「お教えを受けて、私はついに道を把《とら》えることができました。それは心の内を見つめて、本来の自己に返ることだったのですね。」

魂、「道を把えた者は、誰もみなその形を見ることができないし、その名を口に言うことができないはずだ。ところが今、君は道を形によって把えようとし、その名を口に出している。そんなやり方で、どうして道を把えることができるものか。」

魄、「しかしそれでは、今、口に出してそう言っておられるのは、一体どういうわけでしようか。」

魂、「さて、私はそろそろ私の根源に返ることにするよ。」

魄《はく》が振り返って見たところ、魂《こん》はふうっと見えなくなっていた。そして、根源に返ろうとして自己を見つめていた魄も、すでに形のない状態に入っていたのであった。

【原文】

魄問於魂曰、道何以爲體。

曰、以無有爲體。

魄曰、無有有形乎。

魂曰、無有。

魄曰、無有何得而聞也。

魂曰、吾直有所遇之耳。視之無形、聽之無聲。謂之幽冥。幽冥者、所以喩道而非道也。

魄曰、吾聞得之矣。乃內視而自反也。

魂曰、凡得道者、形不可得而見、名不可得而揚。今汝已有形名矣。何道之所能乎。

魄曰、言者獨何爲者。

吾將反吾宗矣。
魄反顧魂、忽然不見。反而自存、亦以（已）淪於無形矣。

【注釈】
△**道何以爲體**―以下、「乃内視而自反也」まで『文子』上德篇に取られている（島田翰を參照）。
△**魄曰、無有何得而聞也**―底本には「魄曰、無有」がないが、王念孫『讀書雜志』によって補った。
△**吾聞得之矣**―「聞」は、王念孫『讀書雜志』が衍字として削るが、その必要はない。
△**内視**―『莊子』列御寇篇にも「内視」に對する否定的な評價がある（楠山春樹『淮南子』下）。
△**吾將反吾宗矣**―兪樾はこの上に「魂曰」の二字を補う。趣旨はそのとおりであるが、經文を訂正するまでもない。
△**自存**―「存」は、馬宗霍によって「察也」の意。

【解説】
本章は、「道」または「無」を把えることについての哲学的な問答であるが、本篇の性格を考慮に入れれば、作者はこの哲学そのものに関心を抱いていると言うよりも、むしろこのような思想的教訓的な内容を持った説話を作ったり読んだりすることに、文学的な興味を感じていると見た方がよさそうである。

巻第十七　説林《せつりん》

【総説】

題の意味は、「説」を「林」のように沢山集めたもの、すなわち説話集のこと。本書に説山《せつざん》・説林《せつりん》のような同じ性格の篇が二つあるのは、要略篇を除く二十篇の「二十」という切りのよい数に惹《ひ》かれて、編纂者が時間と労力のエコノミーのために一篇を水増ししたからではなかろうか。なお先行する文献の中では『韓非子』に説林篇がある。高誘注《こうゆうちゅう》は「木の叢生《そうせい》するを林と曰《い》う。万物の蒸★阜なるを説きて、林の聚《あつ》まれるが若《ごと》し。故に『説林《せつりん》』と曰《い》いて、因《よ》りて以《もっ》て篇に題するなり。」とする。

説山・説林両篇の特徴は、説話をごく短くまとめた梗概（経）ばかりが列挙されていて、詳しい中味のある説話（説）がほとんど見当たらないことである。このようになっている原因としては、第一に、経だけを書いて説を書く時間が与えられない未完の内に、淮南王劉安《わいなんおうりゅうあん》の時代が終わってしまった。第二に、本書には経だけを書いて、説は別の書物に詳しく述べたのであるが、後者は今日散佚して伝わらない。第三に、淮南王の下に語《かた》り部《べ》（または講釈師・詩人）がおり、経を見ながら説は口頭で物語ることになっていたので、後者はもともと書かれなかった、などのことが考えられる。

45　説話の数々

【読み下し】

一世《いっせい》の度《ど》制《せい》を以て天下を治むるは、譬《たと》えば猶《な》お客の舟に乗り、中流にして其の剣を遺《おと》して、遽《にわ》かに其の舟椛《しゅうはん》を契《きざ》み、暮 薄《せま》りて之を求むるがごとし。其の物の類を知らざること亦《ま》た甚《はなは》だし。夫《そ》れ一隅《いちぐう》の迹《あと》に随《したが》いて、天地に因《よ》りて以て遊《あそ》ぶを知らざるものは、惑《まど》い焉《これ》より大なるは莫《な》し。時に合う所有りと雖《いえど》も、然《しか》れども貴《たっと》ぶに足らざるなり。譬《たと》えば旱歳《かんさい》の土竜《どりゅう》、疾《しっ》疫《えき》の芻霊《すうれい》の、是帝《これてい》と為る者の若《ごと》きなり。

曹《そう》（褿）氏《し》の裂布《れっぷ》は、蛷《かさ》ある者之を貴ぶ。然れども夏后《かこう》氏《し》の璜《たま》に非《あら》ず。

古《いにしえ》無く今無く、始め無く終わり無く、未《いま》だ天地有らずして、天地を生ず。至って深微《しんび》広大なり。

足の履《ふ》む所の者は浅し。然れども履まざる所を待ちて而《しか》る後行く。智《ち》の知る所の者は褊《せま》し。然れども知らざる所を待ちて而る後明らかなり。

【現代語訳】

過去のある一時代の制度に固執し、それだけを用いて天下を統治しようとするのは、譬《たと》えてみれば、舟に乗ったところ流れの中ほどで持ち物の剣を落としてしまった客が、あわてて舟縁《ふなべり》に刻み目をつけ、舟が停泊してから刻み目の下を夕暮れ時になるまで捜している、というようなものである。物の同異をわきまえないことの最たるものだ。そもそも世界のほんの一地域で行われた事跡を追いかけて模倣するばかりで、広い天地の中でその自然な姿に従って遊ぶことを知らないならば、これほど大きな迷いはなかろう。時には目的にかなうことがあるかもしれないが、しかし尊ぶほどのものではない。譬えてみれば、旱魃《かんばつ》の年、雨乞いに用いる粘土《ねんど》の竜や、また疫病がはやった時、厄払いに使う藁人形《わらにんぎょう》が、それぞれ時には王様扱いされることもあるようなものである。

赤ん坊のおしめの切れ端（褿《そう》）は、焼いて腫《は》れ物の上に貼ると治《なお》るので、腫れ物に悩む者が尊ぶけれども、しかし夏后氏《かこうし》（夏《か》王朝の王室）の神器である璜《たま》には及びもつかない。

道という実在は、時間の拘束を受けないために古《いにしえ》もなければ今もなく、永遠に続くものなので始めもなければ終わりもなく、まだ天地の生まれる以前にあって、天地を生みだしたものである。何と深く微《かす》かで、何と広く大きいことであろう。

足が大地を踏むのはわずかな面積でしかないが、しかし足の踏まない無限の周囲があるお蔭で、人間は歩くことができる。知恵が知っているのは狭い範囲のことでしかないが、しかし知らない無限の領域を拠《よ》りどころとして、人間の知恵は明晰になることができるのである。

【原文】

以一世★之度制治天下、譬猶客之乘舟、中流遺其劍、遽契其舟桅★、暮薄而求之。其不知物類亦甚矣。夫隨一隅之迹、而不知因天地以游、惑莫大焉。雖時有所合、然而不足貴也。譬若旱歳之土龍、疾疫之芻靈、是爲帝者也。

曹（禮）氏之裂布、蛷者貴之。然非夏后氏之璜。

無古無今、無始無終、未有天地、而生天地。至深微廣大矣。

足所★履者淺矣。然待所不履而後行。智所知者褊矣。然待所不知而後明。

【注釈】

△**以一世……而求之**――『呂氏春秋』察今篇の類似の思想と文章を踏まえる（楠山春樹『淮南子』下）。また「一世」「一隅」の制度を絶對視してはならないとする思想や言葉は、本書齊俗篇に見える（楠山春樹『淮南子』下）。

△**舟桅**――「桅」は、底本は「捥」に作るが、王念孫『讀書雜志』によって改めた。

△**旱歳之……之芻靈**――「芻狗」と「土龍」のことは本書齊俗篇に既出、また說山篇にもある（戸川芳郎・木山英雄・澤谷昭次）。「芻靈」は、鄭良樹は「芻狗」に改めるが、底本のままでよい。『莊子』天運篇の「芻狗」のヴァリアントであろう。

△**是爲帝者也**――「是時爲帝者也」に作るテキストがある（鄭良樹）。『莊子』徐無鬼篇と本書

齊俗篇に類似句がある（楠山春樹『淮南子』下）。

△**曹氏之……氏之璜**――「曹」は、兪樾が「漕」と讀爲するのによる。「氏」は、兪樾は衍字とするが、底本のままとしておく。楠山春樹『淮南子』下は『呂氏春秋』勿躬篇の「胡曹作衣」と關係があろうと推す。「蛛者貴之」以下の二句は、ほぼ高誘注によって解釋する。

△**夏后氏之璜**――本書精神篇・氾論篇などにも出る（楠山春樹『淮南子』下）。

△**未有天……廣大矣**――本書說山篇に類似句がある（陶鴻慶）。

△**足所履者淺矣**――以下、「然待所不知而後明」に至るまで、『文子』上德篇に取られている（王念孫『讀書雜志』を參照）。また『莊子』徐無鬼篇にも類似句がある（于大成）。第一の「所」は、底本は「以」に作るが、王念孫『讀書雜志』によって改めた。

【解説】

説林篇の篇頭の文章である。ここに挙げた文章は、「以一世之度制治天下……」、「曹氏之裂布……」、「無古無今……」、「足所履者浅矣……」の四つのパラグラフから成っており、それらは相互に何の関係もつけられていないようである。「以一世之度制治天下……」のパラグラフは、本篇の総論のように見えなくもないが、総論とするのに適《ふさわ》しい総括的理論的な性格に欠けるので、やはり他の三つと同様の短文と考えるべきであろう。

また以下にも、ここの各パラグラフと同様の短文が並べられていて、それが篇末まで続いている。したがってここに挙げた文章も、決して一まとまりの章をなしているわけではなく、筆者（池田）が便宜的に下文から分けて区切ったまでのことである。

この短文は、本来はもっと長く詳しい説話（説）であったものを、ごく短くまとめたその梗概（経）ではなかろうか。

巻第十八　人間《じんかん》

【総説】

題の意味について、人間は、「にんげん」とは読まず「じんかん」と読む。人間社《にんげん》会の意。『荘子』至楽篇・山木篇に初出する言葉であり、『荘子』には人間世《じんかんせい》という名の篇もある。「世」という言葉がタテの時間的な流れを言うのに対して、「人間《じんかん》」という言葉はヨコの空間的な広がりを言う（劉武『荘子集解内篇補正』を参照）。許慎注《きょしんちゅう》は「人間《じんかん》の事、吉凶の中は、得失の端《たん》を徴《あき》らかにして、存亡の幾《き》に反《かえ》るなり。」とする。

人間社会の中に暮らして、実際に「福・得・成・利」などを獲得していくための方策を授ける篇であるが、それには知慮が必要であると説く点に特徴がある。有名な「塞翁《さいおう》が馬」の説話も本篇にあるが、紙幅の都合で割愛せざるをえなかった。

要略篇の解説によれば、本篇の内容は「禍福《かふく》の変を観、利害の反を察し、得失の跡《あと》を鑽脈《さんみゃく》し、終始の壇《てん》（転）を標挙《ひょうきょ》すること、また「百事の微《び》を分別し、存亡の機を敷陳《ふちん》す」ることである。また本篇の目的は、読者をして「禍《わざわ》いの福と為り、亡《ぼう》の得と為り、成の敗と為り、利の害と為るを知らし」め、結局「世俗の間に傾側偃仰《けいそくえんぎょう》して、讒賊螫毒《ざんぞくせきどく》に傷つくこと无《な》からし」めること、一言で言えば「以《もっ》て禍福《かふく》に応ずる有らし」めることであるとする。

46　全ては人の心によって決定される

【読み下し】

清浄恬愉《せいじょうてんゆ》は、人の性なり。儀表規矩《ぎひょうきく》は、事の制なり。人の性を知れば、其の自ら養うや勃《もと》らず、事の制を知れば、其の挙錯《きょそ》或《まど》（惑）わず。一端《いったん》に発し、无竟《むきょう》に散じ、八極《はちきょく》に周《あまね》くして、一筦《いちかん》に總《す》（総）べらる、之《これ》を心と謂《い》う。本を見て末を知り、指《し》を観て帰《き》を睹《み》、一を執《と》りて万に応じ、要《よう》を握りて詳《しょう》を治むる、之を術《じゅつ》と謂う。居《お》れば為す所を智《し》（知）り、行けば之《ゆ》く所を智（知）り、事《こと》とすれば秉《と》る所を智（知）り、動けば由《よ》る所を智（知）る、之を道と謂う。

道なる者は、之を前に置きて輩《ひく》からず、之を後に錯《お》きて軒《たか》からず、之を尋常《じんじょう》に内《い》れて塞《ふさ》がらず、之を天下に布《し》きて窕《ゆる》からず。是の故に人をして己《おのれ》を高賢称誉《こうけんしょうよ》せしむる者は、心の力なり。人をして己を卑下誹謗《ひげひぼう》せしむる者は、心の罪なり。

【現代語訳】

清らかで落ち着いているのは、人間としての本性である。規範や規則は、仕事を行うための決まりである。人間の本性を理解すれば、自ら生命を養って失敗はなく、仕事の決まりを理解すれば、出処進退《しゅつしょしんたい》に迷いがない。

一端《いったん》から出発して、無限に散らばり、宇宙のすみずみにまで行きわたりながら、一つの鍵《かぎ》によってまとめるもの、これが心である。本を見て末が分かり、能書《のうが》きを見て結果が分かり、一点を手に執《と》って万物に対応し、要所を押さえて諸多《しょた》をも片づけること、これが術《じゅつ》である。家にいては為すべきことを知り、外に出ては行くべき所をわきまえ、仕事をすれば取るべき規範が分かり、行動を起こせば由《よ》るべき規則を知っていること、これが道《みち》である。

この道は、前に置いても低すぎず、後ろに置いても高すぎない。寸尺《すんしゃく》の狭いところに入れても窮屈《きゅうくつ》でなく、広い天下に敷《し》いても隙間《すきま》ができない。それ故、他人から賢いと言って誉《ほ》められるのは、この道を把《と》らえた己《おのれ》の心の力であり、他人から卑《いや》しいと言って謗《そし》られるのは、この道に背《そむ》いた己《おのれ》の心の罪なのである。

【原文】

清浄恬愉、人之性也。儀表規矩、事之制也。知人之性、其自養不勃、知事之制、其擧錯不或（惑）。

發一端、散无竟、周八極、總（總）一筦、謂之心。見本而知末、觀指而睹歸、執一而應萬、握要而治詳、謂之術。居智（知）所爲、行智（知）所之、事智（知）所秉、動智（知）所由、謂之道。

道者、置之前而不輊、錯之後而不軒、內之尋常而不塞、布之天下而不窕。是故使人高賢稱譽己者、心之力也。使人卑下誹謗己者、心之罪也。

【注釈】

△**清淨恬愉**―以下、「不可不愼也」まで『文子』微明篇に取られている（島田翰を參照）。最初の二句は、本書俶眞篇の「人性安靜」などと同意（楠山春樹『淮南子』下）。

△**儀表規矩**―「儀表」と「規矩」を併わせて言う句が本書俶眞篇にある（楠山春樹『淮南子』下）。

△**置之前而不輊**―以下の四句は、本書氾論篇・要略篇などに類似句が見える（馬宗霍）。ただし、それらの多くが「道」の全能性を言うのに對して、ここのは「道」の遍在性を言う。「輊」は、「輊」に同じで（惠棟『九經古義』）、「低」の意（王引之『春秋名字解詁』）。

△**使人高……之罪也**―『說苑』談叢篇に類似句がある（楠山春樹『淮南子』下）。

【解説】

人がこの世に処していく際の、「心」の主に「知る」能力の意義を論じた文章である。本篇は、本章と次章を序論に置いた後、以下細かく具体的に処世の「知」を説く。

47　事業を成功させるキー・ポイントは知慮

【読み下し】

夫《そ》れ言《げん》の口より出《い》ずる者は、人に止《とど》む可《べ》からず、行いの邇《ちか》きより発する者は、遠きに禁ず可からず。事なる者は成り難くして敗れ易《やす》きなり、名なる者は立ち難くして廃《すた》れ易きなり。千里の隄《つつみ》も、螻蛄《ろうぎ》の穴を以《もっ》て漏《も》れ、百尋《ひゃくじん》の屋《おく》も、突隙《とつげき》の熛《ひょう》を以て焚《や》く。尭《ぎょう》戒《いまし》めて曰《い》わく、「戦戦慄慄《せんせんりつりつ》として、日に一日を慎《つつし》め。人は山に蹪《つまず》くもの莫くして、垤《ありづか》に蹪く。」と。是の故に人なる者は小害を軽んじ微事《びじ》を易《やす》んじて以て悔《く》い多く、患《うれ》い至りて後之《これ》を憂《うれ》う。是由《これな》（猶）お病者已《すで》に惓《あつ》くして良医を索《もと》むるがごときなり。扁鵲《へんじゃく》・兪跗《ゆふ》の巧《こう》有りと雖《いえど》も、猶《な》お生かす能わざるなり。

夫れ禍《わざわ》いの来たるや、人自ら之を生じ、福の来たるや、人自ら之を成す。禍いと福とは門を同じくし、利と害とは鄰《となり》を為《な》し、神聖の人に非《あら》ざれば、之を能《よ》く分かつもの莫《な》し。凡《およ》そ人の事を挙ぐるは、先ず其の知（智）を以て、規慮揣度《きりょしたく》し、而《しか》る後に敢《あ》えて以て謀《はか》りごとを定めざるもの莫し。其の或《ある》いは利あり或いは害あるは、此愚智《これぐち》の異なる所以《ゆえん》なり。暁然《ぎょうぜん》として自ら以て存亡の枢機《すうき》、禍福の門戸《もんこ》を智《し》（知）ると為し、挙げて之を用いて、難に陥溺《かんでき》する者は、勝《あ》げて計《かぞ》う可からざるなり。知（智）の是《ぜ》と為す所以《ゆえん》の者をして、事《こと》として必ず行う可からしむれば、則ち天下に達せざるの塗《みち》无《な》からん。是の故に知慮なる者は、禍福の門戸なり。動静なる者は、利害の枢機《すうき》なり。百事の変化、国家の治乱も、待ちて後成る。是の故に難に溺《おぼ》れざる者は成る。是の故に慎《つつし》まざる可からざるなり。

【現代語訳】

一体、一たび口から発した言葉は、もはや他人に対して取り消すことができない。一たび身近に表わした行為は、もはや遠方に対して取り返しがつかない。事業は成就しがたいが失敗しやすく、名声は挙《あ》げにくく廃《すた》れやすい。千里（約四〇〇〇キロ）の長大な堤防も、蟻《あり》の穴から漏水《ろうすい》し始め、百尋《ひやくじん》（約一八〇メートル）の広大な邸宅も、煙突の隙間《すきま》から洩《も》れる火の粉で焼けるものである。そこで尭《ぎよう》（上古の聖天子）は「恐れおののいて、その日その日を慎みたまえ。人は山にはつまずかず、むしろ蟻塚《ありづか》につまずくものだ。」と戒めている。こうして人間というものは、小さな損害を軽く見、些細《ささい》な事件をあなどるので、後悔ばかりが多く、苦しみがやって来て始めて悩むという始末である。これでは病気が重くなってから良医を探《さが》すようなもので、扁鵲《へんじやく》や兪跗《ゆふ》（ともに伝説上の名医）のような優れた医術の持ち主でも、生かすことはできない。

そもそも禍《わざわ》いに遭うのは、人が自らそれを生ずるのであり、福がやって来るのは、人が自らそれを生み出すのである。そして、禍いと福は同じ門から出入りし、また利と害は隣同士であるから、飛び抜けた聖人でもない限り、これらを区別することはできない。およそ人が事業を行う場合、誰でもまずその知力によって、考慮に考慮を重ね、そうして始めて計画を決定するものだ。その結果が、利を得る者と害を受ける者に分かれるのは、知力の有無の違いによる。自分では何にでも通暁《つうぎょう》していて、存続か滅亡かを決めるキー・ポイントや、禍いと福が出入りする門のことは、分かっていると思いこみ、それらを事業に適用して、困難に陥《おちい》った者は、数えきれないほど多いのである。もし知力を働かせて正しいと考えた事業が、必ず実行できると言うのなら、天下に到達できない道は一つもないことになってしまう。こういうわけで、誤りを犯さない知慮こそが禍いと福の門であり、それに本づいた行動こそが利と害のキー・ポイントである。あらゆる事業の推移変化も、国家の治乱興亡も、この知慮によって形作《かたちづく》られる。こうして困難に陥らない者だけが成功を博《はく》するのだ。それ故、慎重にならないわけにはいかないのである。

【原文】

夫言出於口者、不可止於人、行發於邇者、不可禁於遠。事者難成而易敗也、名者難立而易廢也。千里之隄、以螻螘之穴漏、百尋之屋、以突隙之★熛焚。堯戒曰、戰戰慄慄、日愼一日。人莫蹪於山、而蹪於垤。是故人者輕小害易微事以多悔、患至而後憂之。是由（猶）病者已惓而索良醫也。雖有扁鵲俞跗之巧、猶不能生也。

夫禍之來也、人自生之、福之來也、人自成之。禍與福同門、利與害爲鄰、非神聖人、莫之能分。凡人之擧事、莫不先以其知、規慮揣度、而後敢以定謀。其或利或害、★此愚智之所以異也。曉★然★自以爲★智（知）存亡之樞機、禍福之門戶、擧而用之、陷溺於難者、不可勝計也。使知所以爲是者、事必可行、則天下无不達之塗矣。是故知慮者、禍福之門戶也。動靜者、利害之樞機也。百事之變化、國家之治亂、待而後成。是故不溺於難者成。是故不可不愼也。

【注釈】

△**夫言出……禁於遠**――類似句が『晏子春秋』外篇（于大成）・『說苑』談叢篇にある（楠山春樹『淮南子』下）。

△**事者難……易廢也**――本書氾論篇に類似句がある（楠山春樹『淮南子』下）。

△**千里之……之熛焚**――『呂氏春秋』愼小篇・『韓非子』喩老篇に類似句がある（鄭良樹・楠山春樹『淮南子』下）。「熛」は、底本は「煙」に作るが、王引之『讀書雜志』によって改めた。

△**戰戰慄……愼一日**――『說苑』談叢篇に類似句がある（楠山春樹『淮南子』下）。

△**人莫蹪……蹪於垤**――類似句が『呂氏春秋』愼小篇にあり（金其源）また、『韓非子』六反篇にある（于大成）。

△**病者已惓**――「惓」は、許愼注は「劇★」の意とする。

△**兪跗**――『史記』扁鵲列傳にも出る（陶方琦）。許愼注は「黄帝時醫」とする。

△**曉然自以爲智**――底本は「曉自然以爲智知」に作るが、王念孫『讀書雜志』によって改めた。「智」は、「知」の假借字。

△**是故不……難者成**――楊樹達はこの八字を衍文とする。

【解説】

この人間社会にあって事業・仕事を行いながら、成功を博し、利益や幸福を勝ち取っていくためには、「存亡の枢機《すうき》、禍福の門戸《もんこ》」を正確に「知」る実際的な「知慮」がなければならないことを述べて、本篇の序論とした文章である。

48　似て非なるものの識別法

【読み下し】

物類《ぶつるい》の相《あ》い摩《ま》近《きん》して門戸《もんこ》を異《こと》にする者は、衆《おお》くして識《し》り難《がた》きなり。故に或《ある》いは之《これ》に類《るい》して非《ひ》なり、或いは之に類せずして是《ぜ》なり。或いは然《しか》るが若《ごと》くして然らざる者あり、或いは然らざるが若くして然る者あり。

諺《ことわざ》に曰《い》わく、「鳶《とび》 腐《ふ》鼠《そ》を堕《お》として、虞《ぐ》氏《し》以《もっ》て亡《ほろ》ぶ。」と。何の謂《い》いぞや。曰わく、虞《ぐ》氏《し》は梁《りょう》の大富《だいふ》人《じん》なり。家は充盈《じゅうえい》殷富《いんぷ》にして、金銭 量《りょう》無《な》く、財貨 貲《し》無し。高楼《こうろう》に升《のぼ》り、大路に臨み、楽《がく》を設け酒を陳《つら》ねて、其の上に積博《せきはく》す。游侠《ゆうきょう》 相《あ》い随《したが》いて楼下に行き、上に博《はく》する者 朋《ほう》張《ちょう》を射《い》て中《あ》て、両《りょう》を反《かえ》して笑う。飛鳶《ひえん》 適々《たまたま》其の腐鼠を堕として、游侠に中たる。游侠相い与《とも》に言いて曰わく、「虞氏は富楽《ふらく》するの日久《ひさ》し、而して常に人を軽易《けいい》するの 志《こころざし》 有り。吾《われ》敢《あ》えて侵犯《しんぱん》せざるに、乃《すなわ》ち我を辱《はず》かしむるに腐鼠を以てす。此《か》くの如《ごと》くにして報《ほう》ぜざれば、以て矜《いきお》いを天下に立つること无《な》し。請《こ》う公《こう》らと力を僇《あ》わせ志を一《いっ》にし、悉《ことごと》く徒《と》属《ぞく》を率《ひき》いて、必ず以て其の家を滅《ほろぼ》さん。」と。此所謂《これいわゆ》る之に類して非なる者なり。何をか類《るい》するに非《あら》ずして是《ぜ》なりと謂《い》う。屈建《くつけん》石乞《せききつ》に告げて曰わく、「白公勝《はくこうしょう》将《まさ》に乱を為さんとす。」と。石乞曰わく、「然《しか》らず。白公勝身《み》を卑《ひく》くして士《し》に下《くだ》り、敢《あ》えて賢《けん》に驕《おご》らず。其の家は筦籥《かんやく》の信《しん》、関楗《かんけん》の固《かた》め无し。斗斛《とこく》を大《だい》にして以て出《い》だし、斤両《きんりょう》を軽くして以て内《い》る。而《しか》るを乃《すなわ》ち之を論ずるに不宜《ふぎ》を以てするか。」と。屈建曰わく、「此《これ》乃ち反《はん》する所以《ゆえん》なり。」と。居《お》ること三年、白公勝果《は》たして乱を為し、令尹子椒《れいいんししょう》・司馬子期《しばしき》を殺す。此所謂《これいわゆ》る類せずして是なる者なり。

何をか然《しか》るが若《ごと》くして然らずと謂《い》う。子発《しはつ》上蔡《じょうさい》の令《れい》と為る。民に罪有り刑に当たり、獄《ごく》断《だん》じ論定《さだ》まり、令《れい》の前に決す。子発喟《き》然《ぜん》として悽愴《せいそう》の心有り、罪人已《すで》に刑せられて其の恩を忘れず。此《こ》の其《そ》の後、子発罪を威王《いおう》に盤《さ》けて出奔《しゅっぽん》す。刑せし者遂《つい》に恩とする者に襲《およ》び、恩とする者之《これ》を城下の廬《いおり》に逃がれしむ。足を踹《ふ》みて怒りて曰わく、「子発親《みずか》ら吾が罪を決して吾に刑を被《こうむ》らすれば、吾之《これ》を怨《うら》みて骨髄《こつずい》に憯《いた》む。我をして其の肉を得て之を食《くら》わしむれば、其れ猒《あ》くを知らんや。」と。追う者皆な以て然りと為して、其の内を索《もと》めず。果《は》たして子発を活《い》かす。此所謂《これいわゆ》る然るが若くして然らざる者なり。

何をか然らざるが若くして然る者と謂う。昔越王句践《えつおうこうせん》呉王夫差《ごおうふさ》に卑下《ひげ》して、身は臣《しん》と為り、妻は妾《めかけ》と為り、四時《しいじ》の祭祀《さいし》を奉《ほう》じて、春秋の貢職《こうしょく》を入れ、社禝《しゃしょく》（稷）を委《ゆだ》ね、民力を効《いた》し、居《お》れば隠蔽《いんぺい》と為りて、戦えば鋒行《ほうこう》と為らんことを請《こ》う。礼甚《れいはなは》だ卑《ひく》く、辞《じ》甚だ服《ふく》し、其の離叛《りはん》の心遠《とお》し。然《しか》れども甲卒《こうそつ》三千人、以て夫差《ふさ》を姑胥《こそ》に擒《とりこ》にす。此の四策《しさく》なる者は、審《つつし》まざる可《べ》からざるなり。

夫《そ》れ事の知り難《がた》き所以《ゆえん》の者は、其の端《たん》を竄《かく》し跡《あと》を匿《かく》し、私《わたくし》を公《おおやけ》に立て、邪《じゃ》を正に倚《よ》せて、以て人の心を惑《まど》わすに勝《た》うる者を以てなり。若《も》し人の内に懐《いだ》く所の者と、外に見《あらわ》す所の者とをして、符節《ふせつ》を合するが若《ごと》くならしむれば、則ち天下に亡国破家《ぼうこくはか》无《な》からん。夫れ狐《きつね》の雉《きじ》を捕《う》（搏）つや、必ず先ず躰《み》（体）を卑《ひく》くし毛を弭《た》れて、以て其の来たるを待つなり。雉見て之を信ず、故に得て擒《とりこ》にす可きなり。狐をして目を瞋《いか》らし睹《お》を植《た》てて、必殺の勢《いきお》いを見《あらわ》さしむれば、雉も亦《ま》た驚懼遠飛《きょうたんえんひ》して、以て其の怒りを避《さ》くることを知らん。夫れ人偽《じんい》（為）の相《あ》い欺《あざむ》くや、直《た》だ禽獣《きんじゅう》の詐計《さけい》するのみに非《あら》ざるなり。物類《ぶつるい》の相い似て然《しか》るが若くして、外従《よ》り論ず可《べ》からざる者は、衆《おお》くして識《し》り難し。是の故に察《さつ》せざる可からざるなり。

【現代語訳】

両者の種類が互いに接近していて、しかも部門の異なる事物は、数が多いし識別することも難しい。そこで、類似していても異なる場合があり、類似していなくても同じ場合がある。そのように見えながら、そうでない場合があり、そうでないように見えても、そうである場合がある。

諺《ことわざ》に「鳶《とび》が腐った鼠を落として、虞氏《ぐし》は亡んだ。」と言う。どういう意味かと言えば、虞氏は、梁国《りょうこく》（魏《ぎ》に同じ）の大金持ちであった。家は繁盛を極め、金銭も財貨も計り知れないほどであった。ある日、高楼《たかどの》に登り、大通りを見下ろしながら、音楽を奏で酒肴《しゅこう》を列《つら》ねて、楼上の骰子《さいころ》遊びに打ち興じていた。たまたま街の俠客《きょうかく》たちが連れ立って高楼の下を通りかかった時、上で骰子《さいころ》遊びをしていた者が朋張《ほうちょう》の役を当て、二つの駒《こま》を裏返して勝ちを決めたので、大はしゃぎで笑い出した。折しも近くを飛んでいた鳶《とび》が、口にくわえた腐れ鼠を落として、運悪く俠客の一人に当たった。そこで俠客たちは口々にこう語り合った。「虞氏は、長らく贅沢三昧《ぜいたくざんまい》の日を送り、常々人を軽んずる料簡《りょうけん》だ。わしらには手出しをする気はなかったが、腐れ鼠をぶつけてわしらを馬鹿にしおった。このまま黙って引き下がったのでは、天下に対して男が立たぬ。どうか皆《み》なの衆《しゅう》、力を合わせ心を一つにし、身内を全て引き連れて、きっとこの家を滅ぼしてくれよう。」これが「類似していても異なる場合」の例である。

「類似していなくても同じ場合」とは、どういうことか。楚《そ》国《こく》の大夫《たいふ》屈建《くつけん》が石乞《せききつ》（白公《はくこう》の仲間）に訴えて言った、「白公勝《はくこうしょう》は、反乱を起こすでしょう。」石乞がこれに応《こた》えて、「いや、そんなはずはない。白公勝は、身を低くして士分《しぶん》の者にも下り、賢者に対して威張《いば》ろうとしない。その家は、安心のために鍵を掛けたり、用心のためにかんぬきを設けることがなく、物のやり取りでは、升《ます》を大きめにして人々に与え、秤《はかり》を軽めにして受け取るという。それなのに不義と非難されるのか。」屈建が言った、「それは、むしろ反乱を起こすためなのです。」三年後、白公勝は果《は》たして反乱を起こし、令尹子椒《れいいんししょう》と司馬子期《しばしき》（ともに白公の季父）を殺したのであった。これが「類似していなくても同じ場合」の例である。

「そのように見えながら、そうでない場合」とは、どういうことか。楚《そ》国《こく》の子発《しはつ》（威王《いおう》の将軍）が上蔡《じょうさい》（今の河南省の地）の長官となった時、民の一人が刑法に触れる罪を犯した。裁判が行われ判決が下されたが、それらは全て長官の廷前《ていぜん》で決せられた。この間、子発は何度も深い溜息《ためいき》をつき哀れみの心を抱き続けたので、罪人は刑罰を受けた後もその恩情を忘れなかった。さてその後、子発は威王《いおう》から罪に問われるのを避けるために出奔《しゅっぽん》したが、逃亡の果てにゆくりなくも、かつて刑罰を与えた者（子発）が、恩情を忘れていない者（罪を犯した民）の家に逃げこむ仕儀《しぎ》となった。恩情を忘れないその民は、子発を城下の掘っ立て小屋にかくまった。追っ手がやって来ると、彼は足を踏み鳴らして怒って言った、「子発は自ら私の罪を決して、私を刑罰にかけた者だ。この怨みを思い出すと骨髄《こつずい》に痛みが走る。もしあれの肉を食わしてくれると言うのなら、いくらでも食ってやるぞ。」これを聞いて、追っ手の者はみななるほどと思い、小屋の中まで捜索しなかった。その結果、子発は生き延びることができた。これが「そのように見えながら、そうでない場合」の例である。

「そうでないように見えても、そうである場合」とは、どういうことか。その昔、越王句践《えつおうこうせん》は身を低くして呉王夫差《ごおうふさ》に下り、次のように願い出た。すなわち、自分は夫差の臣に、妻は妾《めかけ》になり、四季折々の祭祀《さいし》を押し戴《いただ》き、春と秋には貢《みつ》ぎ物を納め、国家は夫差に任《まか》せ、国民に力を出させて、平時には呉国の守備に徹し、戦時には先鋒《せんぽう》を務めさせてもらいたい、と。その礼はあくまで低く、その言葉はあくまで恭《うやうや》しく、離叛《りはん》する気持ちなどさらさらないかに見えた。しかしながら、その句践はある日、武装兵三千を率《ひき》いて、夫差を姑胥《こそ》（今の江蘇《こうそ》省蘇州市《しょうそしゅうし》の西郊）の地で逮捕してしまったのである。以上の四つの原則は、正確に理解していなければならない。

一体、事物を識別するのが難しい理由は、事物がその端緒《たんしょ》を隠し痕跡《こんせき》をくらまし、公《おおやけ》を装《よそお》って私《わたくし》を立て、正の蔭《かげ》に邪が身を寄せるなどして、よく人の心を惑わすことがあるからである。もし人の内心に抱くものと、外面に表わすものとが、符節《わりふ》を合わせるようにぴたりと一致しているならば、天下に滅亡する国もなく、破滅する家もないに違いない。狐《きつね》は雉《きじ》を狙い撃ちする場合、まず身を低く構え、毛を撫でつけて、獲物がやって来るのを待つ。雉はこれを見ても恐ろしいとは感じない、それで捕《とら》えることができるのである。もし狐が目をいからし尻尾を押《お》っ立てて、必殺の勢いを顕《あら》わにするならば、雉も驚いて遠くに飛び去り、恐ろしい狐を避けるであろう。しかし、人と人とがその作為で互いに欺《あざむ》き合うさまは、鳥と獣とのだまし合いどころではない。このように、事物の種類が互いに似ていて同じように見えながら、外面から論ずることができないものは、数が多いし識別することも難しい。だから、よくよく見極めなければならないのである。

【原文】

物類之相摩近而異門戸者、衆而難識也。故或類之而非、或不類之而是。或若然而不然者、或若不然而然者。

諺曰、鳶墮腐鼠、而虞氏以亡。何謂也。曰、虞氏梁之大富人也。家充盈殷富、金錢无量、財貨无貲。升高樓、臨大路、設樂陳酒、積博其上。游俠相隨而行樓下、博上者射朋張中、反兩而笑。飛鳶適墮其腐鼠、而中游俠。游俠相與言曰、虞氏富樂之日久矣、而常有輕易人之志。吾不敢侵犯、而乃辱我以腐鼠。如此不報、无以立矜於天下。請與公僇力一志、悉率徒屬、而必以滅其家。此所謂類之而非者也。

何謂非類而是。屈建告石乞曰、白公勝將爲亂。石乞曰、不然。白公勝卑身下士、不敢驕賢。其家无筦籥之信、關楗之固。大斗斛以出、輕斤兩以內。而乃論之以不宜也。屈建曰、此乃所以反也。居三年、白公勝果爲亂、殺令尹子椒司馬子期。此所謂弗類而是者也。

何謂若然而不然。子發爲上蔡令。民有罪當刑、獄斷論定、決於令前。子發喟然有悽愴之心、罪人已刑而不忘其恩。此其後、子發盤罪威王而出奔。刑者遂襲恩者、恩者逃之於城下之廬。踹足而怒曰、子發親決吾罪而被吾刑、吾怨之憯於骨髓。使我得其肉而食之、其知猒乎。追者皆以爲然、而不索其內。果活子發。此所謂若然而不然者。

何謂若不然而然者。昔越王句踐卑下吳王夫差、請身爲臣、妻爲妾、奉四時之祭祀、而入春秋之貢職、委社禝（稷）、效民力、居爲隱蔽、而戰爲鋒行。禮甚卑、辭甚服、其離叛之心遠矣。然而甲卒三千人、以擒夫差於姑胥。此四策者、不可不審也。

夫事之所以難知者、以其竄端匿跡、立私於公、倚邪於正、而以勝惑人之心者也。若使人之所懷於內者、與所見於外者、若合符節、則天下无亡國破家矣。夫狐之捕（搏）雉也、必先卑躰（體）弭毛、以待其來也。雉見而信之、故可得而擒也。使狐瞋目植睹、見必殺之勢、雉亦知驚憚遠飛、以避其怒矣。夫人僞（爲）之相欺也、非直禽獸之詐計也。物類相似若然、而不可從外論者、衆而難識矣。是故不可不察也。

【注釈】

△**或若不然而然者**――「若不」は、底本は「不若」に作るが、王引之『讀書雜志』によって改めた。

△**虞氏**――以下、「滅其家」まで『列子』說符篇に取られている（莊逵吉）。

△**朋張**――未詳。戸川芳郎・木山英雄・澤谷昭次を參照。

△**立矜於天下**――「矜」は、底本は「務」に作るが、王引之『讀書雜志』によって改めた。

△**屈建告**――以下、「果爲亂」まで類似の文章が『說苑』權謀篇にある（島田翰）。

△**而乃論……不宜也**――「宜」と「也」は、陶鴻慶によって解釋した。

△**令前**――底本は「令尹前」に作るが、王念孫『讀書雜志』によって改めた。

△**子發親決吾罪**――「親」は、底本は「視」に作るが、王念孫『讀書雜志』によって改めた。

△**不然者**――底本は「不若然者」に作るが、鄭良樹によって改めた。

△**若不然而然者**――底本は「不然而若然者」に作るが、王引之『讀書雜志』によって改めた。

△**居爲隱……爲鋒行**――『戰國策』韓策二に類似句がある（王念孫『讀書雜志』）。前句は、底本は「居隱爲蔽」に作るが、王念孫『讀書雜志』によって改めた。

△**捕雉**――「捕」は、「搏」の意（鄭良樹）。

△**弭毛**――「毛」は、底本は「耳」に作るが、王念孫『讀書雜志』によって改めた。

△**植睹**――許愼注は「杜★尾」とする（吳承仕『淮南舊注校理』を參照）。

【解説】

本篇における論証の形式は墨家に由来する。特に本章はそのことがよく分かる例である。『墨子』小取篇を見ると、「夫《そ》れ物は或《ある》いは乃《すなわ》ち是《ぜ》にして然《しか》り、或いは是にして然らず。……。此《これ》乃ち是にして然る者なり。……。此乃ち是にして然らざる者なり。」などとあり、中略した「……」の部分には「是《ぜ》にして然《しか》り」と「是にして然らず」を証明する実例が配置されている。本章がこれをモデルにしていることは明らかであろう。この点から確実に推測されるように、淮南王《わいなんおう》の下には有力な墨者がかなり多数身を寄せていたのである。

本章の四策の内、「之《これ》に類《るい》して非《ひ》なり」と「然《しか》るが若《ごと》くして然らず」は同じ策であり、「之に類せずして是《ぜ》なり」と「然らざるが若くして然り」も同じである。だから四策は、実は二策に他ならない。墨家に由来する論証形式も、ここではすでに形骸化してしまっているのである。なお、後半部分の事物の類を外面から論ずるのでなく、内在的に検討しようという主張は、中国思想史の中にあっては新しい提言であり、貴重なものであろうと思う。

巻第十九　脩務《しゅうむ》

【総説】

題の意味は、本篇中に「本業の修むる所、方術の務むる所」という句がある（楊樹達）ので、「脩《おさ》め務《つと》める」つまり実践または努力ということであろう。高誘注《こうゆうちゅう》は「脩《しゅう》は、勉なり。務は、趨《すう》なり。聖人は趨《はし》る時、冠 鼓《な》るも顧みず、履遺《くつお》つるも取らず。必ず仁義の道を用いて、以《もっ》て万民を済《すく》う。故に『脩務《しゅうむ》』と曰《い》いて、用いて以《もっ》て篇に題す。」とする。これによれば、「勉《つと》めて趨《はし》る」すなわち「万民を済うために努力し疾走する」の意となる。

前漢時代初期の墨家思想を表現した篇であって、実践・努力と学問・修業の大切さを熱心に説いている。

要略篇の解説によれば、本篇の内容は「人の道に於けるや未《いま》だ淹《ひろ》からず、論を味わうや未だ深からず、其の文辞《ぶんじ》を見るのみなるが為《た》めに、之を反《かえ》さんとして清浄《せいじょう》を以て常と為し、恬惔《てんたん》を本と為せば、則ち懈随《かいだ》（惰）して学に分《そむ》き、欲を縦《ほしい》ままにし情を適《こころよ》くして、以て偸《ひそ》かに自ら佚《いっ》して、大道を塞《ふさ》がんと欲するなり。今夫《そ》れ狂者は憂い无く、聖人も亦《ま》た憂い无し。聖人の憂い无きは、和するに徳を以てすればなり。狂者の憂い无きは、禍福を知らざればなり。故に通じて无為《むい》なると、塞がれて无為なるとは同じ。其の无為なるは則ち通《おな》じきも、其の无為なる所以《ゆえん》は則ち異なる。故に之《これ》が浮《ふ》称流説《しょうりゅうせつ》を為せり。其の能く聴く所以《ゆえん》は、学者をして孶孶《しし》として以て自ら幾《つ》くさしむる所以なり。」である。また本篇の目的は「学者をして勧力《かんりょく》せし」めることであると言う。

49　古代の聖人たちは無為ではなかった

【読み下し】

或《ある》いは曰《い》わく、「無為《むい》なる者は、寂然《せきぜん》として声無く、漠然として動かず、之を引くも来たらず、之を推《お》すも往かず。此《か》くの如《ごと》き者は、乃《すなわ》ち道を得るの像《かたち》なり。」と。吾以為《われおも》えらく然《しか》らず、と。嘗《こころ》試みに之を問わん。夫《か》の神農《しんのう》・尭《ぎょう》・舜《しゅん》・禹《う》・湯《とう》の若《ごと》きは、聖人《せいじん》と謂《い》う可《べ》きか、と。論有る者も、必ず廃《はい》すること能《あた》わざらん。五聖を以て之を観れば、則ち無為を得るもの莫《な》きこと明らかなり。

古者《いにしえ》民 草を茹《くら》い水を飲み、樹木の実を采《と》り、蠃蛖《らぼう》の肉を食《くら》い、時に疹病《しんびょう》毒傷の害多し。是《ここ》に於《お》いて神農乃ち始めて民に教えて、五穀を播《は》種《しゅ》せしめ、土地の宜《よろ》しきと、燥湿《そうしつ》・肥墝《ひこう》・

高下とを相《み》、百草の滋味と、水泉の甘苦とを嘗《な》めて、民をして避就《ひしゅう》する所を知らしむ。此の時に当たりて、一日にして七十の毒あり。

尭は孝慈仁愛を立てて、民を使うこと子弟の如《ごと》し。西は沃民《よくみん》を教え、東は黒歯《こくし》に至り、北は幽都《ゆうと》を撫《ぶ》し、南は交趾《こうし》を道《みちび》く。讙兜《かんとう》を崇山《すうざん》に放ち、三苗《さんびょう》を三危《さんき》に竄《ざん》し、共工《きょうこう》を幽州《ゆうしゅう》に流し、鯀《こん》を羽山《うざん》に殛《きょく》す。

舜は室を作り、牆《かき》を築き屋《おく》を茨《ふ》き、地を辟《ひら》き穀を樹《う》え、民をして皆な巌穴《がんけつ》を去ることを知りて、各々家室有らしむ。南のかた三苗を征せんとして、道に蒼梧《そうご》に死せり。

禹は霪雨《いんう》に沐《もく》し、扶風《ふふう》に櫛《くし》けずり、江《こう》を決し河《か》を疏《そ》し、竜門《りゅうもん》を鑿《うが》ち、伊闕《いけつ》を闢《ひら》き、彭蠡《ほうれい》の防《つつみ》を脩《おさ》む。四載《しさい》に乗り、山に随《したが》い木を栞《き》り、水土を平治し、千八百国を定む。

湯は夙《つと》に興《お》き夜《し》寐《い》ねて、以て聡《そう》（聡）明《めい》を致《つ》くし、賦《ふ》を軽くし斂《れん》を薄くして、以て民氓《みんぼう》を寛《ゆた》かにし、徳を布き恵みを施して、以て困窮を振《すく》い、死を弔《ちょう》し疾《やま》いを問いて、以て孤孀《こそう》を養う。百姓《ひゃくせい》は親附《しんぷ》し、政令は流行す。乃ち兵を鳴条《めいじょう》に整え、夏《か》を南巣《なんそう》に困《くる》しめ、譙《せ》むるに其の過《あやま》ちを以てし、之を歴山《れきざん》に放《はな》てり。

此の五聖なる者は、天下の盛主なるも、形を労《くる》しめ慮を尽くし、民の為めに利を興こし害を除きて懈《おこた》らず。一爵《いっしゃく》の酒を奉ずれば、色に知らざるも、一石《いっこく》の尊《そん》を挈《あ》ぐれば、則ち白汗《はくかん》交々《こもごも》流る。又《ま》た況《いわん》や天下の憂いを贏《にな》いて、海内《かいだい》の事に任ずる者をや。其の尊《そん》より重きこと亦《ま》た遠し。且《か》つ夫《そ》れ聖人なる者は、身の賤《いや》しきを恥じずして、道の行われざるを愧《は》じ、命《いのち》の短きを憂えずして、百姓《ひゃくせい》の窮するを憂う。是の故に禹の水を為《おさ》むるや、身を以て陽眄《ようべん》の河に解《かい》し、湯は旱《かん》に苦しみて、身を以て桑林《そうりん》の際に禱《いの》る。聖人の民を憂うること此《か》くの如く其れ明らかなり。而《しか》るに称するに無為《むい》を以てするは、豈《あ》に悖《もと》らざらんや。

【現代語訳】

ある人が言うには、「無為《むい》というのは、ひっそりとして声がなく、ぼんやりとして動かず、引っ張ってもこちらに来ず、押しても向こうに行かない。このような状態こそが、道を把《とら》えた姿である。」と。私の考えでは、これは間違っている。試みに訊《たず》ねてみるが、例えばあの神農《しんのう》・尭《ぎょう》・舜《しゅん》・禹《う》・湯《とう》などは、聖人と言うことができるだろうか。どんなに議論好きの者であっても、きっと彼らが聖人であることを否定するわけにはいくまい。ところで、この五人の聖人の振る舞いを見てみれば、無為を把えた者が一人もいないことは明らかである。

古代には、人類は草を食い水を飲み、木の実を採り、蛤《はまぐり》の肉を食べていたので、当時は熱病や食中《しょくあ》たりの被害が多かった。そこで神農は、始めて人類に五穀（黍《きび》・稷《たかきび》・菽《まめ》・麦・稲）の種のまき方を教え、また土地の適否・乾湿・肥瘦《ひそう》・高低などを調べ、多くの草の味わいや、泉の水質の善し悪しを嘗《な》めて、人類に取るべきものと避けるべきものを理解させた。この時、自らは一日に七十もの毒に中《あ》たったのであった。

尭は、親子の互いの孝慈と人々に対する仁愛の徳を掲げ、人民を使役する場合も自分の子弟のように扱った。そして、西は沃民《よくみん》（西方の国）を教え、東は黒歯《こくし》（東方の国）にまで出かけ、北は幽都《ゆうと》（今の山西省北方、秦代・漢代の雁門郡《がんもんぐん》以北）をいたわり、南は交趾《こうし》（今のヴェトナム北部）を導いた。また讙兜《かんとう》という佞臣《ねいしん》を崇山《すうざん》（南の果ての山）に追放し、異民族の三苗《さんびょう》（渾敦氏《こんとんし》・窮奇氏《きゅうきし》・饕餮氏《とうてつし》の子孫）を三危《さんき》（西の果ての山）に封じこめ、無能な治水官の共工《きょうこう》（尭の臣）を幽州《ゆうしゅう》（今の河北省・遼寧省の地、当時の最も東北方）に流刑にし、禹の父で無能な治水官の鯀《こん》を羽山《うざん》（東の果ての山）で死刑に処した。

舜は、始めて家を作り、壁を築き屋根をふき、土地を開墾し穀物を植え、人民がみな岩穴から出て、それぞれ家を持つべきことを教えた。そして、まつろわぬ三苗を征伐しようとして南方に出撃した時、途中の蒼梧《そうご》（今の広西壮族自治区の東部、漢代の蒼梧郡）で没した。

禹は、長雨によって髪の毛を洗い、疾風《しっぷう》によって髪を梳《と》かすまでして、治水事業に身を挺し、長江《ちょうこう》を切り開き黄河を疏通させ、竜門《りゅうもん》（今の山西省河津県《かしんけん》と陝西省《せんせいしょう》韓城県《かんじょうけん》を結ぶ黄河一帯）の水門を開鑿《かいさく》し、伊闕《いけつ》（今の河南省洛陽市の南。この山谷が開かれて、伊水《いすい》が北流して雒水《らくすい》に入るようになったと言う。）の山谷を押し開き、彭蠡《ほうれい》（今の江西省《こうせいしょう》北部、漢代の豫《よ》章郡彭蠡県《しょうぐんほうれいけん》の西）の沼沢の堤防を補修した。また四種の乗り物（蔂《かご》・舟・車・蕝《そり》）を乗り回して、山林に分け入り木を切り倒して道を開き、こうして河水と陸地を治めつつ、千八百もの国々の基礎を固めた。

湯は、早朝に起き深夜に寝るという日常を送りながら、己《おのれ》の知力を振り絞って働き、賦税《ふぜい》を軽くして、民衆の生活にゆとりを与え、広く恩徳を施して、貧乏な民を助け、死者を弔《とむら》い病人を見舞って、孤児・寡婦を養った。その結果、人民はよく懐《なつ》いて、湯の発する政令は水の流れるように行き渡った。やがて湯は、鳴条《めいじょう》（今の河南省開封市の北）の地に軍隊を整えて、夏《か》の桀王《けつおう》を南巣《なんそう》（今の安徽省巣県《あんきしょうそうけん》、漢代の廬江郡居巣県《ろこうぐんきょそうけん》）の地に追い詰め、その罪を責め立てて、ついに歴山《れきざん》（今の安徽省和県《わけん》の山か）の麓《ふもと》に放逐したのであった。

以上の五人の聖人たちは、いずれも天下の有力な君主であったが、それにもかかわらず、己の肉体を苦しめ思慮の限りを尽くして、人民のために利益を興こし害悪を除いて、倦《う》むことを知らなかった。一体、一盃の酒を捧げ持っても、その重さが顔色に出ることはないが、一石《いっこく》（約二十リットル）の酒樽を持ち上げるとなると、滝の汗が身体《からだ》中に流れる。まして天下全体の悩みを背負い、四海の内（天下全体）の事業に任ずる者の場合、その重さは酒樽の比ではない。その上、聖人という者は、自身の身分の低いことは恥と思わず、この世に道が行われないことを恥とする。自身の生命の短いことは気にかけず、人民の生活の貧しさを心配する、といった存在である。それ故、禹は洪水に対処しようとした時、陽眄《ようべん》（秦地の河）の河に我が身を犠牲に供して厄《やく》の落ちることを祈り、湯は旱魃《かんばつ》に苦しんだ時、桑林《そうりん》（桑山の林）の麓に我が身を投げ出して雨を乞《こ》うたのであった。聖人が人民のことを心配したのは、このように明らかな事実である。それを無為であると言って称賛するのは、何という間違った議論であろう。

【原文】

或曰、無爲者、寂然無聲、漠然不動、引之不來、推之不往。如此者、乃得道之像。吾以爲不然。嘗試問之矣。若夫神農堯舜禹湯、可謂聖人乎。有論者、必不能廢。以五聖觀之、則莫得無爲明矣。

古者民茹草飲水、采樹木之實、食蠃蛖之肉、時多疹★病毒傷之害。於是神農乃始★教民、播種五穀、相土地宜、燥濕肥墝高下、嘗百草之滋味、水泉之甘苦、令民知所避就。當此之時、一日而★七十毒。

堯立孝慈仁愛、使民如子弟。西教沃民、東至黑齒、北撫幽都、南道交趾。放讙兜於崇山、竄三苗於三危、流共工於幽州、殛鯀於羽山。

舜作室、築牆茨屋、辟地樹穀、令民皆知去巖穴、各有家室。南征三苗、道死蒼梧。

禹沐★霪雨、櫛扶風、決江疏河、鑿龍門、闢伊闕、脩彭蠡之防。乘四載、隨山栞木、平治水土、定千八百國。

湯夙興夜寐、以致聰（聽）明、輕賦薄斂、以寬民氓、布德施惠、以振困窮、弔死問疾、以養孤孀。百姓親附、政令流行。乃整兵鳴條、困夏南巢、譙以其過、放之歷山。

此五聖者、天下之盛主、勞形盡慮、爲民興利除害而不懈。奉一爵酒、不知於色、挈一石之尊、則白汗交流。又況贏天下之憂、而任★海內之事者乎。其重於尊亦遠矣。且夫聖人者、不恥身之賤、而愧道之不行、不憂命之短、而憂百姓之窮。是故禹★爲水、以身解於陽盱之河、湯苦★旱、以身禱於桑林★之際★。聖人憂民如此其明也。而稱以無爲、豈不悖哉。

【注釈】

△**無爲者……之不往**―「老子曰」を冠して『文子』自然篇に取られている。

△**瘮病**―底本は「疾病」に作るが、王念孫『讀書雜志』によって改めた。

△**神農乃……種五穀**―本書主術篇に類似句がある（鄭良樹）。「始」は、底本は「如」に作るが、道藏本などによって改めた。

△**一日而七十毒**―『孔叢子』連叢子下篇に「伏羲」のこととして類似句が出る（楠山春樹『淮南子』下）。「而七十毒」は、底本は「而遇七十毒」に作るが、王念孫『讀書雜志』によって「遇」を削った。

△**西教沃……道交趾**―本書主術篇に「南の交阯」・「北の幽都」・「東の湯谷」・「西の三危」が「神農」の支配した領域として畫かれている（楠山春樹『淮南子』下）。

△**放讙兜……於羽山**―『尙書』舜典篇には「舜」の擧げた治績として畫かれている（楠山春樹『淮南子』下）。本書では、「讙兜」は泰族篇に、「三苗」は原道篇・墬（地）形篇などに、「共工」は原道篇・天文篇などに、「鯀」は原道篇に、それぞれ見える。

△**道死蒼梧**―「舜」が「蒼梧」に葬られたことは、本書では齊俗篇に書かれている（楠山春樹『淮南子』下）。

△**禹沐霪雨、櫛扶風**―『莊子』天下篇に類似句がある（王念孫『讀書雜志』）。「沐」は、底本は「沐浴」に作るが、王念孫によって「浴」を削った。「扶」は、兪樾は「疾」に改める。

△**乘四載、隨山栞木**―同じ句が『尙書』益稷篇に見える（馬宗霍）。「四載」が何を指すかについては、諸説がある（馬宗霍）。「隨山栞木」は、『尙書』禹貢篇にも出る（吳承仕『淮南舊注校理』）。

△**以致聰明**――意味は、高誘注によって解釋する。「致」は、「盡」と同意（馬宗霍）。

△**而任海內之事者乎**――底本は「任」がないが、莊逵吉・王念孫『讀書雜志』によって補った。

△**夫聖人者**――以下、「而憂百姓之窮」に至るまで『文子』自然篇に取られている（島田翰を參照）。

△**禹爲水**――底本は「禹之爲水」に作るが、莊逵吉・王念孫『讀書雜志』によって「之」を削った。

△**陽眄**――「陽盱」に作るテキストもあり、『水經注』河水注の引く『淮南子』も「陽紆」に作るので、楊樹達・馬宗霍・于大成が「陽盱」「陽紆」と同じと見てその地を考證しているが、かなり無理がある（王念孫『讀書雜志』を參照）。道藏本も明刻茅一桂本も「陽眄」に作る。

△**湯苦旱**――底本は「湯旱」に作るが、王念孫『讀書雜志』によって「苦」を補った。以下、「桑林之際」に至るまで『呂氏春秋』順民篇・本書主術篇に類似句がある（王念孫『讀書雜志』）。

△**桑林之際**――底本は「桑山之林」に作るが、王念孫『讀書雜志』によって改めた。

【解説】

道家の唱える「無為」の思想を「豈に悖《もと》らざらんや」といって批判し、人々に向かって正反対の「有為《ゆうい》」（実践・努力）の大切さを訴える文章である。

思想の内容から言えば、『墨子』の主として非命論を受け継いだものであり、論証の形式から言えば、論理性を非常に尊んでおり、当代の墨家の書いた文章と思われる。戦国時代から生き残った相当数の墨者が、その気風や思想・文献を継承しながら、淮南王劉安《わいなんおうりゅうあん》の下に身を寄せていたのであろう。

50　帝王のポストの設けられた理由

【読み下し】

且《か》つ古《いにしえ》の帝王を立つる者は、以《もっ》て其の欲を奉養《ほうよう》せんとするに非《あら》ざるなり。聖人の位を践《ふ》む者は、以て其の身を逸楽《いつらく》にせんとするに非ざるなり。天下の強《きょう》　弱《じゃく》を掩《おお》い、衆寡《しゅうか》を暴《そこな》い、詐《さ》　愚を欺《あざむ》き、勇　怯《きょう》を侵《おか》し、知（智）を懐《いだ》けども以て相《あ》い教えず、財を積めども以て相い分かたざるが為《た》めに、故に天子を立てて以て之《これ》を斉《ひと》しくす。一人の聡《そう》（聡）明《めい》は、而《すなわ》ち以て偏《あまね》く海内《かいだい》を燭《て》らすに足らざるが為《た》めに、故に三公九卿《さんこうきゆうけい》を立てて以て之を輔翼《ほよく》す。絶国殊俗《ぜっこくしゅぞく》、僻《へき》遠幽間《えんゆうかん》の処《ところ》は、徳を被り沢《こうむ》《たく》を承《う》くること能《あた》わず、故に諸侯《しょこう》を立てて以て之を教誨《きょうかい》す。是《ここ》を以《もっ》て地は任《にん》ぜざるもの無く、時は応ぜざるもの無く、官に隠事《いんじ》無く、国に遺利《いり》無し。寒《こご》えたるに衣《き》せ飢えたるに食《くら》わせ、老弱を養いて労倦《ろうけん》を息《いこ》わしむる所以《ゆえん》なり。

若《も》し布衣徒歩《ふいとほ》の人を以て之を観れば、則ち伊尹《いいん》は鼎《かなえ》を負いて湯《とう》に干《もと》め、呂望《りょぼう》は刀《かたな》を鼓《こ》して周《しゅう》に入り、伯里奚《はくりけい》は転鬻《てんいく》し、管仲《かんちゅう》は束縛せられ、孔子は黙突《もくとつ》無く、墨子は煖席《だんせき》無し。是《ここ》を以《もっ》て聖人の山を高しとせず、河を広しとせず、恥辱を蒙《こうむ》りて以て世主《せいしゅ》に干《もと》むるは、以て禄を貪《むさぼ》り位を慕うに非ず、天下の利を起こして、万民の害を除くを事とせんと欲すればなり。蓋《けだ》し聞く伝書《でんしよ》に曰わく、「神農《しんのう》は憔悴《しようすい》し、尭は瘦臞《そうく》し、舜は黴黒《ばいこく》し、禹は胼胝《へんち》せり。」と。此《これ》に由《よ》りて之を観れば、則ち聖人の百姓《ひやくせい》に憂労《ゆうろう》すること甚《はなは》だし。故に天子自《よ》り以下、庶人《しよじん》に至るまで、四胑《しし》（肢）勤《つと》めず、思慮用いずして、事治まり求め贍《た》る者は、未《いま》だ之を聞かざるなり。

【現代語訳】

それに、古代において帝王を設けたのは、彼の欲望を充たしてやろうとしたためではない。聖人が天子の位に就いたのは、自分の身体を安楽にしようとしたためではなかった。帝王・天子がいない当時、天下は、強者が弱者を押さえつけ、多数が少数に乱暴し、ずる賢い者が愚か者を欺《あざむ》き、勇気のある者が臆病者を侵《おか》し、また知識を持っていても教え合わず、財産を蓄えていても与え合わない、という状況であったので、そこで天子というポストを設けて人々を一つにまとめることにしたのである。しかし、天子ただ一人の知力では、海内《かいだい》（天下全体）を遍《あまね》く照らし出すことができない。そこで三公《さんこう》・九卿《きゆうけい》のポストを設けて天子を補佐させることにした。けれども、遥かに隔たった風俗の異なる国や、遠く人里離れた辺鄙《へんぴ》な地は、天子・三公・九卿の恩徳を受けることができない。そこで、諸侯《しよこう》というポストを設けて人々を教育することにした。こうして、どんな土地も全てそれなりに利用され、どんな時勢にも全てうまく対処できるようになって、役所では仕事は必ずオープンに公開され、国家にとって利益となるものは残らず掘りおこされた。それ故、凍《こご》えた者に衣服を着せ、飢えた者に食事を与え、老人・幼児を養って、疲労困憊《こんぱい》した者を休ませることもできたのだった。

貧しく官位のない庶民の場合を観てみよう。伊尹《いいん》（もとは有莘《ゆうしん》の野にいた料理人、後に湯《とう》の宰相となる。）は鼎《かなえ》を背負って殷王《いんおう》湯に職を求め、呂望《りょぼう》（太公望呂尚《たいこうぼうりょしょう》のこと。もと朝歌《ちょうか》で屠畜業を営み、後に文王の太師《たいし》となる。）は刀《かたな》を打ち鳴らしながら周《しゅう》の国に入り、伯里奚《はくりけい》（百里奚《ひゃくりけい》に同じ。もと虞公《ぐこう》の臣、後に秦の穆公《ぼくこう》の宰相となる。）は転々と身を売って出世し、管仲《かんちゅう》（もと斉《せい》の公子糾《きゅう》の教育係、後に桓公《かんこう》の宰相となる。）は囚《とら》われの身となって帰国し、孔子はかまどの煙突が黒くなるほどの間も家に落ち着かず、墨子は東に西に忙しく立ち働いて席の暖まる暇もなかった。このように、もともと庶民であった聖人たちが、高い山を苦にもせず、広い河をものともせず、身に恥辱を被《こうむ》りながらも当代の君主に職を求めたのは、高禄を貪《むさぼ》り高位にあこがれたからではなくて、天下の利益を起こし、万民の害悪を除くことを己《おのれ》の責務としようとしたからである。聞くところによれば、古文献には「古代の帝王たちは身を粉《こ》にして働いた。例えば神農《しんのう》（太古の帝王）は憔悴《しょうすい》しきり、尭は痩せ衰え、舜は垢《あか》で薄汚れ、禹は手足が胼胝《まめ》だらけであった。」と書かれているという。この点から考えるならば、聖人が人民のために苦労したのは、並み大抵のことではなかったのだ。だから、上は天子から下は庶民に至るまで、手足を働かせず、頭を使わないのに、仕事がはかどり要求がかなえられたなどというのは、聞いたためしのない話である。

【原文】

且古之立帝王者、非以奉養其欲也。聖人踐位者、非以逸樂其身也。爲天下強掩弱、衆暴寡、詐欺愚、勇侵怯、懷知（智）而不以相教、積財而不以相分、故立天子以齊之。爲一人聰（聰）明、而不足以徧燭海內、故立三公九卿以輔翼之。絕國殊俗、僻遠幽閒之處、不能被德承澤、故立諸侯以敎誨之。是以地無不任、時無不應、官無隱事、國無遺利。所以衣寒食飢、養老弱而息勞倦也。

　若以布衣徒步之人觀之、則伊尹負鼎而干湯、呂望鼓刀而入周、伯里奚轉鬻、管仲束縛、孔子無黔突、墨子無煖席。是以聖人不高山、不廣河、蒙恥辱以干世主、非以貪祿慕位、欲事起天下之★利、而除萬民之害。蓋聞傳書曰、神農憔悴、堯瘦臞、舜黴黑、禹胼胝。由此觀之、則聖人之憂勞百姓甚矣。故自天子以下、至于庶人、四胑（肢）不★勤、思慮不用、事治求贍者、未之聞也。

【注釈】

△**古之立帝王者**――以下、「未之聞也」に至るまで『文子』自然篇に取られている（島田翰を参照）。

△**天下強掩弱**――以下、「積財而不以相分」までは墨家の常套句（楠山春樹『淮南子』下）。紀元前四世紀の作である『墨子』兼愛中篇にすでに見える。

△**立天子以齊之**――人類の自然狀態における社會的混亂を想定して、それを解決するために天

子・三公・九卿・諸侯などの政治機構が生まれたとする一種の社會契約説は、紀元前三世紀の墨家の思想である（特に『墨子』尙同三篇を參照）。

△**伊尹負……仲束縛**――この四人を一グループにまとめ、卑賤の位から身を起こしたとする記述は、本書では氾論篇にある（楠山春樹『淮南子』下）。

△**孔子無……無煖席**――蔣超伯・鄭良樹は「孔子」と「墨子」とが誤倒していると言うが、『文子』自然篇・『劉子新論』惜時篇の類似句から考えて、底本のままでよい（于大成）。「默」は、于大成が「黔」に改めるが、その必要はない。道藏本も「默」に作る。

△**欲事起……民之害**――「起」は、莊逵吉・王念孫『讀書雜志』が衍字として削るが、その必要はない（楊樹達・于大成）。「之」は、底本にないが、王念孫『讀書雜志』によって補った。「起天下之利、而除萬民之害。」は、墨家の常套句（楠山春樹『淮南子』）。『墨子』兼愛中篇以下に多く見える。

△**四胑不勤**――「勤」は、底本は「動」に作るが、王叔岷『諸子斠證』によって改めた。朱東光本など「勤」に作る本がある（王叔岷『諸子斠證』・鄭良樹）。

【解説】

前章にすぐ続いて「有為」の大切さを訴える文章である。「天子・三公・九卿・諸侯」などの政治機構が、彼らの欲望を充たし、身体を安楽にするために生まれたのではなく、民衆生活の安寧のために努力すべきものとして生まれたとするこの主張は、言うまでもなく、為政者に「無為」の支配を求める当時の道家の政治思想に対する批判である。
この中にある作者の「有為」が、どこに向かって行くのか分からないような無方向のものではなく、デモクラティックな方向のものである——民衆の立場に立つという戦国時代以来の墨家本来の理想を失っていない点は、現代の読者として、見逃してはならないことだと思われる。

51　私の考える無為と有為

【読み下し】

夫《そ》れ地勢は水 東《ひがし》に流れ、人必ず事《こと》として、然る後に水潦《すいりょう》谷に行くを得。禾稼《かか》は春生じ、人必ず功を加う、故に五穀遂長《すいちょう》するを得。其の自《みずか》ら流るるに聴《まか》せ、其の自《みずか》ら生ずるに待てば、則《すなわ》ち鯀禹《こんう》の功も立たずして、后稷《こうしょく》の智も用いず。

吾が所謂《いわゆる》無為《むい》の若《ごと》き者は、私志《しし》 公道に入るを得ず、耆欲《しよく》 正術を枉《ま》ぐるを得ず、理に循《したが》いて事を挙げ、資《し》に因《よ》りて功を立て、自然の勢いを推《お》して、曲故《きょくこ》容《い》るを得ざる者なり。故に事成りて身伐《ほこ》らず、功立ちて名有《ゆう》せず。其の感ずれども応ぜず、敀《せま》らるれども動かざる者を謂《い》うに非《あら》ず。

夫《か》の火を以て井を熯《かわ》かし、淮《わい》を以て山に灌《そそ》ぐが若《ごと》きは、此己《これおのれ》を用いて自然に背《そむ》く。故に之を有為《ゆうい》と謂う。夫《か》の水に舟を用い、沙《すな》に駷《じょう》を用い、泥に輴《ちゅん》を用い、山に蔂《るい》を用い、夏は瀆《とく》して冬は陂《は》し、高きに因りて田を為《つく》り、下《ひく》きに因りて池を為るが若きは、此《これ》吾が所謂る之を為すに非ず。

【現代語訳】

一体、地勢の上から言えば河川は東に流れるものであるが、人間がこれに人工を施すことによって、雨水は運河に沿って各方角に進むことができる。稲は春になれば生ずるものであるが、人間がこれに人工を加えるので、五穀の一つとして成熟することができる。もし水の流れるままに任《まか》せ、稲の生長するままに委《ゆだ》ねるならば、鯀《こん》や禹《う》の治水の功績は成就せず、后《こう》稷《しょく》の稲作に関する知識も不要ということになろう。

私のいう無為《むい》とは、個人の思惑《おもわく》が公共の道に入りこんだり、勝手な欲望が正当な道をねじ曲げたりすることを許さず、事物の中にある理《ことわり》に従って仕事を始め、具わっている素質に本づいて成果を挙げて、万物の自然なあり方を本来のままに推し進めてやりながら、小賢《こざか》しい作為などには入りこむ余地を与えない、という意味に他ならない。それ故、仕事が完成しても自分は誇《ほこ》らず、成果が挙がっても名声は受けないのである。何かに対する感覚があってもそれに反応しないとか、何かが自分のところへ接近してきても行動しないとか、を意味するものではない。

例えば、火を吹きつけて井戸を乾燥させたり、淮水《わいすい》（淮南国《わいなんこく》を流れる河名）の水を引き上げて山頂を灌漑《かんがい》したり、などといったことは、自己の勝手な思惑によって事物の自然なあり方に背《そむ》くやり方である。だから、これは有為《ゆうい》と呼ぶ。しかし例えば、水上では舟を利用し、砂地では𨂂《じょう》（はきものの一種）を利用し、泥地では輴《ちゅん》（そりの一種）を利用し、山路では蔂《るい》（轎《かご》の一種）を利用するとか、また夏には水を用水路から流し、冬には貯水池に蓄えるとか、地勢の高いところには田畑を作り、低いところには貯水池を作るとか、等々の営みは、私の言う有為ではないのである。

【原文】

夫地勢水東流、人必事焉、然後水潦得谷行。禾稼春生、人必加功焉、故五穀得遂長。聽其自流、待其自生、則鯀禹之功不立、而后稷之智不用。

若吾所謂無爲者、私志不得入公道、耆欲不得枉正術、循理而擧事、因資而立功★、推★自然之勢、而曲故不得容者。故★事成★而身弗伐、功立而名弗有。非謂其感而不應、攻★而不動者。若夫以火熯井、以淮灌山、此用己而背自然。故謂之有爲。若夫水之用舟、沙之用𨂂★、泥之用輴、山之用蔂、夏瀆而冬陂、因高爲田、因下爲池、此非吾所謂爲之。

【注釈】

△**所謂無爲者**——以下、「此非吾所謂爲之」に至るまで『文子』自然篇に取られている（王念孫『讀書雜志』を參照）。

△**立功**——底本は「功」がないが、王念孫『讀書雜志』によって補った。

△**推自然之勢**――「推」は、底本は「權」に作るが、王念孫『讀書雜志』によって改めた。
△**故事成……名弗有**――『老子』第三十四章の類似句を踏まえる（戸川芳郎・木山英雄・澤谷昭次）。「故」は、底本は「攻」に作るが、王念孫『讀書雜志』によって改めた。「成」は、底本にはないが、劉績・莊逵吉によって補った（王念孫『讀書雜志』）。
△**故而不動者**――「故」は、底本は「政」に作るが、王引之『讀書雜志』によって改めた。
△**沙之用鉥**――「鉥」は、底本は「肆」に作るが、劉家立によって改めた。
△**因高爲田**――「田」は、王念孫『讀書雜志』が「山」に改めるが、改めない方がよい。

【解説】

前章よりの続き。本篇の作者も建前として「有為」を批判し「無為」に賛成する。その主な理由は恐らく、本書の編纂者たる淮南王劉安《わいなんおうりゅうあん》や本書全体に道家的な傾向が顕著であるために、劉安をパトロンと仰ぐ墨家系の作者にしてみれば、これに抗することが難しかったからであろう。

しかし、本章をよく注意して読むならば、ここで作者の賛成している「無為」が、道家が古くから唱えていた「無為」とはかなり異なっていることに気づくはずである。それは一言で言えば、客観的世界の諸性質を知ることを重視し、その知を人間の利益のために生かして、さまざまな活動を活発に行うことである。――墨家ならではの新しい「無為」思想の提唱と言って差し支えない。

巻第二十　泰族《たいそう》

【総説】

題の意味については、「泰」は「大」、「族」は「蔟」で、諸思想の大結集・集大成ということ。許慎注《きょしんちゅう》は「古今の道、万物の指《むね》を泰言《たいげん》し、一理に族《あつ》めて、其の謂《い》う所を明らかにするなり。」とする。

儒家的な色彩の濃い篇である。道家的な傾向の強い本書が、巻末（要略篇を除く）にこのような篇を置いて全体を締《し》め括《くく》るのは、道家とともに総合すべき思想として儒家を最も重要視したからであろう。

要略篇の解説によれば、本篇の内容は「八極に横たわり、高崇《こうすう》を致し、上は三光を明らかにし、下は水土を和し、古今の道を経《おさ》め、倫理の序を治め、万方の指を揔《す》（摠）べて、之を一本に帰《き》し、以て治道を経緯《けいい》し、王事を紀綱《きこう》す。乃《すなわ》ち心術を原《たず》ね情性を理《おさ》めて、以て清平《せいへい》の霊を館《お》らしめ、神明の精を澄澈《ちょうてつ》して、以て天和《てんわ》と相い嬰薄《えいはく》す。所以《ゆえ》に五帝三王を覧《み》れば、天気を懐《いだ》き、天心を抱き、中を執り和を含み、徳内《うち》に形《あらわ》れて、以て天地を莙凝《きんぎょう》し、陰陽を発起《はっき》し、四時★を序し、流方を正し、之を綏《やす》んずれば斯《すなわ》ち寧《やす》く、之を推せば斯ち行わる。乃ち以て万物を陶冶し、羣（群）生《せい》を游化《ゆうか》し、唱《とな》うれば和し、動けば随《したが》い、四海の内、心を一にし帰《き》を同じくす。故に景星見《けいせいあらわ》れ、祥風《しょうふう》至り、黄竜《こうりゅう》下り、鳳《ほう》列樹《れつじゅ》に巣くい、麟《りん》郊野に止《とど》まる。徳内に形《あらわ》れずして、其の法籍《ほうせき》を行い、制度を用うれば、神祇《しんぎ》は応ぜず、福祥《ふくしょう》は帰せず、四海も賓《ひん》せず、兆《ちょう》民《みん》も化せず。故に徳の内に形るるは、治の大本なり。此鴻烈《これこうれつ》の泰族《たいそう》なり。」であると言う。

52　同類のものは感応し合う

【読み下し】

天　日月《じつげつ》を設け、星辰《せいしん》を列《つら》ね、陰陽を調《ととの》え、四時《しいじ》を張る。日以て之《これ》を暴《さら》し、夜以て之を息《いこ》わしめ、風以て之を乾かし、雨露《うろ》以て之を濡《うる》おす。其の物を生ずるや、其の養う所を見るもの莫《な》くして物長じ、其の物を殺《さい》するや、其の喪《うしな》う所を見るもの莫くして物亡《ほろ》ぶ。此《これ》を之神明《これしんめい》と謂《い》う。聖人《せいじん》は之に象《かたど》る。故に其の福を起こすや、其の由《よ》る所を見ずして福起こり、其の禍《わざわ》いを除くや、其の以《もち》いる所を見ずして禍い除かる。之を遠ざくれば則《すなわ》ち邇《ちか》く、之を延《ひ》けば則ち疎《うと》く、之を稽《かんが》うれば得ず、之を察すれば虚《むな》しからず。日に計れば筭无《さんな》きも、歳《とし》に計れば余り有り。

夫れ湿《しつ》の至るや、其の形を見るもの莫くして、炭已《すで》に重し。風の至るや、其の象《しょう》を見るものの莫くして、木已に動く。日の行《めぐ》るや、其の移るを見ず、騏驥《きき》日に倍《そむ》きて馳《は》せ、草木之が為《た》めに靡《なび》き、県熢《けんぼう》未《いま》だ転ぜざるも、日其の前に在り。故に天の且《まさ》に風ふかんとするや、草木未《いま》だ動かざるも、鳥已に翔《かけ》る。其の且《まさ》に雨ふらんとするや、陰曀《いんえい》未だ集まらざるも、魚已に噞《あえ》ぐ。陰陽の気相《あ》い動くを以てなり。故に寒暑燥湿《そうしつ》は、類を以て相い従い、声響疾徐《しつじょ》は、音を以て相い応ずるなり。故に『易』に曰わく、「鳴鶴陰《めいかくいん》に在り、其の子之《これ》に和す。」と。

【現代語訳】

天は、太陽と月をこしらえ、星々を並べ、陰陽の二気を調え、春夏秋冬の四季を繰り広げる。昼にはものに照りつけ、夜にはものを休ませ、風でものを乾かし、雨露《あめつゆ》でものを潤《うるお》す。天が万物を生ずるそのやり方は、養育のプロセスは見えないけれども物が生長し、万物を衰えさせるやり方は、失亡のメカニズムは見えないけれども物が消滅する、というものである。これを神明《しんめい》（霊妙《れいみょう》なる輝かしさ）と呼ぶが、聖人《せいじん》はこの天のやり方をモデルとする。すなわち福を起こす場合、そのプロセスは見えないがちゃんと福が起こり、禍《わざわ》いを除く場合、そのメカニズムは見えないがちゃんと禍いが除かれる。聖人という存在は、遠ざければ近づき、引っ張れば遠のき、考えれば把《とら》えられず、見つめれば虚しくはない。その統治によって、民衆の生活は一日の計算では算木《さんぎ》が立たないほど貧しくても、一年の計算では余りが出るほど豊かになることができるのである。

一体、湿気は、そのやって来る形は見えないけれども、炭が早くも重くなる。風は、その吹いて来る姿は見えないけれども、木が早くも揺れ動く。太陽は、その移り行くさまは見えず、たとえ騏驥《きき》（脚の速い駿馬《しゅんめ》）が太陽を背にして猛烈なスピードで馳《は》せ、そのために草木が靡《なび》き伏《ふ》し、狼煙《のろし》が速送りで伝えられるのを追い抜くほどの速さであったとしても、太陽は早くもその前を進んでいる。それ故、風が吹こうとしている時は、草木がまだ揺れ動かない内に、鳥は早くも飛び立つ。雨が降ろうとしている時は、雲気がまだ集まらない内に、魚は早くもあえぎ出す。こちらの陰陽の気とあちらの陰陽の気とが互いに動かし合うからである。だから、寒暑や乾湿は、同類のものが互いに因果をなし、音声や緩急は同音のものが互いに反応し合うのである。そこで、『易』には「鶴が日陰で鳴けば、子鶴もそれに声を合わせる。」と言っている。

【原文】

天設日月、列星辰、調陰陽、張四時。日以暴之、夜以息之、風以乾之、雨露以濡之。其生物也、莫見其所養而物長、其殺物也、莫見其所喪而物亡。此之謂神明。聖人象之。故其起福也、不見其所由而福起、其除禍也、不見其所以而禍除。遠之則邇、延之則疎、稽之弗得、察之不虛。日計无筭、歲計有餘。

夫濕之至也、莫見其形、而炭已重矣。風之至也、莫見其象、而木已動矣。日之行也、不見其移、騏驥倍日而馳、草木爲之靡、縣烽未轉、而日在其前。故天之且風、草木未動、而鳥已翔矣。其且雨也、陰曀未集、而魚已噞矣。以陰陽之氣相動也。故寒暑燥濕、以類相從、聲響疾徐、以音相應也。故易曰、鳴鶴在陰、其子和之。

【注釈】

△**天設日月**―以下、「不可以筋力致也」に至るまで『文子』精誠篇に取られている（島田翰を参照）。

△**其生物……而禍除**―『尸子』貴言篇に類似句がある（于大成）。

△**神明**―本書原道篇などに見える（楠山春樹『淮南子』下）。もともと道家が「道」の一性質・一側面を表現するのに用いていた言葉で、例えば『莊子』天下篇に多用されている。

△**遠之則……之則疎**―本書覧冥篇に類似句がある（楠山春樹『淮南子』下）。

△**日計无筭**―「无筭」は、王叔岷『諸子斠證』が『莊子』庚桑楚篇・本書俶眞篇の類似句によって「不足」に改めるが、經文のままでよい。「筭」を諸本が「算」に作るのに対して、底本・道藏本は「筭」に作るからである。

△**騏驥倍……在其前**―『呂氏春秋』別類篇に類似句がある（于大成）。

△**鳴鶴在……子和之**―『周易』中孚卦の九二の爻辭（戸川芳郎・木山英雄・澤谷昭次）。

【解説】

天人感応説を述べた文章である。類似する点の多い覧冥篇を参照されたい。ただし覧冥篇のとは異なって、ほぼ同時代の董仲舒などに近い儒家系の天人感応説である。

53　天と人の間の通じ合う仕組み

【読み下し】

高宗《こうそう》 諒闇《りょうあん》に、三年言わず、四海の内、寂然《せきぜん》として声无《な》きも、一言すれば声然《せいぜん》として、大いに天下を動かす。是《これ》天心を以て呿唫《きょぎん》する者なり。故に一たび其の本《もと》を動かして、百枝《ひゃくし》皆な応ずること、春雨の万物に灌《そそ》ぐが若《ごと》きなり。渾然《こんぜん》として流れ、沛然《はいぜん》として施し、地として澍《うるお》わざるもの無く、物として生ぜざるもの无し。故に聖人なる者は、天心を懐《いだ》き、声然として能く天下を動化《どうか》する者なり。故に精誠《せいせい》内に感じて、形気《けいき》天に動けば、則ち景星見《けいせいあらわ》れ、黄竜《こうりゅう》下り、祥鳳《しょうほう》至り、醴泉《れいせん》出で、嘉《か》穀《こく》生じ、河《か》も満溢《まんいつ》せず、海も溶《よう》（涌）波《は》せず。故に『詩《し》』に云《い》わく、「百神を懐柔《かいじゅう》して、河《か》と嶠嶽《きょうがく》とに及ぶ。」と。

天に逆《さか》らい物を暴《そこな》えば、則ち日月薄蝕《にちげつはくしょく》し、五星行《めぐ》りを失い、四時干乗《かんじょう》し、昼冥《くら》く宵《よい》に光あり、山崩れ川涸《か》れ、冬雷《かみなり》あり夏霜《しも》あり。『詩』に曰わく、「正月に繁霜《はんそう》あり、我が心憂傷《ゆうしょう》す。」と。天と人と、以て相い通ずること有ればなり。故に国危亡《きぼう》して天文変じ、世惑乱《わくらん》して虹蜺見《こうげいあらわ》る。万物以て相い連なること有り、精祲《せいしん》以て相い蕩《うご》くこと有ればなり。

【現代語訳】

殷王《いんおう》の高宗《こうそう》（武丁《ぶてい》の諡《おくりな》）は父親の死に遇い、喪《も》に服して三年の間一言《ひとこと》ものを言わず、四《し》海《かい》の内（天下全体）はひっそりとして、声を出す者もいなかったが、やがて喪が明けて一言声高らかに号令を発すれば、大いに天下の人々を動かした。これは天の心に従って自分の口を開閉した例である。だから、一たびその根本を揺り動かすならば、あらゆる枝がみなそれに応じて動くさまは、あたかも春の雨が万物に降り注《そそ》ぐようなものである。ひたひたと流れ出し、ざあざあと降り注ぎ、どんな土地をも潤《うるお》し、どんな物をも生み出す。そして、聖人こそは、天の心を胸に抱き、声高らかに号令を発して、天下の人々を動かし育《はぐく》むことのできる者なのである。すなわち、聖人の内面において純粋な誠実の心が動き、その身体の気が外界の天に働きかけると、瑞星《ずいせい》が現れ、黄竜が天下《あまくだ》り、めでたい鳳凰《ほうおう》が飛来し、甘い泉が湧き出て、穀物が豊かに実る。また黄河の水も氾濫しないし、海上の波も奔流しない。それ故、『詩』に「やおよろずの神々《かみがみ》を鎮《しず》めて、はては黄河と泰山《たいざん》をも抑《おさ》えこむ。」と歌われているのである。

　これに反して、天に逆《さか》らい物を虐《しいた》げれば、太陽と月は光が弱まり蝕《しょく》に会い、五つの惑星は運行に変調を来たし、春夏秋冬の四季は順序が狂い、昼は暗く夜は明るく、山は崩れ川は涸《か》れ、冬に雷が鳴り夏に霜が降《お》りる。『詩』に「正月に深く霜が降りて、私の心は憂いに沈む。」と歌われているが、これは天と人との間に、互いに通じ合う仕組みがあるからである。したがって、国が危殆《きたい》に瀕《ひん》し滅亡しようとする時には、天文に異変が生ずるし、世の中が行く手を見失い混乱している時には、不吉な虹《にじ》が現れる。それというのも、あらゆる現象には相互に連繫するメカニズムがあり、万物に浸透《しんとう》する精気には相互に反応する仕組みがあるからである。

【原文】

高宗諒闇、三年不言、四海之內、寂然无聲、一言聲然、大動天下。是以天心呿唫者也。故一動其本、而百枝皆應、若春雨之灌★萬物也。渾然而流、沛然而施、无地而不澍、无物而不生。故聖人者、懷天心、聲然能動化天下者也。故精誠感於內、形氣動於天、則景星見、黃龍下、祥鳳至、醴泉出、嘉穀生、河不滿溢、海不溶（涌）波。故詩云、懷柔百神、及河嶠嶽。逆天暴物、則日月薄蝕、五星失行、四時干★乘、晝冥宵光、山崩川涸、冬雷夏霜。詩曰、正月繁霜、我心憂傷。天之與人、有以相通也。故國危亡而天文變、世惑亂而虹蜺見。萬物有以相連、精祲有以相蕩也。

【注釈】

△高宗諒……年不言―『論語』憲問篇・『禮記』喪服四制篇などに同じ文がある（于大成）。

△聲然―兪樾・楊樹達・馬宗霍にそれぞれ説があるが、どれもみな説得力がない。

△精誠―同時代の作である『莊子』漁父篇にも出る言葉。拙著『莊子』下巻漁父篇の補注を参照。感應說で人間の「精・誠」が外界の事物を動かすことは、『呂氏春秋』精通篇・精諭篇などに見える。

△**景星見……祥鳳至**―本書要略篇の本篇を解説した個所にもこれらの瑞兆が列擧されている（楠山春樹『淮南子』下を參照）。

△**河不滿……不溶波**―『大戴禮記』誥志篇に類似句がある（于大成）。「溶」は、楊樹達によって「涌」と讀爲する（于大成を參照）。

△**懷柔百……河嶠嶽**―『毛詩』周頌、時邁篇の句（戸川芳郎・木山英雄・澤谷昭次）。

△**干乘**―底本は「千乘」に作るが、于大成によって改めた。「乘」は、「乖」に作る本が多い（道藏本など）が、底本のままがよい。「干」「乘」は、それぞれ「亂也」「陵也」の意（于大成）。

△**正月繁……心憂傷**―『毛詩』小雅、正月篇の句（戸川芳郎・木山英雄・澤谷昭次）。

△**虹蜺**―凶兆としての「虹蜺」は本書天文篇に既出。

【解説】

本章は、前章から續く儒家系の天人感応説を述べた文章である。しかし、董仲舒などのそれとは異なる点がある。「天」が「心」を持つとされるにもかかわらず、宗教的人格神的な性格があまり強く感じられないこと、「人」は主として高宗のような「聖人」を指すが、まだ単純に政治的な為政者たる帝王の意ではないこと、などである。『呂氏春秋』などの古い天人感応説の痕跡をまだ残しているものと認められよう。

54　聖人が社会の制度を定めたやり方

【読み下し】

民に色を好むの性有り、故に大婚《たいこん》の礼有り。飲食の性有り、故に大饗《たいきょう》の誼《ぎ》有り。喜楽《きらく》の性有り、故に鍾鼓筦絃《しょうこかんげん》の音有り。悲哀の性有り、故に衰経哭踊《さいてつこくよう》の節《せつ》有り。故に先王の法を制するや、民の好む所に因《よ》りて、之《これ》が節文《せつぶん》を為す者なり。其の色を好むに因りて、婚姻《こんいん》の礼を制す、故に男女に別有り。其の音を喜ぶに因りて、雅頌《がしょう》の声を正す、故に風俗流れず。其の家《か》室《しっ》を寧《やす》んじ、妻子を楽しむに因りて、之に教うるに順《じゅん》を以《もっ》てす、故に父子に親《しん》有り。其の朋《ほう》友《ゆう》を喜ぶに因りて、之に教うるに悌《てい》を以てす、故に長幼に序《じょ》有り。然《しか》る後朝聘《ちょうへい》を脩《おさ》めて以て貴《き》賤《せん》を明らかにし、饗《きょう》（郷）飲《いん》し射《しゃ》を習いて以て長幼を明らかにし、時に捜《えら》び振旅《しんりょ》して以て用兵を習い、庠序《しょうじょ》に入学して以て人倫《じんりん》を脩《おさ》む。此《これ》皆な人の性に有る所にして、聖人の匠成《しょうせい》する所なり。

故に其の性无《な》ければ、教訓す可からず。其の性有るも、其の養い无ければ、道に遵《したが》うこと能《あた》わず。繭《まゆ》の性は絲《いと》と為《な》る、然れども工女の煮《に》るに熱湯を以てして、其の統紀《とうき》を抽《ひ》くを得《う》るに非《あら》ざれば、則ち絲を成すこと能わず。卵の化は雛《ひな》と為るも、慈雌《じし》の嘔煖覆《おうだんふ》伏《ふく》すること、日を累《かさ》ね久しきを積むに非ざれば、則ち雛と為ること能わず。人の性には仁義の資《し》有るも、聖王の之《これ》が法度を為《つく》りて、之を教導するに非ざれば、則ち方《ほう》に郷《むか》わしむ可からず。故に先王の教うるや、其の喜ぶ所に因りて以て善を勧《すす》め、其の悪《にく》む所に因りて以て奸《かん》を禁ず。故に刑罰は用いずして、威《い》の行わるること流るるが如《ごと》く、政令約省《やくしょう》にして、化の燿《かがや》くこと神《しん》の如し。故に其の性に因れば、則ち天下は聴従《ちょうじゅう》し、其の性に拂《もと》れば、則ち法県《か》けらるるも用いられず。

【現代語訳】

人間には誰にも異性を好む本性があり、そこで大婚《たいこん》の礼（天子や諸侯の婚礼）が作られた。飲食したいという本性があり、そこで大饗《たいきょう》の儀（三年に一度先祖を合わせ祭って饗宴する儀礼）が作られた。喜んだり楽しんだりする本性があり、そこで鐘鼓《しょうこ》・管弦《かんげん》の音楽が作られた。悲しんだり嘆いたりする本性があり、そこで衰絰《さいてつ》（喪服）・哭踊《こくよう》（泣き踊る儀礼）の定めが作られた。このように、先王《せんおう》が社会の制度を定めたそのやり方は、人間本性の好むものに本づいて、それに節度を与えそれを洗練させる、というものであった。異性を好む本性に本づいて、婚姻の礼を定めたので、男女のけじめが確立した。音楽を好む本性に本づいて、雅《が》や頌《しょう》（ともに音楽の種類）の楽曲を整えたので、世間の風俗が落ち着いた。家庭を安らかにし、妻子とともに楽しみたいという本性に本づいて、孝順《こうじゅん》の徳を教育したので、父子の親愛が確立した。友人が欲しいという本性に本づいて、友悌《ゆうてい》の徳を教育したので、長幼の秩序が確立した。これらが確立した後、朝聘《ちょうへい》の礼（諸侯が天子に朝見してご機嫌をうかがう儀礼）を整えて貴賤の差を明らかにし、郷飲酒《きょういんしゅ》（郷学《きょうがく》の優秀者を君主に推薦する時に開かれる送別の宴）や郷射《きょうしゃ》の礼（優秀者を選ぶために行う射礼《しゃれい》）を行って郷村《きょうそん》における長幼の秩序を明らかにし、時節ごとの兵車の点検や軍隊の移動による演習を行って実戦のための訓練を進め、学校に入学させて人倫《じんりん》を身につけさせた。これらはいずれも、もともと人間の本性に具わっているものであり、それを聖人《せいじん》（先王に同じ）が手を加えて完成させたものである。

それ故、人間に本性がなければ、それを教育することはできない。本性があっても、それを教育しなければ、道に従わせることはできない。繭《まゆ》には生糸《きいと》となる本性があるけれども、工女が熱湯で煮て、その糸筋を引き出すのでなければ、生糸となることはできない。卵には孵化《ふか》して雛《ひな》となる本性があるが、慈《いつく》しみ深い雌鳥《めんどり》が何日もかけて抱き暖めることがなければ、雛となることはできない。同じように、人間の本性には仁義を行いうる資質があるが、聖王（聖人・先王に同じ）が社会の制度を定めて、教導することがなければ、道に向かわせることはできないのである。こうして、先王の教育は、本性の好むものに本づいて人々に善を勧め、本性の嫌うものに本づいて人々の悪を止《や》めさせる、というものであった。だから、刑罰を用いなくても、威令《いれい》は水の流れるようにスムーズに行き渡り、政令は周到でもないのに、教化は神《かみ》の仕業でもあるかのように輝くのであった。したがって、為政者の統治が人間の本性に本づくならば、天下の人々は服従するが、本性に背《そむ》くならば、法律が発布されても用をなさないのである。

【原文】

民有好色之性、故有大婚之禮。有飲食之性、故有大饗之誼。有喜樂之性、故有鍾鼓筦絃之音。有悲哀之性、故有衰絰哭踊之節。故先王之制法也、因民之所好、而爲之節文者也。因其好色、而制婚姻之禮、故男女有別。因其喜音、而正雅頌之聲、故風俗不流。因其寧家室、樂妻子、教之以順、故父子有親。因其喜朋友、而教之以悌、故長幼有序。然後脩朝聘以明貴賤、饗（鄉）飲習射以明長幼、時搜振旅以習用兵也、入學庠序以脩人倫。此皆人之所有於性、而聖人之所匠成也。

故无其性、不可教訓。有其性、无其養、不能遵道。繭之性爲絲、然非得工女煮★以熱湯、而抽其統紀、則不能成絲。卵之化爲雛、非慈雌嘔煖覆伏、累日積久、則不能爲雛。人之性有仁義之資、非聖王爲之法度、而教導之、則不可使鄉方。故先王之教也、因其所喜以勸善、因其所惡以禁姦。故刑罰不用、而威行如流、政令約省、而化燿如神。故因其性、則天下聽从、拂其性、則法縣而不用。

【注釈】

△**故先王之制法也**——以下、「則法縣而不用」に至るまで『文子』自然篇に取られている。

△**饗飲習……明長幼**——「饗」は、王念孫『讀書雜志』は「鄉」に改めるが、兩字は通假する。鄉飲酒の禮が「長幼の序」を明らかにするためであることは、『禮記』經解篇・射義篇にも書かれている（王念孫『讀書雜志』）。

△**時搜振旅**——『國語』齊語に類似句がある（陶方琦）。

△繭之性爲絲—以下、「則不可使鄉方」に至るまでは、『韓詩外傳』巻五の類似句から取ったもの（島田翰）。

【解説】

本章は全体として、人間の「性」とそれに本づく帝王の教化についての儒家系の理論を述べた章である。

前半部分は、「民」の「性」の内容を欲望・感情、すなわち「色を好む」「飲食」「喜楽《きらく》」「悲哀」などであると把え、これらに本づきこれらを「節文《せつぶん》」して「先王」が社会の「法度」を作ったと主張する。戦国末期の荀子の思想を受け継いでいることは明らかであるが、荀子のように「性」を社会に対して否定的に作用するとは見ておらず、むしろ「道」に向かいうる可能性をもったものとして肯定的に把えられているので、戦国中期の孟子の思想をも踏まえている。――先秦時代の性説の総合と言えようか。

後半部分は、以上の性説を基礎にして、「人の性」は「仁義の資《し》」があるだけで現実に「仁義」を行いえているわけではないのだから、彼らが現実に「方《ほう》」（仁義）を行うためには、「聖王」が「法度」を作り「人」を「教導」することが必要または不可欠であると説く。「聖王」の「人」に対する「教導」の実際に意味するところは、帝王の民衆に対する統治であるから、このあたりは帝王（当代では前漢の武帝）の統治権を合理化する目的の文章ということになろう。同時代の儒家（韓嬰や董仲舒など）の性説ともほぼ一致する内容を示している点で、注目に値する文章である。

巻第二十一　要略《ようりゃく》

【総説】

題の意味について、「要略」は、要点・大略ということ、末尾に付けた序文とでも言えようか。作者が自著の意図・内容・構成などについて自ら解説した篇としては、中国思想史上最も早いものの一つであり、その意味でも極めて貴重な文章である。

許慎注《きょしんちゅう》は「凡《およ》そ鴻烈《こうれつ》の書二十篇、略ぼ《ほ》其の要を数え、其の指す所を明らかにし、其の微妙を序《の》べ、其の大軆《だいたい》（体）を論ず。」とする。「鴻烈」は、本書の呼び名。本篇の中に泰族篇《たいぞうへん》のことを「此《これ》鴻烈の泰族なり」と論評した一句があり、それは「これは偉大な功業の集大成である」という意味であるが、許慎が「偉大な功業」に当たる「鴻烈」を本書の書名と勘違いしたらしい。もっとも、許慎よりも前から本書をこの名で呼ぶことが、すでに習慣化していたかもしれない。

本篇全体は、

一、本書を著わした意図

二、二十篇各篇の内容と目的の詳しい解説

三、内容と目的から見た二十篇の配列・構成
四、本書が「道」と「物」について詳しく説明する理由
五、「太公《たいこう》の謀《はか》りごと」から「商鞅《しょうおう》の法」に至る中国思想の歴史
六、本書『淮南子』の絶対的な価値

の六つの部分から成っている。ここでは二を除く五つの部分を読むことにしよう。

55 本書『淮南子』を著わした目的

【読み下し】

夫《そ》れ書論《しょろん》を作為《さくい》する者は、道徳を紀綱《きこう》し、人事《じんじ》を経緯《けいい》する所以《ゆえん》なり。上は之《これ》を天に考え、下は之を地に揆《はか》り、中は諸《これ》を理に通ずれば、未《いま》だ玄妙《げんみょう》の中に抽引《ちゅういん》すること能《あた》わずと雖《いえど》も、繁《はん》然《ぜん》として以《もっ》て終始を観るに足《た》らん。要《よう》を揔《す》（摠）べ凡《はん》を挙ぐるも、語《ご》純樸《じゅんぼく》を剖判《ほうはん》し、大宗《たいそう》を靡《び》散《さん》せざれば、則ち人の惛惛然《こんこんぜん》として知る能わざるところと為《な》らん。故に多く之《これ》が辞《じ》を為し、博《ひろ》く之が説を為すも、又《ま》た人の本を離れ末に就《つ》くを恐るるなり。故に道を言いて事を言わざれば、則ち以て世と浮沈《ふちん》すること無く、事を言いて道を言わざれば、則ち以て化と游息《ゆうそく》すること無し。故に二十篇を著《あらわ》す。

【現代語訳】

一体、書物を著《あらわ》すのは、道徳（道とその働き）を規範として確立し、人事（人間の行う事業・仕事）を秩序正しく整理するためである。もし私が上では天空を考察し、下では大地を計量し、中では条理《じょうり》に通暁《つうぎょう》するならば、玄妙《げんみょう》（真の道）の精髄を引き出すことはできないにしても、人事がどこから始まりどこで終わるかについて色々と知ることはできよう。書物を著すに当たって、要点をまとめ全体を挙げても（道《みち》）、言葉で純粋な樸《あらき》（道）をかみ砕き、万物の大本《おおもと》（道）を細かく分析しないなら、読者にはもやもやとして理解されないであろう。そこで多くの言葉を費やし、沢山の説明を加えなければならない（事《こと》）。しかし、そうすると今度は、読者が根本（道）を離れて末梢《まっしょう》（事）に走ることが懸念される。こういうわけで、道《みち》だけを語って事《こと》を語らないなら、世間の中で生活する手立てが分からず困るだろうし、事だけを語って道を語らないなら、造化《ぞうか》（道）と一つになって遊び戯《たわむ》れることもできまい。それ故、二十篇の書物を著したのである。

【原文】

夫作爲書論者、所以紀綱道德、經緯人事。上考之天、下揆之地、中通諸理、雖未能抽引玄妙之中才（哉）、繁然足以觀終始矣。揔（摠）要擧凡、而語不剖判純樸、靡散大宗、則爲人之惽惽然弗能知也。故多爲之辭、博爲之説、又恐人之離本就末也。故言道而不言事、則無以與世浮沈、言事而不言道、則無以與化游息。故著二十篇。

【注釈】

△**上考之……通諸理**―『呂氏春秋』序章篇の類似句を踏まえる。本書が『呂氏春秋』をモデルとして作られたことを示す重要な證據の一つ。

△**玄妙**―「道」にほぼ同じ。ただし眞の「道」、絶對の「道」である。下文にも出る。『老子』第一章の「玄之又玄、衆眇（妙）之門。」（馬王堆漢墓帛書乙本）を踏まえる。

△**才**―「哉」の假借字（劉家立・于省吾・馬宗霍）。

△**終始**―本篇齊俗篇の解説に「人事之終始」とある。

△**揔要擧凡**―下文の「睹凡得要」に同じ（馬宗霍）。

△**爲人之惛惛然**―「爲」は、底本と道藏本は「爲」に作る。明萬曆の茅一桂刻本は「懼爲」の二字に作り、これに本づいた莊逵吉本系統の劉家立本や劉文典本も同じ。兪樾は「爲」を衍字とするが、反對に「懼」が衍字である。

△**多爲之辭、博爲之說**―下文に重出。

【解説】

本章は本書の目的を述べた章である。それは、人が本書を読んで「世と浮沈《ふちん》し、……化と游息《ゆうそく》する」ことであり、そのためにその内容は「道徳を紀綱《きこう》し、人事《じんじ》を経緯《けいい》する」もの、すなわち「道徳」と「人事」のバランスを取ったものになっていると言う。

より古い道家の思想では、もともと「人事」（事物）は語るに値しないものであった。ところがここでは、読者の理解力の低さを理由にして、「道徳」の「要・凡」を「揔（摠）・挙する」だけでは不十分であるからと弁解しつつ、それについて「多く博く辞・説を為さ」ざるをえないのだと説明する。そして作者によれば、これが「人事」に他ならない。したがって道家の思想史の流れから見るならば、両者のバランスという建て前はともかくとして、本書の主な関心はむしろ「人事」にあったと言わなければならない。

56　本書『淮南子』に帝王の道が完備している

【読み下し】

凡《およ》そ書を属《つづ》る者は、道を窺《うかが》い塞《ふさ》がれるを開き、後世の挙錯《きよそ》取捨《しゆしや》の宜適《ぎてき》を知り、外は物と接して眩《くら》まず、内は以て神《しん》を処《お》らしめ気を養い、至和《しわ》を宴煬《えんよう》すること有りて、己《おのれ》自《みずか》ら天地より受くる所の者を楽しましめんことを庶《ねが》う所以《ゆえん》なり。

故に道を言いて終始に明らかならざれば、則ち倣依《ほうい》する所を知らず。終始を言いて天・地・四時《しいじ》に明らかならざれば、則ち避諱《ひき》する所を知らず。天・地・四時を言いて譬《たと》えを引き類を援《ひ》かざれば、則ち精微《せいび》を識《し》らず。至精《しせい》を言いて人の神気《しんき》を原《たず》ねざれば、則ち養生《ようせい》の機《き》を知らず。人の情を原ねて大聖《たいせい》の徳を言わざれば、則ち五行《ごぎよう》の差《さ》を知らず。帝道を言いて君事《くんじ》を言わざれば、則ち小大の衰《し》を知らず。君事を言いて称喩《しようゆ》を為《な》さざれば、則ち動静の宜《よろ》しきを知らず。称喩を以《もち》いて俗変《ぞくへん》を言わざれば、則ち合同の大指《たいし》を知らず。已《すで》に俗変を言いて往《おう》事《じ》を言わざれば、則ち道徳の応《あらわ》れを知らず。道徳を知りて世曲《せきょく》を知らざれば、則ち以て万方《ばんぽう》に耦《ぐう》（遇）すること无《な》し。氾論《はんろん》を知りて詮言《せんげん》を知らざれば、則ち以て従容《しょうよう》すること无し。書《しょ》文《ぶん》に通じて兵指《へいし》を知らざれば、則ち以て卒《そつ》に応ずること无し。已に大略《たいりゃく》を知りて譬諭《ひゆ》を知らざれば、則ち以て事を推明《すいめい》すること无し。公道を知りて人間《じんかん》を知らざれば、則ち以て禍福《かふく》に応ずること无し。人間《じんかん》を知りて脩務《しゅうむ》を知らざれば、則ち以て学者をして勧力《かんりょく》せしむること无し。強《し》いて其の辞を省き、其の要を覧揔《らんそう》（摠）せんと欲して、曲行区入《きょくこうくにゅう》せざれば、則ち以て道徳の意を窮《きわ》むるに足らず。故に書を著《あらわ》すこと二十篇にして、則ち天地の理究《きわ》まり、人間《じんかん》の事接《せっ》し、帝王の道備《そな》わる。

【現代語訳】

およそ書物を著《あらわ》すことには、次のような目的がある。すなわち、そこに書かれている道を知り、蒙《もう》を啓《ひら》くことによって、後世の帝王が人々に対して、正しい立ち居振る舞いのし方、つまり外面的なところでは物と接触して迷わず、内面的な点では精気を涵養《かんよう》しそれを最高の調和に高める手立てを持って、各人がそれぞれ天地から与えられたものを楽しむようにと、教えることを期待するという目的である。

　この目的のために、本書は道を語ったわけであるが（原道篇《げんどうへん》）、しかしそれだけで世事《せじ》の始まりと終わりが明らかでなければ、読者としては何に頼ればよいのか分からないであろう。そこで次に世事の始まり・終わりについて語ったのであるが（俶真篇《しゅくしんへん》）、しかし天・地・四季の現象を明らかにしなければ、読者は何を忌《い》むべきか分からないであろう。そこで次に天・地・四季の現象を述べたが（天文篇《てんもんへん》・墬《ち》（地）形篇《けいへん》・時則篇《じそくへん》）、しかし比喩や類推ができなければ、精緻《せいち》・微妙な世界のことは知りえないだろう。そこで比喩・類推を用いて精緻・微妙の極致《きょくち》について語ったが（覧冥篇《らんめいへん》）、人間の精気《せいき》のことを深く研究していないと、生命維持のメカニズムは知りえないだろう。そこで人間についての事実を深く研究したが（精神篇《せいしんへん》）、偉大な聖人の徳を述べないと、五行《ごぎょう》（仁・義・礼・知・聖）の相異は知りえないだろう。そこで偉大な聖人《せいじん》すなわち帝王の道を述べたが（本経篇《ほんけいへん》）、君主の事業を述べないと、支配者としてのスケールの大小は分かるまい。次に君主の事業を述べたけれども（主術篇《しゅじゅつへん》）、微細な点まで象徴的に表現し尽くさないと、正しい行動とはどういうものか分かるまい。次に微細な象徴的表現を用いたけれども（繆称篇《びゅうしょうへん》）、民俗《みんぞく》の変化を述べなければ、万民統合の大目的は分かるまい。そういうわけで民俗の変化を述べたけれども（斉俗篇《せいぞくへん》）、過去の事物について説かなければ、事物の中に現れた道徳（道とその働き）の応《あらわ》れのことは分かるまい。次に過去における道徳の応れを学ぶことにしたけれども（道応篇《どうおうへん》）、世の中の細かい問題を知らなければ、あらゆる方向に対応することはできまい。そのためにあらゆる方向の議論を学ぶことにしたが（氾論篇《はんろんへん》）、全てを完備した含蓄《がんちく》のある言葉を知らなければ、ゆったりとした気分で落ち着くことはできない。そのために書物・文章に通暁《つうぎょう》して含蓄ある言葉とはどういうものかを学んだが（詮言篇《せんげんへん》）、軍事に関する知識を持っていないならば、緊急事態に対応しようがない。そういうわけで軍事という大きな計略を学んだのであるが（兵略篇《へいりゃくへん》）、しかし聞き手の私心を解きほぐす寓喩《ぐうゆ》という方法を知らないならば、事柄を推測して把《とら》えることはできない。そこで次に寓喩を用いて公《おおやけ》の理《り》に就くことを学んだのであるが（説山篇《せつざんへん》・説林篇《せつりんへん》）、しかしそれだけで人間社会のありさまを知らないならば、禍福《かふく》に対処しようがない。そこで次に人間社会のありさまを知ることにしたのであるが（人間篇《じんかんへん》）、しかしそれだけで努力して前進することを知らないならば、読者に刻苦勉励《こっくべんれい》させることはできない。そこで次にことさら言葉を簡潔にし、ポイントを押さえつつ、努力と前進について述べようとしたのであるが（脩務篇《しゅうむへん》）、しかし詳細にわたる議論を進めなければ（泰族篇《たいぞくへん》）、道徳（道とその働き）の意味を究明することはできない。こういう次第で二十篇の書物を著《あらわ》した。ここには天地の条理《じょうり》が究明されており、社会の事業が網羅《もうら》されており、帝王の規範《きはん》が完備している。

【原文】

凡屬書者、所以窺道開塞、庶後世使知擧錯取捨之宜適、外與物接而不眩、內有以處神養氣、宴煬至和、而己自樂所受乎天地者也。

故言道而不明終始、則不知所倣依。言終始而不明天地四時、則不知所避諱。言天地四時而不引譬援類、則不識精微。言至精而不原人之神氣、則不知養生之機。原人情而不言大聖之德、則不知五行之差。言帝道而不言君事、則不知小大之衰。言君事而不爲稱喩、則不知動靜之宜。以稱喩而不言俗變、則不知合同大指。已言俗變而不言往事、則不知道德之應。知道德而不知世曲、則无以耦（遇）萬方。知氾論而不知詮言、則无以從容。通書文而不知兵指、則无以應卒。已知大略而不知譬諭、則无以推明事。知公道而不知人閒、則无以應禍福。知人閒而不知脩務、則无以使學者勸力。欲強省其辭、覽摠（摠）其要、弗曲行區入、則不足以窮道德之意。故著書二十篇、則天地之理究矣、人閒之事接矣、帝王之道備矣。

【注釈】

△**五行**—馬王堆漢墓帛書『五行』は戰國末期乃至前漢初期の儒家系の文獻であるが、「五行」として「仁・知・義・禮・聖」を擧げる。

△**小大之衰**—「衰」は、「等衰・等次」の意（馬宗霍）。

△**以耦萬方**—「耦」は、「覽耦百變也」に附けた許愼注「遇也」（呉承仕『淮南舊注校理』を参照）による。

△**勸力**—「勉力」の意（馬宗霍）。

【解説】

本書『淮南子』の著作目的は、結局、「天地」と「人間」の両者を掌握した「帝王の道」を示そうというところにある。この点から推測すると、本文中の「後世」と「学者」はその「帝王」を指していると考えられる。——端的に言えば、前漢初期の当代、政権中央にいる武帝のことである。

57　事物について多くの言葉を費やす理由

【読み下し】

其の言《げん》は小《しょう》有り巨《きょ》有り、微《び》有り粗《そ》有り。指奏《しそう》巻《かん》ごとに異なり、各々語《おのおのご》を為《な》すこと有り。今専《もっぱ》ら道《みち》を言えば、則《すなわ》ち在《あ》らざる無《な》し。然《しか》れども能《よ》く本を得て末を知る者は、其《そ》れ唯《た》だ聖人《せいじん》のみなり。今学者《がくしゃ》に聖人の才無くして、詳説を為さざれば、則ち終身混溟《こんめい》の中に顚頓《てんとん》して、昭明《しょうめい》の術を覚寤《かくご》することを知らざらん。今『易《えき》』の乾坤《けんこん》は、以て道を窮《きわ》め意に通ずるに足る。八卦《はっか》は以て吉凶《きっきょう》を識《し》り、禍福《かふく》を知る可《べ》し。然れども伏戯《ふくぎ》之《これ》が六十四変を為し、周室《しゅうしつ》増すに六爻《ろくこう》を以てするは、淑清《しゅくせい》の道を原測《げんそく》して、万物の祖を攟《くん》（窘）逐《ちく》する所以《ゆえん》なり。夫《そ》れ五音の数は、宮《きゅう》・商《しょう》・角《かく》・徴《ち》・羽《う》に過ぎず。然れども五絃《ごげん》の琴《こと》は、鼓《こ》す可からざるなり。必ず細大駕《が》和《わ》有りて、而《しか》る後以《もっ》て曲を成す可し。今竜首《りゅうしゅ》を画《えが》けば、観る者其の何の獣《けもの》なるかを知らず。其の形を具《そな》うれば、則ち疑わず。

今之《これ》を道と謂《い》えば則ち多く、之を物と謂えば則ち少なく、之を術《じゅつ》と謂えば則ち博《ひろ》く、之を事と謂えば則ち浅し。之を推《お》して以て論ずれば、則ち言う可き者無《な》し。学を為す所以《ゆえん》の者は、固《もと》より之を不言《ふげん》に致《いた》さんと欲するのみなり。夫れ道論《どうろん》は至って深し、故に多く之《これ》が辞を為して、以て其の情を杼《の》ぶ。万物は至って衆《おお》し、故に博《ひろ》く之が説を為して、以て其の意に通ず。辞は壇《てん》（澶）巻連漫《けんれんまん》、絞紛遠援《こうふんえんえん》なりと雖《いえど》も、至意《しい》を洮汰滌蕩《とうたできとう》して、之をして凝竭底滞《ぎょうけつていたい》すること无く、捲握《けんあく》して散ぜざらしむる所以《ゆえん》なり。夫れ江河《こうか》の腐胔《ふし》は、勝《あ》げて数う可からず。然れども祭る者の焉《これ》に汲《く》むは、大なればなり。一杯の白酒《はくしゅ》は、蠅《はえ》其の中に漬《ひた》れば、匹夫《ひっぷ》も嘗《な》めざる者は、小なればなり。

誠に二十篇の論に通じ、凡《はん》を睹《み》要《よう》を得て、以て九野に通じ、十門を径《へ》（経）、天地を外にし、山川を捭《にら》（睥）めば、其の一世の間に逍遥《しょうよう》し、万物の形を宰匠《さいしょう》するに於《お》いて、亦《ま》た優游《ゆうゆう》たらん。然《しか》るが若《ごと》き者は、日月《じつげつ》を挟《はさ》むも烑《ひか》らず、万物を潤《うるお》せども耗《こう》せず。曼《まん》たり洮《とう》たり、以て覧《み》るに足り、藐《ばく》たり浩浩曠曠《こうこうこうこう》たり、以て游《あそ》ぶ可し。

【現代語訳】

本書の内容は、微小なもの（物）もあれば巨大なもの（道）もあり、趣旨が巻ごとに異なるので、それらを個々に解説している。今もしもっぱら道について述べるならば、そこに一切が含まれてしまうはずではあるが、しかし根本（道）を把《とら》えて末梢《まっしょう》（物）をも知ることができるのは、ただ聖人《せいじん》だけであろう。聖人の才能などとても期待できない読者に対して、何も詳しく解説してやらないとすれば、彼は一生涯を混乱のただ中にのた打ち回って、ついに輝かしい道に目覚めることもなく終わるであろう。例えば、『易《えき》』には乾卦《けんか》と坤卦《こんか》（八卦《はっか》の基本となる二つの卦）があって、道を究明しその意味に通ずるのに不足はない。またその八卦は、人の吉凶《きっきょう》・禍福《かふく》を予知することも十分にできる。しかしその上に伏戯《ふくぎ》（古代の伝説上の帝王）が八卦を組み合わせて六十四卦《ろくじゅうしか》を作り、周室《しゅうしつ》の文王《ぶんのう》が六爻《ろくこう》（陽爻《ようこう》⚊と陰爻《いんこう》⚋を六つ重ねたもの）を付け加えたのは、清らかな道を把握し、万物の源（道）を追求するためである。また五音《ごおん》は、わずかに宮《きゅう》・商《しょう》・角《かく》・徴《ち》・羽《う》の五つにすぎず、これだけでは五絃《ごげん》の琴を弾《ひ》くこともできない。さらにヴォリュームの大小やハーモニーなどがなくてはならず、こうして始めて楽曲を演奏することができるのである。また竜《りゅう》を画《えが》く場合、頭だけを画いたのでは、観る者には何の獣《けもの》であるか分からないが、身体《からだ》全体を画いてやれば、疑問は消えるであろう。

　さて、道術《どうじゅつ》（道）と言って述べるならば、その外延《がいえん》があまりに広すぎるし、逆に事物《じぶつ》として述べるならば、その含意があまりに少なすぎる。突き詰めて言えば、言葉で表現できるものは何一つないのである。それに、学問をする目的とはもともと、無言の内に全てを覚《さと》る最高の境地を極《きわ》めようということに他ならない。しかしながら、道の理論は極めて深い。そこで多くの言葉を費やして、道の実際を述べるのである。万物の数は極めて多い。そこで沢山の説明を加えて、物の意味に通じようとするわけだ。説明の言葉は、曲がりくねり延《の》び連《つら》なり、よじれもつれ遥《はる》かに飛び越え、等々と多くを費やさざるをえなかったけれども、それも道の真実の意味を洗い清め、障礙《しょうがい》や停滞を取り除いて、握りしめて離さないためなのである。例えてみれば、江水《こうすい》・河水《かすい》中の動物の死骸《しがい》は数えきれないほど多いが、祭りの時そこから水を汲《く》んでいくのは、大きいからだ。だが一杯の濁り酒の中に、もし蠅《はえ》が漬かっていたら、一介《いっかい》の庶民《しょみん》でも飲もうとしないのは、小さいからである。

もし読者がこの二十篇の理論に精通し、全体（道）を見、要点（道）を摑《つか》んで、天の九野に達し、その十門をくぐり、天地の外に出て、地上の山や川を見下ろすことに成功するならば、彼は現実の社会においてぶらりと過ごし、形ある万物を支配することにかけても、やはり伸びやかさを失わないであろう。このような人は、日月を抱えこんでも自分は光を増さず、万物に恩恵を施しても自分は減ることがない。永遠の世界に連なり、清らかに洗い流して、彼は一切を見ることができるのだ。彼方《かなた》に在り、広々として、かつ空しいこの人は、どこへでも遊び行くことができるのである。

【原文】

其言有小有巨、有微有粗。指奏卷異、各有爲語。今專言道、則无不在焉。然而能得本知末者、其唯聖人也。今學者无聖人之才、而不爲詳說、則終身顚頓乎混溟之中、而不知覺寤乎昭明之術矣。今易之乾坤、足以窮道通意也。八卦可以識吉凶、知禍福矣。然而伏戲爲之六十四變、周室增以六爻、所以原測淑清之道、而攟（窘）逐萬物之祖也。夫五音之數、不過宮商角徵羽。然而五絃之琴、不可鼓也。必有細大駕和、而後可以成曲。今畫龍首、觀者不知其何獸也。具其形、則不疑矣。

今謂之道則多、謂之物則少、謂之術則博、謂之事則淺。推之以論、則无可言者。所以爲學者、固欲致之不言而已也。夫道論至深、故多爲之辭、以杼其情。萬物至衆、故博爲之說、以通其意。辭雖壇（澶）卷連漫、絞紛遠援、所以洮汰滌蕩至意、使之无凝竭底滯、捲握而不散也。夫江河之腐胔、不可勝數。然祭者汲焉、大也。一杯白★酒★、蠅漬其中、匹夫弗嘗者、小也。

誠通乎二十篇之論、睹凡得要、以通九野、徑★（經）十門、外天地、捭（睥）山川、其於逍遙一世之閒、宰匠萬物之形、亦優游矣。若然者、挾日月而不烑、潤萬物而不耗。曼兮洮兮、足以覽矣、藐兮浩浩曠曠兮、可以游矣。

【注釈】

△**爲語**―本篇上文の「多爲之辭、博爲之說。」にほぼ同じ。

△**今學者……之術矣**―『鄧析子』轉辭篇に「今之爲君」のこととして類似句が出る（于大成）。

△**昭明之術**―「術」は、「道」に同じ。下文でも「道」と併稱されている。なお、「道術」という言葉は『莊子』天下篇で多用されている。

△**窮道通意**―本篇上文の「窮道德之意」、下文の「以通其意」にほぼ同じ。

△**攟逐萬物之祖**―「攟」は、馬宗霍によって『說文解字』「窘、迫也。」の假借字。

△**駕和**―「駕」は、「襄」の意（馬宗霍）。

△**道論**―『史記』太史公自序にも出る言葉。

△**萬物至……通其意**―「物」について「意」を言う例としては、『莊子』天下篇の「歴物之意」が擧げられる。

△**壇巻**―「壇」は、『廣雅』釋詁篇「邅、轉也。」の假借字であろう。

△**白酒**―底本は「酒白」に作るが、兪樾によって改めた。

△**十門**―許愼注は「八方上下也」とする。

△**捭山川**―「捭」は、許愼注は「屏去也」とするが、「睥」の假借字ではなかろうか。

△**逍遙一……物之形**―『鄧析子』轉辭篇に「聖人」のこととして類似句が出る（于大成）。

△**不姚**―「姚」は、許愼注は「光也」とする。

【解説】

言葉には本来限界があり、対象を十分には表現しえないとする言語観は、従来の道家に一貫して存在していた。道家特有の「無言」「不言」の提唱が、ここから発源することは言うまでもない。殊にこの伝統を作り出した張本人である初期の道家は、言葉に具現される認識主観の「我」を捨てることなしには、「道」は言うまでもなく「物」ですら把えられない、実在（無）である「道」への「我」の融合こそが「道」の把握であるとして、言う主体である「我」と「道」の存在性を排除することまでも行った。

それに引き替え、本篇本章は言葉の限界という同じ事実を理由にしながら、むしろ「道」と「物」を多く博く述べることを肯定する。ついに初期の道家と対蹠する地点に到達したのである。

【読み下し】

文王《ぶんのう》の時、紂《ちゆう》 天子為《た》り、賦斂《ふれん》 度《ど》無《な》く、戮殺《りくさつ》止《や》むこと無く、康梁沈湎《こうりようちんめん》し、宮 中《きゆうちゆう》に市《いち》を成す。炮格《ほうらく》の刑を作為《さくい》し、諫《いさ》むる者を刳《さ》き、孕婦《ようふ》を剔《さ》き、天下 心を同じくして之《これ》に苦しむ。文王 四世善を纍《かさ》ね、徳を脩《おさ》め義を行い、岐周《きしゆう》の間に処《お》り。地方百里に過ぎざるも、天下の二垂《にすい》之《き》に帰す。文王卑弱《ひじやく》を以《もっ》て強暴《きようぼう》を制し、以て天下の為《た》めに残《ざん》を去り賊《ぞく》を除きて、王道を成さんと欲す。故に太公《たいこう》の謀《はか》りごと焉《ここ》に生ず。

文王之《これ》を業《はじ》むれども卒《お》えず、武王 文王の業を継ぎ、太公の謀りごとを用い、悉《ことごと》く薄賦《はくふ》を索《もと》め、躬《みずか》ら甲冑《かつちゆう》を擐《かん》して、以て无道《むどう》を伐《う》ちて、不義を討《う》ち、師《し》に牧野《ぼくや》に誓《ちか》いて、以て天子の位を践《ふ》む。天下未《いま》だ定まらず、海内《かいだい》未だ輯《おさ》まらず、武王 文王の令徳《れいとく》を昭《あき》らかにし、夷狄《いてき》をして各々《おのおの》其の 賄《まいない》 を以て来貢《らいこう》せしめんと欲するも、遼遠《りようえん》にして未だ至ること能《あた》わず。故に三年の喪《そう》を治め、文王を両楹《りようえい》の間に殯《ひん》して、以て遠方を俟《ま》つ。武王立ちて三年にして崩ず。成王襁緥《ほきよう》の中に在りて、未だ事を用いる能わず。蔡叔《さいしゆく》・管叔 公子《かんしゆくこうし》禄父《ろくほ》を輔《たす》けて、乱を為さんと欲す。周公《しゆうこう》 文王の業を継ぎ、天子の政を持《じ》して、以て周室を股肱《ここう》し、成王を輔翼《ほよく》す。争《そう》道《どう》の塞《ふさ》がらず、臣下の上を危うくするを懼《おそ》る。故に馬を華山《かざん》に縦《はな》ち、牛を桃林《とうりん》に放《はな》ち、鼓《こ》を敗《やぶ》り枹《ふ》を折り、笏《こつ》を 搢《さしはさ》 みて朝《ちよう》して、以て王室を寧静《ねいせい》にし、諸侯を鎮撫《ちんぶ》す。成王既《すで》に壮《そう》にして、能《よ》く政事《せいじ》に従う。周公 封《ほう》を魯《ろ》に受けて、此《これ》を以て風《ふう》を移し俗を易《か》う。孔子《こうし》 成康《せいこう》の道を脩め、周公の訓《おし》えを述べて、以て七十子に教え、其の衣冠を服し、其の篇籍《へんせき》を脩《おさ》めしむ。故に儒者《じゅしゃ》の学焉《ここ》に生ず。

墨子《ぼくし》 儒者の業を学び、孔子の術を受け、以為《おも》えらく其の礼は煩擾《はんじょう》にして悦《やす》からず、厚葬《こうそう》は財を靡《つい》やして民を貧しくし、久服《きゅうふく》は生を傷つけて事を害す、と。故に周道《しゅうどう》に背《そむ》きて夏政《かせい》を用う。禹《う》の時、天下に大水あり。禹身《みずか》ら虆臿《るいそう》を執《と》りて、以て民の先と為り、河を剔《き》りて九岐《きゅうき》を道《みちび》き、江《こう》を鑿《うが》ちて九路《きゅうろ》を通じ、五湖を辟《ひら》きて東海を定む。此の時に当たりて、焼くるも撌《はら》うに暇《いとま》あらず、濡《ぬ》るるも扢《ぬぐ》うに給《いとま》あらず。陵《おか》に死する者は陵に葬り、沢に死する者は沢に葬る。故に財を節し葬を薄くし間《かん》（簡）服《ふく》すること焉《ここ》に生ず。

斉《せい》の桓公《かんこう》の時、天子卑弱《ひじゃく》にして、諸侯力征《りきせい》す。南夷《なんい》北狄《ほくてき》、交々《こもごも》中国を伐《う》ち、中国の絶《た》えざること線《いと》の如《ごと》し。斉国の地、東は海を負いて北は河に郼《さえぎ》られ、地狭く田少なくして、民智巧《ちこう》多し。桓公 中国の患《うれ》いを憂い、夷狄《いてき》の乱に苦しみ、亡《ほろ》びたるを存《そん》し絶えたるを継《つ》ぐを以て、天子の位を崇《たか》くし、文武の業を広めんと欲す。故に管子《かんし》の書焉《ここ》に生ず。

斉の景公《けいこう》内は声色《せいしょく》を好み、外は狗馬《くば》を好み、猟射《りょうしゃ》して帰るを忘れ、色を好みて弁无《べんな》し。路寝《しん》の台を作為し、大鍾《たいしょう》を族鋳《ぞくちゅう》し、之を庭下《ていか》に撞《つ》けば、郊雉《こうち》皆な呴《な》く。一朝に三千鍾《しょう》の贛《こう》を用い、梁丘拠《りょうきゅうきょ》・子家噲《しかかい》 左右に導《おもね》る。故に晏子《あんし》の諫《いさ》め焉《ここ》に生ず。

晩世《ばんせい》の時、六国《りっこく》の諸侯は、谿異《けいこと》に谷《たに》別れ、水絶ち山隔て、各々自ら其の境内《けいだい》を治め、其の分地を守り、其の権柄《けんぺい》を握り、其の政令を擅《ほしい》ままにす。下に方伯《ほうはく》无く、上に天子无く、力征《りきせい》して権を争い、勝つ者を右《みぎ》と為す。連与《れんよ》を恃《たの》み、重致《じゅうち》を約し、信符《しんぷ》を剖《さ》き、遠援《えんえん》を結びて、以て其の国家を守り、其の社稷《しゃしょく》を持《じ》す。故に縦横《しょうおう》脩短《しゅうたん》焉《ここ》に生ず。

申子《しんし》なる者は、韓《かん》の昭釐《しょうき》の佐《さ》なり。韓は、晋《しん》の別国なり。地墽《や》せ民険《けわ》しくして、大国の間に介《はさ》まる。晋国の故礼《これい》未《いま》だ滅びざるに、韓国の新法《しんぽう》重ねて出で、先君の令未だ収《おさ》めざるに、後君の令又《ま》た下る。新故《しんこ》相い反し、前後相い繆《もと》り、百官背乱《ひゃくかんはいらん》して、用いる所を知らず。故に刑名《けいめい》の書焉《ここ》に生ず。

秦国《しんこく》の俗は、貪狼《たんろう》強力にして、義寡《すく》なくして利に趨《はし》る。威《おど》すに刑を以てす可《べ》くして、化するに善を以てす可からず、勧《すす》むるに賞を以てす可くして、厲《はげ》ますに名を以てす可からず。険《けん》を被《こうむ》りて河《か》を帯《お》び、四塞《しそく》以て固めと為し、地は利に形は便に、畜積殷富《ちくせきいんぷ》なり。孝公《こうこう》虎狼《ころう》の勢いを以て、諸侯を呑《の》まんと欲す。故に商鞅《しょうおう》の法焉《ここ》に生ず。

【現代語訳】

周《しゅう》の文王《ぶんおう》の時、殷《いん》の紂王《ちゅうおう》が天子であった。紂王は人民に課する賦税《ふぜい》に限度がなく、人々を殺戮《さつりく》して止めどがなく、楽しみに耽《ふけ》り酒に溺《おぼ》れて、宮殿はあたかも市場《いちば》のようにごった返した。また火炙《ひあぶ》りの刑を作ったり、忠言する者の心臓をえぐったり、妊婦の腹を割《さ》いたりしたので、天下の人々は一様に苦しんだ。当時、文王は四代にわたって善行を積み、徳を修め義を行いつつ、岐周《きしゅう》（地名、今の陝西省）のあたりにあった。その領地は百里四方にすぎなかったけれども、天下の三分の二が心を寄せていた。そこで文王は弱小の立場にありながら強暴な紂王を制し、天下の人々のために虐賊《ぎゃくぞく》を除いて、王道を成就《じょうじゅ》したいと考えた。こうして太公《たいこう》（文王の師である呂尚《りょしょう》）の兵謀《へいぼう》が生まれたのである。

文王はこの事業を始めたけれどもついに完成しなかった。代わって武王《ぶおう》がその事業を受け継ぎ、また太公の兵謀を採用した。武王は、誰に対しても賦税《ふぜい》を軽くし、自らは甲冑《かっちゅう》をまとって、無道・不義の紂王を討ち、牧野《ぼくや》（地名、今の河南省）で軍士に誓い、ついに天子の位に即《つ》いた。しかし天下はまだ安定せず、世界はまだ収拾がつかなかった。武王は文王の美徳を顕彰《けんしょう》するために、夷狄《いてき》（北方異民族）諸民族にそれぞれ供物《くもつ》を携《たずさ》えて来貢《らいこう》させたいと思ったが、道程《みちのり》があまりに遠いのですぐには来ることができない。そこで三年の喪礼《そうれい》を挙行することにし、文王の遺骸を宮殿の堂柱の間に安置して仮葬を営み、遠方からの来貢を待った。武王は即位三年目で崩《ほう》じた。その子成王《せいおう》はまだ襁褓《むつき》の中にあり、政務を執ることはできなかった。この時に乗じて、蔡叔《さいしゅく》と管叔《かんしゅく》（ともに武王の弟）が殷《いん》の公子禄父《こうしろくほ》を擁《よう》して反乱を企てたので、周公《しゅうこう》（武王の弟）は文王の事業を受け継ぎ、天子の政治を維持し、周室の手足となって、成王を補佐した。しかし争乱を防ぐ道がまだ確立せず、臣下が上位者を危うくすることを恐れた周公は、軍馬を華山《かざん》（山名、今の陝西省）に放ち、輜重《しちょう》を引く牛を桃林《とうりん》（塞名、今の陝西省）に放ち、合戦の時を告げる太鼓《たいこ》を壊し枹《ばち》を折り、笏《しゃく》を帯に挿《さ》しこんで朝廷に上ることとし、こうして王室から争乱を除き、諸侯を鎮撫《ちんぶ》した。やがて成王が壮年に達し、政務を執ることができるようになると、周公は魯国《ろこく》に封ぜられて、このやり方で魯国の風俗を教化した。孔子《こうし》（魯の人）は以上のような成王・康王《こうおう》（成王の子）の道を修め、周公の遺訓を述べて、七十人の弟子たちに教え、先王の衣冠を身に着け、その書物を学ばせた。ここに儒者の学問が生まれたのである。

墨子《ぼくし》は儒者の業を学び、孔子の道を受けたが、その礼は煩雑《はんざつ》で難しい、手厚い葬礼は家財を費やし民衆を貧しくする、長期間の服喪《ふくそう》は生命を傷つけ仕事を妨げる、などと考えて、周の道を捨て夏《か》の政治を用いることにした。夏の禹王《うおう》の治世に、天下は洪水に見舞われた。この時、禹は自ら畚《もっこ》と梩《すき》を手に執って、民衆の先頭に立ち、河水《かすい》を分かって九つの支流に導き、江水《こうすい》を掘って九つの水路に流し、五大湖を切り開いて下流域の東海地方を守った。こんな状況の下、焼け焦げたものを払ったり、濡《ぬ》れそぼったものを拭《ふ》いたりする余裕はなく、丘で死んだら丘で葬り、沢で死んだら沢で葬るより他なかった。こうして費用を節約し、葬礼を簡素化し、服喪期間を短くする墨者《ぼくしゃ》の学が生まれたのである。

桓公《かんこう》が斉国《せいこく》を統治していた時、天子の力が微弱であったため、各国の諸侯は武力で征服し合い、南方・北方の夷狄《いてき》（異民族）も、次々に中国に襲い掛かって、中国は今にも切れようとする細い糸さながらであった。斉国の地勢は、東は海を背にし北は河水《かすい》に阻《はば》まれて、土地は狭く田畑は少なかったが、人民は知恵が豊かであった。桓公は中国の危難を憂え、夷狄の暴乱に苦しみ、滅んだ旧国を再興し絶えた名家を復活させることによって、天子の権威を高め、文王・武王の事業を広めたいと願った。こうして管子《かんし》（桓公の臣）の書物が生まれたのである。

斉国の景公《けいこう》は、内に音楽・女色《じょしょく》、外に犬馬・狩猟《しゅりょう》を好み、狩りに出ては帰ることを忘れ、女を好んでは見境《みさかい》がなかった。また寝殿《しんでん》のために大掛かりな高台《たかだい》を築き、いくつもの大鐘《たいしょう》を鋳《い》させて、これを宮廷《きゅうてい》の中で打ち鳴らしたところ、郊野《こうや》の雉《きじ》も一斉に鳴いて和した。景公はまた朝見《ちょうけん》のたびごとに群臣《ぐんしん》に三千鍾《しょう》（約六万リットルの穀物）もの恩賞を賜《たま》わったが、梁《りょう》丘拠《きゅうきょ》や子家噲《しかかい》（ともに景公の臣）といった近臣たちはこれにへつらうばかりだった。そこで晏子《あんし》（景公の臣）の諫言《かんげん》が生まれたのである。

近代に至ると、六つの大国の諸侯は、渓谷《けいこく》や山川を隔てて、それぞれ国内を治め、領土を守り、権力を握り、政令を布《し》いた。下では諸侯のリーダーがおらず、上では天子がいないに等しく、武力で征服し合って覇権《はけん》を競《きそ》い、勝者が上位に立った。同盟国を頼りにし、重要な条約を結び、信用を担保する証明書を発行し、遠国の援助を取りつけ、このようにして国家・社稷《しゃしょく》を保持した。ここに合縦連横《がっしょうれんこう》の政策が生まれたのである。

申子《しんし》（申不害《しんふがい》）は、韓国《かんこく》の昭公《しょうこう》と釐公《きこう》を補佐した臣下である。韓国は、晋国《しんこく》から別れた国である。土地はやせ人民は険《けわ》しく、しかも大国の間に挟《はさ》まれていた。晋国の古い礼《れい》が消滅しないままに、韓国の新しい法がまた発布され、先君の命令が取り消されない内に、後君の命令がまた下るというありさま。ありとあらゆる新と旧、前と後が対立し合って、役人たちはただ右往左往するばかりであった。この事態を解決するために刑名法術《けいめいほうじゅつ》の書物が生まれたのである。

秦国《しんこく》の土地柄は、貪欲《どんよく》でかつ努力を怠《おこた》らず、義を顧《かえり》みず利に走るという風であった。だから刑罰で威《おど》すことはできても、善意で導くことはできず、褒賞《ほうしょう》で勧《すす》めることはできても、名声で奮《ふる》い立たせることはできなかった。険しい山と河水《かすい》に囲まれ、四方の要害で安全を守り、地勢は有利、富は豊かであった。これを背景に、秦国の孝公《こうこう》は虎狼《ころう》の勢いで、諸侯を併《へい》呑《どん》しようとした。こうして商鞅《しょうおう》（孝公の臣）の法律が生まれたのである。

【原文】

文王之時、紂爲天子、賦斂无度、戮殺无止、康梁沈湎、宮中成市。作爲炮格之刑、刳諫者、剔孕婦、天下同心而苦之。文王四世纍善、脩德行義、★處岐周之閒。地方不過百里、天下二垂歸★之。文王欲以卑弱制強暴、以爲天下去殘★除賊、而成王道。故太公之謀生焉。

文王業之而不卒、武王繼文王之業、用太公之謀、悉索薄賦、躬擐甲冑、以伐无道、而討不義、誓師牧野、以踐天子之位。天下未定、海內未輯、武王欲昭文王之令德、使夷狄各以其賄來貢、遼遠未能至。故治三年之喪、殯文王於兩楹之閒、以俟遠方。武王立三年而崩。成王在褓繈之中、未能用事。蔡叔管叔輔公子祿父、而欲爲亂。周公繼文王之業、持天子之政、以股肱周室、輔翼成王。懼爭道之不塞、臣下之危上也。故縱馬華山、放牛桃林、敗鼓折枹、搢笏而朝、以寧靜王室、鎭撫諸侯。成王既壯、能從政事。周公受封於魯、以此移風易俗。孔子脩成康之道、述周公之訓、以教七十子、使服其衣冠、脩其篇籍。故儒者之學生焉。

墨子學儒者之業、受孔子之術、以爲其禮煩擾而不悅、厚葬靡財而貧民、★久服傷生而害事。故背周道而用夏政。禹之時、天下大水。禹身執虆臿★、以爲民先、剔河而道九岐★、鑿江而通九路、辟五湖而定東海。當此之時、燒不暇撌、濡不給抆。死陵者葬陵、死澤者葬澤。故節財薄葬閒（簡）服生焉。

齊桓公之時、天子卑弱、諸侯力征。南夷北狄、交伐中國、中國之不絶如綫。齊國之地、東負海而北鄣河、地狹田少、而民多智巧。桓公憂中國之患、苦夷狄之亂、欲以存亡繼絶、崇天子之位、廣文武之業。故管子之書生焉。

齊景公內好聲色、外好狗馬、獵射忘歸★、好色无辨。作爲路寢之臺、族鑄大鍾、撞之庭下、郊雉皆呴。一朝用三千鍾贛、梁丘據子家噲導於左右。故晏子之諫生焉。

晩世之時、六國諸侯、谿異谷別、水絶山隔、各自治其境內、守其分地、握其權柄、擅其政令。下无方伯、上无天子、力征爭權、勝者爲右。恃連與★、約重致、剖信符、結遠援、以守其國家★、持其社稷。故縱橫脩短生焉。

申子者、韓昭釐之佐。韓、晉別國也。地墽民險、而介於大國之閒。晉國之故禮未滅、韓國之新法重出、先君之令未收、後君之令★又下。新故相反、前後相繆、百官背亂、不知所用。故刑名之書生焉。

秦國之俗、貪狼強力、寡義而趨利。可威以刑、而不可化以善、可勸以賞、而不可厲以名。被險而帶河、四塞以爲固、地利形便、畜積殷富。孝公欲以虎狼之勢、而吞諸侯。故商鞅之法生焉。

【注釈】

△**紂爲天……而苦之**—これらの紂の暴政をまとめて記した文章は、本書では俶眞篇・本經篇

などにある（楠山春樹『淮南子』下）。

△**文王四世纍善**――周の創業は泰王亶父に始まる歴代四世の努力の結果であるとする文章が、本書詮言篇にある（楠山春樹『淮南子』下）。

△**天下二垂**――「垂」は、三分の一の意（高亨『諸子新箋』）。

△**太公之謀**――『史記』齊世家にも「太公之謀計」として出る。なお『漢書』藝文志には道家の項に「太公二百三十七篇。謀八十一篇、言七十一篇、兵八十五篇。」とある。

△**文王業之**――「業」は、「始」または「緒」の意（楊樹達・馬宗霍）。『呂氏春秋』下賢篇に類似句があり、本書はそれに本づく（楊樹達）。

△**躬擐甲冑**――『春秋左氏傳』成公十三年に重出（方光『淮南子要略篇釋』）。

△**誓師牧野**――武王が牧野に誓ったことは、本書では泰族篇にある。

△**三年之喪**――「三年之喪」が武王に起源するとする文が本書齊俗篇にもある。

△**武王立……繈之中**――『尙書大傳』金縢篇・『大戴禮記』保傅篇に類似句がある（于大成）。

△**縱馬華……撫諸侯**――本書泰族篇に類似句がある（楠山春樹『淮南子』下）。

△**墨子學……子之術**――墨子の學が儒家から出たとするのは、古くはもともと存在しなかった說（方光・楠山春樹『淮南子』下）。前漢初期になって生まれた新しい墨家理解であろう。墨子のことは、『史記』の中では孟子荀卿列傳の末尾にわずかに二十數字で記されているのみで、前漢初期にはその事跡がほとんど分からなくなっていたらしい（拙論「墨家」、『諸子百家』所收、尙學圖書、一九八三を參照）。

△**不悦**―「悦」は、許愼注は「易也」とする。王念孫『讀書雜志』を參照。

△**久服**―「久」は、底本にないが、王念孫『讀書雜志』によって補った。

△**背周道而用夏政**―墨子の學を「夏政を用いた」ものとするのも、戰國末期から前漢初期にかけて強調されるようになった新傾向である。

△**節財薄葬閒服**―「閒」は、「簡」の意（王念孫『讀書雜志』）。墨家の遺した思想書は、『漢書』藝文志の諸子略の墨家の項に「墨六家、八十六篇。」が著錄されている。

△**南夷北……絶如綫**―類似句が『春秋公羊傳』僖公四年にある（方光）。

△**管子之書**―『漢書』藝文志の道家の項に「筦子八十六篇」とある。管子と次の晏子は『史記』に列傳があり（同傳）、その論贊によれば、司馬遷は「管氏の牧民・山高・乘馬・輕重・九府、及び晏子春秋」の書を讀んでいる。

△**路寢之臺**―『晏子春秋』內篇諫下に出る（方光）。

△**族鑄大鍾**―「族」は、許愼注は「聚也」とする。句意は、大きな編鐘を作ったということか。景公が鐘を鑄ることに反對する晏子の諫言は『晏子春秋』に多く見える（楠山春樹『淮南子』下）。

△**梁丘據……於左右**―「梁丘據」と「子家噲」は、景公の臣として『晏子春秋』にしばしば登場する（楠山春樹『淮南子』下）。「導」は、「諂」の意（于大成）。

△**晩世之……短生焉**―類似句が本書覽冥篇にある。「脩短」は、『史記』田儋列傳に言う「長短」のこと（楠山春樹『淮南子』下）で、上文の「縱橫」（合縱連横の策）とほぼ同義。

△**恃連與**――「與」は、底本は「與國」に作るが、王念孫『讀書雜志』によって「國」を削った。

△**約重致**――「致」は、「質劑の質」の意（劉家立）。

△**申子**――『史記』に列傳があり、その學は「刑名を主とする」と記されている。その書は『史記』では二篇、『漢書』藝文志では法家の項で六篇となっている。

△**刑名**――「刑」は「形」とも書き、臣下の擧げた仕事の實績。「名」は臣下のなすべき職務の規程。「刑名」とは、この兩者を突き合わせることによって君主が臣下を統御する術である。

△**商鞅之法**――商鞅は、『史記』に列傳がある。その書は『漢書』藝文志の法家の項に「商君二十九篇」が著錄されている。

【解説】

本章は、前漢時代の初期までに書かれたいくつかの中国思想史の叙述の中で、間違いなく最もおもしろいものの一つである。思想史という概念をやや緩やかに取って、前漢初期までのそれの重要なものを挙げてみると、これ以外に『荀子』非十二子篇・『呂氏春秋』不二篇・『史記』太史公自序「六家要指」・『莊子』天下篇などがある。これらの中で『呂氏春秋』・『史記』・『莊子』・本篇本章は、いずれも道家を中心にした諸思想の統一を目指す点で共通性がある。

本章の中国思想史論の特徴としては、次のような点が挙げられよう。――「太公《たいこう》の謀《はか》りごと」を始めとする八つの思想の内容が全て政治思想であること、中国思想史が天子・諸侯の政治支配の強化の要請を基軸に据《す》えて展開したと把《とら》えていること、八思想がそれぞれ固有な諸条件に制約されて生まれたとする存在被拘束性が指摘されていること、諸条件に制約されている限り永遠普遍に妥当する絶対の思想はないとする相対主義・歴史主義があること、等々。

本章で論評されている八つの思想の選択は、実際に存在したものと比べてかなり偏っている。今仮りにほぼ同時代に書かれた『史記』太史公自序を基準に取ると、陰陽家と道家が欠ける。（ちなみに、本章の「刑名」は『史記』の名家に当たる。「太公」と「管子」は『漢書』芸文志では道家に入れられているが、本章によって内容を判断する限りとても道家とは言えないと思う。）陰陽家のことはさておくとして、作者に最も立場が近いはずの道家をここに挙げないのは、一体なぜであろうか。大胆な推測かもしれないが、次に述べる「劉氏の書」の絶対性を強調するために、同類の道家を意図的に省いたということではなかろうか。

59　本書『淮南子』の絶対性

【読み下し】

劉氏《りゅうし》の書の若《ごと》きは、天地の象《しょう》を観、古今の論に通じ、事を権《はか》りて制を立て、形を度《はか》りて宜《よろ》しきを施し、道徳の心を原《たず》ね、三王《さんおう》の風を合《あつ》めて、以て玄眇《げんみょう》（妙）の中に儲与《ちょよ》扈《こ》治《や》す。精揺《せいよう》靡覧《びらん》し、其の畛挈《しんけい》を棄て、其の淑静《しゅくせい》を斟《く》みて、以て天下を統《す》べ、万物を理《おさ》め、変化に応じ、殊類《しゅるい》に通ず。一跡《いっせき》の路に循《したが》い、一隅《いちぐう》の指《むね》を守り、物に拘繋牽連《こうけいけんれん》せられて、世と推移せざるに非《あら》ざるなり。故に之を尋常《じんじょう》に置くも塞《ふさ》がらず、之を天下に布《し》くも窕《ゆる》からず。

【現代語訳】

劉氏《りゅうし》のこの書に至っては、天地のあらゆる現象を観、古今の全ての議論に通じているので、事物をよく検討して処置を定め、状況をよく調査して対策を立てている。また一方で老《ろう》荘《そう》学派の道徳（道とその働き）の核心を究明しながら、他方で儒墨《じゅぼく》学派の三王《さんおう》（夏《か》・殷《いん》・周《しゅう》三代の聖王）の作風を総合し、しかも両者をもやもやと原形を留《とど》めぬように統一して、玄妙《げんみょう》（真の道）の精髄《せいずい》へと高めている。その上、それらを緻密《ちみつ》に整え、精微《せいび》に磨《みが》き、濁《にご》ったところを捨て、澄《す》んだ部分を汲《く》みとって、こうして天下の万民を支配し、一切の事物を秩序づけ、発生する変化にも対応し、未知の範疇《はんちゅう》にも精通《せいつう》しているのである。一時代に行われた道に従い、一地域に用いられた主義を守って、個々の事物に拘《とら》われるあまり、社会の動きに付いていけないのとはわけが違う。それ故、この書の道は、寸尺《すんしゃく》の小さな事件の処理にも、天下の大きな問題の解決にも、ぴたりと当てはまって万能なのである。

【原文】

若劉氏之書、觀天地之象、通古今之論、權事而立制、度形而施宜、原道德★之心、合三王之風、以儲與扈冶玄眇（妙）之中。精搖靡覽、棄其畛挈、斟其淑靜、以統天下、理萬物、應變化、通殊類。非循一跡之路、守一隅之指、拘繫牽連於物、而不與世推移也。故置之尋常而不塞、布★之天下而不窕。

【注釈】

△**劉氏之書**——「劉氏」は、淮南王劉安を指す。その「書」とは本書のこと。

△**道德**——底本には「德」がないが、顧廣圻の説によって補った。「道德」と「三王」の對照は本書齊俗篇にもある。

△**儲與扈冶**——許愼注は「儲與、猶攝業。扈冶、廣大也。」とする。本書俶眞篇の「有无者」の説明の中に見え、何かあるもの（無）の「切循把握」できないさま。

△**玄眇之中**——上文に既出。「道德」と「三王」の對立を止揚した、高い次元の絶對の「道」。

△**精搖靡覽**——許愼注は「楚人謂精進爲精搖。靡小皆覽之。」とする。戸川芳郎・木山英雄・澤谷昭次の本書脩務訓の注を參照。

△**畛挈**——許愼注は「楚人謂澤濁爲畛挈也」とする。

△**置之尋……而不窕**——類似句が本書では人間篇などにあり、道のオールマイティ性を言う。また『墨子』尙同下篇などにもあって、王念孫『讀書雜志』が詳しく考證している。

【解説】

以上の議論の末、本書は絶対性を獲得したということになるのであるが、それは何のためであろうか。以下のように推測することができると思う。

第一に、上記の八つの思想がいずれもある特定の条件に対してだけ有効で、条件を異にする現代には使えないのとは違って、本書が現代から未来に向かって永遠に有効であることを言いたいためである。

第二に、空間的にも一地域に対してだけ有効なのではないので、「天下」統一後の現代（前漢時代）の帝王（武帝）に対して、その「天下」「万物」を支配する上に本書を用いてもらいたいと要求するためでもある。

第三に、以上の有効性は八つの思想と競い合い、それらの現代的有効性を全て相対化しつつ唱えられているのだから、八思想を採用せず本書だけを用いてもらいたいと訴えるためでもあった。

そうだとすれば、前漢時代の武帝期に国教（国家の正統的イデオロギー）の地位をめぐる激しい思想対立の開幕を告げたのは、実は本書『淮南子』であったことになるであろう。

『淮南子』関係論著目録（日本、明治時代より二〇〇九年まで）

（『　』は著書・雑誌、〔　〕はシリーズ・全集、「　」は論文）

渋谷啓蔵『新刊淮南子箋釈』報告堂　一八八五
島田翰『古文旧書考』民友社　一九〇五
田岡佐代治（嶺雲）『和訳淮南子』〔和訳漢文叢書〕玄黄社　一九一一
服部宇之吉『淮南子・孔子家語』〔漢文大系　二十〕冨山房　一九一五
冨山房編輯部編『淮南子・孔子家語』〔漢文大系　二十（増補版）〕冨山房　一九七七
菊池三九郎『淮南子国字解』（上・下）〔漢籍国字解全書　四十三・四十四〕早稲田大学出版部　一九一七
後藤朝太郎『国訳淮南子』〔国訳漢文大成　経子史部十一〕国民文庫刊行会　一九二一
服部宇之吉『淮南子』〔有朋堂漢文叢書〕有朋堂　一九二二
倉石武四郎「淮南子の歴史」（上・下）『支那学』三―五・六　支那学社　一九二三
那波利貞「淮南子に見えたる金目に就いて」『支那学』三―八　支那学社　一九二三
小野機太郎『現代語訳淮南子』〔支那哲学叢書〕支那哲学叢書刊行会　一九二五
津田左右吉『道家の思想と其の開展』東洋文庫　一九二七
友納義徳「支那古代文化史における淮南子」『歴史教育』五―一　一九三〇
島田鈞一「漢代の学風」『支那学研究』三　斯文会　一九三三
島田鈞一「漢代学風補遺」『支那学研究』四　斯文会　一九三六
木村英一「古鈔本淮南子兵略篇に就いて」（上・下）『支那学』十―二・三　支那学社　一九四〇・一九四一
橋本増吉「漢初の思想」『史学雑誌』五十二―一　史学会　一九四一
内野熊一郎『漢初経書学の研究』清水書店　一九四二
内野熊一郎『漢初経書学の研究』（一・二）清水書店　一九四八

橋本増吉「漢初の思想について」『東洋大学紀要』二　東洋大学学術研究会　一九五〇
本田済「淮南子の一面」『人文研究』四―八　大阪市立大学大学院文学研究科　一九五三
木村英一「黄老から老荘及び道教へ――両漢時代に於ける老子の学」『東方学報』(京都)二十五　創立二十五周年記念論文集　一九五四
鈴木由次郎「漢初の思想界」『哲学会誌』六　中央大学　一九五五
武内義雄「秋萩歌巻の背記」『冊府』復刊三　彙文堂　一九五五
平岡禎吉「淮南子に見えた生命観」『九州中国学会報』一　九州中国学会　一九五五
金谷治『老荘的世界―淮南子の思想―』(サーラ叢書)平楽寺書店　一九五九
金谷治『淮南子の思想　老荘的世界』(講談社学術文庫)　講談社　一九九二
金谷治「漢初の道家思潮」『東北大学文学部研究年報』九　東北大学文学部　一九五九
鈴木喜一「淮南子の論法に関する一考察」『懐徳』三十　懐徳堂記念会　一九五九
金谷治『秦漢思想史研究』日本学術振興会　一九六〇
楠山春樹「「淮南王荘子略要・荘子后解」考」『フィロソフィア』三十八　早稲田大学哲学会　一九六〇
内山俊彦「漢代の応報思想」『東京支那学報』六　東京支那学会　一九六〇
楠山春樹「淮南子より見たる荘子の成立」『フィロソフィア』四十一　早稲田大学哲学会　一九六一
平岡禎吉『淮南子に現われた気の研究』漢魏文化研究会　一九六一
平岡禎吉『淮南子に現われた気の研究』(改訂版)　理想社　一九六八
内山俊彦「漢初黄老思想の考察」(一・二)『山口大学文学会志』十三―一・十四―一　山口大学文学会　一九六二・一九六三
内山俊彦「漢代の思想における自然と人間―権力と思想との関連に触れて――」『日本中国学会報』十五　日本中国学会　一九六三
赤塚忠「劉安」『中国の思想家』(上)　勁草書房　一九六三

岡阪猛雄「淮南子における「言」の意識」『内野博士還暦記念東洋学論集』漢魏文化研究会　一九六四
石島快隆「漢代諸家の終末観についての展望」『内野博士還暦記念東洋学論集』漢魏文化研究会　一九六四
狩野直喜『両漢学術考』筑摩書房　一九六四
沢口剛雄「漢代初期における思想と文学」『学習院大学文学部研究年報』十一　学習院大学文学部　一九六五
内山俊彦「漢代思想史における異端的なるもの」（一・二・三）『山口大学文学会志』十六―一・十七―一・十七―二　山口大学文学会　一九六五・一九六六
宮本勝「淮南子主術訓の政治思想とその理論構造」『中国哲学』四　北海道中国哲学会　一九六七
岩佐昌暲「〈黄老〉派の輪郭――道家学派成立史試論――」『懐徳』四十一　懐徳堂記念会　一九七〇
森三樹三郎『上古より漢代に至る性命観の展開』〈東洋学叢書〉創文社　一九七一
楠山春樹『淮南子』〈中国古典新書〉明徳出版社　一九七一
板野長八『中国古代における人間観の展開』岩波書店　一九七二
大久保荘太郎「淮南子の周辺」『羽衣学園短期大学紀要』八　羽衣学園短期大学　一九七二
古谷稔『秋萩帖論考』墨水書房　一九七二
田中麻紗巳「『淮南子』の人間観について――原道篇を中心にして――」『舞鶴工業高等専門学校紀要』九　舞鶴工業高等専門学校　一九七三
田中柚美子「鄒衍の世界観と『淮南子』地形訓」『東方宗教』四十一　日本道教学会　一九七三
町田三郎「前漢の道家思想について」『東北大学教養部紀要』十九　東北大学教養部　一九七四
戸川芳郎・木山英雄・沢谷昭次・飯倉照平『淮南子・説苑（抄）』〈中国古典文学大系　六〉平凡社　一九七四
鈴木隆一編『淮南子索引』京都大学人文科学研究所　一九七五
沢田多喜男「『淮南子』における道家的傾向と儒家的傾向」『東海大学紀要』文学部二十四　東海大学文学部　一九七五

田中麻紗巳「『淮南子』の「自然」について――前漢道家思想の一面――」『集刊東洋学』三十六　東北大学中国文史哲研究会　一九七六
長沢規矩也編『呂氏春秋・淮南鴻烈解・淮南子箋釈』〔和刻本諸子大成　八〕汲古書院　一九七六
谷中信一「権と応変思想――淮南子氾論訓の思想をめぐって――」『早稲田大学大学院文学研究科紀要』別冊五　早稲田大学大学院文学研究科　一九七八
福永光司「道家の気論と『淮南子』の気」小野沢精一他編『気の思想』東京大学出版会　一九七八
向井哲夫「『淮南子』と墨家思想」『日本中国学会報』三十一　日本中国学会　一九七九
楠山春樹『淮南子』（上・中・下）〔新釈漢文大系　五十四・五十五・六十二〕明治書院　一九七九・一九八二・一九八八
楠山春樹『淮南子』〔新書漢文大系　三十四〕明治書院　二〇〇七
相原俊二「前漢前期の学問の展開」『東洋大学文学部紀要』史学科篇五・三十三　東洋大学文学部　一九七九
池田知久「淮南子の成立――史記と漢書の検討」『東方学』五十九　東方学会　一九八〇
池田知久「『淮南子』の成立――『史記』と『漢書』とによる検討――」『岐阜大学教育学部研究報告』人文科学二十八　岐阜大学教育学部　一九八〇
池田知久「淮南子要略篇について」『池田末利博士古稀記念東洋学論集』池田末利博士古稀記念事業会　一九八〇
谷中信一「淮南子人間訓の思想傾向について」『早稲田大学高等学院研究年誌』二十五　早稲田大学高等学院　一九八一
向井哲夫「《淮南子》と陰陽五行家思想――覧冥訓と本経訓を中心に――」『日本中国学会報』三十四　日本中国学会　一九八二
楠山春樹「『淮南子』における人間観――禍福論を中心として――」金谷治編『中国における人間性の探究』創文社　一九八三

西川靖二「『文子』略攷」『東方宗教』六十一　日本道教学会　一九八三
薄井俊二「淮南子地形訓の基礎的研究」『中国哲学論集』十　九州大学中国哲学研究会　一九八四
有馬卓也「『文子』研究序説――『老子』引用をめぐって――」『中国哲学論集』十　九州大学中国哲学研究会　一九八四
有馬卓也「漢初道家者の「明」解釈」『九州中国学会報』二十五　九州中国学会　一九八五
田中智幸「『文子』と『淮南子』との関係について」『桜美林大学中国文学論叢』十一　桜美林大学文学部中国文学科　一九八六
馬場英雄「「神・形」と「心・性」の問題について――『淮南子』の人間観」『國學院雑誌』八十七―一　國學院大学　一九八六
馬場英雄「『淮南子』の「自然」について」『漢文学会会報』三十二　國學院大学漢文学会　一九八六
楠山春樹「淮南中篇と淮南万畢」秋月観暎編『道教と宗教文化』平河出版社　一九八七
楠山春樹「淮南中篇と淮南万畢」楠山春樹『道家思想と道教』平河出版社　一九九二
有馬卓也「『淮南子』原道訓の位置――「因循」思想をめぐって――」『日本中国学会報』三十九　日本中国学会　一九八七
久富木成大「気の循環と他界の形成――『淮南子』における他界観念について」『金沢大学教養部論集』人文科学篇二十六―一　金沢大学教養部　一九八八
小林理恵「『淮南子』における治身・治国論と世界観――「精神」を軸として――」『集刊東洋学』六十　東北大学中国文史哲研究会　一九八八
田中麻紗巳「『呂氏春秋』からの『淮南子』の引用」『呂氏春秋研究』二　呂氏春秋研究会　一九八八
池田秀三「漢代の淮南学――劉向と許慎――」『中国思想史研究』十一　京都大学文学部中国哲学史研究会　一九八八
有馬卓也「「応時耦化」説の成立に関して――『淮南子』氾論訓を中心に」『東方学』七十五　東方学会　一

九八八
宇野茂彦「『淮南子』の総合とその整合管見」『名古屋大学文学部研究論集』(哲学)三十五　名古屋大学文学部　一九八八
池田知久『淮南子――知の百科』〈中国の古典〉　講談社　一九八九
薄井俊二「中国古代の地理思想の思想史的研究」『中国――社会と文化』四　中国社会文化学会　一九八九
田中麻紗巳「雑家としての『淮南子』」『九州中国学会報』二十七　九州中国学会　一九八九
平山久雄「高誘の『淮南子』『呂氏春秋』注に見える「急気言」「緩気言」について」『東方学』七十八　東方学会　一九八九
橋純信「高誘『淮南子』注の音韻分析」『沼尻博士退休記念中国学論集』　汲古書院　一九九〇
戸川芳郎「『淮南子』所引の詩句について」『日本中国学会報』四十三　日本中国学会　一九九一
村田浩「『淮南子』と災異説」『中国思想史研究』十四　京都大学文学部中国哲学史研究会　一九九一
有馬卓也「『淮南子』本経訓について――因循思想の分岐点――」『東方宗教』七十七　日本道教学会　一九九一
柳瀬喜代志「『淮南子』所出「東海孝婦」話をめぐって――二十巻本『捜神記』再編考」『中国詩文論叢』十　二　中国詩文研究会　一九九三
村田浩「『淮南子』の「類」」『中国思想史研究』十七　京都大学文学部中国哲学史研究会　一九九四
有馬卓也「『淮南子』覧冥・精神両篇について」『町田三郎教授退官記念中国思想史論叢』　一九九五
谷口洋「『淮南子』の文辞について――漢初における諸学の統合と漢賦の成立――」『日本中国学会報』四十七　日本中国学会　一九九五
有馬卓也「『淮南子』人間訓の位置」『東方学』九十　東方学会　一九九五
斎木哲郎「漢代道家のパトロン劉安」　橋本高勝編『中国思想の流れ』(上)　晃洋書房　一九九六
辛賢「『淮南子』の「道」と「事」――その自然法的思惟をめぐって――」『中国文化―研究と教育―』五十四　筑波大学中国文化学会　一九九六

有馬卓也『淮南子の政治思想』　汲古書院　一九九八
有馬卓也「淮南王国の八十年―英布より劉長、劉安へ―」『中国研究集刊』二十五　大阪大学中国学会　一九九九
松田稔「『淮南子』の崑崙・西王母と『山海経』」『東洋文化』八十六　無窮会　二〇〇一
荒川紘「無――道家的宇宙論の展開」『人文論集　静岡大学人文学部社会学科言語文化学科研究報告』五十二―一　静岡大学人文学部　二〇〇一
向井哲夫『『淮南子』と諸子百家思想』　朋友書店　二〇〇二
宇佐美文理「雑家類小考」『中国思想史研究』二十五　京都大学文学部中国哲学史研究会　二〇〇二
村田進「『淮南子』にみえる治身治国論――原道訓と詮言訓・泰族訓との比較――」『学林』三十五　立命館大学中国芸文研究会　二〇〇二
黄明月「記紀神話の冒頭と神生み段に見える水について――中国神話との比較を通じて」『人間・環境学』十五　京都大学大学院人間・環境学研究科　二〇〇六
玉木尚之「『淮南子』に見える音楽観」『東洋古典学研究』二十三　広島大学東洋古典学研究会　二〇〇七
南部英彦「『淮南子』泰族篇の治身治国論とその学問的立場――中庸篇との比較を通して」『研究論叢　人文科学・社会科学』五十七　山口大学教育学部　二〇〇七
有馬卓也「劉安登仙伝説の成立と伝播」『中国研究集刊』大阪大学中国学会　二〇〇八
南部英彦「『淮南子』人間篇の処世観とその思想的背景」『研究論叢　人文科学・社会科学』五十八　山口大学教育学部　二〇〇八
池田知久『道家思想の新研究――『荘子』を中心として』　汲古書院　二〇〇九
南部英彦「『淮南子』原道篇に見える「二皇」の統治の特色」『研究論叢　人文科学・社会科学』五十九　山口大学教育学部　二〇〇九

（一九八六年七月初稿、二〇一二年四月第二稿）

解説　『淮南子《えなんじ》』の成立――前漢初期の政治と思想の中で

一　序言

およそ思想というものは、特に検討に値するほどの思想であればなおさらのことであるが、歴史的社会的な現実が解決を求めている課題に、それに対する先行諸思想の解決能力に満足せずに、答えようとして形作られるものであろう。そうだとすれば、思想の内容をあるがままに把え、その価値・意義を正しく評価するためには、このような二重の意味での歴史性――ある思想がいかなる現実の課題の解決を目指しており、いかなる先行諸思想の乗り越えを企図《きと》していたかという問題――への配慮が必要・不可欠ではないかと思う。本書『淮南子』の思想の検討についても、無論これは当てはまる。

ところが、『淮南子』に関するこの問題の追究は、少なくとも漢代《かんだい》思想史また政治史上の大きな動きである、武帝《ぶてい》初年の儒教《じゅきょう》の重点化とそれによる中央集権的支配の強化に、淮南王《わいなんおう》劉安《りゅうあん》やその賓客《ひんきゃく》たちや『淮南子』の思想がいかに関係したか、という新たな問題に必ずぶつかるであろう。

従来多くの学者がこれらの諸問題の解明に努力してきた。その結果、今日では、戦国的自由主義の生き残り諸子百家の、儒教による国教統一に対する黄老《こうろう》・道家《どうか》を盟主とした総結集であるとする見解、あるいはまた最後の封建勢力淮南王の、武帝の中央集権強化に対する虚《むな》しい抵抗とする見解が、有力のように見える。しかしながら、私は『淮南子』の思想内容の分析的再構成といういわば内面的な追究と、『史記《しき》』や『漢書《かんじょ》』などの記録の検討といういわば外面的な追究の両者からして、これに対して不賛成であらざるをえない。

右の有力見解は、それ故、『淮南子』の成立を儒教の重点化とほぼ同時か、またそれにやや後《おく》れると考える。果たしてそうであろうか。『淮南子』の成立を上記の諸問題の一要素であると位置づけ、それらの解明を今ここでの目標とする筆者は、そのために本書の成立を論ずることにしようと思う。この目的のためにも、先に掲げた内面的と外面的の両方向の統一を方法とすべきではあろうが、ここでは紙幅の制限などの都合で、『史記』『漢書』などを資料として主に外面的に迫る方向を取りたい。

二　高誘《こうゆう》「淮南鴻烈解叙《わいなんこうれつかいじょ》」の検討

後漢《ごかん》の学者高誘《こうゆう》は、『淮南子』天文篇《てんもんへん》の、

淮南《わいなん》元年の冬、天一丙子《てんいちへいし》に在り。

という文に注を加えて、

淮南王《わいなんおう》 書を作るの元年なり。一に曰《い》わく、……是則《これすなわ》ち淮南王安《あん》 位《くらい》に即《つ》くの元年なり。

と言う。これは清《しん》の学者王引之《おういんし》の考証によって「一に曰わく」以下の説の方が正しく、文帝《ぶんてい》十六年（紀元前一六四）、淮南王十五、六歳の時の即位の年を指しており、これから本書成立の時期を推測することはできないのであるが、もしこの高誘注を「書を作るの元年」がすなわち「位に即くの元年」であると誤解した者がいて、今日の高誘の「淮南鴻烈解叙」はその人の整理の手を経て伝わったのだとすれば、その「叙《じょ》」における文帝《ぶんてい》と武帝《ぶてい》の混同の説明はつくようである。

さて、その高誘の「叙」に本書成立の経緯《いきさつ》を述べて、

天下方術《ほうじゅつ》の士、多く往《ゆ》きて焉《これ》に帰《き》す。是《ここ》に於《お》いて遂《つい》に蘇飛《そひ》・李尚《りしょう》・左呉《さご》・田由《でんゆう》・雷被《らいひ》・毛被《もうひ》・伍被《ごひ》・晋昌《しんしょう》等八人、及び諸儒《しょじゅ》・大山《たいざん》・小山《しょうざん》の徒《と》と、共に道徳を講論し、仁義を総《そう》（総）統《とう》して、此の書を著《あらわ》す。

とある。この文章はその直前の淮南王と文帝の文化的事業の記述を受けるから、これによれば本書は早ければ文帝期《ぶんていき》に成立したことになるが、しかしここには甚だしい混乱があって、到底書かれているとおりには受け取りがたい。

高誘《こうゆう》「叙《じょ》」の全体を倉石武四郎《くらいしたけしろう》「淮南子の歴史」（上・下）のように唐代までに成った偽《ぎ》

作《さく》とするのは、論外として差し支えあるまい。偽作でないとすれば、その「皇帝」を「孝武《こうぶ》皇帝」に、「孝文《こうぶん》皇帝」を「皇帝」または「上《しょう》」に、それぞれ訂正してはどうかと思う。このように訂正すると、これと『漢書《かんじょ》』淮南王伝《わいなんおうでん》との齟齬《そご》も大きくはなくなり、それを踏まえたこの引用文により、高誘《こうゆう》は本書を武帝期《ぶていき》の成立と考えていたことになる。また、『淮南子』覧冥篇《らんめいへん》の、

当今《とうこん》の時に至るに逮《およ》びて、天子 上位に在り。

に注して、高誘は、

天子は、漢の孝武《こうぶ》皇帝なり。

と説いている。

そして、高誘「叙」に言う、淮南王が、

数々《しばしば》書《しょ》を 上《たてまつ》りて召見《しょうけん》せらる。

は、『史記』には見えないけれども『漢書』には厳助伝《げんじょでん》に淮南王が「書を上った」とある。

また、高誘「叙」に言う、

上《しょう》 甚《はなは》だ之《これ》を重んず。

に類似する、

上《しよう》大いに説《よろこ》（悦）ぶ。

が『漢書』厳助伝に見えている（建元《けんげん》六年、前一三五）。また『漢書』淮南王伝には後の「入朝《にゆうちよう》」にも言及されているので、高誘は『漢書』厳助伝と淮南王伝を突き混ぜて、本書の成立をさらに後の時代と考えたようである。

このように好意的につじつまを合わせてみても、しかし高誘「叙」の疎略杜撰《そりやくずさん》は否定しがたく、やはり『史記』と『漢書』を資料にして根本から考え直さなければならない。

三　淮南王の入朝と『淮南内篇』の献上

『漢書』淮南王伝には、『史記』に見えない王の著書や文化的事業についての記述があって、その中に、

初めて安入朝《あんにゆうちよう》し、作る所を献ず。内篇は新たに出《い》ずれば、上之《しようこれ》を愛秘《あいひ》す。

とある。この「内篇」は、上文の「内書二十一篇」であり、また『漢書』芸文志《げいもんし》の「淮南内《わいなんない》二十一篇」であり、同時にほぼそのまま今の『淮南子《えなんじ》』であると思われる書である。それがこの入朝の時に新出したばかりであったのを武帝に献ぜられ、武帝はこれを愛秘したと言う

のである。

この入朝はいつのことなのであろうか。この問題を解くためには、これが上文の、

報書《ほうしょ》及び賜《し》を為《な》す毎《ごと》に、常に司馬《しば》相如《しょうじょ》等を召《め》し草《そう》を視《しめ》して乃《すなわ》ち遣《や》る。

以前のことであろうから、司馬相如がその上林賦《じょうりんふ》をもって郎《ろう》となった年代を調べればよい。そして、『史記』司馬相如列伝に、

相如 郎と為ること数歳、会々唐蒙《たまたまとうもう》に使《つか》いし、略して夜郎《やろう》・西僰中《せいほくちゅう》を通じ、巴蜀《はしょく》の吏卒《りそつ》を発すること千人。郡《ぐん》も又た多く為《た》めに発して転漕《てんそう》すること万余人、興法《こうほう》を用いて其の渠帥《きょすい》を誅《ちゅう》す。巴蜀《はしょく》の民大いに驚恐す。

とある事件が、『史記』西南夷列伝《せいなんいれつでん》に建元《けんげん》六年（前一三五）のこととされているので、その「数歳」前の「天子以て郎と為す」は、武帝即位の初年でなくてはならない。

そうだとすると、劉安のこの入朝は彼がまさに武安侯田蚡《ぶあんこうでんぷん》と「与《とも》に語《かた》」った時の入朝に他ならず、『史記』の淮南王列伝や漢興以来諸侯王年表《かんこういらいしょこうおうねんぴょう》によって建元《けんげん》二年（前一三九）のことと定められる。この時、『淮南子』は出来たてほやほやの書であった。

四　即位初年における武帝の好み

この書がなぜ武帝に愛秘《あいひ》され、また編纂者である王がなぜ「甚《はなは》だ尊重さ」れたのかという問題は、本書成立の事情を究明する上で一考すべき問題である。

(一) 武帝の「芸文」好き

この問題に関して、『漢書』淮南王伝の上文には、

時に武帝芸文《げいぶん》を好む。安の属を以《もっ》て諸父《しょほ》と為し、弁博《べんひろ》く善く文辞《ぶんじ》を為せば、甚《はなは》だ之《これ》を尊重す。

のように、武帝の好みに淮南王の才能が対応したからだと書かれている。しかし、この時武帝の好んだ「芸文」(学問・文化)は、後代にその功績を武帝と董仲舒《とうちゅうじょ》に帰せしめられる一尊儒教《いっそんじゅきょう》(儒教だけを尊ぶこと)のごとき限定されたものではなかった。このたび献上されたものの中に、この「内篇」とともに思想書である「外書」が入っていた可能性はあるにしても、これらはその思想性の故に好まれたのではないのである。武帝が淮南王を「甚《はなは》だ尊重し」た理由である、淮南王の「弁博《べんひろ》く善く文辞《ぶんじ》を為す」、また武帝の「報書《ほうしょ》及び賜《し》を為《な》す毎《ごと》に、常に司馬相如《しばしょうじょ》等を召し草《そう》を視《しめ》して乃《すなわ》ち遣《や》る。」という気配り、王に「離騒《りそう》の傅《ふ》(賦)を

為《つく》らし」めたり、「又《ま》た頌徳《しょうとく》及び長安都国頌《ちょうあんとこくしょう》を献ぜ」られたり、果《は》ては「宴見《えんけん》する毎《ごと》に、得《とく》失《しっ》を談説して方技《ほうぎ》・賦頌《ふしょう》に及ん」だりといったことを併せ考えると、十八歳の青年皇帝が好んだ学問・文化とは、必ずしも思想内容のいかんを問わない華麗な美文と、それに新奇な方技の知識などであるらしい。

淮南王の謀反《むほん》事件が一段落した元狩《げんしゅ》元年（前一二二）、武帝は詔《みことのり》（『漢書』武帝紀《ぶていき》）の中で、

　日者《さきごろ》淮南《わいなん》・衡山《こうざん》文学を修め、貨賂《かろ》を流し、両国壌《じょう》を接し、邪説に怵《いざな》われて、簒弑《さんしい》を造《な》さんとす。

と言っている。この時点でも淮南王の「文学」は思想性を問題にされてはおらず、「邪説」との直接的な関係はないのであった。また、武帝の辞賦《じふ》好きが彼の太子時代以来のものであって、即位と同時に辞賦家《じふか》（枚乗）を登用しようとしたことさえあったことも、『漢書』枚《ばい》乗伝《じょうでん》に記されている。

なお、『漢書』淮南王伝《わいなんおうでん》に言う「方技《ほうぎ》」の方面にも、武帝は即位の当初から並々ならぬ関心を寄せていた。早く失われてしまったために、封禅書《ほうぜんしょ》からその内容を補った『史記』孝武《こうぶ》本紀《ほんぎ》には、

　孝武皇帝初めて位に即《つ》き、尤《もっと》も鬼神《きしん》の祀《まつ》りを敬《うやま》う。

とある。

(二) 武帝は儒教一尊ではなかった

また、武帝の「儒術《じゅじゅつ》」(「儒学」と言っても「儒教」と言っても違いはない。)好きは早くからのことであるけれども、それがやがて国教(国家の正統イデオロギー)統一の中心に据えられるようになっていくというのは、特に『漢書』董仲舒伝《とうちゅうじょでん》などに盛りこまれたオーバーな表現でしかない。即位の初年には、「儒術」と鋭く対立していた黄老《こうろう》の術《じゅつ》も、武帝の心中のかなりの部分を占めていた。

そもそも建元《けんげん》元年(前一四〇)の、

賢良《けんりょう》・方正《ほうせい》・直言《ちょくげん》・極諫《きょくかん》の士を挙げしむ。

という詔《みことのり》(『漢書』武帝紀)は、文帝二年(前一七八)以来、何回か行われた官吏登用政策とほとんど同じであって、儒家優先という特徴のあるものではない。それに、この時裁可《さいか》された丞相《じょうしょう》衛綰《えいわん》の奏請《そうせい》(『漢書』武帝紀)、

挙ぐる所の賢良《けんりょう》、或《ある》いは申《しん》・商《しょう》・韓非《かんぴ》・蘇《そ》秦《しん》・張儀《ちょうぎ》の言を治め、国政を乱《みだ》る。請《こ》う皆《みな》罷《や》めん。

でも、黄老は儒墨《じゅぼく》とともに非難の対象とされていないのである。

この詔によって挙げられた賢良の中に、黄老系の鄧公《とうこう》がいる。『史記』鄧公列伝《とうこうれつでん》に、

鄧公は、成固《せいこ》の人なり。奇計《きけい》多し。建元中、上《しょう》賢良を招き、公卿《こうけい》鄧公《とうこう》を言う。時に鄧公免《めん》ず。家より起《た》ちて九卿《きゅうけい》と為り、一年にして、復《ま》た病いと謝して免帰す。其の子章黄老の言を修《おさ》むるを以《もっ》て諸公《しょこう》の間に顕《あらわ》る。

と記されているとおり、建元元年（前一四〇）から一年間は、「奇計多し」の彼にも活躍する余地があったのである。また、この詔と関係があるか否か不明であるが、

天官《てんかん》を唐都《とうと》に学び、易《えき》を楊何《ようか》に受け、道論を黄子に習う。

の司馬談《しばだん》（『史記』太史公自序《たいしこうじじょ》）が、太史公の職に在ったのは「建元・元封《げんぶう》の間」（『史記』太史公自序）であって、その仕《つか》え始めは建元元年（前一四〇）である可能性が高い。

しかし、彼らよりもさらに注目されるべき人物は、汲黯《きゅうあん》と鄭当時《ていとうじ》である。汲黯については、『史記』汲黯列伝は、

孝景帝《こうけいてい》崩《ほう》じ、太子《たいし》位に即き、黯《あん》謁者《えっしゃ》と為る。……上賢《しょうけん》として之《これ》を釈《ゆる》す。遷《うつ》して滎陽《けいよう》の令《れい》と為す。黯令と為るを恥じ、病いもて田里に帰る。上聞き、乃《すなわ》ち召し拝して中大《ちゅうたい》夫《ふ》と為す。

のように、即位したばかりの武帝に重用されたありさまを述べた後、

黯《あん》黄老《こうろう》の言を学び、官を治め民を理《おさ》むるに、清静《せいせい》を好み、丞史《じようし》を択《えら》びて之《これ》に任ず。其の治は、大指《だいし》を責《せ》むるのみにして、苛小《かしよう》ならず。黯病い多く、閨閤《けいこう》の内に臥《ふ》して出《い》でず。歳余《さいよ》にして、東海大いに治まり、之を称す。上《しよう》聞き、召して以て主爵都尉《しゆしやくとい》と為し、九卿《きゆうけい》に列す。治務《ちむ》は無為《むい》に在るのみにして、大体を弘め、文法に拘《こだ》わらず。

と記している。黄老《こうろう》の言に本づく統治を武帝は高く評価したのである（建元六年、前一三五）。汲黯《きゆうあん》が一時、東海の大守に左遷された（建元四年、前一三七）のも、決して黄老《こうろう》思想を信奉していたためではなく、「数々《しばしば》切諫《せつかん》するを以《もつ》て」なのであった。この頃から武帝の文学・儒者を招く熱意が高まり、それに比例して汲黯はアンチ儒教の感情をつのらせていったので、彼に対する武帝の評価は低下せざるをえず、後年（元狩三年、前一二〇）、栄達から取り残されて、

陛下の群臣を用うるは薪《たきぎ》を積むが如《ごと》きのみ。後《のち》に来たる者上《うえ》に居《お》り。

と苦言《くげん》を呈《てい》する汲黯を、武帝は、

人果《は》たして以て学無かる可からず。黯の言を観るや日に益々甚《ますますはなは》だし。

と貶《そし》るのであったけれども、実はこれは、武帝にとっての「学」の内容が次第に儒教中心《じゆきよう》に狭められていったことを意味するにすぎず、即位の初年には黄老《こうろう》でさえ「学」として好ま

れ、尊重されていたのである。

もう一人の鄭当時《ていとうじ》については、『史記』鄭当時列伝に、

> 荘《そう》黄老《こうろう》の言を好み、其の長者を慕《した》うこと見《まみ》えざるを恐るるが如《ごと》し。年少《わか》く官薄し。然れども其の游する知交は皆な其《そ》れ大父の行いあり、天下有名の士なり。武帝立ち、荘稍《ようや》く遷《うつ》りて魯《ろ》の中尉・済南《さいなん》の太守・江都《こうと》の相《しょう》と為る。九卿《きゅうけい》に至り右内史《ゆうないし》と為る。

とあって、黄老派でありながら武帝の即位後も登用されて出世している（建元四年、前一三七）ことが分かる。そして、

> 武安《ぶあん》・魏其《ぎき》の時の議を以て、秩《ちつ》を貶《へん》して詹事《せんじ》と為る。

のように、武安侯と魏其侯との権力闘争へのはっきりしない態度のために左遷されることはあった（元光《げんこう》三年または四年、前一三二または前一三一）ものの、間もなく「遷りて大農令と為る」のように復活している（元光五年、前一三〇）。勿論、儒術を修めた者が貴顕な地位に着くことがあったのは確かであるけれども、即位初年の時点では、黄老派といえども決して支配の最上層から締め出されていたわけでなく、それだけに彼らが武帝に取り入る機会は十分にあったとしなければならない。

黄老派だけではない。張欧《ちょうおう》は、

孝文《こうぶん》の時刑名《けいめい》の言を治むるを以て太子に事《つか》う。（『史記』張欧列伝《ちょうおうれつでん》）

という人物であったが、建元元年（前一四〇）、中尉《ちゅうい》に登用され、元光《げんこう》四年（前一三二）には、韓安国《かんあんこく》に代わって御史大夫《ぎょしたいふ》にまで昇っている（『史記』張欧列伝・漢興以来将相《しょうしょう》名臣年表、『漢書』百官公卿表）。なお、その在職は公孫弘《こうそんこう》が後を継《つ》いだ元朔《げんさく》三年（前一二六）までである。

韓安国《かんあんこく》は、『史記』韓安国列伝《かんあんこくれつでん》に、

嘗《かつ》て韓子《かんし》・雑家《ざつか》の説を騶《すう》の田生《でんせい》の所に受く。

と記される人物である。建元元年かまたは二年（前一四〇または前一三九）に、徴《ちょう》されて北《ほく》地《ち》の都尉《とい》と為《な》り、同三年（前一三八）には、大司農に栄進し、同六年（前一三五）には、御史大夫にまで昇っている（『史記』韓安国列伝・『漢書』百官公卿表）。

主父偃《しゅほえん》も、

長短・縦横《しょうおう》の術を学び、晩《ばん》に乃《すなわ》ち易《えき》・春秋《しゅんじゅう》・百家《ひゃくか》の言を学ぶ。（『史記』主父偃列伝）

という人物で、学識に本づく上書《じょうしょ》をもって、元光元年（前一三四）、郎中《ろうちゅう》に徴《ちょう》され、直ちに謁者《えっしゃ》・中郎《ちゅうろう》・中大夫《ちゅうたいふ》と、「歳中四遷」（『漢書』主父偃伝）の驚くべき速さで出世の階段を駆け昇っていったのであるが、彼の「晩に乃ち易・春秋・百家の言を学ぶ」という姿勢は、あるいは武帝の儒教への傾斜が強まっていったのに対応しているかもしれない（『史記』儒林列伝をも参照）。

（三）儒教もピンからキリまである

さらに、武帝の初年に登用された儒家系の人物について調べてみると、董仲舒《とうちゅうじょ》のような「醇儒《じゅんじゅ》」ばかりでないことに気づく。

例えば、建元元年（前一四〇）に、太尉《たいい》となった武安侯田蚡《ぶあんこうでんふん》は、なるほど直後に「儒術を好む」、「務《つと》めて隆《さか》んに儒術を推し、道家の言を貶《しりぞ》く。」へと身を転じてはいるものの、もともと、

蚡《ふん》弁《べん》にして口有り、槃盂《ばんう》の諸書を学び、王太后《おうたいこう》之《これ》を賢《けん》とす。（『史記』田蚡列伝）
田蚡は……貪《むさぼ》り、文辞に巧みなり。（『史記』外戚世家《がいせきせいか》）

という口舌《こうぜつ》の徒であって、彼が太尉《たいい》となるに当たり言を聴いた賓客《ひんきゃく》の籍福《せきふく》という人物も、その画策の傾向から見て黄老派《こうろうは》のようである。そして、彼が竇太后《とうたいこう》の黄老派クー・デターに遭って失脚した後も、

武安侯 職に任ぜずと雖《いえど》も、王太后の故を以て、親幸せらる。（『史記』田蚡列伝）

のように厚遇されたり、また丞相《じょうしょう》に昇った後の魏其侯《ぎきこう》との争いの時、武帝が王太后に、

倶《とも》に宗室の外家なり。故に廷《てい》に之《これ》を弁ず。然《しか》らざれば、此《これ》一獄吏《ごくり》の決する所なるのみ。
（『史記』灌夫列伝《かんふれつでん》）

と謝したり、さらに争いの後、

上《しょう》魏其《ぎき》の時自《よ》り武安《ぶあん》を直《ちょく》とせず、特《た》だ太后の為めの故なるのみ。（『史記』灌夫列伝）

であったりするのによると、田蚡《でんふん》の登用は、儒術をもその中に含み、しかも口才《こうさい》に支えられた華麗な知識・教養が若い皇帝を眩惑したからであるとともに、皇室の外戚だからでもあるに違いない。

元光元年《げんこう》（前一三四）の、

初めて郡国《ぐんこく》をして孝廉《こうれん》を挙げしむること各々《おのおの》一人。（『漢書』武帝紀）

の挙《きょ》により、博士を振り出しに、同五年（前一三〇）、左内史、元朔《げんさく》三年（前一二六）、御史大夫、同五年（前一二四）、丞相、と驚異的に速いペースで出世した公孫弘《こうそんこう》は、若い頃、

家貧しく、豕《ぶた》を海上に牧《か》う。（『史記』公孫弘列伝）

の生活で、ろくに学問もせず、

年四十余にして、乃《すなわ》ち春秋の雑説を学ぶ。(『史記』公孫弘列伝)

という晩学であった。こんな公孫弘が、建元元年(前一四〇)、賢良《けんりょう》に挙げられて博士となった折、

匈奴《きょうど》に使《つか》いして、還《かえ》り報《ほう》ずれども、上《しょう》の意に合わず。上《しょう》怒り、不能と為す。弘迺《すなわ》ち病もて免帰す。(『史記』公孫弘列伝)

という惨めな結果に終っていたのを、元光元年(前一三四、『漢書』武帝紀)、文学の士として徴《ちょう》して博士となし、前回に似て、

是の時西南夷《せいなんい》の道を通じ、郡を置く。巴蜀《はしょく》の民之《たみこれ》に苦しむ。詔《みことのり》して弘《こう》をして之を視《み》しむ。還《かえ》り事を奏《そう》し、盛んに西南夷の用いる所無きを毀《そし》る。上聴《しょうき》かず。(『史記』公孫弘列伝)

という無能ぶりを繰り返したにもかかわらず、今度はお払い箱にしなかったのは、この間に武帝の賢良《けんりょう》・文学《ぶんがく》に対する考えが大きく変ったからである。二回目の詔徴で御意に適《かな》ったのは対策の成績と状貌であり、加うるに、やがて察せられた、

其の行いは敦厚《とんこう》に、弁論に余り有り、文法吏事に習いて、縁飾するに儒術を以てす。

（『史記』公孫弘列伝）

であって、ここに武帝によって、儒教の実効性ではなく「縁飾」性つまりイデオロギー性が、以前にも増して重視されていることに注目したいと思う。

したがって、即位以来の三、四年間、武帝が知識人たちに期待したものは、華麗かつ新奇で、青年皇帝を眩惑せずにはおかない知識・教養・理論、すなわち「芸文《げいぶん》」や「文学」であり、それがそのまま実効的であることを当初は無意識に前提していた。その中心は必ずしも始めから儒教であったわけではなく、かなり後まで決して他学派の諸思想を排除することはなかったのである。『史記』公孫弘列伝の論賛に、

漢興こりて八十余年、上《しょう》方《まさ》に文学に郷《む》かい、俊乂《しゅんがい》を招き、以て儒墨《じゅぼく》を広む。

とあり、墨家もお相伴に与《あずか》っているが、この場合の「儒墨」は学問というほどの意味である。また建元元年（前一四〇）のこと、新興儒家官僚の趙綰《ちょうわん》と王臧《おうぞう》の師である申培《しんばい》が、武帝の「治乱の事を問う」というご下問に対して、

治を為す者は多言に在らず、力行《りきこう》の何如《いかん》を顧《おも》うのみ。（『史記』儒林列伝）

と対《こた》えた、その時の武帝の落胆ぶりを見よ。

是の時、天子方《まさ》に文詞《ぶんし》を好めば、申公《しんこう》の対《こた》えを見て、黙然たり。（『史記』儒林列伝）

と描写されているように、ただ力行《りきこう》（実践躬行）せよとだけ言うのでは、詩経学の重鎮申培ですら武帝に気に入られはしなかったのである。

（四）イデオロギーとしての儒教重視

このような武帝が、実効面は法術官僚などに任せて、イデオロギーとしての儒教を重視するのは、やはり五経博士を設置したとされる建元五年（前一三六）、あるいは竇太后《とうたいこう》が崩御した建元六年（前一三五）あたりからであろう。『史記』儒林列伝に、

竇太后の崩《ほう》ずるに及びて、武《ぶ》安侯田蚡《あんこうでんぷん》丞相《じょうしょう》と為り、黄老・刑名・百家の言を絀《しりぞ》け、文学・儒者を延《ひ》くこと数百人なり。

とあり、この時期には儒家以外は全て退けられたことが分かる。また、『史記』酷吏《こくり》列伝《れつでん》中、最大の実務型法術官僚張湯《ちょうとう》でさえ、これより後は、

湯《とう》　大獄《たいごく》を決するに、古義に傅《つ》けんと欲し、乃ち博士《はく し》弟子《ていし》の尚書《しょうしょ》・春秋《しゅんじゅう》を治むるものに請《こ》いて廷尉《ていい》の史《し》に補《ほ》し、疑法《ぎほう》を亭《てい》す。

のように、儒教の高まった権威の下に身を寄せざるをえなかった（元朔三年、前一二六から

五年間）のである。

以上のように、広く「芸文《げいぶん》」「文学《ぶんがく》」の求められていたのが武帝の即位初年の情況であったとすれば、淮南王《わいなんおう》にも、黄老《こうろう》・道家《どうか》を中核としつつ儒家をも抱《かか》えこみ、西周《せいしゅう》以来の諸思想を全て総合したと自称する（要略篇）本書『淮南子』をもって、未熟な青年皇帝の下、朝廷に高い地位を占《し》めたり理想を天下に実現したり、あるいは少なくとも武帝の文教・イデオロギー政策に食いこんでいくぐらいの、可能性は十分にあったと見なければならない。

したがって、淮南王が武帝に本書を献じたのは、建元二年（前一三九）の入朝の折以外にまずありえない。

五　呉楚七国《ごそしちこく》の乱と淮南王

その上、淮南王には前科があった。王二十五、六歳の景帝三年（前一五四）、呉楚七国《ごそしちこく》が長安中央政権に叛《そむ》いた時、叛乱軍に加わろうとしたことである。幸い淮南の相張釈之《しょうちょうしゃくし》の機転で漢朝側に付いたので、淮南の国は無事に保全されたけれども、淮南王の「将《まさ》にせんとし」た事実は景帝の耳に入った（『史記』淮南王列伝、呉楚七国の乱が鎮定された後の景帝四年、前一五三に行われた淮南三王の論功行封《ろんこうこうほう》を参照）。この時以来、淮南王は景帝にとって油断のならない要注意人物となったはずであり、したがって淮南王にとっては、絶えず長安中央政権の動向を窺い、その正長《せいちょう》たる景帝に恭順《きょうじゅん》の意を表し、時には媚《こび》を売るなどといったことが必須の課題になったと思われる。『漢書』淮南王伝が削ってしまった、景帝期の王の心情を示している点で重要な『史記』淮南王列伝の言葉に、

時時《じじ》厲王《れいおう》の死を怨望《えんぼう》し、時に畔逆《はんぎやく》せんと欲すれども、未《いま》だ因《いん》有らざるなり。

というのがある。背後の巨大な権力を配慮したらしいこの表現の中から、淮南王が時時宥恕《じじゆうじょ》の因《いん》（コネクション）を求めて、中央の誰彼《だれかれ》と交渉を持ちたがっていたことを推察するのはさして困難でない。

素々《もともと》武安侯と善し。（『史記』淮南王列伝）

ともあり、

孝景《こうけい》の晩節《ばんせつ》に及びて、蚡《ふん》益々《ますます》貴幸せられて、太中大夫と為る。

のように、日増しに立身する武帝の側近田蚡《でんふん》を目ざとく見つけて交わりを結んでいる（『史記』田蚡列伝）。また、後のことではあるが、淮南王が謀反《むほん》を起こした時、あの汲黯《きゅうあん》を憚《はばか》って、

直諫《ちょくかん》を好み、節を守りて義に死すれば、惑《まど》わすに非《ひ》を以てし難し。丞相《じょうしょう》弘《こう》を説くが如

きに至りては、蒙《もう》を発し落《らく》を振るうが如きのみ。

と述べたという（『史記』汲黯列伝）。この記事もまた、武帝期の朝廷における重臣たちの確執を淮南王が外から冷悧に眺めていたことを物語っているが、その目的も景帝期のとそれほど変るまい。武帝期のこととしては、他に、『史記』淮南王列伝に、

建元六年、……王 陵《りょう》を愛し、常に多く金銭を予え、長安に中詗《ちゅうけい》為《た》り、上《しょう》の左右に約結《やくけつ》せしむ。

元朔五年、……王 人をして漢の公卿《こうけい》を候伺《こうし》せしむ。

などとある。武帝やその周辺の重臣たちの動向をスパイさせていたのである。

景帝に対する淮南王の重苦しい負い目は、その崩御《ほうぎょ》とともに一応消失した。そして、武帝の即位は時に三十八、九歳の王個人にとっても、希望に満ちた全く新しい時代の開幕を意味したはずである。それ故、以前の景帝期に書きためられていた部分も勿論あろうけれども、『淮南子』の編纂は正にこの時点で構想されたのではないかと考えられる。つまり淮南王は、本書の編纂を景帝の崩御・武帝の即位と同時に思い立ち、従来の書きための基礎の上に若干を付加して、わずか二年で草卒にまとめあげ（説山篇・説林篇のような未完成の篇があること、いくつかの重要テーマで一書中、時には一篇中にさえ矛盾があることなどを参照）、それを手土産にして希望に胸ふくらませつつ、建元二年（前一三九）に都長安に入朝

したのである。

六　淮南王の転身――儒教へのシフト

さらにもう一つ、本書『淮南子』が儒教の政治的重視が本格的に始まった建元五、六年（前一三六、前一三五）、乃至儒教一尊の政策が一つのピークに達した元朔《げんさく》元年（前一二八、『漢書』武帝紀）以降には、成立しえないであろうことを示す記事が存在する。それは『史記』淮南王列伝に、王が元朔五年（前一二四）、雷被《らいひ》の一件のために中央政権から二県を削られた後、

吾《われ》仁義を行いて削られ、甚《はなは》だ之を恥ず。

と述べ、また、やや月日を経《へ》た後に伍被《ごひ》・左呉《さご》らと内乱の作戦計画を立てながら、

且《か》つ吾高祖《われこうそ》の孫にして、親しく仁義を行えば、陛下《へいか》我を遇すること厚く、吾能く之を忍ぶ。

と言っていることである。

『淮南子』の中核思想は黄老・道家の思想である。したがって、本書は、淮南王が「仁義」を行うに至る以前に成立したか、もしくは上記の事件をきっかけにして、以後「仁義」を棄

て成立したか、のどちらかということになるであろう。そして、『史記』も『漢書』もともに、この事件を後者のように、儒教の「仁義」に黄老の「道徳」をもって対抗したというような、思想犯罪として取り扱ってはいないから、前者――本書は淮南王が「仁義」を行うに至る以前にすでに成立していた――が、歴史的事実に近いと思われる。

淮南王が、もともと抱懐していた黄老・道家の思想を弱めて儒家の「仁義」にシフトするに至った原因・理由は、言うまでもなく武帝の意向にあった。ここの「親しく仁義を行えば、陛下我を遇すること厚し。」にもその間の事情が顔をのぞかせている。それ故、この転身は建元五、六年（前一三六、前一三五）前後になされたのではないかと思われる。淮南王四十三乃至五、武帝二十一、二の時である。壮年の淮南王がこのように転身を余儀なくされた事実の中に、我々は当時の武帝の儒教一尊政策の強さと、淮南王のそれへの弱い迎阿《げいあ》的な性格を見出して差し支えあるまい。後者、すなわち淮南王が武帝に対しても弱い人であったというのが間違いないとすれば、それは何もこの時になって急に始まったことではなく、父厲王《れいおう》が謀反《むほん》の罪に問われて自殺した文帝六年（前一七四）の五、六歳の頃から、たえず長安中央政権の強い監視の下で生きざるをえなかった前半生全体を通じて形成されたものであろうと思われる。

もっとも、『史記』淮南王列伝は、建元二年（前一三九）の入朝《にゅうちょう》の折《おり》、ちょうど太尉《たいい》となっていた武安侯《ぶあんこう》が、淮南王にささやきかけた言葉、方今《ほうこん》上《しょう》に太子無く、大王親しく高皇帝の孫にして、仁義を行うこと、天下に聞こえざる莫し。即《も》し宮車《きゅうしゃ》一日晏駕《あんが》すれば、大王に非《あら》ずして当《まさ》に誰《たれ》か立つべき者ぞ。

を載せている。これをそのまま事実だと信用すると、転身はかなり早い時期に行われたことになる。しかし、これを『史記』灌夫列伝《かんぷれつでん》がやや縮約して、

上《しょう》未だ太子有らず。大王最も賢く、高祖の孫なり。即《も》し宮車晏駕《きゅうしゃあんが》すれば、大王の立つに非ずして当に誰なるべきか。

に作っているのと比較してみるに、「最も賢し」がより詳しく「仁義を行うこと、天下に聞こえざる莫し。」となっているのは、その上文に淮南王について言う一般的な、

亦た陰徳を行い百姓《ひゃくせい》を拊循《ふじゅん》するを以て、誉《ほ》まれを天下に流さんと欲す。

を受けて、後者（灌夫列伝）が淮南王の願望であったのを前者（淮南王列伝）で田蚡《でんぷん》が現実だと諛《ゆ》言《げん》した、と画いているからであろう。後に淮南王の謀反への関わりを追及された厳助《げんじょ》や有利侯《ゆうりこう》の場合、取り調べが淮南王との間に交した「語言《ごげん》」の内容にまで及んでいることを参照されたい。その上、建元二年（前一三九）までの淮南王の「仁義」の行いが、本当にそのように「天下に聞こえざる莫き」ほどであったなら、どこかで言及されてしかるべきではなかろうか。以上のように考えると、この「仁義」はこの時点で転身がすでに行われていた

メルクマールとは見られないと思う。

しかしながら、「素々善《もともと》か」った武《ぶ》安侯《あんこう》が、わざわざ覇上《はじょう》まで出迎えてささやいたこの「仁義」は、以後行われた淮南王の儒教シフトへの一つの重い契機になったであろう。というのは、田蚡は景帝の晩年以来、常に景帝・武帝の両帝の側近にあったから、今後の学問と人材登用の路線の展開方向を予知できる立場にあり、特に武帝のそれにスタッフ・オフィサーとして直接関与し、前年には儒者の趙綰《ちょうわん》と王臧《おうぞう》を御史《ぎょし》大夫《たいふ》と郎中令《ろうちゅうれい》にそれぞれ推轂《すいこく》したばかりであった。それに、すでに述べたとおり、同じ頃、彼自身としても淮南王の模範となるような転身を経験したばかりでもあったからである。しかも建元六年（前一三五）、竇太后《とうたいこう》崩御の後には、儒教一尊《いっそん》・百家抑黜《よくちゅつ》政策を先頭に立って実行することになる当人だからである。

現に、長安中央に迎阿《げいあ》的《てき》な淮南王のこと、帰国とともに淮南国における新しい政治への胎動が始まっている。

陰《ひそ》かに賓客《ひんきゃく》と結び、百姓《ひゃくせい》を拊循《ふじゅん》し、畔逆《はんぎゃく》の事を為す。（『史記』淮南王列伝）

以後の淮南国に関する儒教的色彩の濃い記事としては、建元六年（前一三五）の「書を上《たてまつ》りて南越を伐つを諫《いさ》む」と、元朔五年（前一二四）以後の、儒者と覚《おぼ》しい伍被の重用が挙げられる。それ故、淮南王大いに喜び、厚く武安侯に金・財物を遺《おく》る。

は、以上のホット・ニュースの提供とそれによる教唆に対して、と読まなければならない。

七　景帝期の淮南王

さて、淮南王は、前半生の不幸な運命から人となり迎阿的《げいあてき》たらざるをえず、折しも強力に進められつつあった武帝の儒教重視の中央集権強化政策とも相まって、建元二年（前一三九）の入朝の際、朝廷の最有力者から儒教への転身を教唆されると、帰国してほどなく淮南国における儒教重視の仕事に着手した、という右の推測に大きな誤りがないとするならば、それ以前の王の黄老《こうろう》・道家《どうか》を中心とする思想も、朝廷への対応の過程で形成されたのではないかと疑ってみたくなる。

（一）景帝の学問・人材登用の姿勢

武帝の祖父、景帝の父である文帝は、

孝文《こうぶん》位《くらい》に即《つ》くや、有司《ゆうじ》議《ぎ》して儀礼を定めんと欲す。孝文道家の学を好み、以為《おも》えらく繁礼飾貌は、治に益無し。躬化《きゅうか》の謂何《いかん》のみ、と。故に罷《や》めて之を去る。（『史記』礼書）

孝文の時頗《すこぶ》る徴用せらる。然れども孝文帝 本《もと》と刑名《けいめい》の言を好む。（『史記』儒林列伝）

と評されるように、道家と刑名をともに好んだようである。ただし、儒教も「治に益が有り」さえすれば用いられたことについては、『史記』鼂錯列伝《ちょうそれつでん》・袁盎列伝賛《えんおうれつでんさん》を参照。

文帝と違って、景帝の学問と人材登用を貫く基本的な考え方は、創業の功臣たちも全て姿を消して、文帝の民生安定と諸侯王《しょこうおう》抑圧の政策を引き続きいかなる人物に断行させるべきかが、深刻に問題になるはずの時期であるにもかかわらず、明瞭に語られていない。『史記』儒林列伝に、

孝景《こうけい》に至るに及びて、儒者《じゅしゃ》に任ぜず。

と、精々《せいぜい》否定でもって語られているだけである。しかし、文帝より引き継いだ刑名派《けいめいは》や法術官僚の鼂錯《ちょうそ》・張欧《ちょうおう》・郅都《しっと》・寗成《ねいせい》・周陽由《しゅうようゆう》らとともに、黄老派《こうろうは》の栄達が目立つように感じられる。——直不疑《ちょくふぎ》（最盛期は呉楚七国の乱後）・許昌《きょしょう》（その政治的浮沈は、竇太后《とうたいこう》の引き立ての有無による。）・田叔《でんしゅく》（最も重用されたのは景帝中七年、前一四三以後）・田蚡《でんふん》・汲黯《きゅうあん》・鄭《てい》当時《とうじ》（二人が用いられるようになるきっかけは、景帝の人事政策による。）など。

（二）景帝の学問・人材登用の代表例

それにまた、次の三名のような注目すべき例もある。

第一は、石奮《せきふん》である。

其の官は孝文の時に至り、功労を積みて太中大夫《たいちゅうたいふ》に至る。文学無きも、恭謹《きょうきん》なること与《とも》に比する無し。文帝の時、東陽《とうよう》侯張 相如《ちょうしょうじょ》 太子の太傅《たいふ》と為り、免《めん》ず。傅《ふ》と為す可き者を選ぶに、皆な奮《ふん》を推せば、奮 太子の太傅と為る。(『史記』万石君列伝)

この人物は、

景帝曰わく、「石君《せきくん》及び四子は皆な二千石、人臣の尊寵《そんちょう》 乃《すなわ》ち其の門に集まる。」と。奮を号して万石君《ばんせきくん》と為す。(『史記』万石君列伝)

のように、四子とともに景帝期に栄え始めた人であって、一家は孝謹の点で儒者以上と評判であった。

万石君の家は孝謹を以て郡国に聞こえ、斉魯《せいろ》の諸儒の質行《しっこう》と雖《いえど》も、皆な自《みずか》ら以て及ばずと為すなり。(『史記』万石君列伝)

それを竇太后《とうたいこう》は、クー・デターを起こした時に、

建元二年、郎中令・王臧《おうぞう》 文学を以て罪を獲《う》。皇太后以為《おも》えらく、「儒者は文多くして質少なく、今 万石君の家は不言にして躬行《きゅうこう》す。」と。乃ち長子建《けん》を以て郎中令と為し、少

子慶《けい》を内史と為す。（『史記』万石君列伝）

とあるとおり高く買ったのであったから、「文学無し」「不言にして躬行す」と評される一家は、もともと黄老的雰囲気と無縁ではなかったと思われる。『史記』万石君列伝は斉の相となった少子慶の統治ぶりを、

斉国を挙げて皆な其の家行を慕い、不言にして斉国大いに治まる。

と伝えているし、後の丞相としての無為自然的なそれをも書き遺している。

第二は、張釈之《ちょうしゃくし》である。文帝期の法術官僚張釈之は、

文帝崩《ほう》じ、景帝立つ。釈之《しゃくし》恐れ、病いと称し、免去せんと欲するも、大誅《たいちゅう》の至らんことを懼《おそ》る。見《まみ》えて謝せんと欲すれば、即《すなわ》ち未《いま》だ何如《いかん》を知らず。（『史記』張釈之列伝）

のように、文帝崩御《ほうぎょ》・景帝即位に遭遇して進退に窮した時（前一五六）、

王生《おうせい》の計を用い、卒《つい》に見《まみ》えて謝《しゃ》す。景帝過《とが》めざるなり。王生なる者は、善く黄老の言を為《おさ》むるの、処士なり。（『史記』張釈之列伝）

のように、黄老の術を採用して過《とが》められなかったのみならず、かえってそのために朝廷での評価も高まっている（『史記』張釈之列伝）。そしてその子張摯《ちょうし》は、

容《よう》を当世に取る能《あた》わざるを以て、故に終身仕《つか》えず。

という一生を送ったのであったが、これは武帝期における道家の一つの生き方を示したものと理解することができよう。

第三は、竇嬰《とうえい》である。竇太后の従兄の子で、武帝即位後は、

魏其《ぎき》・武安《ぶあん》倶《とも》に儒術を好む。（『史記』田蚡列伝）

のように、す早く転身した魏其侯竇嬰も、かつては「黄帝・老子を読み、其の術を尊ばざるを得な」かったはずであって（後述）、景帝元年（前一五六）、詹事《せんじ》、同三年（前一五四）、大将軍、同四年（前一五三）、栗太子《りつたいし》の傅《ふ》などを歴任した（『史記』竇嬰列伝）のは、外戚であること以外に黄老思想を持っていたからでもあったと考えられる。特に、呉楚七国の乱の後、黄老への傾斜を甚だしくした竇太后が、何度も彼を丞相にしてほしいと景帝に推しているのである。（『史記』竇嬰列伝、景帝後元年、前一四三）。景帝がこれを拒否した理由は、表面はともかくとして、やはり周亜夫《しゅうあふ》の場合に同じく栗太子《りったいし》の問題が絡んでいるように思われる。

(三) 黄老ファンの竇太后と景帝

以上から、景帝が母后からの圧力もあって、黄老派を尊重したのはまず確かなことだと言

えよう。『史記』外戚世家《がいせきせいか》は、この間の事情を、

竇太后《とうたいこう》 黄帝《こうてい》・老子《ろうし》の言を好み、帝《てい》及び太子・諸竇《しょとう》は黄帝・老子を読み、其の術を尊ばざるを得ず。

と説明している。

竇太后の黄老贔屓《ひいき》については、あまりに有名で改めて説明するまでもないが、ここに注意したい点が二つある。

一つは、太后の黄老狂いが儒術嫌いによって加乗《かじょう》されたのは、武帝の新政策が漸《ようや》く人々を瞠目《どうもく》させ始めてからだということである。『史記』孝武本紀《こうぶほんぎ》と封禅書《ほうぜんしょ》の、

会々《たまたま》竇太后 黄老の言を治め、儒術を好まず。

同じく万石君列伝の、

皇太后《こうたいごう》 以為《おも》えらく、「儒者は文多くして質少なし。」と。

田蚡列伝の、

太后 黄老の言を好みて、魏其・武安・趙綰《ちょうわん》・王臧《おうぞう》等務めて隆《さか》んに儒術を推《お》し、道家の言を貶《しりぞ》く。是《ここ》を以て竇太后滋々《いよいよ》魏其等を説《よろこ》（悦）ばず。

儒林列伝の、

　太皇竇太后 老子の言を好み、儒術を説（悦）ばず。

などの記述は、全て建元二年（前一三九）の時点で言われているものである。

　二つは、一方、太后が黄老を好み始めるのは、景帝の初年にまで遡りうるであろうことである。『史記』外戚世家の上に引用した文の中の、太子が立てられたのは景帝七年（前一五〇、太子七歳）のこと、また諸竇《しょとう》の広国《こうこく》と彭祖《ほうそ》が章武侯《しょうぶこう》と南皮侯《なんひこう》にそれぞれ封《ほう》ぜられたのは景帝即位の年（前一五六）のこと、また嬰《えい》が魏其侯に封ぜられたのは景帝三年（前一五四）のことである。

　さらに『史記』儒林列伝の、轅固《えんこ》生《せい》を豕《し》圏《けん》（猪の檻）に入れた事件の発端は、

　　竇太后 老子の書を好み、轅固生を召し老子の書を問う。

であって、この時まで太后は「老子の書」を対立する学派の儒者に質問して断《ことわ》られた経験がなく、だからこの時、「老子の書」を読み始めてまだ日が浅かったのであろうが、事件が起こったのは呉楚七国の乱の後かと思われる。（その下文に「居《お》ること之《これ》を頃《しばら》くして、景帝 固《こ》を以て廉直《れんちょく》と為し、拝して清河《せいか》王《おう》の太傅《たいふ》と為す。」とあるのは、景帝中三年、前一四七のことに違いなく、しかも清河は太后の出身地だから、任命は事件から年月が経ってほとぼりの冷めた頃でなくてはなるまい。）

同じ頃、景帝は黄老派の黄生《こうせい》の肩を持って、儒家の轅固生《えんこせい》が湯武《とうぶ》の受命《じゆめい》、つまり殷周革命の正当性を説くのを禁じており、遡って景帝即位の直後、張釈之《ちようしやくし》が従来からも交わりのあったらしい黄老派の王生《おうせい》老人との結びつきを強めたり、また処士《しよし》である王生が召されて参内したりしている。

これら全てが示しているのは、太后と景帝が黄老を好んだのが景帝の初年からであろうということである。

(四) 隠忍自重する淮南王

このように考察してくると、特に呉楚七国の乱後の景帝は、後の母后のファナティシズムほどには至らないにしても、もはや誰一人見紛《みまが》うべくもなく分明に黄老ファンであったとしなければならない。あるいは母后から植えつけられた教養・知識において（太子時代の太傅が石奮《せきふん》であったことに注意）、あるいは中央・地方の人材登用において、あるいは時折《ときおり》宮中に召して談論する学者の撰択において、あるいは朝廷でたまたま発生する政治思想上の論争において、等々。呉楚七国の乱の時に「将《まさ》にせんとし」た前科《ぜんか》持ちで、それ故やむなく点数を稼ぐ必要を感じている淮南王が、皇帝母子のこの顕著な傾向を見逃すはずがない。こうして、淮南王もまた「黄帝・老子を読み、其の術を尊ばざるを得な」かったのである。

淮南王は、このような事情から隠忍自重《いんにんじちよう》して、黄老・道家を中心とする教養・知識を幅広く身につけながら景帝期を過ごした。長安が送りこんできた相の張釈之らも、これには全然異存がなかったので。淮南王にとって険難《けんのん》なことに、黄老贔屓とはいえ景帝は辞賦《じふ》の類を好まず（『史記』司馬相如列伝《しばしょうじょれつでん》）、また竇太后《とうたいこう》も「文多くして質少なし」を嫌《きら》ったから、黄老も教養・知識に止まる限り評価されず、ましてそれを基礎にした思想書を編んで献上することなどは思いも及ばなかった。ひたすら、慰めと諦《あきら》めの哲学という性格を与えられることのある道家の思想を自己の用に供しつつ、求められるがままに長安の政治方針を邪魔立てせず忠実に実践躬行する、これより他に打つ手はなかったのである。『史記』淮南王列伝の、

　亦た陰徳を行い百姓《ひゃくせい》を拊循《ふじゅん》するを以て、誉まれを天下に流さんと欲す。

は、このように読まなければならない。

　この間、十二、三年、『史記』は王の二回の入朝を記録する（漢興以来諸侯王年表）けれども、エピソードは一つもない。

八　『淮南子』の編纂

『淮南子』の基礎を成す黄老・道家を中心とする幅広い教養・知識は、王二十五、六歳のこの時前後から武帝即位の三十八、九歳にかけて、招致《しょうち》した多数の賓客《ひんきゃく》たちによってもたらされ、一部は早くから文字に定着していたであろう。

　淮南王の胸中に、まず、

時時厲王《じじれいおう》の死を怨望《えんぼう》し、時に畔逆《はんぎゃく》せんと欲す。

という畔意《はんい》があり、建元二年（前一三九）、武安侯と「与《とも》に語《かた》っ」たことを因《いん》として、仁義を粉飾するために「陰かに賓客と結ぶ」ことが始まったとする『史記』淮南王列伝は、淮南王の賓客を全て畔逆に結びつけて指弾することに急でありすぎる（『史記』衛将軍列伝賛《えいしょうぐんれつでんさん》を参照）。

これに対して『漢書』は、一方で彼らの煽動が王の畔逆の原因だとする『史記』を襲いつつもそれを一層誇張し、他方でこれと没交渉または対立してプラスに評価される関係にすらある、彼らと王の文化的事業を賑々《にぎにぎ》しく画いて、両者を統一して把握しようとする現代の読者を当惑させるが、『史記』に比べて冷静になり客観的に過去を眺められるようになった『漢書』の後者が、多く事実を含むことは確かだと思われる。

さて、その『漢書』によると、淮南王が賓客・方術の士数千人を招致して「内書」「外書」「中篇」などを著作させたのは、やはり建元二年（前一三九）の入朝より前のことである。「数千人」というこの驚くべき数は、王が謀反の罪で自殺した元狩《げんしゅ》元年（前一二二）までに、王と何らかの交渉を持った賓客の数と理解すると、やや穏やかに受け止めることができよう（『史記』淮南王列伝の「連引する所の淮南王と謀反せる列侯・二千石・豪傑は数千人なり」、『史記』平準書《へいじゅんしょ》の「坐死する者数万人」を参照）。それに彼らは、『史記』『漢書』両淮南王伝が「賓客・游士《ゆうし》・奇材・弁士・豪傑・方術之士《ほうじゅつのし》」などの言葉で表現しているとおり、全てが高級な知識人とは限らないのであって、雷被《らいひ》のような剣を用いるに巧みな任侠《にんきよう》の、この地に遊んでいた者をも中に含んでのことである。『漢書』游侠伝に、

呉濞《ごび》・淮南《わいなん》　皆な賓客を招くこと千を以て数う。

とあるのを参照。しかも呉楚七国の乱後、諸侯王は政治的経済的権限をほとんど長安中央政権に奪われてしまったから、戦国時代以来の古いタイプの賓客はとても多くは養いえず、大部分は王にまだ任命権の残っていた四百石以下の下級官吏として任用されたに違いない（雷《らい》被《ひ》が郎中、伍被《ごひ》が中郎であるのを参照）。したがって、淮南の「群臣」とは賓客上がりの下級官吏たちを指すと考えられる。こう考えると、数千人という数に対する疑いは、雲散霧消することであろう。現に『漢書』伍被伝では、

この時淮南王安　術学《じゆつがく》を好み、節を折りて士に下り、英儁《えいしゆん》を招致すること百を以て数う。

と述べているのである。

そうして、乱暴者だった父厲王《れいおう》の悲劇を原因として、外から強制もされまた自《みずか》ら選んだのでもある、

淮南王安　人と為《な》り好んで書を読み琴を鼓《こ》し、弋猟《よくりよう》・狗馬《くば》・馳騁《ちてい》を喜ばず。（『史記』淮南王列伝）

という性格が、少年期からのものであろうことや、短時日に即位当初の芸文《げいぶん》好きな武帝を眩惑することに成功した、華麗かつ豊富な芸文の質と量などから考えるならば、王は相当早い時期から賓客を招致し始めていたであろう（『漢書』河間献王伝《かかんけんおうでん》を参照）。殊に呉楚七国の乱で呉王が滅亡して以来乃至景帝の末年には、漢朝最大の賓客のパトロンとなって彼らとともに文化的事業にいそしんでいたと思われる。

景帝の崩御・武帝の即位は、このように鬱屈して日々を送る淮南王に間違いなく一大転機をもたらした。なぜなら、かつて犯した過ちが時効になったので、たえず長安の意向を気にして本意ならずへつらわなくてもすむようになったからであり、また自己の運命的な不幸と、加うるに呉楚七国の乱後、黄老の名の下に一層厳しくなった長安の王国抑圧策とからくる憂憤を、お仕着せの黄老・道家思想でもって慰め諦めることから、新帝の人柄・政策いかんによっては解放されるかもしれないからである。あるいは劉氏一族の中でも高祖の孫という高貴な立場にあり、かつこの間いささか隠忍自重し、教養・知識の上で研鑽を加えたことが新帝に正当に評価されて、しかるべく待遇してもらえると期待されたからでもあり、さらにあわよくば暗い谷間の時代における経験と思索から抱懐するに至った、前漢帝国の調和あり統一ある支配という新しい理想を、働き掛け次第で新帝が実現してくれるかもしれないと期待されたからでもある。

淮南王は、右のようなさまざまの思惑《おもわく》と期待に駆《か》りたてられて『淮南子』の編纂と献上を思い立ち、賓客たちに指示して全体を構想させ、それにそって今まで書きためてあったものに手を入れたり新たに書き下《おろ》したりさせて、ついに建元二年（前一三九）の秋までにまとめあげたのであった。

九　結語

（一）『淮南子』の受け止められ方

本書は、すでに見たとおり確かに武帝に愛秘されはした。とはいえ、それは淮南王の期待を裏切って、思想性の故をもってではなく芸文（学問・文化）性の故をもってであった。思えば、王は黄老・道家の思想を鵜呑みにしすぎたようである。西周以来さまざまに展開した諸思想の調和と統一、前漢帝国内に存在する諸階級・諸階層間の調和と統一、多方面に拡がる理論・実践の諸分野間の調和と統一等々の中心に、安易に黄老・道家を据えすぎたのである。文帝・景帝両帝の文教政策があのようなものであったから、新帝もそれを踏襲するであろうとは無理からぬ予想ではあるけれども、以後展開した事実はこれに反して武帝を次第に儒教に向かわせ、竇嬰《とうえい》と田蚡《でんふん》の転身を伴った登用や由緒《ゆいしょ》正しい儒者趙綰《ちょうわん》と王臧《おうぞう》の任用を将来していた。淮南王にとって不運なこのすれ違いを避けるのに、田蚡の情報提供も遅きに失したと言わなければならない。

しかし、それはより根本に遡れば、まだ決して儒教一本に凝り固まっていなかった若い武帝を、王の欲する方向へと激しく突き動かすに足る深い思索を、結局は本書『淮南子』が具えていなかったことによるのではなかろうか。王の長安入朝の時までにともかく完成させなければならないという時間的制約もあって、課題とした世界の各構成部分や全体における調和と統一は、諸契機の止揚の不十分なまま羅列と網羅に終わってしまった。何でも尽くしの百科全書的芸文として愛秘されたとしても、不平を鳴らすわけにはいかない道理である。

(二)『淮南子』の重大な意義

けれども、十分成功せずに終わりはしたものの、『淮南子』の成立は武帝初年の思想界に甚だ重かつ大なる問題を提起した。

第一に、常に政治的社会的な「皇帝―万民」などとして射影されてくる関係の、哲学的背景である「道―万物」について、端緒的ながら本書が新しい可能性の方向を開示したことである。「万物」の存在性を犠牲にすることと交換で「道」の実在性を定立した、戦国時代の初期道家(『荘子』斉物論《せいぶつろん》篇など)を克服しようとする哲学の営みは、以来、道家によってのみならずその影響を被った諸多の百家によっても続けられてきたが、本書は、それらの多くにおける「万物」が依然として「道」に押しつぶされたままでいる状態から、解放される地点にまで実際にもうほとんど近づいているのである。「道―万物」の関係づけという理論的な問題は、例えば、後代の宋学などにおいてそれなりに整合的な解決を見るわけであるけれども、すでにこの時点で「道」の形而上学を放棄し「万物」への関心を人間・社会に限定した歴史学の成立に衝撃を与え、あるいは「道」に裏打ちされた「万物」の即自的な存在価値を論ずる魏晋哲学を準備した本書の意義は、決して過小に評価されてはなるまい。

第二に、本書の成立が、武帝の儒教一尊《いっそん》政策の展開に何らかの刺激を与えたであろうということである。『淮南子』の編纂の主観的な意図の一つは、西周以来の諸思想を黄老・道家の道を中核にして調和し統一することにあった（要略篇）から、たとえ芸文としてでも愛秘している内に、武帝が中核思想の件はさておいて、これからヒントを得た可能性があると考えられる。あるいは全く逆に、意図に反して徹底しない思索が生みだした諸思想の羅列と網羅の無政府状態に、危険を嗅《か》ぎとった可能性もなくはないけれども。

建元二年（前一三九）の入朝時にある程度儒教に傾いていながら、その後も淮南王を尊重した（『漢書』淮南王伝）武帝が、間もなく（元光《げんこう》元年、前一三四）百有余人の待詔者に、

毋乃《むしろ》文繫《ぶんけい》に牽《ひ》かれて騁《は》するを得ざるか。将《は》た繇《よ》る所 術を異にし、聞く所 方《ほう》を殊にするか。

と気を配りつつ、道家・法家をも対象にして、

夫れ帝王の道は、豈《あ》に条を同じくし貫《かん》を共にせざるか。……夫れ帝王の道は、豈に 指《おもむき》を異にするか。

と制策し（『漢書』董仲舒伝、第二次）、諸対策中より董仲舒《とうちゅうじょ》をピック・アップし、今度は選択の対象を儒教の諸思想に狭めて、

大道の要、至論の極を聞かんと欲す。……夫れ五百年の間、守文《しゅぶん》の君、当塗《とうと》の士、先王の法に則《のっと》り、以て其の世を戴翼《たいよく》せんと欲する者甚《はなは》だ衆し。然れども猶《な》お反《かえ》る能わず、日に以て仆滅《ふめつ》し、後王《こうおう》に至りて後《のち》止《や》む。豈《あ》に其の持操《じそう》する所或いは誖繆《はいびゅう》して其の統《とう》を失うか。（第一次）

また、

夫れ三王の教《おし》え祖とする所同じからずして、皆な失有り。或《あ》るいは謂う、「久しくして易《か》わらざる者こそ道なり。」と。意々《そもそも》豈《あ》に異ならんや。（第三次）

のように、思想統一の中心になるべき大道のいかんを制策しているのによると、真実はやはり前者だったのではなかろうか。

第三に、これが次第に勃興しつつあった儒教サイドをして、百家抑黜《よくちゅつ》・儒教一尊《いっそん》を要求できるような（政治思想の中央集権強化などの）条件整備を急がせる、という波紋を投げかけただろうことである。そしてこの課題に応えたのが、董仲舒などの春秋公羊学《くようがく》であったと思われる。

『漢書』董仲舒伝に掲載されている、彼の第三次対策の終わりに有名な建白、

春秋の一統を大なりとする者は、天地の常経、古今の通誼《つうぎ》なり。今 師ごとに道を異に

し、人ごとに論を異にし、百家 方《ほう》を殊にし、指意《しい》同じからず。是《ここ》を以て上は以て一統を持する亡《な》く、法制数々《しばしば》変じ、下は守る所を知らず。臣愚《しんぐ》以為《おも》えらく、「諸々《もろもろ》の六芸《りくげい》の科・孔子の術に在らざる者は、皆な其の道を絶ち、並びに進ましむる勿《な》ければ、邪辟《じゃへき》の説滅息《めっそく》せん。然る後 統紀《とうき》一にす可くして法度明らかにす可く、民従う所を知らん。」と。

がある。これに関して、以下の諸点を指摘しておきたい。

それは、一、これが丞相に復活した田蚡《でんぷん》がかつての淮南王の思惑や期待を蹂躪し、昨夏以来実行に移してきた百家抑黜・儒家一尊政策に、王の提言をも拒否できる理論的根拠を与えたこと。武帝がこの方向をさらに強めるのはさらに下って元朔《げんさく》元年（前一二八）である。

二、しかしまた田蚡が進めているように儒教なら何でもよいのではなく、春秋公羊学を中心にしなければならないと建白しているものであること。

三、これが武帝に影響を与えてほどなく董仲舒《とうちゅうじょ》自身は太中大夫・膠西《こうせい》の相《しょう》となり（『漢書』劉向伝）、引退後も朝廷の大議に影響力を行使し（『漢書』董仲舒伝）、弟子や子孫の殷昌ぶりは『史記』儒林列伝中、他を圧倒していること。『漢書』儒林伝にも、

丞相・公孫弘 本々《もともと》公羊《よう》学を為《おさ》め、其の議を比輯して、卒《つい》に董生《とうせい》を用う。是《ここ》に於いて上《しょう》因《よ》りて公羊家を尊び、太子に 詔《みことのり》して公羊春秋を受けしむ。是由《これよ》り公羊大いに興こる。

とある。

四、この建白により武帝期にこれほどまでに繁栄するに至った春秋公羊学が、元朔五年（前一二四）以来、居丈高に淮南王に襲いかかり、ついに元狩《げんしゅ》元年（前一二二）、

歩舒《ほじょ》長史《ちょうし》に至り、節を持し使《つか》いして淮南《わいなん》の獄《ごく》を決す。諸侯に於いて擅《ほしい》ままに専断して、報ぜざれば、春秋の義を以て之を正す。天子皆な以て是《ぜ》と為す。（『史記』儒林列伝）

のように、武帝の諸侯王《しょこうおう》抑圧策を背景に淮南王を潰滅させてしまったことである。

皮肉にも、淮南王から出たものが巡り巡って淮南王に返ったのである。

後書き

本書は、拙著『淮南子――知の百科』（〈中国の古典〉講談社　一九八九）を講談社学術文庫の一冊としたものである。文庫化するに当たって、旧版の全体を見直して相当の増補改訂を施した。

その主な変更点は、以下の通りである。

一つには、旧版に含まれる誤りを気のつく限り正したことであるが、この点は言うまでもあるまい。また、学術的専門的な難解な表現をなるべく止めて、現代の読者に分かり易い表現・言い回しを採用しようと努めたこともある。

二つには、旧版の出版より今日に至るまで二十三年の歳月が経過して、この間、日本と世界の『淮南子』研究がかなりの程度進展した。本書は全篇においてこの研究成果を取り入れたが、特に巻頭と巻末の文献目録で欧米と日本のそれを補充した。

三つには、筆者自身の中国古代思想史・政治史に対する理解の点では、特にいわゆる儒教国教化に関する従来の通説を修正した。従来の通説は、儒教国教化における董仲舒と前漢武帝の役割を重視して、すでに武帝期にこれが完了したと見るのである。しかし本書では、近年の早稲田大学文学部の福井重雅教授の批判的見解を参照して、儒教国教化は武帝期に始まり前漢末期まで追求され続けた、長い歳月を要した歴史的な課題であったと把えている。

ただし、旧版において提示した筆者独自の理解、すなわち、統一された天下にはそれに見合う思想の統一が必要であるとする中国古代人の問題意識は、儒家が始めて唱えたものではなく、むしろ道家(例えば、『呂氏春秋』不二篇・『荘子』天下篇・『淮南子』要略篇・『史記』太史公自序「六家要指」など)が始めて唱えたものであり、儒家サイドはその刺激を受けたのだ、とする理解は、本書においても何ら変わっていない。

その他、道家のいわゆる「無為自然」という重要な思想についても、筆者は通説とは異なる内容理解を進めてきた。旧版を増補改訂した本書にもそれを反映させているが、この問題については、拙著『道家思想の新研究――『荘子』を中心として』(汲古書院　二〇〇九)を参照されたい。


講談社学芸局学術図書第一出版部次長の園部雅一氏より、拙著『淮南子――知の百科』を講談社学術文庫に収めてはどうかというお誘いを受けたのは、二〇一二年一月のことであった。その一年前より韓国・中国を含む読者から、旧版を文庫化して再刊してほしいという声が筆者の耳に入るようになっていた。そこで、直ちにこのお誘いを承諾して、旧版の増補改訂作業を開始した。作業が終了して原稿を講談社に送ったのは、二〇一二年四月である。その後、校正を中心とする実務も順調に進んで、本書は無事出版にまで漕ぎつけることができた。この間、終始一貫して園部雅一氏にお世話いただいたが、ここに改めて感謝の意を表したいと思う。

二〇一二年六月　東京練馬の寓居において

池田知久

KODANSHA

本書の原本『淮南子　知の百科』は、小社より一九八九年に刊行されました。文庫化にあたり、全面的に改稿し関係論著目録も大幅に増やしました。

池田知久（いけだ　ともひさ）

1942年生まれ。東京大学文学部卒業。同大学院博士課程中退。東京大学教授，（中国）山東大学教授などを歴任。現在，東京大学名誉教授・山東大学名誉教授。専門は中国思想史。編著書に，『荘子　全訳注』（上・下），『『老子』　その思想を読み尽くす』，『訳注「淮南子」』，『馬王堆漢墓帛書五行篇研究』，『老荘思想』，『郭店楚簡儒教研究』，『占いの創造力 現代中国周易論文集』（共訳），『老子』，『中国思想文化事典』（共編）などがある。

講談社学術文庫

定価はカバーに表示してあります。

訳注《やくちゅう》「淮南子《えなんじ》」

池田知久《いけだともひさ》

2012年7月10日　第1刷発行
2025年2月12日　第7刷発行

発行者　篠木和久
発行所　株式会社講談社
東京都文京区音羽 2-12-21 〒112-8001
電話　編集（03）5395-3512
販売（03）5395-5817
業務（03）5395-3615
装　幀　蟹江征治
印　刷　株式会社ＫＰＳプロダクツ
製　本　株式会社国宝社
本文データ制作　講談社デジタル製作

ISBN978-4-06-292121-3

「講談社学術文庫」の刊行に当たって

これは、学術をポケットに入れることをモットーとして生まれた文庫である。学術は少年の心を養い、成年の心を満たす。その学術がポケットにはいる形で、万人のものになることは、生涯教育をうたう現代の理想である。

こうした考え方は、学術を巨大な城のように見る世間の常識に反するかもしれない。また、一部の人たちからは、学術の権威をおとすものと非難されるかもしれない。しかし、それはいずれも学術の新しい在り方を解しないものといわざるをえない。

学術は、まず魔術への挑戦から始まった。やがて、いわゆる常識をつぎつぎに改めていった。学術の権威は、幾百年、幾千年にわたる、苦しい戦いの成果である。こうしてきずきあげられた城が、一見して近づきがたいものにうつるのは、そのためである。しかし、学術の権威を、その形の上だけで判断してはならない。その生成のあとをかえりみれば、その根は常に人々の生活の中にあった。学術が大きな力たりうるのはそのためであって、生活をはなれた学術は、どこにもない。

開かれた社会といわれる現代にとって、これはまったく自明である。生活と学術との間に、もし距離があるとすれば、何をおいてもこれを埋めねばならない。もしこの距離が形の上の迷信からきているとすれば、その迷信をうち破らねばならぬ。

学術文庫は、内外の迷信を打破し、学術のために新しい天地をひらく意図をもって生まれた。文庫という小さい形と、学術という壮大な城とが、完全に両立するためには、なおいくらかの時を必要とするであろう。しかし、学術をポケットにした社会が、人間の生活にとってより豊かな社会であることは、たしかである。そうした社会の実現のために、文庫の世界に新しいジャンルを加えることができれば幸いである。

一九七六年六月

野間省一